TESI GREGORIANA
Serie Teologia
199

CORREA D'ALMEIDA BERNARDO

UNIDADE SEGUNDO O QUARTO EVANGELHO. TESTEMUNHO DO DISCÍPULO AMADO NO CONTEXTO JUDAICO E GRECO-ROMANO DO I CE

EDITRICE PONTIFICIA UNIVERSITÀ GREGORIANA
Roma 2013

Vidimus et approbamus ad normam Statutorum Universitatis

Romae, ex Pontificia Universitate Gregoriana
Die 16 mensis Iunii anni 2009

PROF. JOHANNES BEUTLER
PROF. KLEMENS STOCK

© 2013 Pontifical Biblical Institute
Gregorian & Biblical Press
Piazza della Pilotta, 35 00187 - Roma
books@biblicum.com - www.gbpress.net

ISBN 978-88-7839-256-4

Finito di stampare nel mese di giugno 2013
presso Mediagraf spa - Monterotondo (RM)

A meus irmãos franciscanos

Possível com o apoio da Fundação para a Ciência e Tecnologia do Ministério da Ciência, Tecnologia e Ensino Superior Português no âmbito do III Quadro Comunitário de Apoio da UE.

AGRADECIMENTOS

A presente tese é fruto de um intenso trabalho e da oportunidade que me foi concedida pela Província Portuguesa da Ordem Franciscana, à qual gostaria de manifestar profunda gratidão.

Agradeço aos brilhantes professores que me acompanharam no meu processo de investigação, particularmente ao meu orientador, o Professor Johannes Beutler.

O Professor Beutler é seguramente um dos maiores especialistas de S. João dos últimos anos, e tive o enorme privilégio de ser acompanhado por ele quer sob o ponto de vista académico quer humano ao longo de todo o meu período de doutoramento.

Queria ainda destacar com grande louvor o Professor H.-J. Klauck, meu irmão franciscano e professor na Divinity School, que orientou a tese durante o tempo em que estive em investigação na Universidade de Chicago.

Naturalmente não posso esquecer as comunidades franciscanas que me receberam em Itália, nos Estados Unidos, na Alemanha, na Áustria e em Israel, durante este período. A todos esses meus irmãos, um abraço muito forte de reconhecimento e de amizade.

Uma palavra de gratidão para o Colégio Antonianum em Roma, onde vivi e estudei. Igualmente manifesto o meu obrigado ao Pontifício Instituto Biblicum de Roma e à Universidade Gregoriana de Roma, lugares onde estudei e encontrei excelentes mestres.

Não posso deixar de recordar as bibliotecas por onde passei, especialmente as do Instituto Biblicum, da Universidade Gregoriana, da Universidade Antonianum e da Universidade de Chicago.

Reconheço também o precioso contributo que a Fundação para a Ciência e a Tecnologia me proporcionou, suportando em muito a minha actividade de investigação.

Uma última palavra a todas as pessoas que encontrei ao longo deste trajecto. Queria dizer obrigado à minha família, especialmente aos meus pais e irmãos, sem esquecer com infinito carinho os meus avós que entretanto partiram.

INTRODUÇÃO

1. Tema

Partindo do texto evangélico joanino segundo o Novum Testamentum graece editado por E. Nestle, K. Aland e outros (Stuttgart 1993^{27}), e da finalidade do quarto Evangelho (Jo)[1], a presente tese detém-se na compreensão joanina da unidade.

A unidade joanina em que sentido? Primeiro, pela negativa, o nosso estudo não é: a análise da unidade estrutural de Jo; o imaginar de uma eclesiologia; a idealização de cenários comunitários; o especular de um conceito; um tratado de sociologia; o isolar de textos referidos à unidade; um tratado de metafísica.

O tema do nosso estudo é a unidade; ou seja, olhamos o fruto próprio de Jo (cf. 11,51-52), que é a vida comunicada pelo seu protagonista (Jesus glorificado) (cf. 10,30; 17,11); e essa vida é o mandamento único e vital que o Mestre dá aos seus discípulos (cf. 13,34-35), é o lugar onde Jo se realiza e finda (cf. 1,19ss; 21,11ss).

Assim sendo, o tema por nós estudado está precisamente no âmago do quarto Evangelho. Conforme termina e começa (cf. 1,18; 20,31), Jo foi composto para que os seus leitores e os seus ouvintes vivam do alto (cf. 3,1ss); foi concebido como o *lugar* onde aqueles que acreditam em Jesus ressuscitado são gerados como filhos de Deus (cf. 1,14).

Efectivamente, Jesus é o Unigénito de Deus, é 'um' em perfeita unidade com o Pai, e é nessa e para essa unidade que a humanidade é chamada (cf. 1,18). Desse modo, Jo nasce, desenrola-se e destina-se nesse domínio de perfeita relação de unidade, fora da qual não se compreende e, por isso, não alcança o seu objectivo.

Com efeito, a presente tese detém-se na compreensão joanina do encontro entre Deus e o seu povo (cf. 1,10) e como esse encontro consti-

---

[1] Cf. 11,52; 20,31; J. BEUTLER, «Faith», 29-30.

tui o modo de ser dos discípulos de Jesus (cf. 13,34-35). Do mesmo modo que Jo não reflecte sobre a unidade de Deus isoladamente dos homens nem idealiza a unidade dos discípulos do Senhor separadamente de Deus, assim o presente estudo.

O quarto Evangelho percebe-se como um testemunho autêntico, pois brota e é no real e autêntico encontro pessoal com o Unigénito de Deus (cf. 13,23). Em suma, a tese estuda essa *morada*, essa unidade onde moram Deus, o seu Logos-Jesus e aqueles que o acolhem (cf. 1,14).

2. Outros estudos

Ao longo dos anos, diversos foram os enfoques dados à noção de unidade em Jo. Se nenhum estudo se deteve na análise da unidade como o princípio, o caminho e o fim próprios de Jo, ao mesmo tempo, foram inúmeros os campos de investigação abertos partindo desse tema vital.

Entre esses, começamos por destacar o importante estudo de Appold – M. L. APPOLD, *The Oneness Motif in the Fourth Gospel. Motif, Analysis and Exegetical Probe into the Theology of John*, Tübingen 1976 –, que apresenta o *oneness motif* como uma originalidade joanina única no NT. Appold entende o *oneness motif* como a reciprocidade de vida de Jesus no Pai, manifestada nos seus sinais e, particularmente, na sua paixão.

Não obstante a vital importância do *lugar* (*morada*) joanino que é a unidade, na realidade, no panorama dos estudos do quarto Evangelho, a noção de unidade nunca foi especificamente analisada como tal nem estudada ao longo de todo o testemunho joanino.

De facto, a maior parte dos estudos interessados na unidade centra-se em passagens joaninas precisas, onde mais explicitamente dessa se fala; esse foi o modo achado para manifestar alguns temas teológicos a essa unidos como, por exemplo, a:

– soteriologia: L. CILIA, *La morte di Gesù e l'unità degli uomini (Gv 11,47-53; 12,32). Contributo allo studio della soteriologia giovannea*, Bologna 1992.

– pneumatologia: G. M. BURGE, *The Anointed Community. The Holy Spirit in the Johannine Tradition*, Grand Rapids 1992.

– escatologia: J. MCCAFFREY, *The House with many Rooms. The Temple Theme of Jn 14,2-3*, Roma 1988.

– missiologia: A. J. KÖSTENBERGER, *The Missions of Jesus and the Disciples According to the Fourth Gospel: With Implications for the*

Fourth Gospel's Purpose and the Mission of the Contemporary Church, Grand Rapids 1998.

Neste grupo de estudos destacamos ainda o de Marzotto – D. MARZOTTO, *L'unità degli uomini nel Vangelo di Giovanni*, Brescia 1977 –, especialmente pela excelente e profunda relação que estabelece entre a noção de unidade da tradição hebraica e aquela da tradição joanina.

No panorama dos estudos sobre a unidade joanina, importa ainda referir alguns importantes tratados sobre a compreensão da unidade no quarto Evangelho realizados a partir de alguns dos seus acontecimentos:

– o sinal dos pães e dos peixes: J. CABA, *Cristo, Pan de vida: Teología eucarística del IV Evangelio: estudio exegético de Jn 6*, Madrid 1993.

– o discurso do Bom Pastor: N. CACHIA, *The Image of the Good Shepherd as a Source for the Spirituality of the Ministerial Priesthood: «I Am the Good Shepherd. The Good Shepherd Lays down His Life for the Sheep» (John 10,11)*, Roma 1997.

– a Última Ceia: F. F. SEGOVIA, *The Farewell of the Word. The Johannine Call to Abide*, Minneapolis 1991.

– a oração final: G. SEGALLA, *La preghiera di Gesù al Padre (Gv 17). Un addio missionario*, Brescia 1983.

– o ressuscitado na Galileia: M. MARCHESELLI, *Avete qualcosa da mangiare. Un pasto, il risorto, la comunità*, Bologna 2006.

Outros autores procuraram, de um modo mais ou menos real, reconstruir uma eclesiologia joanina, como as obras de Ferreira – J. FERREIRA, *Johannine Ecclesiology*, Sheffield 1998 – e Binni – W. BINNI, *La chiesa nel quarto vangelo*, Bologna 2006.

Tendo estes últimos estudos uma alta componente hipotética, outros mais sóbrios analisaram a unidade como o evoluir da construção da identidade da comunidade joanina a partir da sua vivência interna e da sua relação com outras comunidades, destacando-se as obras de:

– R. E. BROWN, *The Community of the Beloved Disciple*, New York 1979.

– R. A. CULPEPPER, *The Johannine School. An Evaluation of the Johannine-School Hypothesis Based on an Investigation of the Nature of Ancient Schools*, Nashville 1998.

– R. Hakola, *Identity Matters. John, the Jews and Jewishness*, Leiden 2005.

– C. G. Lingad, Jr., *The Problems of Jewish Christians in the Johannine Community*, Roma 2001.

– K. Fuglseth, *Johannine Sectarianism in Perspective. A Sociological, Historical, and Comparative Analysis of Temple and Social Relationships in the Gospel of John, Philo, and Qumran*, Leiden 2005.

Outro âmbito no qual se desenvolveu o tema da unidade foi o da sociologia, a partir do qual se procurou reconstruir o ambiente social onde nasceu e se desenvolveu a comunidade joanina; entre os principais estudos, evidenciam-se os seguintes:

– B. J. Malina – R. L. Rohrbaugh, *Social-Science Commentary on the Gospel of John*, Minneapolis 1998.

– J. H. Neyrey, *Christ is Community: The Christologies of the New Testament*, Wilmington 1985.

– A. J. Blasi, *A Sociology of Johannine Christianity*, Lewiston 1996.

– A. Destro – M. Pesce, *Come nasce una religione. Antropologia ed esegesi del Vangelo di Giovanni*, Bari 2000.

Desta opção sociológica, por último, destacamos aquela mais existencial, onde sobressaem as obras de Scholtissek – K. Scholtissek, *In ihm sein und bleiben. Die Sprache der Immanenz in den Johanneischen Schriften*, Freiburg 2000 –, que estuda a imanência da unidade joânica a partir do seu *background* e de algumas passagens joaninas, e de Pasquetto – V. Pasquetto, *In comunione con Cristo e con i fratelli: Lessico antropologico del Vangelo e delle lettere di Giovanni*, Roma 2001 –, que elabora uma antropologia partindo do texto joanino.

O nosso estudo, sem excluir a relevância de outros, pelo contrário, partindo também da excelência de alguns deles, sem os repetir, tem a originalidade, em primeiro lugar, de se focar no evento da unidade: a meta de Jo como a confirma em todo o testemunho e, de um modo central, anuncia em 11,47-53.

A unidade é o *lugar* vital de Jo, a qual se realiza em relação com o poder da hora decisiva do testemunho joanino, ou seja, em relação com a compreensão e manifestação da hora nos seus discípulos (cf. 4,23). Para Jo, Deus – Θεός – é a unidade perfeita, como revela o seu Logos-

Jesus, a sua glorificação, o seu desejo que nessa única unidade seja a unidade dos seus discípulos (cf. 10,30)[2].

Assim, o presente estudo é original também ao entender a vitalidade da unidade não em algumas perícopes, mas em todo o Evangelho. Olhamos directamente o texto joanino como tal e, como fruto dessa compreensão, avaliamos a vitalidade e o significado da unidade evitando extrapolar e projectar noções que não lhe digam respeito e que menosprezem a que lhe é própria. A investigação integra a unidade joanina na história do povo de Deus (cf. 4,22) e, ao mesmo tempo, coloca-a em confronto com o pensamento greco-romano do primeiro século.

Em vista da compreensão da unidade joanina e, por isso, face às opções tomadas nesse sentido, ao tempo tido e à extensão da tese, resultam alguns limites na tese.

Destacamos os seguintes limites: a não apresentação de toda a análise diacrónica e sincrónica realizada; a não extensão do estudo às Epístolas joaninas e ao Apocalipse; a limitada comparação da unidade joanina com a de outros livros neotestamentários; a impossibilidade de inserir e de abarcar todas as noções de unidade contemporâneas a Jo, sobretudo as da tradição judaica, especialmente influentes, e as do panorama greco-romano, particularmente amplas; a limitada relação da noção de unidade joanina com a greco-romana; a insuficiente aproximação do tema da unidade joanina a outros temas do quarto Evangelho; a não inclusão de todos os detalhes exegéticos feitos; a não confrontação da unidade com a vivência e a prática concretas das comunidades joânicas e de outras suas próximas; a impossibilidade de contrapor o nosso estudo a fontes bibliográficas e arqueológicas do I CE.

3. Problemática

O olhar sobre um objecto, retrato ou texto requer sempre um conjunto de opções prévias que definam o nosso encontro com esse. Uma visita a Roma, por exemplo, pode ser feita no roteiro das principais basílicas, das mais belas fontes, ou das maiores praças. A visita nunca estará completa e sempre será orientada por determinadas perspectivas.

De um modo análogo, diversos são os métodos de interpretação de Jo. Entre as modalidades que marcam a história da interpretação, destacamos a teológica, a histórica e a literária.

A primeira dominou até ao século XVIII, desvalorizando as questões históricas e valorizando a leitura literal, simbólica e teológica; o texto é

---

[2] Cf. M. M. THOMPSON, *God*, 33ss.

percebido como uma unidade inspirada que permite conhecer de Jesus e o sentido da vida.

A perspectiva histórica marcou os séculos XIX e XX, fixando a sua atenção sobre o *background* do texto e a reconstrução dos eventos e textos mais antigos; esta modalidade desdobrou-se em diversos sentidos como a crítica do texto, a crítica das formas, a crítica das fontes, a crítica da história, a crítica da tradição, a crítica dos géneros literários, a crítica da redacção.

O século XX registou o florescer da interpretação da crítica literária[3]. A modalidade desenvolveu-se a partir do *literary design*, ou seja, da estratégia, do ponto de vista narrativo, do retrato das personagens e de outros recursos literários[4]. O Evangelho é olhado não como uma janela nem como um olhar longínquo, mas sim como um espelho contendo lugares de entendimento[5].

A presente tese parte do princípio de que o estudo de Jo é valorizado se concertarmos os benefícios das diversas modalidades. Retomando a visita a Roma, se não considerarmos a relevância do evoluir histórico, certamente a visita será desvalorizada. Se nos limitarmos à enormidade dos monumentos, perdemos a sua vitalidade actual.

De facto, Jo não é um relato histórico, nem um tratado de teologia, nem um ensaio filosófico ou físico, nem uma projecção de quem o interpreta; é sim o testemunho escrito que revela e manifesta ou, por outras palavras, que dá a conhecer Jesus que viveu há dois mil anos; é a narração teológica *revelante* e *manifestante* de um testemunho histórico[6].

O termo *seio* (κοιλία – cf. 3,4; 7,38; Lc 1,15ss; κόλπος – cf. 1,18; 13,23) e os verbos *nascer* (γεννάω – cf. 1,13; 3,1ss; 9,1ss; 16,21; 18,37) e *habitar* (σκηνόω – cf. 1,14) podem expressar a dimensão própria de Jo: a vitalidade entre os leitores e o texto joanino (na narração), entre os leitores e Jesus (na revelação e manifestação), entre os leitores e o ambiente de Jesus e dos seus discípulos (na história)[7].

Na realidade, o Evangelho joanino não é um espelho, mas sim um *seio*, um *ventre*, onde os seus leitores e os seus ouvintes são gerados. Portanto, literatura, história e teologia são em Jo um tripé dinâmico que tem no texto uma meta: acolher a vida em Deus[8].

---

[3] Cf. M. Stibbe, *John*, 7-2.
[4] Cf. M. C. Boer, «Narrative», 35-48.
[5] Cf. T. Brodie, *Gospel*, 7; J. D. Kingsbury, «Reflection», 459.
[6] Cf. G. R. Childs, *Biblical*, 67-68.
[7] Cf. F. Lentzen-Deis, «Metodi», 731-737; L. Devillers, «Sein», 63-79.
[8] Cf. J. Beutler, «Méthodes», 15-38.

4. Método

O caminho metodológico da presente tese depende de um princípio e de um fim precisos: o princípio é a realidade própria de Jo; o fim é a compreensão da sua noção de unidade. Com efeito, o nosso método de interpretação nasce do próprio texto evangélico.

Partimos do texto canónico para olhar a unidade nele testemunhada. Sendo Jo uma obra literária com uma vitalidade, um contexto e uma meta próprios, é nele o caminho para entender a unidade. Importa recordar que o testemunho joanino foi concebido como a morada onde os seus leitores *são* e *são gerados* como filhos de Deus.

Assim, num primeiro capítulo, entramos na *morada* joanina, no testemunho do discípulo amado, compreendido precisamente como lugar de perfeita unidade entre Deus, o seu Logos-Jesus e os seus leitores. Na realidade, o texto joanino decorre do decisivo e pessoal testemunho de um discípulo definido pelo amor que recebe, e esse testemunho brota da hora decisiva do próprio Evangelho (cf. 19,34-35).

Numa segunda etapa da presente tese, tendo entrado na *morada* de Jo (o testemunho do discípulo amado), olhamos a realidade que a envolve, concretamente, as principais noções de unidade suas contemporâneas. Nesse sentido, atendemos às noções de unidade judaica e greco-romana com o objectivo de melhor entender a noção de unidade joanina.

Desse modo, procuramos inserir o testemunho do discípulo amado no seu ambiente real e concreto, salientar as influências que terá recebido e preparar a compreensão da original noção de unidade presente no seu testemunho e estudada no terceiro e derradeiro capítulo do nosso estudo.

Na derradeira etapa do nosso estudo, depois de entrar no testemunho do discípulo amado e de nos aproximarmos do seu mundo, falamos da unidade joanina. Para isso, retomamos, por um lado, o protagonismo de Jesus no Evangelho joanino e o seu poder único de atrair ao Pai a humanidade, e, por outro, a unidade que desse encontro resulta como princípio, meio e fim de ser dos que vivem de Deus.

Não sendo Jo nem um dicionário nem um tratado, como o autor faz, não nos detemos apenas num termo para dizer a unidade joanina, a qual o Jesus joanino pode chamar *amar recíproco* (*"ameis uns aos outros"*, ἀγαπᾶτε ἀλλήλους – 13,34), *permanecer nele* (*"permanecei em mim"*, μείνατε ἐν ἐμοί – 15,4), *ser um como ele e o Pai* (*"sejam um como nós"*, ὦσιν ἓν καθὼς ἡμεῖς – 17,11), *ser perfeito na unidade* (*"para que sejam perfeitos na unidade"*, ὦσιν τετελειωμένοι εἰς ἕν – 17,23), *ver e acreditar* (*"viram e acreditaram"*, ἰδόντες καὶ πιστεύσαντες – 20,29).

Na realidade, a noção de unidade no texto joanino é o encontro vital e decisivo de Deus com aqueles que acolhem a sua vida. A unidade é o *lugar* dos que vivem de Deus, é o modo joânico de encontrar Deus e o seu povo integrando os eventos da vida de Jesus, da vida dos seus discípulos e da vida dos seus leitores.

Em síntese, metodologicamente, a nossa tese começa no domínio vital do testemunho do discípulo amado, quer passar e aproximar-se da sua realidade histórica, cultural, social, política e religiosa, para encontrar e compreender a unidade comunicante presente no seu testemunho[9].

5. Organização

No seguimento da nossa opção metodológica, compusemos a tese em três capítulos. O primeiro capítulo introduz-nos no lugar vital de unidade que é Jo. O quarto Evangelho, de facto, nasce do encontro e é no encontro de uma pessoa, que é definida pelo amor que recebe de Jesus, com a hora final, inicial, total do seu testemunho. Nesse decisivo e contínuo encontro do discípulo amado com a potência da hora de Jesus, a unidade joanina revela-se e manifesta-se como o seu âmago e meta vital (cf. 11,47-53).

Efectivamente, o testemunho do discípulo amado começa por apresentar Jesus e o seu domínio vital: o encontro de Deus com aqueles que acolheram o Filho Unigénito (cf. 1,1-18).

Depois, o testemunho estende-se programaticamente até ao encontro de Israel com o Senhor (cf. 1,19-51). Então, Jesus anuncia em si a consumação das bodas messiânicas (cf. 2,1-12), na qual manifestará nos seus discípulos a unidade do seu corpo (cf. 2,13-25); por isso, atravessa todo o seu povo – Judeia, Samaria, Galileia –, atraindo-os a ser em Deus para a vida do mundo (cf. 3,1-4,54).

Em seguida, Jesus dirige-se ao templo (cf. 5,1-8,59) a caminho da sua hora (cf. 9,1-12,50). No templo, unido ao Pai, assume as principais mediações do encontro de Deus com o seu povo. Entretanto, na Galileia, alimenta o povo, caminha sobre o mar, fala ao povo e muitos deixam-no; à sós com os Doze, Pedro reconhece nele o único que tem palavras de vida eterna, e Jesus diz que um dos Doze o entregará (cf. 6,1-71).

Os capítulos 5-8 concluem-se com o *Eu sou* absoluto de Deus (cf. 8,58), aquele que, nos capítulos 9-12, realiza o que revela *fazendo ver o cego de nascença, reunindo na unidade o seu rebanho* e *dando a vida a Lázaro*. Depois da decisão do sinédrio (cf. 11,47-53), Jesus termina a

---

[9] Cf. W. EGGER, *Methodenlehre*.

sua acção pública para a consumar como anunciam os seus discípulos, a multidão e os gregos. Na resistência do povo em acreditar e dos líderes em confessar, o Mestre chama todos à fé (cf. 12,1-50).

Prosseguindo a missão de levar a humanidade à unidade de vida em Deus, Jesus encontra-se a sós com os seus discípulos numa autêntica passagem de si a eles num primeiro e num segundo discursos, e na oração no Pai pela unidade de toda a humanidade (cf. 13,1-17,26).

Em seguida, Jo relata a prisão de Jesus e a sua atitude diante de Anás em paralelo com as negações de Pedro; o processo romano onde o Nazareno é dado como o Rei dos judeus; a consumação da hora de Jesus em que manifesta os frutos do seu Reino (cf. 18,1-19,42). O capítulo 20 é o reconhecer-manifestar do Logos-Jesus glorificado na unidade dos seus discípulos, que no capítulo 21 se manifesta como a atracção de toda humanidade à sua vital unidade em Deus.

Entrados no âmago do testemunho do discípulo amado, no segundo capítulo da tese, estudamos as noções de unidade judaica e greco-romana suas contemporâneas. Evidenciamos a importância que a noção de unidade universalmente então assumia, as influências que Jo terá recebido e a sua própria originalidade.

Nesse sentido, começamos por estudar a unidade judaica, na qual é e se concebe a noção de unidade de Jo, que depende do seu evento fundacional e fundante, e a qual se manifesta na resposta do povo de Deus na sua missão vital de ser unidade como testemunham Adão, Abraão, a sua descendência, Jacob, o judaísmo de Jo.

No seio dessa relação vital e pessoal entre o único Deus e o seu único povo, tomamos o *shemá Israel* (Dt 6,4) para revelar o sentido e a importância da unidade como modo de ser do povo de Deus. Não obstante a diversidade dos grupos, das instituições e das noções de unidade judaicas do I CE, essa diversidade concorria no único desejo de assumir a unidade como a realidade real e vital do povo.

A compreensão da noção de unidade de Filão de Alexandria permite-nos ver como a noção judaica sofreu influências da cultura helenística e romana; por isso, olhamos a noção de unidade greco-romana no I CE, a qual aparece mais ou menos consolidada como um dos principais temas do domínio filosófico, social, moral e religioso, como confirmam Séneca, Dio Crisóstomo e Plutarco.

Na verdade, se a compreensão da unidade judaica se move entre a 'unidade' e a 'dispersão' do único povo eleito ao seu único Deus, a compreensão grega da unidade move-se sobretudo na tensão entre o 'um' e o 'múltiplo' cósmico, metafísico, físico. A compreensão desses dois domínios e o discernimento do peso de cada um deles no testemunho do discípulo amado permitem compreender justamente a originalidade e a vitalidade próprias da unidade joanina.

Nesse contexto, no terceiro capítulo da tese, falamos da unidade joanina. Partindo do protagonista de Jo e do seu âmago, desse modo, concluímos o estudo com a unidade testemunhada pelo discípulo amado como fruto do encontro pessoal com a hora de Jesus. Com efeito, falamos da unidade joanina a partir do poder único do Logos-Jesus e da sua perfeita atracção a si na sua hora, precisamente, o evento que é e gera a unidade como o lugar atraente a todos os que vivem de Deus.

De facto, o testemunho do discípulo amado parte da realidade de Deus e foi concebido como sendo em unidade perfeita e una com o Logos-Jesus glorificado, aquele que é 'um' em Deus e que gera os seus discípulos como filhos de Deus, ou seja, como filhos dessa unidade.

Na culminante, central, e original hora (cf. 19,30), o encontro entre Deus e os discípulos do Senhor torna-se perfeitamente possível. Efectivamente, Jesus retorna a Deus, unindo-se perfeitamente àqueles que o acolhem em autêntica unidade pessoal comunicante onde todos esses são filhos de Deus em unidade a si.

Capítulo I

Testemunho do discípulo amado

1. Introdução (1,1-51)

O prólogo poético (cf. 1,1-18) introduz o grande protagonista do testemunho joanino – o Logos feito carne glorificado – e o seu âmago: o encontro do povo com Deus em Jesus ressuscitado; por isso, numa segunda abertura, à qual chamamos de prólogo narrativo (cf. 1,19-51), o discípulo amado estende o seu testemunho num caminho para a autêntica relação de Israel com a vida de Deus dada pelo seu Filho ressuscitado.

1.1 *Prólogo poético (1,1-18)*

Mateus começa o seu Evangelho com a genealogia de Jesus a partir de Abraão (cf. Mt 1,1-17), Marcos com a pregação e o baptismo de João Baptista (cf. Mc 1,1-8), Lucas com o prefácio a Teófilo e a revelação a Zacarias (cf. Lc 1,1-25). Sem negar essas tradições, Jo inicia em Deus.

É do seio do próprio Deus que o prólogo joanino[1] – chave, abertura e síntese de Jo – se estende e percebe segundo a vitalidade, a relação, a comunicação do Logos ao tudo-uno (cf. v.3) → aos homens (cf. v.4) → à treva (cf. v.5) → ao mundo (cf. vv.6-10) → aos seus (cf. v.11) → aos filhos de Deus (cf. vv.12-13) → à carne (cf. v.14) → ao *nós* (cf. v.14)[2].

Assim começa o testemunho joanino: *No princípio era o Logos, e o Logos estava com Deus* (Ἐν ἀρχῇ ἦν ὁ λόγος, καὶ ὁ λόγος ἦν πρὸς τὸν θεόν – v.1). Jo diz ainda: *e o Logos era Deus* (καὶ θεὸς ἦν ὁ λόγος –

---

[1] Cf. J. F. MacGrath, «Prologue», 98-120; M. Theobald, «Prologue», 193-216; J. Zumstein, «Prologue», 218ss.
[2] O *nós* é a unidade daqueles que acolheram e acolhem o Logos feito carne glorificado; cf. 1,14ss.

v.1). Segundo o olhar do discípulo amado, o Logos é no eterno do único Deus em perfeita unidade de vida; por ele tudo foi feito e *nele era a vida* (ἐν αὐτῷ ζωὴ ἦν – v.4)[3], a luz dos homens.

A acção do Logos (*vida* e *luz*) na treva é contínua, e a treva não compreende a sua acção (cf. v.5)[4]. Desta primeira e principal oposição joanina[5], enviado de Deus, surge João – chamado de Baptista só nos Evangelhos sinópticos[6] – dando testemunho da luz para que todos acreditem nela. Segundo o seu testemunho, a luz vivifica aqueles que a acolhem com o poder[7] de *serem filhos de Deus* (τέκνα θεοῦ γενέσθαι – v.12).

Escrito para que os seus leitores e ouvintes tenham a vida em Jesus (cf. 20,31)[8], Jo foi concebido como um seio onde os seus leitores e ouvintes são gerados de Deus[9]. Nesse sentido, da acção do Logos, como é descrita nos versículos 1-13, no versículo 14 o Logos é no *nós*: *O Logos fez-se carne e habitou entre nós* (ὁ λόγος σὰρξ ἐγένετο καὶ ἐσκήνωσεν ἐν ἡμῖν – v.14)

Original em relação às propostas docéticas e gnósticas contemporâneas a Jo é a compreensão joanina de o Logos se tornar carne: aqueles que acolhem a sua palavra viva (cf. 4,1ss; 6,68) podem ser autenticamente 'um' como ele é 'um' em Deus (cf. 17,1ss). Tanto assim que o *nós* testemunha: *vimos a sua glória, glória como Unigénito do Pai, cheio de graça e de verdade* (ἐθεασάμεθα τὴν δόξαν αὐτοῦ, δόξαν ὡς μονογενοῦς παρὰ πατρός, πλήρης χάριτος καὶ ἀληθείας – v.14).

Em seguida, em alta voz para que todos o oiçam (cf. v.15), João confirma a palavra do *nós* (cf. v.14) e a ela se une no versículo 16: *Pois da sua plenitude todos nós recebemos graça sobre graça* (ὅτι ἐκ τοῦ πληρώματος αὐτοῦ ἡμεῖς πάντες ἐλάβομεν καὶ χάριν ἀντὶ χάριτος – v. 16).

Depois do testemunho de que *a graça e a verdade vieram por Jesus Cristo* (ἡ χάρις καὶ ἡ ἀλήθεια διὰ Ἰησοῦ Χριστοῦ ἐγένετο – v.17), a palavra do *nós* e a de João unem-se à de Jo: ... *O Unigénito de Deus, que é no seio do Pai, o revelou* (... μονογενὴς θεὸς ὁ ὢν εἰς τὸν κόλπον τοῦ πατρὸς ἐκεῖνος ἐξηγήσατο – v.18)[10].

---

[3] Cf. B. M. METZGER, *Textual*, 167-168.
[4] Cf. Gn 1,1ss; 13,1ss.
[5] Cf. 3,1ss; 4,1ss; 5,35; 8,12; 9,1ss; 13,30ss; 18,1ss; 20,1ss.
[6] Cf. Mt 3,1ss; Mc 1,4ss; Lc 7,20ss.
[7] Cf. 1,32; 3,1ss; 19,23ss.
[8] Cf. C. H. TALBERT, *Reading*, 66ss; R.T. FORTNA, *Gospel*, 55ss.
[9] Cf. 1,18; 2,1ss; 3,1ss; 7,37ss; 13,23; 16,21ss; 19,25ss.
[10] A designação de Unigénito (μονογενής) no NT aplicada a Jesus só surge em Jo 1,14; 3,16.18; 1Jo 4,9.

Dessa maneira, o prólogo joanino, que começara em Deus (cf. vv.1-2), finda em Deus[11]; se ver Deus era impossível, o testemunho do discípulo amado revela-o em Jesus, o único que o viu e que é realmente no seio de Deus, pois ele, *que é no seio do Pai, o revelou* (v.18).

1.2 Prólogo narrativo (1,19-51)

Os versículos 19-51 formam uma segunda abertura a Jo. Retomando a acção do Logos na história, Jo estende o seu testemunho numa passadeira para o autêntico encontro do povo com Deus. Nesse sentido, do testemunho indirecto de João acerca daquele que estava no meio deles (cf. vv.19-28), a acção passa ao testemunho directo de João, que aponta para o Cordeiro de Deus (cf. vv.29-34), e, depois, ao testemunho realizado, que leva os discípulos de João a seguir Jesus (cf. vv.35-42)[12].

Como fruto do testemunho realizado, sempre no seio do único povo de Deus, Filipe e Natanael testemunham autenticamente acerca de Jesus – o filho de José de Nazaré, o Filho de Deus, o Rei de Israel –, e da sua missão de comunicar a vida de Deus ao seu povo (cf. vv.43-51; 19,35; 21,24).

1.2.1 Testemunho indirecto (1,19-28)

No seguimento do prólogo poético, surge o testemunho indirecto de João sobre Jesus. Em relação aos Evangelhos sinópticos (cf. Mc 1,1-8), Jo omite e introduz alguns aspectos da missão de João para o apresentar sobretudo como a voz, a testemunha que convida Israel a acolher o seu Deus.

João começa por negar ser o Cristo, Elias e o profeta[13]. Depois dessas suas negações *("Eu não sou o Cristo"* → *"Não sou"* → *"Não"*) (ἐγὼ οὐκ εἰμὶ ὁ χριστός → οὐκ εἰμί → οὔ – vv.20-21) e das insistentes questões da embaixada de sacerdotes e levitas enviada de Jerusalém (cf. v.22), João declara ser, com palavras do profeta Isaías, a voz que clama no deserto: *'Endireitai o caminho do Senhor'* (εὐθύνατε τὴν ὁδὸν κυρίου – v.23)[14].

---

[11] Cf. A. REINHARTZ, *Befriending*, 34ss.
[12] Cf. 19,35; 21,24-25.
[13] Cf. Dt 18,15ss; Ml 3,22-24.
[14] Cf. Is 40,3. Os Evangelhos sinópticos usam a citação (cf. Mt 3,3), mas só Jo a coloca nos lábios de João; cf. M. J. J. MENKEN, *Old Testament*, 21ss. Is 40,3 insere-se em Is 40,1-11. O profeta Isaías deseja consolar o povo através da relação pessoal entre Deus e o seu povo por meio da palavra: o fim do sofrimento (cf. vv.1-2); o apelo

Sempre tendo em vista a acção salvífica de Deus no seio do seu povo, João continua o seu testemunho indirecto: relativiza o seu baptismo, anuncia a ignorância dos judeus acerca daquele que estava no meio deles e realça a condição deste último (cf. vv.26-27).

Assim, face à já manifesta incompreensão do seu povo, a qual percorre todo o testemunho, Jo começa por conceber o autêntico testemunho a partir da sua origem e da sua motivação. A embaixada vem dos fariseus (cf. vv.19.24); João vem de Deus (cf. vv.6.23). João testemunha a realização das esperanças de Israel, para que o seu povo as acolhesse (cf. vv.7.27); a embaixada testemunha se João as cumpria, para proteger os seus interesses e os interesses dos seus líderes (cf. vv.22.25).

Com efeito, desde o primeiro momento do seu texto, Jo afirma que, para a realização do autêntico testemunho, é necessário que os líderes de Israel compreendam justamente Jesus.

1.2.2 Testemunho directo (1,29-34)

A primeira das três repetições da expressão *no dia seguinte* (Τῇ ἐπαύριον – v.29)[15] faz prosseguir o texto, agora com o testemunho directo de João acerca de Jesus. A perícope é marcada pela acção de *ver*[16], da qual depende o testemunho de João, que vê Jesus vir ao seu encontro.

O testemunho de João é composto por duas principais declarações: no início, *"Eis o Cordeiro de Deus que tira o pecado do mundo"* (Ἴδε ὁ ἀμνὸς τοῦ θεοῦ ὁ αἴρων τὴν ἁμαρτίαν τοῦ κόσμου – v.29); e no fim, *"este é o Filho de Deus"* (οὗτός ἐστιν ὁ υἱὸς τοῦ θεοῦ – v.34)[17]. Entre as suas declarações, João esclarece a razão, o sentido primeiro e último do seu baptismo: manifestar Jesus a Israel (cf. v.31).

---

a acolher a salvação (cf. vv.3-5); a estabilidade da palavra consoladora (cf. vv.6-8); o dinamismo da promessa (cf. vv.9-11). Cf. A. T. HANSON, *Prophetic*, 21ss.

[15] Inicia-se a contagem para o primeiro sinal de Jesus (cf. 1,29.35.43; 2,1). A referência aos primeiros quatro dias (cf. vv.29.35.43) assinala a passagem do testemunho indirecto a directo e deste a realizado.

[16] Notar a sequência: *"... não conheceis..."* (... οὐκ οἴδατε... – v.26), *... viu...* (... βλέπει... – v.29), *"... não o conhecia..."* (... καγὼ οὐκ ᾔδειν αὐτόν... – vv.31.33), *"... vi..."* (... ἑώρακα... – vv.32.34), *"... vires..."* (... ἴδῃς... – v.33), que finda na acção de João descrita pela forma verbal *"... vi e testemunhei que este é o Filho de Deus"* (... καγὼ ἑώρακα καὶ μεμαρτύρηκα ὅτι οὗτος ἐστιν ὁ υἱὸς τοῦ θεοῦ – v.34). Cf. E. A. ABBOTT, *Johannine*, 23ss.

[17] Nos Evangelhos sinópticos é uma voz dos céus (cf. Mt 3,17), aqui, é João quem apresenta Jesus como o Filho de Deus.

CAP. I: TESTEMUNHO DO DISCÍPULO AMADO 23

A primeira declaração de João integra as tradições judaicas: do cordeiro apocalíptico que reúne o seu rebanho; do servo justo que suporta os pecados de muitos; do cordeiro pascal que perdoa os pecados[18].

Não obstante a importância e a influência dessas tradições, na expressão *o Cordeiro de Deus*, fundamentalmente, Jo quer dizer a realidade e missão de Jesus esclarecida na declaração *"este é o Filho de Deus"* (οὗτός ἐστιν ὁ υἱὸς τοῦ θεοῦ – v.34).

Na condição de Filho de Deus, Jesus, o Cordeiro de Deus, tira o pecado do mundo, ou seja, aquilo que impede o mundo de viver autenticamente de Deus[19]. Por outras palavras, positivamente, como o texto revela, Jesus comunica aos seus discípulos o poder de viver na e da sua própria relação de Filho (cf. vv.12-13.34).

As duas declarações de João unem-se nas referências ao Espírito: o que desceu sobre Jesus, o que nele permanece e no qual baptiza os filhos de Deus (cf. vv.32-33; 1,13). João insiste que não o conhecia (cf. vv.31.33), pois é no Espírito, visto e testemunhado, que fala de Jesus.

Assim sendo, ao unir *o ver* e *o Espírito*, Jo vê e compreende em Jesus a perfeita revelação de Deus, onde é a justa compreensão e o testemunho. De facto, o povo e, concretamente, os seus líderes só poderiam compreender Jesus no seu Espírito no Pai.

1.2.3 Testemunho realizado (1,35-42)

A nova referência temporal, *no dia seguinte* (Τῇ ἐπαύριον – v.35), faz avançar a acção testemunhada. Agora, junto a João, estão dois dos seus discípulos. Jesus viera ao seu encontro, agora desfila diante do olhar atento (cf. v.36) de João, que confirma: *"Eis o Cordeiro de Deus"* (ἴδε ὁ ἀμνὸς τοῦ θεοῦ – v.36)[20].

Escutada a palavra de João, os seus dois discípulos seguiram (ἠκολούθησαν – v.37) Jesus. Dessa maneira, João realiza justamente o testemunho: leva a Jesus, sai de cena e por fim fala Jesus: *"Quem procurais?"* (τί ζητεῖτε)[21].

Então, aqueles dois discípulos de João perguntam directamente a Jesus: *"Onde moras?"* (ποῦ μένεις – v.38). De imediato, Jesus atrai-os a

---

[18] Cf. Ez 45,15ss; Is 53,7; 1Cor 5,7; C. K. BARRETT, «Lamb», 216.
[19] Jesus é o que João negou ser e o que este anunciou que seria.
[20] Face ao versículo 29, João não repete *"que tira o pecado do mundo"* (ὁ αἴρων τὴν ἁμαρτίαν τοῦ κόσμου), que se realiza seguindo Jesus. Cf. R. E. BROWN, *Gospel*, I, 73ss.
[21] 1,38; cf. 18,4.7; 20,15.

ver: *"Vinde e vede"* (ἔρχεσθε καὶ ὄψεσθε – v.39)[22].

A palavra de Jesus chama aquele que a escuta a uma resposta, atrai aquele que lhe responde positivamente à sua vida de unidade em Deus. O encontro entre o desejo de Jesus atrair o seu povo ao Pai e o desejo do povo em o conhecer é o lugar onde começa, se desenrola e finda o testemunho de Jo; ou seja, é a morada onde o testemunho é e permanece (verbo μένω – cf. v.39) autenticamente[23].

Um dos discípulos de João era André, o outro não é nomeado. Como este, Jo leva os seus leitores e ouvintes a seguir André: primeiro, até Pedro; depois, ao anúncio de Filipe: *"Encontrámos o Messias"* (εὑρήκαμεν τὸν Μεσσίαν – v.41)[24] – em hebraico e em grego para que todos soubessem. Desse modo, como João, André realiza o testemunho.

Entretanto, Jesus viu Simão e chamou-o Cefas, traduzido como os títulos Mestre e Messias[25], em vista da sua futura condição: 21,19.22. De facto, entre esses dois encontros, está o testemunho de Jo, o qual Pedro, especialmente guiado pelo discípulo amado[26], acolherá modelar e perfeitamente: é atraído por Jesus e leva a Jesus (cf. 21,1-14); guarda os discípulos de Jesus na unidade (cf. 21,15-17); dá a vida pela unidade dos discípulos (cf. 21,18-19); segue o testemunho do amado (cf. 21,20-25).

1.2.4 Testemunho autêntico (1,43-51)

A acção prossegue *no dia seguinte* (Τῇ ἐπαύριον – v.43), não na Judeia, mas na Galileia, concretamente em Betsaida, a cidade de André e Pedro, com a chamada de Filipe.

Sem os mediadores dos encontros anteriores, este encontro de Jesus com Filipe resume-se ao vocativo *"segue-me"* (ἀκολούθει μοι – v.43), que recorre em Jo só com Pedro (cf. 21,19.22)[27].

Nos Evangelhos sinópticos, o vocativo (*"segue-me"*) é a primeira chamada a alguns dos seus discípulos (cf. Mt 8,22; 9,9; 19,21); em Jo, manifesta a perfeita unidade de acção a Jesus. Seguir Jesus joanino é o

---

[22] Cf. W. H. GLOER, «Come», 269-301.
[23] Cf. 13,1ss; 20,1ss; 21,22ss.
[24] Jo confirma Jesus como sendo o Ungido de Deus por excelência.
[25] Cf. 1,38.41; O. CULLMANN, *Johannine*, 95ss; G.H.R. HORSLEY, «Name», 1-17.
[26] O discípulo amado em Jo assume duas principais particularidades: sempre unido e atraído a Jesus e sempre guiando Pedro a Jesus. Pedro joanino, no meio das suas vicissitudes, assume a principal característica de seguir Jesus até ao justo entendimento. Nesse sentido, Pedro é modelo para todos os Judeus, em particular, para os seus líderes, como precisamente o versículo 42 prepara em vista do final do testemunho: 21,15ss.
[27] Diversamente dos Evangelhos sinópticos (cf. Mt 4,19ss), a chamada e envio dos discípulos em Jo acontece após a hora. Cf. R. F. COLLINS, *John*, 9ss.

fruto do seu Logos, que, ao chamar a si e ao ser acolhido como é, leva a entender e a agir como ele é ou unido a ele[28]; precisamente, na medida em que se permanece unido à sua vida em Deus.

No seguimento da questão *"Quem procurais?"* (τί ζητεῖτε; – v.38) e das sucessivas ocorrências do verbo *encontrar* (εὑρίσκω – vv.41. 43.45), a declaração de Filipe a Natanael (*"Encontrámos aquele de quem escreveu Moisés na Lei, e os profetas: Jesus, o filho de José, de Nazaré"*) (ὃν ἔγραψεν Μωϋσῆς ἐν τῷ νόμῳ καὶ οἱ προφῆται εὑρήκαμεν, Ἰησοῦν υἱὸν τοῦ Ἰωσὴφ τὸν ἀπὸ Ναζαρέτ – v.45) responde à pergunta do versículo 38: *Quem procurais?*

Como André (cf. v.41)[29], Filipe prepara o núcleo da fé. Na realidade, Filipe acredita em Jesus como sendo o filho de José; em seguida, um israelita sem engano acreditará em Jesus como sendo o Filho de Deus (cf. v.49).

Natanael conhecia a tradição de Israel[30], mas desconhecia a real origem de Jesus[31], o filho de José – como lhe anunciara Filipe (cf. v.45). Então, como Jesus (cf. v.39), Filipe, de imediato, diz-lhe: *"Vem e vê"* (ἔρχου καὶ ἴδε – v.46). Filipe realiza justamente o testemunho: sai de cena e Natanael vai ao encontro de Jesus.

Segundo as palavras de Jesus (*"Eis um verdadeiro israelita, em quem não há engano"*) (ἴδε ἀληθῶς Ἰσραηλίτης ἐν ᾧ δόλος οὐκ ἔστιν – v.47)[32], aquele a quem Filipe se dirigira é o israelita autêntico sem engano que deseja conhecer Deus sem engano[33].

O diálogo entre Jesus e Natanael contrasta com o diálogo entre João e a embaixada enviada de Jerusalém (cf. 1,19ss). Natanael dirige-se a Jesus disposto autenticamente a saber: *"De onde me conheces?"* (πόθεν με γινώσκεις; – v.48); e, por isso, aquele *verdadeiro israelita sem en-*

---

[28] Jesus *encontrou Filipe* (εὑρίσκει Φίλιππον – v.43); *Filipe encontrou Natanael* (εὑρίσκει Φίλιππος τὸν Ναθαναὴλ – v.45) e revelou o fruto do seu encontro com Jesus; Filipe convida Natanael a ir e a ver Jesus: *"Vem e vê"* (ἔρχου καὶ ἴδε – v.46), antes o Mestre tinha dito: *"Vinde e vede"* (ἔρχεσθε καὶ ὄψεσθε – v.39); cf. P. S. ALEXANDER, «Rabbinic», 240ss.

[29] Ao longo de Jo, Filipe une-se particularmente a André no *levar Jesus* (cf. 1,40-51; 12,20ss). Cf. R. FABRIS, *Giovanni*, 134ss.

[30] A tradição não atribuía relevância a Nazaré, lugar pequeno, ausente no AT e nos primeiros escritos rabínicos; cf. R. SCHNACKENBURG, *Johannesevangelium*, I, 313ss.

[31] Cf. 1,13; 2,9; 3,4.

[32] Ao desejo sincero de Natanael conhecer a sua proveniência correspondem as palavras de Jesus que conhece Natanael, antes de o *conhecer* (cf. 2,25; 5,42; 6,61; 10,14ss). O termo *israelita* nos Evangelhos ocorre só aqui. Em Jo, *Israel* ocorre quatro vezes e sempre positivamente. Cf. J. PAINTER, «Church», 108.

[33] Cf. Sl 32(31),2; Sf 3,13.

gano (v.47) reconhece Jesus como o Filho de Deus[34] e é o primeiro a confessar-lhe directamente a fé: *"Rabi, tu és o Filho de Deus, tu és o Rei de Israel"* (ῥαββί, σὺ εἶ ὁ υἱὸς τοῦ θεοῦ, σὺ βασιλεὺς εἶ τοῦ Ἰσραήλ – v.49; cf. v.21). Assim, se Jesus encontra um israelita sem engano, este encontra o Rei de Israel[35].

Desse modo, à luz do pai das doze tribos de Israel, Jacob-Israel[36], Jo culmina os títulos dos versículos 19-51 e prepara o seu cumprimento[37]. No final do testemunho, alguns líderes judeus reconhecem César como Rei (cf. 19,15); no seu início, um israelita sem engano confessa Jesus como o Rei de Israel. Para Jo, sem uma autêntica disposição para viver de Deus, como a de Natanael, Israel não podia entender o Enviado de Deus nem, por isso, completar a sua vocação de povo: viver em unidade com o seu Deus.

Natanael representa, como Nicodemos (cf. 19,39-42), a necessária abertura dos líderes de Israel à justa compreensão de Jesus para a completa realização da vontade de Deus no seu único povo (cf. 21,2).

Jesus conclui o diálogo com Natanael com a primeira das suas solenes declarações, iniciadas com um duplo *"em verdade"* (ἀμήν): *"Em verdade, em verdade vos digo: vereis o céu aberto e os anjos de Deus subindo e descendo sobre o Filho do homem"* (ἀμὴν ἀμὴν λέγω ὑμῖν, ὄψεσθε τὸν οὐρανὸν ἀνεῳγότα καὶ τοὺς ἀγγέλους τοῦ θεοῦ ἀναβαίνοντας καὶ καταβαίνοντας ἐπὶ τὸν υἱὸν τοῦ ἀνθρώπου – v.51).

Desse modo, continuando segundo a tradição de Jacob e introduzindo a tradição do Filho do homem[38], como corolário dos versículos 19-51 e chave de entrada no testemunho, Jesus diz ser o lugar atraente, a *escada* que vem e que leva o seu povo à vida de Deus (cf. v.51).

---

[34] Ao declarar a Natanael *antes que Filipe te chamasse, eu vi-te debaixo da figueira* (πρὸ τοῦ σε Φίλιππον φωνῆσαι ὄντα ὑπὸ τὴν συκῆν εἶδον σε – v.48), Jesus joanino integra diversas tradições judaicas (cf. Dn 13,1ss; 1Re 4,25; Os 9,10; Mq 4,4; Zc 3,8-10), pelas quais, fundamentalmente, assume ser o autêntico testemunho e a perfeita realização das esperanças de Israel de acordo com a lei; ao mesmo tempo, seguindo a atitude de Natanael, Jo assegura naqueles que procuram verdadeiramente a vontade de Deus o justo entendimento de Jesus; cf. C. R. KOESTER, «Messianic», 23-24.

[35] Cf. Zc 3,8-10.

[36] Cf. Gn 27,34-36; 32,24-29; P. TRUDINGER, «Israelite», 117-120.

[37] Cordeiro de Deus (cf. vv.29.36) → Filho de Deus (cf. vv.34.49) → Mestre (cf. vv.38.49) → Messias-Cristo (cf. v.41) → aquele de quem Moisés escreveu na lei e os profetas (cf. v.45) → Filho do homem (cf. v.51). Natanael é ponto de partida e modelo para que todo o povo de Deus viva do seu Logos feito carne glorificado.

[38] Cf. Gn 28,12. O Filho do homem joanino assume particularmente a missão de comunicar aos seus discípulos a vida de Deus. Importante notar que Jesus permanece sempre no seio da história do Deus de Israel com o seu povo (cf. vv.11ss).

O testemunho joanino pode, então, começar. Os seus protagonistas estão apresentados: Jesus, o mundo, os homens, o povo, os seus discípulos. A principal antagonista está igualmente referenciada: a treva. A acção move-se pelo desejo de Jesus levar o mundo, os homens, o povo, os discípulos da ignorância, da dispersão, da morte à sua compreensão, à sua unidade, à sua vida em Deus.

Nesse sentido, decorre a acção testemunhada: a vida pública de Jesus (cf. 2,1-12,50); o encontro de Jesus com os seus discípulos (cf. 13,1-17,26); a glorificação do Rei dos judeus (cf. 18,1-19,42); a conclusão do Evangelho com os seus dois epílogos (cf. 20,1-21,25)

2. Vida pública de Jesus (2,1–12,50)

Após o pórtico inicial formado pelos dois prólogos (cf. 1,1-18; 1,19-51), o discípulo amado prossegue o seu testemunho apresentando a vida pública de Jesus em três principais etapas:

– nos capítulos 2-4, num anúncio programático da sua missão, Jesus começa por revelar e manifestar o seu desejo vital de atrair o seu povo à sua unidade de vida em Deus para assim salvar o mundo inteiro;

– nos capítulos 5-8, para realizar o seu desejo, no templo e na Galileia, começa por revelar-se, com o testemunho de Moisés e de Abraão, vitalizando em si o sentido último do sábado, do êxodo, da festa das Tendas, da lei e, absolutamente, do absoluto *Eu sou* de Deus;

– nos capítulos 9-12, sempre no templo de Jerusalém ou na Judeia, o Logos feito carne manifesta-se naqueles que o acolhem como se revelara, levando-os a ver, a unir-se e a viver de Deus. Com o aproximar-se da sua hora, Jesus completa a sua acção pública: o sinédrio decide a sua morte; é acolhido como Rei pelo povo em Jerusalém; os gregos desejam vê-lo; faz o último apelo à fé.

2.1 *Jesus chama a si o seu povo para salvar o mundo (2,1–4,54)*

O Unigénito de Deus entra em acção partindo da sua hora, na qual dá aos seus discípulos o poder de nascerem de Deus (cf. 2,1-12) como seu corpo neste mundo (cf. 2,13-25); por isso, após o seu encontro com um dos mais notáveis líderes de Israel – Nicodemos – e o autêntico testemunho de João, Jesus atravessa toda a sua terra, Judeia, Samaria, Galileia, no desejo de atrair o seu povo à sua unidade de vida em Deus para assim salvar o mundo inteiro (cf. 3,1-4,54).

Nesta primeira etapa da vida de Jesus joanino, cheia de significado e de coerência, o Logos feito carne revela-se como o lugar excelente da relação de Deus-povo. Nesse sentido, depois das bodas em Caná, vai a casa do Pai em Jerusalém.

Após a resposta negativa de alguns dos líderes, a acção prossegue positivamente com Nicodemos e com João. No encontro com a mulher da Samaria, que representa o povo, superando as diversas barreiras dispersivas deste, Jesus deseja-o na sua vida em Deus para assim salvar o mundo inteiro.

2.1.1 Início da acção: o vinho nas núpcias (2,1-12)

No seguimento do prólogo poético (cf. vv.1-18), e depois de estender o seu testemunho como uma passadeira para o encontro com Deus (cf. vv.19-51), Jo começa a acção numa boda de casamento.

Desse modo, servindo-se dos temas do matrimónio e do banquete escatológicos, próprios da justa relação entre Deus e o seu povo[39], ao terceiro dia – o sétimo desde 1,19 –, Jesus manifesta o desejo de realizar plenamente o encontro entre Deus e o povo.

Nesse desejo vital, a acção pública de Jesus parte do seu *happy end* (cf. 19,17ss), no qual decorre todo o testemunho do discípulo amado segundo o olhar da cruz (cf. 19,35). Com efeito, o discípulo amado começa e deseja a acção sempre no seio da unidade entre Deus e os homens como mostrarão os sucessivos sinais e ensinamentos, frutos da acção de Jesus.

Sempre em Jo, como neste primeiro sinal, o encontro com Jesus visa o encontro excelente entre o esposo e a esposa, ou seja, entre o único Deus de Israel e o seu único povo[40]. Sem nunca precisar quem é a esposa da boda, a primeira personagem que Jo introduz na acção de Jesus é a sua mãe.

A mãe de Jesus é a primeira a ser nomeada, a primeira a agir e a primeira a falar. Sem nunca ser chamada em Jo pelo seu nome próprio, de imediato, como fará Jesus (cf. v.4a), Jo destaca Maria[41] pela qualidade da sua relação: ela é a mãe de Jesus (μήτηρ τοῦ Ἰησοῦ – v.1), aquela que gerou o seu Filho para a sua hora; ela é a mulher, a esposa (γυνή – v.4) fiel, aquela que deseja totalmente viver do amado Deus[42].

---

[39] Cf. Pr 9,2-5; Jr 3,20; Is 54,4-8; Am 9,13-14; R. A. CULPEPPER, *Anatomy*, 180ss.
[40] Cf. H. THYEN, *Johannesevangelium*, 164ss.
[41] Cf. Mt 1,18ss.
[42] È lei (Maria) a anticipare quell'accettazione totale che, con la croce, aprirà a tutti il varco per svincolarsi da ogni aporia storica e umana, sciogliendone con "tremenda

Nas únicas aparições joaninas da mãe de Jesus, ou seja, do primeiro ao último momento, agora e na cruz (cf. vv.1.2.3.4; 19,25-27)[43], Maria é a resposta excelente a Deus, de tal modo que a qualidade da sua relação com Deus é a qualidade do seu fruto: o seu próprio Filho Unigénito.

Por isso, de imediato, a mãe de Jesus percebe que faltava o vinho (cf. v.3)[44]: a felicidade plena do encontro do povo com a vida de Deus. Em resposta à mãe e mulher, Jesus detém-se na relação entre os dois e orienta a relação que mantinha com ela para a sua hora (*"Que há entre mim e ti, mulher? Ainda não chegou a minha hora"*) (τί ἐμοὶ καὶ σοί, γύναι; οὔπω ἥκει ἡ ὥρα μου – v.4)[45].

Agora, a mãe de Jesus gera o seu filho para a sua hora, da qual parte Jo. Depois, aquando a hora, Jesus gera a sua mãe como mãe do discípulo amado. Então, ao acolher a mulher como sua mãe, o discípulo amado é gerado como autêntica testemunha da vida dada e recebida pelo glorificado (cf. 19,25-27). Nesse fecundo domínio é a relação de Maria com os diáconos, que aqui representam os disponíveis para viver da palavra de Deus (cf. Ex 19,8).

O Evangelho de Lucas descreve Maria como *"serva do Senhor"* (δούλη κυρίου – 1,38), com as palavras *"faça-se em mim segundo a tua palavra"* (γένοιτό μοι κατὰ τὸ ῥῆμά σου – 1,38); em Jo, as primeiras e únicas palavras da mãe de Jesus são então dirigidas aos *diáconos* (διακόνοις): *"Fazei o que ele vos disser"* (ὅ τι ἂν λέγῃ ὑμῖν ποιήσατε – v.5).

O desejo dado pela mãe de Jesus aos diáconos gera o testemunho joanino para a revelação da palavra feita carne e, como fruto do acolhimento da palavra viva, para a sua manifestação nos seus discípulos (cf. 20,1ss). De facto, do desejo da mãe de Jesus brota a relação e a acção dos diáconos com o seu Filho. A relação é selada pela correspondência entre as palavras de Jesus e a acção dos diáconos (cf. vv.7-8).

As seis vasilhas de água avistam a plenitude dessas e a da *sétima* – a água viva (cf. 4,1ss) –; a pedra, a disposição para acolher o Logos[46]; as

---

dolcezza", rigorosamente opposta a quella di Dioniso, i vincoli e nodi; G. FORNARI, *Dioniso*, 272.

[43] A única excepção também na cruz, quando Jesus a chama mãe do discípulo amado (cf. 19,27). Cf. S. V. TILBORG, *Imaginative*, 210ss.

[44] Maria representa a virgem de Sião que suspira pelos dias messiânicos, que só poderão ser de felicidade e abundância (cf. Is 25,6-7; 2Br 29,3.5: Quando o Messias começar a revelar,... cada vinha dará mil varas, cada vara mil cachos, cada cacho mil uvas, e uma uva dará um kor de vinho); J. CARREIRA DAS NEVES, *Escritos*, 138-139.

[45] Cf. T. STRAMARE, «Risposta», 179-192; J. B. M. BULEMBAT, «Head», 41-56.

[46] Cf. Ez 36,26; 2Cor 3,3; S. MARIANNE, «Mère», 33-41.

oblações de purificação dos judeus, o poder do Logos; e a enorme quantidade de água, a abundância infinita do Logos (cf. v.6).

A simbologia utilizada neste evento insere a acção de Jesus na história de Deus com o seu povo e assegura nele a sua completa realização, clara no desejo de Jesus de que enchessem as vasilhas até ao cimo (cf. vv.7-8).

Entretanto, acontece o encontro do mestre de sala, que só então aparece, com os diáconos, que lhe levam o vinho. É ao mestre de sala que é dado a provar o vinho. Porém, em oposição aos diáconos, o mestre de sala ignorava a origem da bebida[47]: *não sabia de onde era* (οὐκ ᾔδει πόθεν ἐστίν – v.9).

A sua situação é semelhante à situação inicial de Nicodemos[48] e, como este, aquele mestre representa de um modo particular os líderes de Israel. Em Jo, à excepção de Nicodemos, os líderes judaicos destacam-se por ignorarem a proveniência do Enviado de Deus[49].

O mestre de sala questiona o esposo. Aparentemente ausente, o esposo era o promotor da boda; e, na relação Deus-povo, era a origem, o amor, a razão, a sabedoria, a esperança, a alegria do povo de Deus[50]. Não obstante ter-lhe sido dado a provar, aquele mestre ignorava a origem, o tempo e a qualidade do vinho dado por Jesus (cf. vv.9.10).

A ignorância do mestre, num típico duplo sentido joanino[51], avista sobretudo o significado vital daquele evento matrimonial e escatológico: Deus é o esposo; Jesus é o lugar na relação entre Deus e o povo (a esposa). Contudo, sem entender a origem, o tempo, a qualidade da vida dada por Jesus, o povo e, de um modo particular, os seus mestres não poderiam viver autenticamente do amado Deus.

Assim, no início dos seus sinais, Jesus deseja: dar a sua vida como a plenitude do seu povo; dar ao povo a necessária disposição para que este possa viver de Deus; falar da ignorância sobre a sua própria origem como a razão primeira da descrença.

Nesse desejo, o discípulo amado situa a realização das esperanças veterotestamentárias em Jesus no agora presente da história ("... *até agora*") (... ἕως ἄρτι – v.10) concluindo: ... *manifestou a sua glória, e*

---

[47] Se também proveio da Galileia (cf. 1,45ss) e se Maria e José eram os seus pais (cf. 2,1), Jesus provém do Pai (cf. 16,27ss) como o seu Logos (cf. 7,16ss); por isso, é 'o vinho bom', o que cumpre e o que possibilita a perfeita unidade no Pai (cf. 5,17ss).
[48] Cf. 3,1ss; B. OGNIBENI, «Ignoranza», 123-130.
[49] Cf. 4,1-3; 5,9ss; 7,14ss; 9,13ss; 10,1ss; 11,45ss; 12,19ss; 18,12ss.
[50] Cf. Ex 19,11; Os 1-3; Ez 16; Jr 2; Is 61,10; 62,3-5; Zc 10,7.
[51] Cf. 4,1ss; 5,1ss; 6,1ss; 9,1ss; 11,1ss; 18,1ss; 20,1ss.

os seus discípulos acreditaram nele (... ἐφανέρωσεν τὴν δόξαν αὐτοῦ, καὶ ἐπίστευσαν εἰς αὐτὸν οἱ μαθηταὶ αὐτοῦ – v.11).

Em síntese, no *início aos seus sinais* (ἀρχὴν τῶν σημείων – v.11), Jo apresenta o sinal de Jesus como revelação da glória do Filho ao comunicar completamente Deus ao povo. Aquando da hora, na qual o presente evento decorre, a glória de Jesus atinge a completa visibilidade naqueles que o acolhem como sua morada no mundo (cf. 20,1ss).

Entretanto, agora, em Caná, os discípulos de Jesus acreditam nele. Em seguida, o Filho dirige-se ao centro religioso do povo, à casa do seu Pai no mundo: o templo de Jerusalém. Jesus deseja unir o povo na sua vida no Pai; contudo, no templo, os seus líderes opõem-se-lhe.

2.1.2 Santuário: encontro do Pai com os seus filhos (2,13-25)

A Páscoa dos judeus estava próxima (Ἐγγὺς ἦν τὸ πάσχα τῶν Ἰουδαίων – v.13) e Jesus subiu a Jerusalém. Inicia-se o calendário joanino das três Páscoas[52]. Entre estas: uma festa não especificada (cf. 5,1), a festa das Tendas (cf. 7,2), e a festa da Dedicação do templo (cf. 10,22). O calendário festivo orienta-se para a derradeira Páscoa (cf. 12,1ss), na qual Jo e todas as suas festas se entendem e completam.

Os Evangelhos sinópticos relatam de um modo semelhante o evento no templo, porém colocam-no nas vésperas da morte de Jesus e inserem os seus ditos sobre o templo no sinédrio[53].

Jo coloca o evento e os ditos de Jesus no início do seu testemunho e une-os ao primeiro sinal de Jesus, sobretudo para confirmar em Jesus glorificado o perfeito lugar de encontro do povo com Deus (cf. 1,51-2,12), explicar o fundamento do conflito – estendido em todo o testemunho – das autoridades judaicas contra o Enviado de Deus (cf. 1,19ss) e revelar a necessidade de os seus líderes se abrirem à vida de Deus para a consumação da unidade de Israel[54].

De imediato, como se para isso tivesse subido a Jerusalém, Jo descreve o evento de Jesus no recinto do templo (ἱερός – vv.14.15)[55]. O

---

[52] Cf. 2,13; 6,4; 11,55. Continuidade dos sinais de Jesus nas três Páscoas: anúncio da ressurreição do seu corpo, vida de Deus dada para a unidade, vida dos seus como verdadeiro culto e adoração.

[53] Cf. Mt 21,12-17; 26,61; E. BAMMEL, «Tempelreinigung», 507-513.

[54] O presente relato joanino é atravessado pela glorificação do Filho de Deus; cf. vv.17.21-22.

[55] Cf. C. K. BARRETT, *Gospel*, 194ss. Um judeu pio estranharia ver bois e ovelhas no complexo do templo; cf. R. HAKOLA, *Identity*, 90. Zc 14,21 profetiza o fim dos negócios ilícitos. Face aos Evangelhos sinópticos, só Jo refere: os vendedores sem se

gesto de Jesus de *tirar fora*, de *libertar* (ἐκβάλλω – v.15) os vendedores, os cambistas e os animais do recinto integra o dizer profético da destruição do templo[56] e é fundado no facto de Jesus ser o Filho de Deus: *O zelo pela tua casa me devorará* (ὁ ζῆλος τοῦ οἴκου σου καταφάγεταί με – v.17)[57].

O desejo do Filho é que a casa do Pai seja lugar de encontro com os seus irmãos; por isso, ainda espalha por terra o dinheiro e as mesas do negócio (cf. v.15).

A vitalidade do desejo e da atitude de Jesus, como recorda Jo (cf. vv.17.21-22), brota do evento da cruz, o lugar genuíno da salvação, onde o povo é santificado plenamente na unidade ao glorificado em Deus.

Nesse contexto, surge o primeiro diálogo de Jesus com as autoridades judaicas. A glória de Jesus é dar, é comunicar perfeitamente Deus aos seus discípulos (cf. v.11). Porém, os seus líderes religiosos, num lugar tão significativo de encontro de Deus com o seu povo, indispõem-se a acolhê-lo e, por isso, começam o conflito contra o seu filho.

Os líderes religiosos pedem-lhe um *sinal* (σημεῖον – v.18) messiânico[58]. Jesus desperta o olhar deles: *"Destruí este santuário e em três dias o levantarei"* (λύσατε τὸν ναὸν τοῦτον καὶ ἐν τρισὶν ἡμέραις ἐγερῶ αὐτόν – v.19)[59]. Às suas palavras, aqueles judeus pensam no templo de pedra e estranham a sua reconstrução em três dias.

As rivalidades entre os próprios líderes – como a história comprovara[60] – provocaram a destruição do complexo do templo; porém, Jesus falava do erguer do seu corpo naqueles que vivem da sua glorificação (cf. 20,1ss).

Como Jo sublinha, na realidade, os discípulos na hora recordaram-se das palavras de Jesus e acreditaram nas Escrituras e nas suas palavras (cf. v.22; 20,9ss). Desse modo, o poder do gesto de Jesus passa ao poder da sua palavra e ao poder dessa quando acolhida na hora.

O Logos-Jesus glorificado acampa naqueles que o acolhem como morada cheia de graça e verdade (cf. 1,14ss), como lugar excelente onde os verdadeiros adoradores adoram o Pai (cf. 4,1ss)[61], como verda-

---

referir aos compradores (cf. Mt 21,12; Mc 11,15; Lc omite também os compradores); o templo como a casa do Pai; a explicação às autoridades.

[56] Cf. Is 56,7; Jr 7,11; Mq 3,12; Ml 3,1ss.
[57] Cf. Sl 69(68),10.
[58] Cf. 11,47; bSan 98.
[59] O verbo *destruir* (λύω) dos líderes surge em oposição ao verbo *levantar* (ἐγείρω) de Jesus.
[60] Cf. JOSEPHUS, *BJ* 4 § 151.
[61] Cf. R. HALOKA, *Identity*, 87ss.

deira realização do encontro do povo com Deus – como desejara a *mulher* e *a mãe de Jesus* no início dos sinais do seu filho (cf. v.4).

O relato termina assim: com o acreditar de muitos em Jerusalém em Jesus; com o não acreditar de Jesus na fé desses, por depender dos sinais que viam; e com o sair silencioso das autoridades judaicas (cf. vv.23-25)[62]. Dessa maneira, a abertura da acção de Jesus conclui-se num tripé joanino vital: o movimento de fé em Jesus da multidão; a hora de Jesus como o sinal excelente; e a resistência dos líderes em acreditar em Jesus.

Nesse sentido, em seguida, precisamente, a acção detém-se na ida de um dos principais líderes – Nicodemos, uma personagem joanina positiva – ao encontro de Jesus com o desejo sincero de escutar o Enviado de Deus (cf. 3,1ss).

2.1.3 Ver e entrar no reino de Deus (3,1-21)

Passado o duplo pórtico joanino (cf. 1,1-18 – 1,19-51; 2,1-12 – 2,13-25), o testemunho do discípulo amado descreve a iniciativa de um líder judeu ir ao encontro de Jesus para o escutar. Jesus interessa-se em despertar o líder para o fundamental: o necessário para encontrar Deus[63]. Nicodemos tinha que nascer do alto (cf. 3,1-12); Jesus tinha que ser elevado (cf. 3,13-21)[64].

a) *Necessário nascer do alto (3,1-12)*

Pertencendo ao grupo dos fariseus e dos chefes dos judeus, mesmo sem ser enviado pelas autoridades de Jerusalém (cf. 1,19ss), Nicodemos foi de noite ao encontro de Jesus reconhecendo-o como Mestre vindo de Deus pelos sinais que fazia (cf. 2,23ss). Em contraposição aos demais líderes, agora e sempre, Nicodemos dispõe-se a escutar Jesus[65].

Desse modo, a acção prossegue com um líder judeu que deseja conhecer a vontade de Deus (*"sabemos que..."*) (οἴδαμεν ὅτι... – v.2) e que é, depois de Jesus, o primeiro a ser chamado pelo próprio nome no decorrer da acção pública do Enviado de Deus[66].

---

[62] Cf. C. Uмoн, «Temple», 314-333.
[63] Cf. Mt 5,20; 7,21; 18,3.
[64] Cf. 19,38-42.
[65] Nicodemos vai ao encontro de Jesus duas vezes: para o questionar (cf. 3,1-21) e para guardar o seu corpo (cf. 19,38-42). Primeiro, escuta a sua palavra; depois, confirma-a: a necessidade de nascer do alto. Entretanto, Nicodemos intervém a favor da verdade sobre Jesus diante de outros líderes judaicos (cf. 7,50ss).
[66] Cf. 3,2. Notar o significado do nome 'Nicodemos': *o povo da vitória, o vencedor*

Da situação inicial de Nicodemos, brota o movimento do texto, que corresponde ao desejo de Jesus de se revelar ao mundo inteiro: da noite à luz (cf. v.2); do baixo ao alto (cf. v.3); da carne ao espírito (cf. vv.4-6); da terra ao céu (cf. v.12); da morte à vida (cf. v.15); do ódio ao amor (cf. v.16); do juízo à salvação (cf. v.17); do não acreditar ao acreditar (cf. v.18); das más às boas obras (cf. vv.22-21); enfim, dos seus sinais (cf. 2,23-25) ao seu sinal excelente, fundamental, razão daqueles, vital e continuamente presente no Pai e naqueles que o acolhem (cf. 19,16ss).

Em vista do autêntico acreditar[67], decorrem as duas principais declarações de Jesus no diálogo[68]: *poder ver* e *poder entrar* (δύναται ἰδεῖν e δύναται εἰσελθεῖν) no reino de Deus (cf. vv.3.5).

Nicodemos começa por entender o Mestre superficialmente, ignorando a origem e a meta do espírito. Jesus lembra-lhe: os gerados do alto, da água, do Espírito (cf. vv.3-5) são gerados por ele; e para perceber as suas palavras não basta ser mestre nem só escutá-lo, é necessário *o poder ver e entrar* no domínio de Deus (cf. vv.5-8). Com efeito, Jo retoma a questão vital do poder viver de Deus (cf. 1,12).

Depois, do singular ao plural, o Unigénito de Deus acrescenta: *"nós falamos do que sabemos e damos testemunho do que vimos"* (ὃ οἴδαμεν λαλοῦμεν καὶ ὃ ἑωράκαμεν μαρτυροῦμεν – v.11). Por outras palavras, como destacam os oito passivos do verbo *nascer* (γεννάω) nos versículos 3-8, o testemunho de Jesus e o testemunho dos seus discípulos são gerados em Deus. Porém, sem acreditar nas realidades terrenas, Nicodemos não podia acreditar nas realidades celestes[69].

Na verdade, os líderes judeus, sem se disporem verdadeiramente a ser de Deus, não podiam acreditar no seu Logos feito carne.

b) *Necessário Jesus ser elevado (3,13-21)*

Então, Jesus passa das realidades terrenas às celestes, concretamente, à necessidade de o Filho do homem[70] – o único que subiu ao céu, por-

---

do povo, o político de êxito. Cf. J. CARREIRA DAS NEVES, «Pronome», 43-65.

[67] Nicodemos, em oposição a Judas, vai das trevas à luz, pois deseja ouvir Jesus. Efectivamente, desta sua primeira intervenção em Jo à terceira, junto à cruz, Nicodemos não só testemunha a elevação de Jesus como então nasce do alto, precisamente, ao receber o próprio Jesus, que habita naqueles que o acolhem como morada no mundo.

[68] A locução adverbial *do alto* (ἄνωθεν) – vv.3.7.31; 19,11.23 – expressa a atracção a Deus; cf. F.-M. BRAUN, *Jean*, 25ss.

[69] Cf. R. E. BROWN, *Community*, 47ss.

[70] Cf. 1,51; Dn 7,1ss.

que dele desceu, nele é e do alto vive – ser elevado para dar a vida aos seus discípulos (cf. Nm 21,8ss); e passa ainda de Nicodemos ao mundo inteiro.

Jesus recorda, *"Deus tanto amou o mundo"* (ἠγάπησεν ὁ θεὸς τὸν κόσμον – v.16), que lhe deu *"o Filho Unigénito"* (τὸν υἱὸν τὸν μονογενῆ – v.16) *para que todo o que acredita tenha a vida eterna* (πᾶς ὁ πιστεύων ἔχῃ ζωὴν αἰώνιον – v.16)[71].

Segundo Jo, o mundo criado por Deus (cf. 1,1ss) é também lugar hostil (cf. 15,18) e é precisamente no mundo que o amor de Deus se comunica pelo Filho de Deus (cf. v.18). Nesse sentido, Jesus anuncia a perfeita revelação de Deus na sua gloriosa cruz, atraindo assim o mundo a essa mesma relação (cf. v.14)[72].

Na exortação, *"... para que todo o que acredita nele não pereça, mas tenha a vida eterna"*) (... ἵνα πᾶς ὁ πιστεύων εἰς αὐτὸν μὴ ἀπόληται ἀλλ᾽ ἔχῃ ζωὴν αἰώνιον – v.16), Jesus recorda que só atraído a si o mundo é salvo[73] e fora dele entra em juízo[74].

Desejando todos em Deus, sem atender à vida futura desligada do presente, mas à vida presente atraída a Deus, e sem ignorar o juízo final (cf. 5,27-29), Jesus antecipa as realidades escatológicas.

Nesse desejo, após unir a necessidade de o homem nascer do alto à de o Filho do homem ser elevado, Jesus conclui com o necessário fruto desse encontro: *"... as suas obras são feitas em Deus"* (... τὰ ἔργα ὅτι ἐν θεῷ ἐστιν εἰργασμένα – v.21)[75].

2.1.4 João realiza o testemunho: os seus vão a Jesus (3,22-30)

Depois disto (Μετὰ ταῦτα – v.22), pela última vez surge João. A acção reinicia-se em torno de dois grupos: Jesus e os seus discípulos baptizam na Judeia; João baptiza em Enon, perto de Salim.

Jo detém-se no segundo grupo: a muita água prepara o encontro da água viva com a samaritana (cf. 4,1ss); o movimento da gente para se

---

[71] Cf. J. BEUTLER, «Faith», 22ss.
[72] Cf. 12,32; 13,1; 16,28; 18,33; 19,14ss; 20,17.
[73] A atracção realiza-se num processo que vai do povo de Deus ao mundo. Jesus veio para salvar o mundo e salvá-lo por inteiro (cf. vv.16-17). Jo nunca se refere a partes do mundo salvas; cf. H. JONAS, *Gnosis*, I, 212ss.
[74] Não ser atraído a Jesus é ser dominado pelo príncipe do mundo, a mentira e a treva; cf. 5,39-47; 7,19ss; 18,1ss. As sete contraposições nos vv.16-21 confirmam o desejo de Jesus atrair o mundo inteiro a Deus.
[75] A construção *em Deus* (ἐν θεῷ) é única nos Evangelhos. Cf. J. FREY, *Johanneische*, I, 45ss.

baptizar prepara o movimento de todos até Jesus (cf. v.26) e a alegria perfeita de João por isso (cf. vv.29-30).

Nicodemos foi ao encontro de Jesus; agora os discípulos de João e um judeu, representando o povo e as suas esperanças, vão ao encontro de João sem perceber o seu testemunho acerca de Jesus[76]. Os motivos da discussão – a purificação, o baptismo – e o facto de que *"todos vão ter com ele"* (πάντες ἔρχονται πρὸς αὐτόν – v.26) recordam que Jesus é o Cordeiro de Deus (cf. 1,29ss).

Nesse contexto, surge o derradeiro testemunho de João: *"Eu não sou o Cristo. Quem tem a esposa é o esposo, mas o amigo do esposo que lhe está próximo e o escuta alegra-se verdadeiramente com a voz do esposo"* (οὐκ εἰμὶ ἐγὼ ὁ χριστός· ὁ ἔχων τὴν νύμφην νυμφίος ἐστίν· ὁ φίλος τοῦ νυμφίου ἀκούων αὐτοῦ χαρᾷ χαίρει διὰ τὴν φωνὴν τοῦ νυμφίου – vv.28-29).

Na realidade, João sabe da necessidade (δεῖ – v.30; cf. vv.7.14) de deixar o seu e o próprio para ser e enviar os seus discípulos e todo o Israel a Jesus (cf. 1,31). Por isso, ao desejo de Jesus atrair o mundo inteiro a si (cf. vv.14ss), João fala da necessidade de o povo ir a Jesus. De facto, só Jesus glorificado pode verdadeiramente reunir na unidade o povo a Deus (cf. 11,52-53).

2.1.5 Testemunho uno autêntico (3,31-36)

O texto segue num único testemunho sem ser claro se é João, Jesus ou Jo que fala[77]: *Quem vem do alto está acima de todos. Quem é da terra é da terra e fala da terra* (Ὁ ἄνωθεν ἐρχόμενος ἐπάνω πάντων ἐστίν· ὁ ὢν ἐκ τῆς γῆς ἐκ τῆς γῆς ἐστιν καὶ ἐκ τῆς γῆς λαλεῖ – v.31). Desse modo, o autor reúne num único testemunho as vozes de João, de Jesus e de Jo àquela que vem do alto.

A contraposição estabelecida entre *o baixo e o alto* permite atrair Nicodemos, os seus discípulos e os discípulos de João, bem como o mundo inteiro àquele que fala do *alto*. O mundo é livre em ouvir Jesus, quem o ouve *confirma* (ἐσφράγισεν – v.33) que Deus é verdadeiro[78].

Sendo o autêntico testemunho *'um'* em Deus, acolhê-lo é ser como ele é. Jesus testemunha aquilo que viu e ouviu e a sua palavra é a de Deus, pois recebe sem medida o Espírito do Pai e, assim, dá o Espírito ao mundo para que nele tome parte (cf. vv.33-34).

---

[76] Cf. J. W. PRYOR, «John», 15-26.
[77] Cf. J. BEUTLER, *Martyria*, 121ss.
[78] Cf. C. S. MARINELLI, «Gv 3,31-36», 411.

Nessa vontade, depois de manifestar o seu desejo de atrair todos a Deus (cf. v.15) e antes de se referir directamente à autêntica adoração (cf. 4,23), o testemunho fala da perfeita relação do Pai e do Filho como a confirmação de que Deus é verdadeiro (ὁ θεὸς ἀληθής ἐστιν – v.33) na sua palavra, no seu Espírito, no seu amor, no seu dom recíproco (cf. vv.34-35)[79].

Na realidade, a perfeita unidade entre Pai e Filho é o poder do Filho, o poder de ele dar a vida, o qual corresponde ao poder da unidade dos seus discípulos e o poder do testemunho uno autêntico; de tal modo que, para Jo, acreditar é ser na filiação divina: *Quem acredita no Filho tem a vida eterna* (ὁ πιστεύων εἰς τὸν υἱὸν ἔχει ζωὴν αἰώνιον – v.36); e, por isso, a vida é na medida do acreditar; e não acreditar é estar na ira de Deus, na sua ausência (cf. 12,24), no pecado (cf. 9,41).

2.1.6 Mulher samaritana (4,1-45)

Após o encontro com um dos seus líderes, onde revelou o desejo e o caminho do mundo para o Pai (cf. 3,1ss)[80], e depois da realização do testemunho de João, que confirmou a necessária unidade da esposa ao seu esposo (cf. 3,22ss), Jesus revela-se a uma *mulher* (γυνή – v.7).

Perante a sede, a dispersão, o conflito, a idolatria, a infidelidade do seu único povo, representado na mulher da Samaria, Jesus deseja levar o seu povo à unidade em Deus e, assim, salvar o mundo. Por isso, indo da Judeia para a Galileia, o Unigénito de Deus tinha que passar também pela Samaria.

a) *Nas raízes de Israel (4,1-8)*

O relato inicia-se com dois movimentos: Jesus vai da Judeia à Galileia; e a palavra chega aos fariseus, que se apercebem de que Jesus faz e baptiza mais discípulos que João (cf. vv.1-3). Efectivamente, o Logos feito carne, na sua poderosa senhoria comunicativa, atravessa toda a terra do seu povo com o desejo de transpor as barreiras seculares que o dividem[81].

---

[79] Quando o testemunho de João se une ao de Jesus, Jo fala da perfeita unidade Pai-Filho em vista da unidade do povo para a salvação do mundo; cf. R. E. BROWN, *Gospel*, I, 157ss.

[80] Relação entre os dois eventos: samaritana sem nome/Nicodemos; mulher/homem; samaritana/judeu; ao meio-dia/de noite; Jesus dirige-se à mulher/Nicodemos vai a Jesus; busca água/busca a verdade; simples mulher/líder dos judeus; tinha tido cinco homens/um fariseu; chega e conduz à fé/só escuta; a samaritana não reaparece/ Nicodemos, sim.

[81] Cf. 2,1-12; 3,29.

O evento foca-se na cidade de Sicar, concretamente, num lugar de vida, de encontro, de enamoramento, de aliança: o poço de Jacob[82], a quem Deus confiou a sua terra e a descendência dos quatro cantos do mundo (cf. Gn 28,3-15). Nesse ambiente, remontando à origem de Israel, encontram-se Jesus e uma *mulher* (γυνή), assim chamada doze vezes ao longo do encontro, tantas como as tribos de Israel[83].

É a hora sexta, a de maior intensidade de luz, na qual Jesus *foi, é e será* apresentado como o Rei dos judeus (cf. 19,14ss)[84]. O cansaço e a sede de Jesus confirmam, por um lado, a humanidade do Filho de Deus e, por outro, o desejo (*"Dá-me de beber"*) (δός μοι πεῖν – v.7) de saciar-se da hora[85], na qual entrega ao povo e ao mundo o alimento que só ele pode dar.

b) *Dom de Deus (4,9-15)*

A secção anterior acabara com o pedido de Jesus. Esta finda com o pedido da mulher: *"Senhor, dá-me dessa água"* (Κύριε, δός μοι τοῦτο τὸ ὕδωρ – v.15). Jesus ultrapassara as primeiras barreiras com duas acções fundamentais: ir ao encontro do próximo e abrir o diálogo dispondo-se a receber.

Porém, a mulher samaritana apresenta-lhe outras duas barreiras: o estar a sós com ela e o desentendimento (*não se davam*) (οὐ γὰρ συγχρῶνται – v.9b) entre judeus e samaritanos (cf. v.9)[86]. Sem polémicas, Jesus precisa: se tinha pedido, desejava dar; da água material, passa à água viva: a vida no Pai que deseja despertar nela[87].

---

[82] No AT nenhum poço é assim designado. A tradição remonta ao encontro de Jacob, referido três vezes no relato, com a sua futura mulher (cf. Gn 29,1ss) num poço, no qual alimentou o rebanho e os filhos. Igualmente num poço, nasceu a relação de Isaac e de Rebeca (cf. Gn 24,1ss) e Moisés encontrou a sua amada num poço (cf. Ex 2,15-22). O poço é, pois, um significativo lugar de encontro e de aliança (cf. Gn 16,14; 21,30); cf. D. A. LEE, *Symbolic,* 74ss.

[83] Cf. 4,7.9a.9b15.17.19.21.25.27.28.39.42.

[84] Cf. Ct 1,7.

[85] Cf. 4,32-34; 19,28; Sl 42(41),2-3; Am 8,11; Is 41,18.

[86] A mulher começa por chamar Jesus só de Judeu (cf. v.9). Os dois povos pertenciam à unidade das doze tribos de Jacob. Após a política imperial da Assíria, sobretudo a partir da destruição do reino de Israel, iniciou-se um movimento de separação da Samaria, que fora capital das restantes dez tribos, em relação à Judeia, que se consumou no período pós-exílio; cf. JOSEPHUS, *Ant.* 18 § 29ss; *BJ* 2 § 232-246.

[87] No AT a água da fonte ou água viva simbolizava o culto a Iahweh, a vida de Deus, a salvação, a lei, a sabedoria; cf. Sl 36(35),9; Pr 13,14; Is 12,3; Jr 2,13. Jo prossegue esses motivos ao desejar dar a *água viva*, a sua vida no Pai.

Para superar as diversas barreiras que a samaritana recorda e recordará, Jesus recomeça o diálogo com a mulher do *"dom de Deus"* (δωρεὰν τοῦ θεοῦ – v.10). No domínio do dom, da perfeita reciprocidade, Jesus une o desejo de aquela mulher receber o dom de Deus se o conhecesse e o seu desejo de lhe dar o dom de Deus se ela o desejasse.

A mulher, contudo, permanece nas coisas terrenas, mesmo se chama Jesus de *Senhor* (κύριος – cf. vv.11.15), se está desperta para a água viva e se indaga acerca da sua proveniência[88].

Depois, a *mulher* (γυνή) evoca Jacob como pai dos samaritanos, paradoxalmente recordando que ele e os seus filhos beberam daquele poço (cf. v.12). Assim, superadas as barreiras históricas e tradicionais, Jo chega à raiz da unidade das tribos de Israel.

Então, Jesus contrapõe a incapacidade de o poço a saciar à sua capacidade de a saciar para sempre: só do dom de Deus ela poderia entender Jesus e unir-se aos seus irmãos, nascidos desse dom e em torno dele. A água viva seria nela uma fonte que a tomava vitalmente (*nela*, ἐν αὐτῷ – v.14) até uma meta precisa: a vida de Deus.

A mulher samaritana pede-lhe dessa água *"para que não tenha mais sede nem venha aqui tirá-la"* (ἵνα μὴ διψῶ μηδὲ διέρχωμαι ἐνθάδε ἀντλεῖν – v.15). O primeiro desejo da samaritana é o Logos de Jesus, o segundo desejo manifesta ainda a incapacidade daquela mulher em distinguir as águas, não obstante a sua disponibilidade para ultrapassar a sua ignorância.

c) *Unidade em espírito e verdade (4,16-26)*

Jesus pede à mulher que vá chamar o seu marido. Ela reconhece: *"Não tenho marido"* (οὐκ ἔχω ἄνδρα – v.17). Vindo ao encontro dos seus para que tenham a vida de Deus no seu nome (cf. 20,31), Jesus acrescenta então: *"tiveste cinco maridos, e o que agora tens não é teu marido"* (πέντε γὰρ ἄνδρας ἔσχες καὶ νῦν ὃν ἔχεις οὐκ ἔστιν σου ἀνήρ – v.18)[89]. Aquela mulher, o seu povo, não vivia de Deus, mas de outros homens, ídolos, deuses[90]. Revelara-se já o carácter sobrenatural de Je-

---

[88] Importa notar o destaque dado à constante e vital noção da origem de Jesus, necessária para o entender. Aqueles que se separam de Jesus e o perseguem movem-se, não pela fonte de Deus, mas pelas suas fontes, como as que nutriam antes a samaritana; essas só podem ser superadas no desejo despertado pela palavra, que sacia e une a Deus e ao próximo. Cf. R. E. BROWN, *Gospel*, I, 164ss.

[89] Cf. 2,3; 5,7; 21,5.

[90] Cf. 2,1ss; J.-L. SKA, «Jésus», 641-652.

sus (cf. v.11); apercebendo-se de que sabia da sua história (cf. vv.19.26.29), a mulher samaritana chama-o de profeta (cf. 6,14; 7,40).

A confissão da samaritana é insuficiente (cf. 9,17), porém justamente direccionada. Sem se implicar nas palavras de Jesus, mesmo que por elas conduzida, voltando a opor os seus pais aos pais dos judeus (cf. vv.12.20), a mulher recorda outra barreira, não do passado, como as anteriores, mas presente e central: o justo lugar de adoração (cf. vv. 19-20).

Entretanto, Jesus orienta a mulher para a hora da adoração do único e mesmo Pai (cf. vv.21.23.24) e esclarece-a: os samaritanos não conheciam o que adoravam, pois temiam o único Deus, mas adoravam e serviam também outros deuses estrangeiros[91]; os judeus conheciam e adoravam apenas o único Deus[92]; por isso, diz Jesus, a salvação é dos judeus (cf. v.22)[93].

Diversamente das barreiras anteriores, então na raiz de todas elas, Jesus detém-se no *adorar* (προσκυνέω)[94] para falar dos autênticos adoradores: aqueles que são no desejo de adorar o Pai em espírito e verdade, e não já só num futuro esperado como a mulher anuncia saber. Se assegurara antes a presença do espírito de verdade (cf. 14,16-17; 15,26; 16,13), agora Jesus diz a autêntica adoração em espírito e verdade.

De facto, para o autor do quarto Evangelho, a autêntica adoração não é radicada em montes nem em tradições, mas na unidade de vida de Deus no ser humano (*nela*) (ἐν αὐτῷ – v.14) através do Espírito (ἐν πνεύματι – v.23) comunicado por Jesus (*"Sou eu que falo contigo"*) (ἐγώ εἰμι, ὁ λαλῶν σοι – v.26) que leva ao Pai (*adorarão o Pai*) (προσκυνήσουσιν τῷ πατρί – v.23).

Assim sendo, o *lugar* (τόπος – v.20) da adoração não é individual nem só interior, mas é a unidade, como os plurais do verbo *adorar* (προσκυνέω) sublinham (cf. vv.20-24), dos que adoram o único Pai,

---

[91] Os cinco maridos corresponderiam aos cinco deuses introduzidos na Samaria depois da conquista da Assíria no ano 721; e aquele que tinham então não era o verdadeiro Deus de Israel; cf. 2Rs 17,24-41; Josephus, *Ant.* 12 § 259.261; X. Léon-Dufour, *Évangile,* I, 288ss. Assim, Jesus seria o sétimo *marido* daquela mulher (teve cinco, mais aquele que tem e não é dela, mais aquele que fala com ela).

[92] Como revela a repetição do verbo *conhecer* (οἶδα) ao longo do encontro (cf. vv.10.22.25.32.42), sem entender Jesus, os seus discípulos não podem ser atraídos nem *adorar* (προσκυνέω) a Deus.

[93] Só Jesus no relato é nomeado como sendo judeu. Cf. G. van Belle, «Salvation», 370-400.

[94] Nove vezes o verbo *adorar* (προσκυνέω – cf. vv.20-24) e uma vez o substantivo *adorador* (προσκυνητής – cf. v.23). Cf. C. H. Talbert, *Reading,* 111ss.

pois esses são os adoradores que o Pai procura e realiza como seus discípulos (cf. v.23).

d) *Recolher o fruto do Pai trabalhado por outros (4,27-38)*

Do *"Sou eu que falo contigo"* (v.26) geram-se três movimentos: os discípulos vêm ao encontro de Jesus, surpreendidos por falar com uma mulher (cf. v.27); sem polémicas, a samaritana deixa o cântaro e leva aos seus concidadãos a palavra que recebera: *"Vinde ver..."* (δεῦτε ἴδετε... – cf. vv.28-29)[95]; entretanto, a palavra da samaritana leva a cidade inteira a Jesus (cf. v.30).

Perante a surpresa e a ignorância dos seus discípulos, Jesus esclarece-os: *"O meu alimento é fazer a vontade daquele que me enviou e consumar a sua obra"* (ἐμὸν βρῶμά ἐστιν ἵνα ποιήσω τὸ θέλημα τοῦ πέμψαντός με καὶ τελειώσω αὐτοῦ τὸ ἔργον – v.34).

Desse modo, ao olhar o cumprimento da sua obra, Jesus une-a ao envio dos seus discípulos, advertindo-os: o Pai semeou, outros operaram até à sua vinda, os seus recolhem o seu fruto (cf. vv.35-38)[96]. Como tinha dito aos seus líderes (cf. 2,13ss), Jesus recorda aos seus discípulos: só Deus é a fonte da unidade de Israel (cf. 1,51).

Os discípulos inserem-se na história de Deus com o seu povo e são chamados a reunir o seu fruto: a unidade dos filhos de Deus[97]. De facto, se naqueles que vivem de Deus, corre uma fonte de água viva para *"a vida eterna"* (ζωὴν αἰώνιον – v.14), a esses é dada uma missão vital: *"Recolhe o fruto para a vida eterna"* (συνάγει καρπὸν εἰς ζωὴν αἰώνιον – v.36).

e) *Samaritanos confessam: é o Salvador do mundo (4,39-42)*

Jo detém-se no movimento de muitos samaritanos para Jesus, confirmando: Jesus supera as barreiras dispersivas da unidade do povo; e é fundamental e necessário o povo desejar a unidade no Espírito de Jesus para a sua realização de povo de Deus.

Nesse sentido, depois de muitos acreditarem em Jerusalém (cf. 2,23), agora em Sicar da Samaria, muitos acreditam no Enviado de Deus. Chegam a Jesus, primeiro pelo testemunho (μαρτυρούσης – v.39) da samaritana, depois, e ainda em maior número, pela própria

---

[95] Cf. 1,39.
[96] Cf. E. COTHENET, «Nourriture», 181-191.
[97] Cf. 11,52. A *recolha* no AT também se aplica ao *reunir* dos dispersos: cf. Is 27,12.

palavra de Jesus. Como João (cf. 3,31-36), a mulher samaritana realiza o testemunho, manifestando o poder do Logos naqueles que o escutam e entendem.

Entretanto, os samaritanos pedem a Jesus para permanecer com eles (cf. vv.40-41; 1,39; 2,12). Se antes não conheciam quem adoravam, depois de permanecer com eles dois dias (*permanecesse* → *permaneceu*) (μεῖναι → ἔμεινεν – v.40), ao terceiro, os samaritanos proclamam em uníssono: *"Este é verdadeiramente o Salvador do mundo"* (οὗτός ἐστιν ἀληθῶς ὁ σωτὴρ τοῦ κόσμου – v.42)[98].

De facto, compreendendo e adorando o único Deus na unidade de vida ao seu Logos-Jesus, a voz do seu único povo, como é testemunhado em seguida (cf. vv.43-54), leva o mundo à salvação. Eis o desejo do discípulo amado: a unidade do povo a Deus para salvação do mundo[99].

2.1.7 Jesus é a vida do mundo (4,43-54)

Passados os dois dias, Jesus retorna à Galileia; mesmo recordando que *um profeta não é honrado na sua pátria* (προφήτης ἐν τῇ ἰδίᾳ πατρίδι τιμὴν οὐκ ἔχει – v.44), é bem recebido pelos galileus que viram tudo o que fizera na festa em Jerusalém.

Assim, depois de muitos, em Jerusalém (cf. 2,23) e na Samaria (cf. 4,42), acreditarem em Jesus, agora na Galileia, completando o seu percurso por toda a terra do povo de Deus, uma casa inteira acredita nele[100].

Como se um ciclo se completasse, Jesus tornou *onde tinha convertido a água em vinho* (ὅπου ἐποίησεν τὸ ὕδωρ οἶνον – v.46)[101]. Sem de-

---

[98] O título *o Salvador do mundo* (ὁ σωτὴρ τοῦ κόσμου) não era corrente no judaísmo para indicar o Messias; no NT, ocorre só aqui e em 1Jo 4,14; o título era comum na cultura grega e na vida romana, especialmente aplicado ao imperador; cf. C. R. KOESTER, «Death», 254ss.

[99] Cf. 3,17; 11,52-53; 20,29-31; 12,32; 17,21.

[100] Face aos relatos dos Evangelhos sinópticos (cf. Mt 8,5-13; Lc 7,1-10), o interesse de Jo não é o de contrapor Jesus a Israel, mas o de apresentar nele a vida de Deus dada ao mundo. Outras originalidades do testemunho joanino em relação aos dois relatos dos Evangelhos sinópticos são: a relação não ser senhor-servo, mas pai-filho; o pedido brotar do desejo total do pai de que o filho viva, e não dos méritos ou humildade; o pai pedir a Jesus que desça (cf. 3,13), enquanto nos Evangelhos sinópticos não se acha digno; a palavra ser a protagonista; a família inteira acreditar.

[101] Vários contactos entre os dois eventos: Jesus realiza o sinal logo que chega à Galileia; alguém lhe faz um pedido, que Jesus parece recusar; à insistência, realiza-o; a acção leva a que o grupo envolvente acredite nele; não se precisa a realização do

terminar se aquele homem era judeu ou romano, Jo fala de um *funcionário* (βασιλικός) de Cafarnaum com um filho prestes a morrer (cf. vv.47.49).

Sabendo que Jesus viera da Judeia à Galileia, aquele pai foi ao encontro do Unigénito de Deus. Diferentemente da mãe de Jesus (cf. 2,1ss) e de Nicodemos (cf. 3,1ss), aquele pai pedia pelo seu filho e era um funcionário real.

De imediato, Jesus foca o pedido recebido daquele pai: *"Se não virdes sinais e prodígios, não acreditareis"* (ἐὰν μὴ σημεῖα καὶ τέρατα ἴδητε, οὐ μὴ πιστεύσητε – v.48; cf. 2,23-25; 4,45); e ao usar o plural, o Unigénito de Deus coloca no desejo daquele funcionário real o desejo mais profundo do mundo inteiro.

Percebendo as palavras de Jesus e confiante no seu desejo, o homem pediu-lhe: *"Senhor, desce, antes que o meu filho morra"* (κύριε, κατάβηθι πρὶν ἀποθανεῖν τὸ παιδίον μου – v.49).

Jesus atende imediata e perfeitamente ao seu desejo, pois coincidia com o desejo que pretendia despertar nos seus discípulos. Sem se mover nem nada pedir, Jesus envia aquele pai no imperativo desejo de vida: *"Vai, o teu filho vive"* (πορεύου, ὁ υἱός σου ζῇ – v.50)[102].

O pai partiu acreditando na palavra de Jesus. No seu caminho, pela palavra dos seus servos, reconheceu que o filho melhorara, precisamente, na hora em que Jesus lhe falara (tripla repetição da hora, ὥρα – cf. vv.52-53). Desse modo, o autor joanino confirma a realização do poder, da potência *per* si, ou seja, mesmo à distância, do Logos de Jesus no mundo inteiro, quando assim desejado.

O relato finda no acreditar: *E acreditou ele e toda a sua casa* (καὶ ἐπίστευσεν αὐτὸς καὶ ἡ οἰκία αὐτοῦ ὅλη – v.53). Tendo percorrido todo o povo, Jesus completa assim, no lugar onde começara, o anúncio da sua missão: o desejo vital de levar todo o mundo a receber e dar a sua vida em Deus.

Jesus deseja que os seus discípulos e que o mundo inteiro sejam em perfeita relação interpessoal consigo, como autênticos sujeitos ou irmãos em relação com Deus, que ele, seu Filho Unigénito, comunica (cf. 20,17).

---

sinal; o ambiente familiar; o poder do Logos; os discípulos assistem; a presença de diáconos e servos é activa; o movimento negativo passa a positivo; o casamento passa a um filho. Cf. R. KYSAR, *John*, 61ss.

[102] Notar: *"O teu filho vive"* (ὁ υἱός σου ζῇ – v.50) → *O seu filho vivia* (ὁ παῖς αὐτοῦ ζῇ – v.51) → *"O teu filho vive"* (ὁ υἱός σου ζῇ – v.53); cf. 1Rs 17,23. Cf. G. ZEVINI, *Vangelo*, I, 176ss.

2.1.8 Jo 1,1-4,54 e a unidade em Jo

Desde o início do testemunho joanino, Jesus é o protagonista, e o encontro de Deus com os seus discípulos é o seu âmago. Jesus é *um* em Deus e deseja ser *um* nos seus para salvar o mundo.

Nesse sentido, o testemunho do discípulo amado começa com a decisiva acção do *testemunhar*. Unido a Jesus, vindo de Deus e no seio de Israel, o testemunho de João faz partir o processo de compreensão e atracção a Jesus.

De facto, às noções de testemunho e de atracção, unem-se os diversos títulos de Jesus e os modelos positivos: André no ir de João a Jesus; Pedro no caminho até à justa compreensão/seguimento; Filipe e Natanael no pleno conteúdo do acreditar.

Com a mãe e os seus discípulos, Jesus começa a sua acção, anunciando o autêntico encontro com Deus nos que acolhem a sua palavra. Depois, a Nicodemos, Jesus revela a necessidade de o homem nascer do alto e de ele mesmo ser elevado para a realização desse encontro e, assim, para a salvação do mundo.

Nesse contexto, surge o derradeiro testemunho de João. Depois, à samaritana, Jesus confirma que o encontro do povo com Deus é gerado do dom de Deus. Das palavras de Jesus brotam os movimentos dos discípulos, da samaritana e dos samaritanos, que integram a necessária unidade do povo para salvação do mundo inteiro. Porém, das bodas, do templo e do percorrer todo o povo, surgem distintas respostas a Jesus: resistência e oposição; abertura e disponibilidade; desejo e unidade.

2.2 *Jesus revela-se (5,1-8,59)*

Após a abertura da acção (cf. 2,1-4,54), onde o Unigénito de Deus deseja a unidade do seu povo para salvar o mundo, numa segunda etapa, Jesus revela ser o lugar onde o povo vive de Deus (cf. 5,1-8,59).

Nos capítulos 5-8, à luz da hora, no templo (cf. 5,1ss) e na sinagoga (cf. 6,28ss), Jesus realiza o sábado em perfeita unidade a Deus (cf. 5,9ss), é reconhecido como o único que tem palavras de vida eterna (cf. 6,68), vitaliza em si perfeitamente a lei e o poder com os testemunhos de Moisés e de Abraão e declara ser: *"Eu Sou"* (ἐγὼ εἰμί – cf. 7,1ss).

Nesse percurso feito segundo a dinâmica do êxodo, sendo a sua revelação a manifestação da sua unidade em Deus e nos seus discípulos, ela dá a conhecer: a situação do povo, visível no doente paralisado (cf. 5,1ss); o caminho para a sua unidade de vida, visível nas respostas da multidão e dos discípulos a si (cf. 6,1ss); e o facto de o povo só ser de Deus se, de facto, for de Deus, visível em Jesus (cf. 7,1ss).

Depois, na terceira e última etapa da vida pública (cf. 9,1-12,50), o Senhor vai manifestar-se ao mundo no seu povo, concretamente, naqueles que acolhem a sua revelação.

2.2.1 Cura um doente à porta do templo (5,1-9c)

Depois destas coisas (Μετὰ ταῦτα – v.1), na festa dos judeus[103], um novo cenário: Jerusalém → junto à porta das ovelhas[104] → na piscina de Betesda → sobre os seus cinco pórticos[105] → onde um grande número de doentes, cegos, coxos e paralíticos esperava um anjo que os salvasse (cf. vv.2-4).

Neste contexto, da tradição popular[106], Jo passa a Jesus; remetendo para os 38 anos paralisantes do povo de Deus no deserto a caminho da terra, Jesus detém-se num doente há 38 anos[107]. Vendo-o deitado e sabendo da sua história, Jesus diz-lhe: *"Queres ficar curado?"* (θέλεις ὑγιὴς γενέσθαι; – v.6)[108]. Sem um 'sim' nem um 'não', o doente responde não ter quem o colocasse na água.

O doente retrata a situação do povo, paralisado sem poder aproximar-se da água viva; as palavras: *"Levanta-te, toma o teu leito e caminha"* (ἔγειρε ἆρον τὸν κράβαττόν σου καὶ περιπάτει – v.8), revelam o desejo de Jesus de que o seu povo viva de Deus, e não só, excluído, impotente, dependente, em competição consigo e com os demais (cf. v.7). O desejo imperativo de Jesus realiza-se e domina a acção (cf. vv.8.11.12), mesmo se aquele que estivera paralisado não soubesse quem as dissera[109].

---

[103] A festa não é especificada para destacar o sábado (cf. 5,9d-18), que celebrava a contínua e a única acção de Deus na história. Cf. M.-L. RIGATO, «"Era festa"», 25-29.

[104] O lugar onde se reuniam as ovelhas para os sacrifícios no templo; cf. Ne 3,1.32; Jo 10,1-4.7-18. Cf. B. BAGATTI, *Origini*, I, 45ss.

[105] Agostinho vê nos cinco pórticos os cinco livros da lei; cf. AGOSTINO, *Commento*, 17.

[106] As variações textuais nos vv.3-4, concretamente a omissão dos vv.3b-4 nos manuscritos de tradição alexandrina e a ocorrência de sete palavras 'não-joaninas' sugerem o uso de uma fonte popular sobre a piscina. Para esta discussão, cf. M.-É. BOISMARD, «Problèmes», 347-371.

[107] Segundo uma tradição veterotestamentária, o povo de Deus no deserto no êxodo a caminho da terra prometida esteve 38 anos paralisado entre Cadés-Barnea e o rio de Zéred, que distavam uns 120 quilómetros. Cf. Dt 2,14; P. F. ELLIS, *Genius*, 86ss.

[108] Mc 2,6-12 destaca o poder de Jesus para perdoar os pecados, Jo realça a unidade de acção de Jesus no Pai realizando o sábado; cf. K. ALAND, *Synopsis*, 45ss.

[109] O sinal realizado fora do templo surge em relação com aquele feito dentro do recinto; cf. 9,1ss; cf. L. DEVILLERS, «Sein», 70.

2.2.2 Sábado (5,9d-18)

Jo foca-se no sábado e nos judeus que, sem atender aos doentes, reprovam um por ser sábado[110]. O curado responsabiliza a palavra: *"Aquele que me curou disse: Toma o teu leito e caminha"* (ἐκεῖνός μοι εἶπεν, ἆρον τὸν κράβαττόν σου καὶ περιπάτει – v.11). Eles perguntam-lhe: *"Quem é o homem que te disse: Toma o teu leito e caminha?"* (τίς ἐστιν ὁ ἄνθρωπος ὁ εἰπών σοι, ἆρον καὶ περιπάτει; – cf. v.12). Na realidade, ambos ignoravam o poder e a origem da palavra que vitaliza a prescrição da lei e que viera ao encontro deles.

Depois, Jesus reencontra-o no templo[111] e lembra-lhe que a palavra que o cura é a mesma que o julga. De facto, esclarece o Unigénito de Deus: pior que estar prostrado e doente é viver nas trevas, no pecado, sem vida (cf. v.14). No entanto, paradoxalmente, aquele *doente* (ὑγιής – assim descrito por cinco vezes – cf. vv.5.9.11.14.15) toma uma única iniciativa: *anunciou* (ἀνήγγειλεν – v.15)[112]; assim, leva os judeus a Jesus, que, pela primeira vez na acção, o *persegem* (ἐδίωκον – v.16).

Não obstante, Jesus diz aos judeus: *"Meu Pai trabalha até agora, e eu também trabalho"* (ὁ πατήρ μου ἕως ἄρτι ἐργάζεται κἀγὼ ἐργάζομαι – v.17)[113]. Contudo, eles insistem em procurá-lo para o matar, pois crêem que viola o sábado e se faz igual a Deus[114].

Na realidade, Jesus realiza o sábado perfeitamente, pois age como Deus levando a sua obra, de um modo concreto, os seus filhos, à plenitude da sua condição de filho de Deus (cf. vv.20ss).

Desse modo, Jo revela: a autêntica salvação vem da compreensão e da relação na vida em Deus; a condenação vem da ignorância do *per* si, do viver fechado à vida em Deus dada perfeitamente por Jesus.

---

[110] Cf. Jr 17,21ss; mShab 7,2.

[111] Jesus leva-o a andar, a passar a porta das ovelhas e a entrar no templo. Da doença, do pecado, da exclusão, do abandono, da impotência, da dependência, da prostração, aquele homem é chamado a viver curado, perdoado, na comunidade e atraído a Jesus. Cf. R. E. Brown, *Gospel*, I, 205ss.

[112] Cf. 11,46; 18,2-3; R. Metzger, «Geheilte», 177-193.

[113] Cf. Philo, *Spec.* I 3ss; J. Beutler, *Judaism*, 19-20.

[114] As expressões: *"o meu Pai"* (ὁ πατήρ μου – v.17); *"trabalha até agora, e eu também trabalho"* (ἕως ἄρτι ἐργάζεται κἀγὼ ἐργάζομαι – v.17); *seu próprio Pai* (καὶ πατέρα ἴδιον – v.18); *fazendo-se a si mesmo igual a Deus* (τὸν θεὸν ἴσον ἑαυτὸν ποιῶν τῷ θεῷ – v.18), enfatizam a unidade de Jesus ao Pai. Não era estranho chamar a um homem deus (cf. Ex 7,1), mas alguém autoproclamar-se como tal; W. A. Meeks, «Equal», 91-105.

2.2.3 Jesus revela-se num sábado no templo (5,19-47)

Da situação do seu povo e da sua unidade em Deus, conforme referido nos versículos anteriores, Jesus dá-se a conhecer aos discípulos precisamente na sua unidade de vida em Deus.

Assim, seguindo o testemunho do discípulo amado, primeiro, o Logos feito carne revela agir em unidade no Pai atraindo quem o escuta à sua relação de vida com Deus (cf. 5,19-30); depois, revela que é o Pai a sua testemunha excelente e que é ao Pai que os seus discípulos são chamados a escutar e glorificar (cf. 5,31-47).

a) *Age em unidade ao Pai (5,19-30)*

A secção é composta por três solenes declarações de Jesus (cf. vv.19-23.24.25-30), as quais o dão a conhecer; formam o núcleo do conflito que culminará com a reunião do sinédrio (cf. 11,47-53) e marcam o dinamismo da sua revelação: da sua unidade de vida em Deus → à atracção dos seus discípulos a essa unidade de vida → na relação de escuta a si.

Na primeira solene declaração (cf. vv.19-23), Jesus é claro: age em perfeita unidade de amor vivificante em Deus. Referindo-se sete vezes à relação Pai-Filho e servindo-se cinco vezes do verbo *fazer* (ποιέω) no presente, Jesus dá-se a conhecer em unidade em Deus.

Sem questionar a unidade e unicidade de Deus, Jesus é o seu Logos e, entre outras, realiza duas obras próprias de Deus: *dar a vida* (ζωοποιέω) e *julgar* (κρίνω) (cf. vv.21-22)[115]; por isso, repetindo quatro vezes o verbo *honrar* (τιμάω), conclui: *"... para que todos honrem o Filho como honram o Pai. Quem não honra o Filho não honra o Pai que o enviou* (... ἵνα πάντες τιμῶσι τὸν υἱὸν καθὼς τιμῶσι τὸν πατέρα, ὁ μὴ τιμῶν τὸν υἱὸν οὐ τιμᾷ τὸν πατέρα τὸν πέμψαντα αὐτόν – v.23).

Na segunda declaração (cf. v.24), Jesus diz que se revela na unidade no Pai, e assim como se revela assim é nos que o escutam: *"... quem escuta a minha palavra e acredita naquele que me enviou..."* (... ὁ τὸν λόγον μου ἀκούων καὶ πιστεύων τῷ πέμψαντί με... – v.24); ao mesmo tempo, por isso, distingue o homem atraído à sua palavra e à sua vida daquele que não o escuta e vai para o juízo: *"... não vem a julgamento, mas passou da morte à vida..."* (... εἰς κρίσιν οὐκ ἔρχεται, ἀλλὰ μεταβέβηκεν ἐκ τοῦ θανάτου εἰς τὴν ζωήν... – v.24).

Na terceira declaração solene (cf. vv.25-30), Jesus fala da relação entre si e o que o escuta como o *lugar* onde é e onde os seus discípulos

---

[115] Cf. 1Sm 2,6; Tb 13,2; Sb 16,13; Ez 37,1-14.

vão para a unidade de vida em Deus, como destaca nas repetições do verbo *escutar* (ἀκούω) e do substantivo *vida* (ζωή)[116].

Em síntese, à luz da contínua, decisiva, vital e potente hora comunicante do Senhor Jesus, aqueles que a escutam e nela permanecem, vivos ou mortos, alcançam a ressurreição de vida; os que a recusam, vivos ou mortos, a ressurreição de juízo[117].

b) *O Pai é a sua testemunha e a ele importa acolher (5,31-47)*

Nos versículos 31-40 Jesus fundamenta as suas palavras anteriores: o testemunho próprio não é válido[118]. João, as suas obras e a Escritura testemunham acerca de Jesus, mas é o Pai a sua testemunha excelente[119].

Porém, esclarece o próprio Jesus, se João se alegrou ao ver todos irem a si (cf. 3,26ss), os judeus, que dele pouco desfrutaram[120] e que nunca ouviram a voz nem viram o rosto de Deus, mesmo se investigavam na escritura a vida eterna, não queriam ir a Jesus para ter a vida.

Nos versículos 41-47 Jesus explica o fundamento da descrença daqueles: ele veio do Pai, mas se outro viesse em seu nome, recebê-lo-iam; em vez do amor e da glória de Deus, eles queriam a glória uns dos outros[121].

Nesse sentido, Jesus orienta-os para Deus, o *"Deus único"* (τοῦ μόνου θεοῦ – v.44), e recorda-lhes Moisés, que os acusa e escreve sobre ele: *"como acreditareis nas minhas palavras?"* (πῶς τοῖς ἐμοῖς ῥήμασιν πιστεύσετε; – v.47).

Dessa maneira, da sua unidade no Pai, Jesus volta a focar o seu desejo vital: atrair o seu povo à vida em Deus; porém, sem viver do alto, o povo não poderia viver de Deus. Assim, ao mesmo tempo, Jesus prepara a acção seguinte, de novo marcada pela vivência do povo no êxodo.

---

[116] A estes dois principais termos unem-se: *palavra* (λόγος – v.24); *voz* (φωνή – vv.25.28); *viver* (ζάω – v.25). Cf. U. V. VON WAHLDE, «Has Given», 409-412.

[117] Cf. 3,19-20. Na primeira declaração contrapusera honrar o Filho e o Pai a não honrar nem Filho nem o Pai; na segunda, opusera viver atraído à vida a viver atraído ao juízo; agora contrapõe a ressurreição de vida à ressurreição de juízo.

[118] Cf. mKet 2,9; mRhSh 3,1; tKet3,2.

[119] São decisivas na secção as sete ocorrências do verbo *testemunhar* (μαρτυρέω – vv.31.32.33.36.37.39) e as quatro ocorrências do substantivo *testemunho* (μαρτυρία – vv.31.32.34.36). Na realidade, Pai e Filho testemunham recíproca e perfeitamente.

[120] Abraão exultou ao ver o dia de Jesus chegar, os judeus pouco exultaram com a presença de João que anunciou a chegada da verdade no meio deles; v.35; 8,56.

[121] Cf. Dt 18,20; Dn 3,45. O grande mandamento de amar o Deus único (cf. Dt 6,4-5) aproxima 5,42-44 e 8,41-47 (cf. 14,15-24; 21,15-17). Cf. J. ASHTON, «Transformation», 165ss.

2.2.4 Na Galileia (6,1-71)

Perante a resistência em acreditar e em viver de Deus, entre a sua presença no templo (cf. 5.7-8), Jesus vai à Galileia (cf. 6,1ss), onde se revela como "o Pão da vida" (ὁ ἄρτος τῆς ζωῆς – 6,35). Primeiro, o Mestre faz um sinal (cf. 6,1-15), depois explica-o (cf. 6,22-59). Entretanto, caminha sobre o mar (cf. 6,16-21). A incursão na Galileia termina com o abandono de muitos dos seus discípulos (cf. 6,60-66) e com a primeira referência aos Doze (cf. 6,67-71)[122].

Com efeito, depois da atribulada e paralisante etapa de 38 anos do povo no deserto (cf. 5,1ss), remontando e modelando o evento na Galileia segundo a dinâmica do êxodo do povo para a terra prometida[123], Jesus dá a conhecer o caminho de ser e de viver de Deus, ou seja, o caminho para que o povo chegue e habite na terra[124].

a) *Sacia a multidão (6,1-15)*

Depois destas coisas (Μετὰ ταῦτα – v.1) Jesus passou à outra margem do mar da Galileia e, tendo visto os seus sinais, atrás dele uma grande multidão só comparável à de 12,9.12.

Antes da Páscoa, definida como *a festa dos judeus* (ἡ ἑορτὴ τῶν Ἰουδαίων – v.4), quando multidões sobem a Jerusalém, aquela multidão segue Jesus e encontra-o com os seus discípulos num monte[125].

O movimento da enorme multidão ao encontro de Jesus, sentado com os seus discípulos num monte, a proximidade da Páscoa e a comemoração da libertação do povo para a sua terra são o pano de fundo e a etapa inicial da acção reveladora, que se desenrolará seguidamente.

Sem se referir ao fim do dia nem ao desconforto da multidão (cf. Mc 6,35; 8,2-3), Jesus ergue os olhos e, vendo-a vir a si e sabendo o que faria, interpela Filipe, que confirma a grandeza da multidão e prepara a dimensão do sinal: *Duzentos denários de pão não chegam para que cada um tome um bocado* (διακοσίων δηναρίων ἄρτοι οὐκ ἀρκοῦσιν αὐτοῖς ἵνα ἕκαστος βραχύ λάβῃ – v.7)[126].

---

[122] Cf. J. BEUTLER, «Hauptgebot», 107-120.
[123] Páscoa-libertação do Egipto (cf. Ex 12,1ss; 6,1-15), travessia do mar (cf. Ex 14,1ss; 6,16-22), caminhada no deserto (cf. Ex 15,22ss; 6,23ss).
[124] Cf. J. BEUTLER, «Struktur», 89-104.
[125] Notar as ocorrências do termo *monte* (ὄρος) em Jo: cf. 4,20.21; 6,15; 8,1.
[126] Sem esperar pela súplica, Jesus quer saciar a multidão. A acção não se detém na refeição, mas no seu desejo de saciar e na acção de unidade dos seus discípulos. Cf. J. BEUTLER, «Joh 6», 43-58.

Depois, André situa o evento no seio de Israel (cf. 2Rs 4,42ss)[127] e na providência de Deus: *Está aqui um rapaz que tem cinco pães de cevada e dois peixes. Mas que é isso para todos estes?* (ἔστιν παιδάριον ὧδε ὃς ἔχει πέντε ἄρτους κριθίνους καὶ δύο ὀψάρια ἀλλὰ ταῦτα τί ἐστιν εἰς τοσούτους; – v.9). Contudo, ambos, Filipe e André, detêm-se na materialidade do evento.

Então, a pedido de Jesus, os seus discípulos sentam os cinco mil homens na muita relva existente naquele lugar[128] e com os gestos de uma refeição judaica[129]: *Jesus tomou os pães e, tendo dado graças, repartiu-os pelos que estavam sentados, assim como os peixes, tantos quanto quiseram* (ἔλαβεν οὖν τοὺς ἄρτους ὁ Ἰησοῦς καὶ εὐχαριστήσας διέδωκεν τοῖς ἀνακειμένοις ὁμοίως καὶ ἐκ τῶν ὀψαρίων ὅσον ἤθελον – v.11).

Saciada a grande multidão, se os Evangelhos sinópticos apenas acenam (cf. Mc 6,42), Jesus disse aos discípulos: *"Reuni os pedaços que sobraram, para que nada se perca"* (συναγάγετε τὰ περισσεύσαντα κλάσματα, ἵνα μή τι ἀπόληται – v.12). Como recorda Jo, então, os discípulos *reuniram* (συνήγαγον – v.13) e encheram doze cestos, tantos quantas as tribos de Israel, com pedaços dos cinco pães de cevada sobrados[130].

Dessa maneira, Jesus dá a conhecer a vida do Pai, imperecível e indivisível, que é e realiza a unidade, e como tal é dada ao povo; os seus discípulos, unidos a ele (cf. vv.3.5-10.12-13), são os chamados a recolher ou reunir para essa sua unidade (cf. 4,38).

Perante o silêncio dos Evangelhos sinópticos, a multidão joanina diz: *"Este é verdadeiramente o Profeta que vem ao mundo"* (οὗτός ἐστιν ἀληθῶς ὁ προφήτης ὁ ἐρχόμενος εἰς τὸν κόσμον – v.14)[131].

---

[127] Cf. Ex 23,14-19; 34,18-26; Dt 26,1-11.

[128] Cf. 2Rs 4,4; Is 55,1-3; J. KONINGS, «Dialogue», 523-534. Jesus é o Pastor messiânico, que guia Israel e o mundo a Deus e aos verdes e abundantes prados, pela vida que dá a comer; cf. Sl 23(22),2; R. SCHNACKENBURG, *Johannesevangelium*, II, 312ss.

[129] Cf. mBer 6,1; J. BECKER, *Evangelium*, I, 188ss.

[130] A acção dada aos seus discípulos pode ser entendida à luz da oração eucarística da Did: *te dou graças, meu Pai, como este pão partido era disperso na montanha, mas foi reunido* (verbo συνάγω) *e tornou-se um, assim faz que a comunidade se reúna nos quatro cantos da terra no teu reino*; Did 9,4. Segundo a tradição judaica, os doze cestos recolhidos seriam as doze tribos de Israel reunidas; segundo a tradição universal o número doze representaria a totalidade da humanidade unida em Deus; para Jo, assinala a unidade de todos aqueles que vivem de Deus.

[131] Cf. 1,21.25; 6,45; 7,40.52; Ex 16,7; Nm 14,27; Dt 18,15-18. Jesus joanino destaca o papel de Moisés, que conduziu e saciou o povo no deserto (cf. Ex 14,15-31), e

A multidão aproxima-se da verdade, pois Jesus é, de facto, o Enviado do Pai, porém sem entender que a sua missão não é um reino terreno, mas a unidade deles no Pai. Ao subir a montanha, Jesus revela precisamente a sua unidade ao Pai e o êxodo, o caminho do povo para a unidade com Deus[132].

b) *Caminha sobre as águas (6,16-21)*

Jesus subiu a um monte e os seus discípulos partiram numa barca para a margem de Cafarnaum. Em oposição ao ambiente de Jesus no monte, a situação dos discípulos é bastante adversa: *fim de tarde* (ὀψία ἐγένετο – v.16); *já tinha escurecido* (σκοτία ἤδη – v.17); sem a presença de Jesus; vento forte e mar agitado (cf. vv.16-18).

O ambiente de forças desordenadas e opostas a Deus, só comparável ao anterior à sua presença nos discípulos aquando da sua glorificação junto do Pai[133], prepara o encontro: entre Jesus, o *Eu sou* (ἐγώ εἰμι – v.20) que vem ao encontro dos seus discípulos sobre o mar como Salvador convidando a não ter medo[134], e os discípulos. O encontro realiza-se imediatamente: quando os discípulos *quiseram* (ἤθελον – v.21) ter Jesus dentro da barca.

Como iniciara (cf. v.11) e terminará (cf. vv.67-68), Jo fala da vital unidade do querer do Senhor e dos discípulos. De facto, como fruto do encontro, sem voltar a referir-se ao vento e ao mar, os discípulos chegam à margem unidos a Jesus. Este, o Logos feito carne, dominara as forças desordenadas e atraíra os seus discípulos ao Pai.

Dessa maneira, o evento completa o anterior: Jesus é o *Eu Sou* (ἐγώ εἰμι – v.20), o único que abre perfeitamente o caminho ao seu povo, o único que o salva; ou seja, não é só um dos profetas esperados; o evento, ao mesmo tempo, prepara a acção seguinte (cf. vv.22sss): o dar-se a conhecer de Jesus à multidão revela a justa resposta desta a si, ou seja, a que é do domínio da relação Jesus-povo assim como é a relação Jesus-Pai.

---

o de Eliseu, que ordenou que dessem o pão consagrado destinado ao sacerdote a cem homens (cf. Lv 23,20; 2Rs 4,42-44).

[132] Cf. 3,1ss; Ex 19,16ss; Dt 33,15; Pr 8,25; Is 49,13; 54,10; 65,7.

[133] A referência à *tarde* (ὀψία – v.16) reaparece só em 20,19; a barca, o mar e o movimento para a outra margem, além deste evento, recorrem só em 21,1.3.6.7; a situação de *treva* (σκοτία) define Maria quando vai ao sepulcro (cf. 20,1). Cf. C. H. GIBLIN, «What Was», 150.

[134] Cf. Ex 3,14; 14,1ss; Is 43,1.25; 44,2ss; G.R. O'DAY, *Word*, 119ss.

c) *Multidão (6,22-59)*

Após o sinal e o caminhar sobre as águas, em diálogo com a multidão, esta vem ao encontro do Salvador na outra margem. Entre as perguntas da multidão e as respostas de Jesus, este dá a conhecer, como se de um novo êxodo do povo se tratasse, o autêntico lugar de encontro do povo com Deus, só possível, como concluirá, na unidade dos seus discípulos a si.

+ Quando chegaste aqui? (6,22-27)

No dia seguinte (Τῇ ἐπαύριον – v.22) a multidão que ficara na margem, sabendo que nem Jesus nem os seus discípulos ali estavam, procura-o em Cafarnaum. Ao movimento dos seus discípulos para a outra margem, segue-se o movimento da multidão[135], que lhe diz: *"Mestre, quando chegaste aqui?"* (ῥαββί, πότε ὧδε γέγονας; – v.25)

Então, no primeiro passo da sua revelação, Jesus chama a multidão a trabalhar *"pelo alimento que permanece para a vida eterna"* (βρῶσιν τὴν μένουσαν εἰς ζωὴν αἰώνιον – v.27).

Assim, perante a ignorância do seu povo, orienta-o para o Pai e, por isso, na condição de *Filho do homem* (υἱὸς τοῦ ἀνθρώπου – v.27), assume ser o que o Pai sigilou e confirmou para o levar a si, como manifesta no diálogo. Com efeito, se a multidão se move à sua procura, Jesus orienta-a para o autêntico lugar de encontro com Deus, o verdadeiro santuário, o monte santo: o encontro do povo com o seu Enviado, o seu Logos feito carne, o seu Filho Unigénito.

+ Como fazer a obra de Deus? (6,28-29)

Na sequência do seu pedido (*"trabalhai"*; ἐργάζεσθε – v.27 → *"realizar"*; ἐργαζώμεθα – v.28), a multidão questiona-o: *"Que faremos para realizar as obras de Deus?"* (τί ποιῶμεν ἵνα ἐργαζώμεθα τὰ ἔργα τοῦ θεοῦ; – v.28). A multidão detém-se no *fazer* (ποιέω).

Então, num segundo passo, do plural ao singular, Jesus define a *obra de Deus* (ἔργον τοῦ θεοῦ): *"... que acrediteis naquele que ele enviou"* (... πιστεύητε εἰς ὃν ἀπέστειλεν ἐκεῖνος – v.29). Em resumo, a obra do povo é acreditar, ou seja, unir-se ao Enviado de Deus para ter e encontrar a vida de Deus por ele comunicada.

+ Que sinal fazes para acreditarmos em ti? (6,30-33)

Entre as suas obras e as de Jesus, perguntam-lhe: *"Que sinal fazes para vermos e acreditarmos em ti?"* (τί οὖν ποιεῖς σὺ σημεῖον, ἵνα

---

[135] Cf. M. KILEY, «Geography», 226-230.

ἴδωμεν καὶ πιστεύσωμέν σοι; – v.30)[136]. Disponíveis para ver, acreditar e conhecer, eles mantêm-se na expectativa messiânica davídica, dependentes de um sinal e distantes: *"Os nossos pais comeram o maná no deserto"* (οἱ πατέρες ἡμῶν τὸ μάννα ἔφαγον ἐν τῇ ἐρήμῳ – v.31)[137].

Jesus esclarece que não foi Moisés, mas o seu Pai quem deu o Pão do céu; e procura envolver a multidão no movimento: *dos nossos pais comeram → ao meu Pai dá-vos; do passado → ao presente; do maná → ao Pão verdadeiro* (cf. v.32).

Desse modo, no seio de Israel[138], o Filho de Deus insiste no desejo de levar a multidão ao Pai e, por isso, sem lhe dar um sinal senão a sua palavra, clarifica: *"... o Pão de Deus é aquele que desce do céu e dá a vida ao mundo"* (… ἄρτος τοῦ θεοῦ ἐστιν ὁ καταβαίνων ἐκ τοῦ οὐρανοῦ καὶ ζωὴν διδοὺς τῷ κόσμῳ – v.33). Dessa maneira, prosseguindo a sua revelação, Jesus esclarece que a obra de Deus é, provém do Senhor e essa é a sua própria vida.

+ Pão da vida (6,34-40)

A multidão diz: *"Senhor, dá-nos sempre deste pão"* (κύριε, πάντοτε δὸς ἡμῖν τὸν ἄρτον τοῦτον – v.34; cf. v.68). Então, num novo passo do seu dar-se a conhecer, com o desejo de que o povo o acompanhe na sua revelação, Jesus assume directa e claramente: *"Eu sou o Pão da vida"* (ἐγώ εἰμι ὁ ἄρτος τῆς ζωῆς – v.35).

Assim, da tradição de Israel e da sua simbologia[139], Jesus revela-se como o que desce do céu e dá a vida ao mundo. Então, após a primeira das suas sete autodeclarações[140], Jesus diz: *"Quem vem a mim nunca mais terá fome e quem acredita em mim nunca mais terá sede"* (ὁ ἐρχόμενος πρὸς ἐμὲ οὐ μὴ πεινάσῃ, καὶ ὁ πιστεύων εἰς ἐμὲ οὐ μὴ διψήσει πώποτε – v.35).

Efectivamente, Jesus une o ir a si e acreditar em si numa única acção, que é o ser e o caminho dado ao povo. Se o ouvem e o vêem, mas não acreditam; se o seguem, mas não são atraídos a si; sabendo que não perde nenhum dos seus (*"... quem vem a mim, eu não o rejeitarei..."*; ... τὸν ἐρχόμενον πρὸς ἐμὲ οὐ μὴ ἐκβάλω ἔξω... – v.37); (*"... todo aquele que o Pai me dá virá a mim..."*; ... πᾶν ὃ δέδωκέν μοι μὴ ἀπολέσω ἐξ αὐτοῦ... – v.39), Jesus insiste três vezes no seu desejo vital de dar a

---

[136] Cf. J. D. M. DERRETT, «τί ἐργάζῃ;», 142-144.
[137] Cf. Ex 16,4.15; Nm 11,9; J. ZUMSTEIN, «Geschichte», 420.
[138] Cf. P. BORGEN, *Bread*, 147ss.
[139] Cf. 2,1ss; 4,1ss; Pr 9,5; Is 55,10-11.
[140] Cf. 8,12; 10,9.11; 11,25; 14,6; 15,1.5.

conhecer *a vontade do Pai* (θέλημα τοῦ πατρός – v.40; cf. vv.38.39), ou seja, a atracção universal à vida de Deus (cf. vv.37-40).

De facto Jesus, o Pão da vida, comunica ao povo o desejo, o alimento, a comunhão, a vida de Deus.

+ Como pode dizer: desci do céu? (6,41-51)

A multidão, agora definida como *os judeus* (οἱ Ἰουδαῖοι – v.41), repete a experiência no deserto[141]: não crê em Deus e murmura nas suas palavras *"Eu sou o Pão descido do céu"* (ἐγώ εἰμι ὁ ἄρτος ὁ καταβὰς ἐκ τοῦ οὐρανοῦ – v.41). A acção detém-se nessas palavras (cf. vv.41.42.50.51), que levam a multidão a questionar-se sobre a origem de Jesus. Conheciam a sua origem terrena, mas desconheciam, e opunham a essa, a sua origem divina[142].

À contínua descrença, o mestre diz: *"Ninguém pode vir a mim se o Pai, que me enviou, não o atrair; e eu ressuscitá-lo-ei no último dia"* (οὐδεὶς δύναται ἐλθεῖν πρός με ἐὰν μὴ ὁ πατὴρ ὁ πέμψας με ἑλκύσῃ αὐτόν, κἀγὼ ἀναστήσω αὐτὸν ἐν τῇ ἐσχάτῃ ἡμέρᾳ – v.44).

Efectivamente, diz Jesus, assim como o maná no deserto não bastou, também as suas instruções, sinais e obras de Jesus não bastam; só atraídos pelo Pai podem entendê-lo e segui-lo, como diz a Escritura: *"Todos serão instruídos por Deus. Todo aquele que escutou o Pai e aprendeu vem a mim"* (ἔσονται πάντες διδακτοὶ θεοῦ πᾶς ὁ ἀκούσας παρὰ τοῦ πατρὸς καὶ μαθὼν ἔρχεται πρὸς ἐμέ – v.45)[143].

Jesus orienta-os para o Pai: ele é o seu Logos, é um nele, só ele o viu; por isso, diz: *"... aquele que acredita tem a vida eterna. Eu sou o Pão da vida"* (... ὁ πιστεύων ἔχει ζωὴν αἰώνιον. Ἐγώ εἰμι ὁ ἄρτος τῆς ζωῆς – vv.47-48). Depois, conclui: *"Eu sou o Pão vivo descido do céu"* (ἐγώ εἰμι ὁ ἄρτος ὁ ζῶν ὁ ἐκ τοῦ οὐρανοῦ καταβάς – v.51)[144]; aquele que o toma vive; e o alimento que dá é a sua carne para a vida do mundo.

+ Como pode dar a comer a sua carne? (6,52-59)

Da murmuração contra Jesus, os judeus passam à discussão entre eles mesmos[145]: *"Como pode este dar-nos a sua carne a comer?"* (πῶς

---

[141] Cf. Ex 16,2.7.12; Sl 105(104),24ss; Is 30,12.
[142] *"Como será isso, se eu não conheço homem?"* (Πῶς ἔσται τοῦτο, ἐπεὶ ἄνδρα οὐ γινώσκω; – Lc 1,34; cf. Mc 6,3; Lc 4,22).
[143] Cf. Is 54,13; J. FREY, *Johanneische*, II, 188ss.
[144] Cf. 6,35.41.48.
[145] Cf. Ex 17,2; Nm 20,3.

δύναται οὗτος ἡμῖν δοῦναι τὴν σάρκα φαγεῖν; – v.52). Com efeito, Jesus comprova: *"... se não comerdes a carne do Filho do homem e não beberdes o seu sangue, não tereis a vida em vós"* (... ἐὰν μὴ φάγητε τὴν σάρκα τοῦ υἱοῦ τοῦ ἀνθρώπου καὶ πίητε αὐτοῦ τὸ αἷμα, οὐκ ἔχετε ζωὴν ἐν ἑαυτοῖς – v.53).

Na sua progressiva revelação, mais controversa para quem a recusa, Jesus confirma o seu poder de dar a sua carne a comer e une-o ao de dar o seu sangue a beber (cf. vv.55-58). Nesse binómio, revela a totalidade do dom de si comunicado aos seus discípulos.

Como Filho do homem, Jesus dá-se a *comer* (τρώγω – vv.54.56. 57.58; cf. 13,18) e a *beber* (πίνω – v.53) como um naquele que o toma (cf. vv.55-56), como ele mesmo confirma na sua primeira referência explícita à sua relação *imanente* nos discípulos: *"... permanece em mim e eu nele"* (... ἐν ἐμοὶ μένει κἀγὼ ἐν αὐτῷ – v.56)[146].

Assim, finalmente, o Unigénito de Deus completa a revelação: a sua obra é ser um nos seus discípulos e só ele a pode realizar. Como Deus é o vivente e Jesus vive nele, o que toma parte de si vive por ele.

De facto, da união do que dá, o Pai, com o dom, o Filho, resulta o verdadeiro alimento e a verdadeira bebida. Com efeito, Jesus não fizera só um sinal, não era só o Pão vivo e *um* com o Pai; ele dá-se aos seus discípulos desse modo e só assim os seus discípulos podem ser autenticamente em Deus, ou seja, na sua unidade de vida no Pai[147].

Dessa maneira, como destaca Jo, na sinagoga de Cafarnaum (cf. v.59), lugar de reunião, Jesus fala da unidade a si como o único poder ou lugar onde os seus discípulos são perfeitamente *um* em Deus[148].

d) *Discípulos: quem pode escutá-lo? (6,60-66)*

Perante as suas palavras e a discussão entre eles, muitos dos seus discípulos questionam-se: *"Esta palavra é dura! Quem pode escutá-la?"* (σκληρός ἐστιν ὁ λόγος οὗτος τίς δύναται αὐτοῦ ἀκούειν; – v.60).

Sabendo que murmuram entre si (cf. vv.41.43), Jesus exorta-os a não se escandalizarem (cf. v.61): fala da sua descida do céu (cf. vv.33. 38.41.42.50.51.58), então como Filho do homem (cf. vv.27.53.62), e anuncia que o verão subir ao céu onde dá a vida ao mundo; depois diz: *"O Espírito é que vivifica, a carne não serve de nada"* (τὸ πνεῦμά ἐστιν τὸ ζωοποιοῦν, ἡ σὰρξ οὐκ ὠφελεῖ οὐδέν – v.63).

---

[146] Cf. 15,4-10; 17,21-23.
[147] Cf. 13,13-15; K. SCHOLTISSEK, «Abschied», 340.
[148] Cf. 3,21; A. M. SIVERTSEV, *Households*, 67ss.

Face à incompreensão, à descrença e à incapacidade manifestadas, insiste que só o poderiam entender no seu Espírito, no seu Logos, ou seja, de onde viera, onde era e para onde ia.

Na verdade, recorda Jo, Jesus sabia que alguns não acreditariam e, pela primeira vez, anuncia que um dos seus o entregará: *"... ninguém pode vir a mim, se não lhe for dado pelo Pai"* (... οὐδεὶς δύναται ἐλθεῖν πρός με ἐὰν μὴ ᾖ δεδομένον αὐτῷ ἐκ τοῦ πατρός – v.65).

Assim, da enorme multidão, dos judeus, dos muitos discípulos[149], permanecem com Jesus só os Doze, tantos quantas as tribos e tantos quantos os cestos recolhidos anteriormente (cf. vv.1ss).

Em síntese, segundo Jo, se um não vive do alto, não pode entrar na vida de Deus, não pode seguir o seu Enviado nem sequer dar fruto de unidade no seio do seu único povo.

e) *Doze (6,67-71)*

Então, Jesus dirige-se aos Doze: "Não quereis vós também ir?" (μὴ καὶ ὑμεῖς θέλετε ὑπάγειν; – v.67). Na sua primeira intervenção joanina, Pedro diz: "Senhor, a quem iremos? Tens palavras de vida eterna, e nós acreditamos e reconhecemos que tu és o Santo de Deus" (κύριε, πρὸς τίνα ἀπελευσόμεθα; ῥήματα ζωῆς αἰωνίου ἔχεις, καὶ ἡμεῖς πεπιστεύκαμεν καὶ ἐγνώκαμεν ὅτι σὺ εἶ ὁ ἅγιος τοῦ θεοῦ – vv.68-69).

Dessa maneira, no primeiro dos dois eventos joaninos que se referem aos Doze (cf. 20,24), Pedro representa-os e responde perfeitamente ao diálogo anterior com a multidão: o único a seguir é Jesus, ele é a palavra de vida, é o Santo de Deus.

No deserto o povo não se saciara; então, o povo e muitos dos discípulos de Jesus abandonam-no; os Doze, pela palavra de Pedro, estão unidos no desejo de vida de Deus dada perfeitamente pelo santo de Deus.

Efectivamente, seguindo o testemunho do discípulo amado, Pedro será o corolário no tomar parte de Jesus, precisamente por ser tu a tu a sua relação de unidade com o Senhor (cf. 21,1ss).

Nesse sentido, Jesus destaca a unidade dos Doze: *"Não vos escolhi eu a vós, os Doze?"* (οὐκ ἐγὼ ὑμᾶς τοὺς δώδεκα ἐξελεξάμην; – v.70); e, como no lava-pés, une o facto de os ter escolhido (cf. 13,18-21) ao

---

[149] Como uma linha divisória entre os que desejam e os que não desejam ser atraídos por Jesus, passa-se de uma numerosa multidão para um grupo de judeus; destes para os discípulos em torno de Jesus; e, finalmente, desses para os Doze e para o anúncio de que um deles o entregaria; cf. L. SCHENKE, *Johannes*, 211ss.

facto de um dos Doze o entregar. Chama-os pela sua palavra, perante a palavra: Pedro deseja-a, Judas não.

Entre os Doze, referidos então três vezes (cf. vv.67.70.71), chamados à unidade vital do seu único povo e representantes dessa mesma unidade, Judas será o corolário dos que não se deixam atrair pela palavra e dispersam[150].

Concluindo, do movimento da grande multidão (cf. vv.1-15) ao anúncio da própria divisão dos Doze, Jo confirma: só atraídos a Jesus os seus discípulos são unidade; e esse é o fruto da hora vital do Logos-Jesus glorificado[151].

2.2.5 No templo durante a festa das Tendas (7-8)

Jesus regressa ao templo de Jerusalém, onde ensina durante a festa das Tendas. Partindo dos seus irmãos (cf. vv.1ss), Jesus dá-se a conhecer à multidão, aos judeus, aos Hierosolimitas (cf. vv.14ss), à guarda do sinédrio, aos fariseus e aos chefes dos sacerdotes (cf. vv.37ss).

Com efeito, unido a Moisés, com todo o povo e líderes em redor, Jesus vivifica em si a lei (cf. vv.53ss), declara ser a Luz do mundo (cf. 8,12ss), fala da sua exaltação (cf. 8,21ss) e, opondo o ser de Deus ao ser do diabo, como as várias reacções mostram (cf. 8,37ss), unido e mesmo antes de Abraão, diz ser o *Eu Sou* (ἐγώ εἰμι – 8,58)[152].

a) *Subida para as Tendas (7,1-13)*

Do movimento da Galileia, a presente secção é envolvida e comandada pelo desejo dos judeus de matar Jesus (cf. v.1) e pelo medo que estes provocam (cf. v.13): adiam os passos de Jesus e impedem a multidão de falar abertamente[153].

Porém, esse comando, como mostram os versículos 1-13, depende da consciência e senhoria de Jesus face à hora (cf. vv.30.44; 8,20); por isso, na realidade, os judeus não o conseguiam prender nem os seus irmãos orientar o seu agir; esses irmãos, aqueles que viviam mais perto dele, anunciam o seu caminho (cf. vv.3-4): *"... vai para a Judeia"* (... ὕπαγε εἰς τὴν Ἰουδαίαν – v.3a; cf. 7,14ss; 12,12-13); *"... vejam as*

---

[150] Cf. R. A. CULPEPPER, *Anatomy*, 99s.

[151] No movimento da grande multidão aos Doze e destes à cruz, onde só permanece o discípulo amado, Jo projecta a vitalidade do seu testemunho, atraído ao poder da cruz, à unidade dos seus discípulos em vista da salvação do mundo. Cf. E. COTHENET, «Nourriture», 181-191.

[152] Cf. F. J. MOLONEY, *Gospel*, 193ss.

[153] Cf. 4,1-3; 5,16-18.

obras que fazes..." (... θεωρήσουσιν σοῦ τὰ ἔργα ἃ ποιεῖς... – v.3b; cf. 7,26; 18,20); *"... manifesta-te ao mundo"* (... φανέρωσον σεαυτὸν τῷ κόσμῳ – v.4c; cf. 12,19).

Contudo, nem os seus irmãos acreditavam. De facto, Jesus vivia da sua hora, do seu tempo (καιρός – vv.6.8), do Pai, não deles, nem sequer das suas próprias obras nem do reconhecimento que tivessem dessas; os seus irmãos, pelo contrário, viviam de qualquer hora. Por isso, o mundo odiava Jesus e não eles. Entretanto, Jesus disse-lhes que subissem à festa.

Depois, Jesus subiu discretamente à festa dos dons recolhidos e esperados, da vivência desértica e escatológica[154]. Os judeus procuram-no. A multidão murmura temerosa e dividida.

Na realidade, Jesus é a salvação celebrada e esperada; e aponta a sua realização para a hora, que é o lugar de unidade entre Deus e o seu povo, onde deseja perfeitamente que o seu povo chegue a essa unidade de vida como se o completar do seu êxodo se tratasse.

b) *Início do discurso (7,14-24)*

Depois da sinagoga (cf. 6,71), a meio da festa, Jesus ensina no templo diante dos líderes. A multidão espanta-se: *"Como sabe este as Escrituras, sem ter estudado?"* (πῶς οὗτος γράμματα οἶδεν μὴ μεμαθηκώς; – v.15). O seu saber é o do Pai, por isso, começa por orientá-los para o Pai insistindo na sua origem. O *verdadeiro* (ἀληθής – v.18) e o *autêntico* (ἀδικία – v.18) procuram Deus e não o seu, o próprio (cf. v.18; 5,41ss); os judeus não cumpriam a lei de Moisés e queriam matá-lo (cf. v.19).

A multidão reage: *"Tens um demónio. Quem te procura matar?"* (δαιμόνιον ἔχεις τίς σε ζητεῖ ἀποκτεῖναι; – v.20). Perante a ignorância, a divisão e o espanto, Jesus coloca a sua obra face à circuncisão: para não violar a lei – a circuncisão de um recém-nascido ao oitavo dia –, os judeus operavam parte do corpo ao sábado, mas admiravam-se que Jesus curasse *completamente um homem* (ὅλον ἄνθρωπον – v.23)[155].

Assim, face à situação do povo (cf. 5,1ss), Jesus regressa ao templo, e aí, no decorrer da festa das Tendas, começa a sua acção, recordando o seu desejo de glorificar Deus e de salvar o povo inteiro. Nesse sentido, chama o seu povo ao justo juízo: *"não julgueis segundo a aparência,*

---

[154] Cf. Ex 23,16; Dt 16,13-15; R. SCHNACKENBURG, *Johannesevangelium*, II, 191ss; JOSEPHUS, *Ant.* 8 § 100: a mais santa e maior festa.

[155] Cf. J. D. M. DERRETT, «Circumcision», 211-224.

mas julgai segundo o justo juízo" (μὴ κρίνετε κατ' ὄψιν, ἀλλὰ τὴν δικαίαν κρίσιν κρίνετε – v.24).

c) *Povo divide-se (7,25-36)*

Então, perante o desejo e a chamada de Jesus, alguns de Jerusalém questionam-se: *"Não é a esse que procuravam matar? Eis que fala publicamente e nada lhe dizem! Porventura os chefes reconheceram verdadeiramente que ele é o Cristo?"* (οὐχ οὗτός ἐστιν ὃν ζητοῦσιν ἀποκτεῖναι; καὶ ἴδε παρρησίᾳ λαλεῖ καὶ οὐδὲν αὐτῷ λέγουσιν· μήποτε ἀληθῶς ἔγνωσαν οἱ ἄρχοντες ὅτι οὗτός ἐστιν ὁ χριστός; – vv.25-26). Interrogam-se ainda sobre essa possibilidade, pois a origem de Cristo era desconhecida e a de Jesus não.

Prosseguindo, com a força do verbo *proclamar* (κράζω – v.28) e com as sete repetições dos verbos *conhecer – saber* (γινώσκω – οἶδα) (cf. vv.26-29), Jesus foca-se no conhecer ou não a sua origem[156]. Do seu falar, resultam dois movimentos: muitos da multidão chegam à fé, perguntando-se se quando Cristo viesse faria mais sinais[157]. Ao escutar tais murmurações, fariseus e chefes de sacerdotes enviam a guarda para o prender[158].

Então, Jesus diz que por pouco tempo estará com eles, que eles o procurarão, mas não o encontrarão nem poderão então ir onde ele irá. Perguntam-se: onde irá? Irá à diáspora dos gregos e ensiná-los? (cf. v.35) Mesmo sem o saber, e se isso tentam evitar, tal anunciam (cf. 12,20ss).

Assim, a partir dos seus irmãos, o Logos chega aos Hierosolimitas, e desses aos muitos judeus que crêem e anunciam a ida aos gregos; ou seja, a acção narrativa, a acção de Jesus, prossegue para a hora vital, de tal modo que, face às sucessivas divisões e incompreensões da multidão e dos judeus, o Mestre insiste na necessidade de conhecer a sua origem.

d) *Último dia das Tendas (7,37-52)*

No último dia da festa (Ἐν δὲ τῇ ἐσχάτῃ ἡμέρᾳ – v.37)[159], quando os sacerdotes contornam o altar com água de Siloé (cf. 9,7) e o povo ob-

---

[156] Cf. 8,14; 9,29; 19,9. Sequência: *"... de onde é..."* (... πόθεν ἐστίν... – v.27) → *"... de onde é..."* (... πόθεν ἐστίν... – v.27) → *"... de onde sou..."* (... πόθεν εἰμί... – v.28).

[157] Como os habitantes de Jerusalém, movem-se em torno do Cristo esperado.

[158] Tentaram pôr-lhe a mão, sem conseguir; não era a hora (cf. v.30). Assim, a perseguição latente (cf. 2,13ss; 3,11-12; 4,1-3.43-44) intensifica-se (cf. 7,1.13.19.25-26.30.32.44-52; 8,3-6.20.45-53.59; 9,22; 10,31.39; 11,8.47-53).

[159] Cf. G. A. YEE, *Jewish*, 79ss.

serva a lei[160], Jesus em pé clama: *"Se alguém tem sede, venha a mim e beba"* (ἐάν τις διψᾷ ἐρχέσθω πρός με καὶ πινέτω – v.37).

No deserto o povo quer saciar-se de água, então, o rito evoca a renovação espiritual de Sião[161]; nesse ambiente, Jesus dá-se ao seu povo como a sua plenitude: beber, tomar parte do espírito que o une ao Pai, é unir-se a Deus[162] como água viva incessante e atraente a si[163].

Contudo, a multidão divide-se[164]. Sem o conseguir prender, a guarda vai ter com os fariseus e chefes dos sacerdotes, é questionada e diz-lhes: *"Jamais um homem falou assim"* (οὐδέποτε ἐλάλησεν οὕτως ἄνθρωπος – v.46; cf. 1,26).

Os líderes questionam: *"Também vos deixastes seduzir? Algum dos chefes ou dos fariseus acreditou nele?"* (μὴ καὶ ὑμεῖς πεπλάνησθε; μή τις ἐκ τῶν ἀρχόντων ἐπίστευσεν εἰς αὐτὸν ἢ ἐκ τῶν Φαρισαίων; – vv.47-48). De facto, Jesus manifesta-se em alguns dos líderes e manifesta o temor doutros.

Um deles, Nicodemos, sempre definido por ir a ele, detém-nos no justo juízo: escutar e perceber a sua obra. Evocando a lei (cf. Dt 1,16ss; 19,18), confirma a ignorância e desinteresse deles.

Efectivamente, em coro desvalorizam a lei e a sua origem e identificam-se com a multidão, que antes definiam como ignorante e maldita (cf. v.49). Sendo a relação de escuta no espírito de Jesus o lugar de encontro com Deus, paradoxalmente, Jo conclui dizendo: *E foi cada um para sua casa* (ἐπορεύθησαν ἕκαστος εἰς τὸν οἶκον αὐτοῦ – v.53).

e) *Pecado (7,53-8,11)*

Dos seus irmãos aos seus líderes[165], Jesus prossegue, sentado, o ensino no templo com todo o povo (πᾶς ὁ λαός – v.2) em seu redor (cf. v.2)[166]. Escribas e fariseus levam-lhe uma mulher (γυνή – v.3.4.5.9.10) apanhada em adultério. Colocam-na no meio para que ele a julgue. Recordam-lhe a pena de lapidação para o caso (cf. Lv 20,10; Dt 22,22-24).

---

[160] Cf. MTeh 17,5.
[161] Cf. Ex 17,6; Dt 8,15; Is 12,3; Ez 47,1-12; 1Cor 10,4.
[162] Cf. J. MARCUS, «Rivers», 328-330.
[163] Cf. 4,10ss; 6,35; 7,37; 19,28ss; Pr 9,5; Jr 2,13; Zc 14,8; Ap 7,16ss; 21,6. Cf. A. DA SILVA, «Giovanni», 13-30.
[164] Cf. 7,20-21.25-27.40-43.
[165] Como o movimento no capítulo 6, este resolve-se a partir da hora. Do entendimento e unidade dos líderes dependem a abertura e a realização da unidade do seu povo.
[166] Cf. B. M. METZGER, *Textual*, 219-221.

Anteriormente, Nicodemos tinha pedido aos líderes de Israel que ouvissem e conhecessem a obra de Jesus (cf. 7,50-51), e eles chamam-no de mestre e dispõem-se a escutar a sua palavra, porém apenas para o pôr à prova e o condenar. Na realidade, desse modo, Jesus joanino encontra-se face a face com a lei e com o poder de julgar do seu próprio povo.

Face aos movimentos e palavras das autoridades, Jesus inclina-se e escreve com o dedo na terra. Perante a insistência em ouvi-lo, levanta-se e diz-lhes: *"Quem de vós estiver sem pecado, atire-lhe a primeira pedra"* (ὁ ἀναμάρτητος ὑμῶν πρῶτος ἐπ' αὐτὴν βαλέτω λίθον – v.7); e inclinando-se, escreve na terra.

À sua palavra, um a um, a começar pelos presbíteros (cf. Mc 14,53), vão saindo, deixando-a só no centro com Jesus. Não acolhendo a palavra, que revela o pecado[167], fecham-se em si e excluem-se.

Jesus faz ver à mulher que nenhum a condenou e conclui: *"Vai e, de agora em diante, não peques mais"* (πορεύου, ἀπὸ τοῦ νῦν μηκέτι ἁμάρτανε – v.11; cf. 5,14). Com efeito, Jesus libertou-a dos acusadores e da condenação, levando-a da posição central de acusação à posição central de salvação.

A sempre chamada mulher (γυνή) retrata o povo (cf. 2,1ss; 4,1ss; 8,41); a partir da sua infidelidade, no meio do seu povo – multidão, líderes, lei, templo e pecado –, Jesus inscreve na terra[168] a possibilidade de o povo ter a vida de Deus. De facto, as pedras não deveriam servir para matar nem para excluir, mas deviam ser devolvidas à terra e inscritas pela palavra, para ser motivo de vida e reunião.

f) *Luz do mundo (8,12-20)*

Em seguida, Jesus assume claramente em si as esperanças celebradas e esperadas na festa, atraindo todos ao Pai: *"Eu sou a Luz do mundo"* (ἐγώ εἰμι τὸ φῶς τοῦ κόσμου – v.12)[169]. Nesse sentido, Jo destaca duas acções: testemunhar/testemunho (μαρτυρέω/μαρτυρία) sete vezes e, unido a essa, julgar/juízo (κρίνω / κρίσις) quatro vezes.

Os fariseus acusam-no de testemunhar de si e de não ser verdadeiro. Jesus diz-lhes: o seu testemunho depende do conhecimento que tem do lugar de onde vem, do lugar para onde vai e da sua unidade ao Pai; mas eles desconhecem o lugar de onde vem e para onde vai («*de onde venho e para onde vou*»; πόθεν ἦλθον καὶ ποῦ ὑπάγω – v.14), pois julgam

---

[167] Cf. 4,16-18; 12,48; D. B. WALLACE, «Reconsidering», 290-296.
[168] Cf. G.R. O'DAY – S. E. HYLEN, *John*, 80ss; AGOSTINO, *Commento*, 33.
[169] Cf. 1,4; Pr 6,23; Sb 7,26; Is 42,6.

pela carne; ele não é só ele, é ele e o Pai *("... porque eu não estou só, mas com o Pai, que me enviou"*; ... μόνος οὐκ εἰμί, ἀλλ' ἐγὼ καὶ ὁ πέμψας με πατήρ – v.16); o seu testemunho é verdadeiro, pois, retomando a lei usada pelos fariseus (v.13), recorda que o seu testemunho é o do Pai (cf. vv.17-18)[170].

Então, leva-os à questão vital: *"Onde está o teu Pai?"* (ποῦ ἐστιν ὁ πατήρ σου; – v.19); e diz-lhes: *"Não me conheceis a mim nem a meu Pai; se me conhecêsseis, conheceríeis também meu Pai"* (οὔτε ἐμὲ οἴδατε οὔτε τὸν πατέρα μου εἰ ἐμὲ ᾔδειτε, καὶ τὸν πατέρα μου ἂν ᾔδειτε – v.19).

Assim, quando se acendia a luz que iluminava toda a cidade (junto ao *tesouro*; γαζοφυλάκιον – cf. v.20), Jesus disse ser a Luz do mundo atraente à sua perfeita unidade no Pai. Nenhum o prendeu; não era a hora.

g) *Verdade e liberdade (8,21-36)*

Jesus insiste: *"Eu vou, e vós me procurareis e morrereis no vosso pecado. Para onde eu vou, vós não podeis ir"* (ἐγὼ ὑπάγω καὶ ζητήσετέ με, καὶ ἐν τῇ ἁμαρτίᾳ ὑμῶν ἀποθανεῖσθε· ὅπου ἐγὼ ὑπάγω ὑμεῖς οὐ δύνασθε ἐλθεῖν – v.21)[171]. Eles pensam que Jesus fala do seu suicídio. Na realidade, crescem na contradição: Jesus caminha para a vida e para a dar, eles para a morte e para a dar; ele é do alto e não deste mundo, eles são de baixo e deste mundo.

Jesus diz ser de novo o *Eu sou* (ἐγώ εἰμι – v.24) e leva-os à questão: *"Quem és tu?"* (σὺ τίς εἶ; – v.25; cf. 6,42; 7,15.41ss). Declara ser o que diz e o que diz ser o que escuta do que o enviou.

Contudo, eles não reconhecem que fala do Pai[172]; por isso, Jesus diz-lhes: *"Quando tiverdes elevado o Filho do homem, então reconhecereis que Eu sou"* (ὅταν ὑψώσητε τὸν υἱὸν τοῦ ἀνθρώπου, τότε γνώσεσθε ὅτι ἐγώ εἰμι – v.28).

A única ocorrência activa do verbo *elevar* (ὑψόω – v.28) expressa a acção de crucificarem o Filho de Deus, da qual brotam as acções: *"reconhecereis que Eu sou"* (γνώσεσθε ὅτι ἐγώ εἰμι) → *"... que nada faço por mim mesmo..."* (... καὶ ἀπ' ἐμαυτοῦ ποιῶ οὐδέν...) → *"... mas como o Pai me ensinou..."* (... ἀλλὰ καθὼς ἐδίδαξέν με ὁ πατήρ...) → *"... assim falo..."* (... ταῦτα λαλῶ...) (v.28). Então o conhecerão, pois

---

[170] As repetições do termo *verdadeiro* (ἀληθής – vv.13.14.17) confirmam a validade do testemunho de Jesus; cf. J. BEUTLER, *Martyria*, 265ss.
[171] Cf. 6,22.24; 7,33; 8,12; 13,33.
[172] Cf. R. J. BAUCKHAM, *God*, 64ss.

"Aquele que me enviou está comigo. Não me deixou só, porque eu faço sempre o que lhe agrada" (ὁ πέμψας με μετ' ἐμοῦ ἐστιν οὐκ ἀφῆκέν με μόνον, ὅτι ἐγὼ τὰ ἀρεστὰ αὐτῷ ποιῶ πάντοτε – v.29).

Aos muitos judeus que acreditam nele, Jesus chama a permanecer no seu Logos (cf. v.31), no qual serão seus discípulos, conhecerão a verdade e serão livres; ou seja, serão de Deus.

Entretanto, eles evocam ser de Abraão e não ser escravos de ninguém. Jesus identifica o que age no pecado como servo do pecado[173], pois deseja que todos os filhos de Abraão sejam filhos de Deus[174].

h) *O Pai e Abraão (8,37-47)*

Então, Jesus responde a uma das questões vitais do testemunho joanino: *"Porque não reconheceis a minha palavra?"* (διὰ τί τὴν λαλιὰν τὴν ἐμὴν οὐ γινώσκετε; – v.43): *"... a minha palavra não encontra lugar em vós"* (... ὁ λόγος ὁ ἐμὸς οὐ χωρεῖ ἐν ὑμῖν – v.37) → *"não podeis escutar a minha palavra"* (οὐ δύνασθε ἀκούειν τὸν λόγον τὸν ἐμόν – v.43) → *"... não sois de Deus"* (... ἐκ τοῦ θεοῦ οὐκ ἐστέ – v.47). As três afirmações movem-se em torno do Pai (πατήρ), que se repete nove vezes[175], e de Deus (Θεός), que se repete sete.

Entre a primeira e a segunda afirmação, Jesus esclarece-os que anuncia o que ouviu do seu Pai e eles fazem o que ouvem do seu pai: o diabo[176]. Abraão alegra-se na espera de ver o seu dia e eles, ouvindo-o e vendo-o, querem matá-lo[177]. Socorrendo-se da sua filiação abraâmica e do único Deus para se defender, Jesus recorda-lhes que não agem nem de acordo com Abraão, que o desejou ver, nem com Deus, que o enviou.

Da segunda à terceira afirmação, opõe o seu Pai ao pai deles. Em perfeita unidade ao Pai, as suas palavras revelam a sua perfeita potência, a sua total oposição ao diabo, que fala de si, e a sua vitória sobre esse.

Desse modo, depois da provocação inicial (v.1ss), Jesus pede que lhe mostrem o seu pecado. Sabe que não fazem as obras de Abraão e deseja atraí-los ao único Deus; por isso, olha a hora e fala do Pai, pois, se antes não o podiam conhecer, nessa hora será clara e vital a oposição entre ser de Deus ou ser do demónio, viver na unidade ou na dispersão.

---

[173] Cf. J. O. TUÑÍ VANCELLS, *Verdad*, 78ss.
[174] Notar: *"vos libertará"* (ἐλευθερώσει – v.32) → *"tornar-vos-eis livres"* (ἐλεύθεροι – v.33) → *"vos libertar"* (ἐλευθερώσῃ – v.36) → *"sereis livres"* (ἐλεύθεροι – v.36).
[175] Nos vv.16-56 Pai (πατήρ) aparece vinte vezes e nos vv.40-54 Deus (Θεός) surge por oito vezes.
[176] O diabo (διάβολος) é o que divide e dispersa; cf. 6,70; 13,2.
[177] Cf. J. BEUTLER, «Hauptgebot», 107-120.

i) *Eu sou (8,48-59)*

Tomados pelo diabo (cf. vv.38.41.44), os judeus acusam Jesus de ser samaritano e de ter um demónio[178]. Não obstante o evento na Samaria (cf. 4,1ss), é o motivo da segunda acusação que faz prosseguir a acção.

Em Jo, *demónio* (δαιμόνιον) e *ter um demónio* (δαιμονίζομαι) servem só aos judeus para acusar Jesus (cf. 7,20; 8,48-52; 10,20-21). Jesus nega ter um demónio e fala, primeiro, da sua relação com o Pai, a quem honra, obedece e glorifica, e depois, por isso, da sua relação com os seus que o honram como ao Pai[179].

Eles insistem que Jesus tem um demónio por dizer: *"Se alguém guardar a minha palavra, nunca provará a morte"* (τις τὸν λόγον μου τηρήσῃ, οὐ μὴ γεύσηται θανάτου εἰς τὸν αἰῶνα – v.52). Dessas palavras, eles evocam Abraão e os profetas que morreram e questionam-no se será ele maior que Abraão, o Pai deles (cf. v.53).

Como farão em relação a Moisés (cf. 9,28), tentam separar Jesus de Abraão; porém, Jesus recorda que é o Pai quem o glorifica, o que eles dizem ser *'É o nosso Deus'* (θεὸς ἡμῶν ἐστιν – v.54); na realidade, não o conhecem, Jesus conhece-o e guarda a sua palavra.

Depois, o Filho de Deus determina o seu tempo como o que Abraão em exultante esperança considerou ser a plenitude escatológica da salvação, mas eles dizem não ter ele idade para ter visto Abraão.

Em seguida, Jesus finda a sua revelação solenemente: *"... antes que Abraão existisse, Eu sou"* (... πρὶν Ἀβραὰμ γενέσθαι ἐγὼ εἰμί – v.58)[180]; ele é o lugar da promessa[181], da unidade dos filhos de Deus, e eles tentam apedrejá-lo. Desse modo, coroam a sua oposição a ser de Deus como já mostravam ao oporem-se à unidade, à alegria, à fidelidade abraâmica com a sua dispersão, morte e infidelidade.

2.2.6 Jo 5-8 e a unidade em Jo

Após os encontros com Nicodemos, com a samaritana e com o oficial real, decorrentes da boda em Caná e do evento no templo (cf. 2,1-25), nos capítulos 5-8, Jesus dirige-se ao templo, a todo o povo e líde-

---

[178] Cf. J. BEUTLER, «Identity», 229-238.
[179] Cf. 5,23; 14,23; 15,20; 17,6.
[180] Cf. 8,24.28; U. WILCKENS, *Evangelium*, 151ss.
[181] Entre as promessas destacam-se as seguintes: as dadas a Moisés (cf. 7,19-24; 8,5), a Abraão (cf. 8,40.52ss) e aos profetas (cf. 7,40; 8,50-52); a lei (cf. 7,53–8,1-11), o culto (cf. 8,37-39), o Cristo (cf. 7,31.40-43), a unidade (cf. 7,37). Cf. M. THEOBALD, *Herrenworte*, 478ss.

res para, na sua revelação, intercalada com a ida à Galileia, clamar: *"antes que Abraão existisse, Eu sou"* (πρὶν Ἀβραὰμ γενέσθαι ἐγὼ εἰμί – 8,58). Se culmina unido a Abraão, anteriormente, Jesus dera-se a conhecer como aquele que vivifica em si as principais festas, instituições e personagens judaicas para levar os seus discípulos à sua unidade em Deus.

Em síntese, nos capítulos 5-8, Jesus olha a história do seu povo, nos encontros com o paralítico, a adúltera, a multidão e os líderes, para revelar, à luz da sua hora (cf. 8,28), o seu desejo de levar à sua unidade no Pai todo o povo e toda a humanidade como anunciara no sinal dos pães e dos peixes, nos Doze, na abertura da multidão e dos líderes.

No sentido da realização da sua missão, Jesus recorda que apenas unidos a ele, verdadeiro templo e verdadeiro Pão da vida, Israel e o mundo podem aceder à Luz que os conduz ao verdadeiro e único Deus.

2.3 *Jesus manifesta-se (9,1-12,50)*

No seguimento da sua revelação anterior (cf. 5,1ss), nos capítulos 9-12, Jesus realiza em que o acolhe o que revela; por outras palavras, manifesta-se neles, levando-os à sua compreensão (cf. 9,1-41), reunindo-os na sua unidade (cf. 10,1-42) e dando-lhes a sua vida (cf. 11,1-46).

Em seguida, após a decisão do sinédrio (cf. 11,47-53), Jesus completa a sua acção pública (cf. 11,54-57) em vista da sua consumação aos olhos do mundo inteiro, como anunciam os seus discípulos (cf. 12,1-11), a multidão (cf. 12,12-19) e os gregos (cf. 12,20-36).

Finalmente, no culminar da resistência da multidão em acreditar nele, e dos chefes dos judeus em confessar a sua fé (cf. 12,37-42), Jesus chama todos à fé (cf. 12,44-50)[182].

2.3.1 Ignorância e compreensão (9,1-41)

Tendo completado a sua revelação no templo no decorrer da festa das Tendas assumindo ser o *Eu sou* (ἐγὼ εἰμί – 8,58), então, na primeira de três etapas em que se revela aos seus discípulos (a segunda no cap. 10 e a terceira no cap. 11)[183], no capítulo 9, Jesus manifesta-se e manifesta a obra de Deus em quem acolhe o que revela (cf. v.3; 6,29; 8,58).

---

[182] Cf. F.F. SEGOVIA, «Journeys», 23-54.
[183] Notar a sequência de sentido das três etapas: ver e compreender Deus em Jesus (cap. 9) → ser reunido na unidade por Jesus (cap. 10) → viver de Deus por meio de Jesus (cap. 11). Ao fruto positivo da compreensão, da unidade e da vida de Deus

Jesus parte do princípio: age nos seus discípulos e é a Luz do mundo. A acção do Filho de Deus é o seu manifestar-se no cego, por quem gera diversas respostas a si; contemporaneamente, em oposição, revela o pecado e a sua origem. A progressiva manifestação de Jesus no cego contrapõe-se à crescente ignorância dos vizinhos, dos fariseus, dos judeus e do *nós*. Desse modo, Jesus leva a ver Deus como ele vê o Pai, pois sem ele o homem não pode ser total e autenticamente filho de Deus.

a) *Jesus manifesta-se num cego (9,1-7)*

Ao passar, Jesus vê um cego de nascença. Partindo do princípio de que os males dependem dos pecados pessoais, familiares e colectivos[184], os discípulos reaparecem[185] e questionam-no.

Então, Jesus orienta a acção: a cegueira não depende do pecado → manifesta a obra de Deus → agindo nos seus discípulos → como a Luz do mundo: acolhê-la é ver, recusá-la é não ver.

Como mostra a ponte dos versículos 1-7, o cego passa da treva à luz como fruto do encontro com Jesus[186], que veio ao encontro do homem cego, viu-o, fez um lodo com a saliva, esfregou-lhe os olhos e disse-lhe: *"Vai, lava-te na piscina de Siloé"* (ὕπαγε νίψαι εἰς τὴν κολυμβήθραν τοῦ Σιλωάμ – v.7)[187]; o cego assim agiu[188]: *Ele foi, lavou-se e voltou vendo* (ἀπῆλθεν οὖν καὶ ἐνίψατο καὶ ἦλθεν βλέπων – v.7)[189].

O autor joanino recorda que aquele homem passou a ver na piscina[190] de Siloé, que significa *enviado*, unindo dessa maneira a palavra do enviado (cf. v.4; 16,4ss) e o enviado em resposta à sua palavra, a qual lhe

---

manifestado por Jesus nos seus discípulos nestes capítulos, opõem-se nos mesmos capítulos a ignorância, a dispersão e a morte daqueles que recusam viver de Deus.

[184] Cf. 5,14; Ex 20,5; Dt 5,9; 15,17; S.T. LACHS, *Rabbinic*,125ss.
[185] Cf. 6,60-71.
[186] Cf. 1,5; 3,2; 11,10; 12,35; 13,30. G. MARCONI, «Vista», 625-643.
[187] Depósito de água da nascente de Guion (cf. 2Cr 32,30; Is 8,6); a água usava-se nas celebrações das Tendas. Fontes hebraicas descrevem-na como lugar de purificação; cf. D. ADAN, «Fountain», 98.
[188] É o Logos que possibilita os sinais. Cf. G. R. BEASLEY-MURRAY, *John*, 148ss.
[189] Cf. 2Rs 5,10-13; T. L. BRODIE, *Gospel*, 343ss. Duas importantes novidades face aos Evangelhos sinópticos: o envio à piscina de Siloé, que no NT só aqui é nomeada; e o verbo *lavar* (νίπτω), que em Jo só ocorre, por oito vezes, no lava-pés (cf. 13,5.6.8.10,12.14); no NT, o verbo *lavar* (νίπτω) ocorre só quatro vezes (nunca em curas): lavar o rosto (cf. Mt 6,17), lavar como ritual das mãos (cf. Mt 15,2; Mc 7,3) e o lavar hospitaleiro dos pés (cf. 1Tm 5,10).
[190] Cf. 2,6; 3,25; A piscina servia os ritos de purificação; *T. Taan.* 1,8.

permite ser enviado vendo (cf. v.7). Assim, Jo é no lugar vital onde Deus se manifesta.

b) *Vizinhos (9,8-12)*

Os vizinhos e os que o viram antes, então os protagonistas da secção, interrogam-se: *"Não é esse que estava sentado a mendigar?"* (οὐχ οὗτός ἐστιν ὁ καθήμενος καὶ προσαιτῶν; – v.8). Paradoxalmente, uns dizem que sim, outros que não: *"Não é! É outro parecido com ele"* (οὐχί, ἀλλὰ ὅμοιος αὐτῷ ἐστιν – v.9). Jo não se interessa pelo seu espanto (cf. Mt 9,31), mas pela atitude, na qual assinala *o ver e não ver* como a primeira divisão da cena (cf. vv.16.22.28-29).

O que fora cego identifica-se unido a Jesus: *"Eu sou"* (ἐγώ εἰμι – v.9; cf. 8,58); eles interessam-se por *"Como se abriram os teus olhos?"* (πῶς ἠνεῴχθησάν σου οἱ ὀφθαλμοί; – v.10)[191]. Se antes não via, agora responde quase perfeitamente com os gestos do homem que chama Jesus e perfeitamente com as suas palavras. Jesus tinha saído da cena como nunca e como nunca é na palavra daquele homem.

Surge, então, a questão vital na qual se compreende o *como...* (πῶς... – v.10): *"Onde está ele?"* (ποῦ ἐστιν ἐκεῖνος; – v.12)[192]; porém, o cego ainda ignora a sua origem.

c) *Fariseus questionam o que fora cego (9,13-17)*

Em busca da resposta, levam-no aos fariseus, os protagonistas da secção, de quem era normal escutar o juízo. Era sábado[193]. Os fariseus também se detêm no *como* (πῶς – v.15) via. Em resumo, aquele que tinha sido cego repete o sucedido sem nomear Jesus.

Entretanto, dividem-se: uns respondem negativamente ao versículo 12 e defendem o sábado de Deus; outros: *"Como pode um homem pe-*

---

[191] Ao repetir nos vv.15.16.19.21.26 essa pergunta, nas sucessivas respostas do homem, Jo passa do *como* ao fundamento do sinal; notar o uso do verbo *ver* (ἀναβλέπω – em Jo só em 9,11.15.18) e não do verbo *ver* (βλέπω). Cf. J. BOLYKI, *Jesu*, 195ss.

[192] Cf. 9,16.29.30.33.35; os judeus tinham-se questionado: *"Onde está ele?"* (ποῦ ἐστιν ἐκεῖνος; – 7,11; cf. 7,35); Pilatos perguntará: *"De onde és tu?"* (πόθεν εἶ σύ; – 19,9); cf. 1,38.39; 8,14.19. Cf. R. M. CHENNATTU, *Johannine*, 74ss.

[193] Jo apresenta os fariseus como observadores da acção de João e Jesus (cf. 1,24; 4,1). Alguns aproximam-se de Jesus (cf. 3,1ss), outros acreditarão (cf. 12,42). A partir de 7,32 estes surgem em oposição a Jesus, descritos como cegos e morada do pecado (cf. 9,22-41), e expulsam-no da sinagoga (cf. 12,42) Além deste evento, Jo refere-se ao sábado só em: 5,9ss; 7,22ss; 19,31; 20,1.19. Cf. T. THATCHER, «Riddles», 270.

cador fazer tais sinais?" (πῶς δύναται ἄνθρωπος ἁρματωλὸς τοιαῦτα σημεῖα ποιεῖν; – v.16)

Sem uma resposta – *havia cisão entre eles* (σχίσμα ἦν ἐν αὐτοῖς – v.16) – e na sua ignorância (cf. 7,47), depois de João, *"Quem és tu?"* (σὺ τίς εἶ; – 1,19), e de Jesus, *"Quem és tu?"* (σὺ τίς εἶ; – 8,25), aqueles fariseus questionam o cego: *"Que dizes daquele...?"* (τί σὺ λέγεις περὶ αὐτοῦ...; – v.17).

Aquele que era cego declara a todos: *"É um profeta"* (προφήτης ἐστίν – v.17; cf. 4,19). Assim, por um lado, os que vêem permanecem na ignorância e, por isso, geram divisão; por outro, a palavra acolhida abre os olhos do cego e faz ver.

d) *Judeus questionam os pais (9,18-23)*

À crescente manifestação de Jesus naquele que fora cego, aqueles que o vêem nem crêem que fosse cego e visse (cf. v.18). Num cenário ainda amplo, Jo passa dos fariseus aos judeus, que interrogam os pais. Estes asseguram: é seu filho, nasceu cego, não sabem *como* (πῶς – v.21) vê nem quem o fez ver; e enviam-nos a ele: *"Perguntai-lhe. Ele tem idade. Ele falará por si"* (αὐτὸν ἐρωτήσατε, ἡλικίαν ἔχει, αὐτὸς περὶ ἑαυτοῦ λαλήσει – v.21).

O falar com medo de ser expulso da sinagoga por confessar Jesus como Cristo e o falar livremente surgem como outra divisão gerada pelo Logos (cf. 12,42; 16,2). De facto, da ignorância e da divisão já manifestadas anteriormente, surge a ameaça da expulsão da sinagoga (ἀποσυνάγωγος γένηται – v.22).

Não obstante, o testemunho joanino prossegue o desejo de manifestar nele a obra de Deus; por isso, insiste na voz dos seus pais: *"Tem idade, perguntai-lhe"* (ἡλικίαν ἔχει, αὐτὸν ἐπερωτήσατε – v.23; cf. 1,13).

e) *Voltam a questioná-lo (9,24-34)*

Pela segunda vez, chamam o que era cego revelando a sua ignorância: os sinais de Jesus manifestam a glória do Pai, porém, se antes estavam divididos quanto ao pecado daquele homem (cf. v.16), agora, em coro (o *nós*, ἡμεῖς, é o protagonista da secção – vv.24.28.29) davam glória a Deus por saberem que Jesus é pecador[194].

Ainda incapaz de ver perfeitamente e sem aderir à certeza dos judeus, o cego confirma: *"... era cego e agora vejo"* (... τυφλὸς ὢν ἄρτι βλέπω – v.25). Depois, o nós (ἡμεῖς) repete as indagações. Porém, ele detém-nos

---

[194] Cf. J. W. HOLLERAN, «Seeing», 5ss.

no essencial: *"... não ouvistes"* (... οὐκ ἠκούσατε – v.27), e incita-os a desejar o Logos e a ser discípulos de Jesus. Eles insultam-no e criam uma nova divisão: ser discípulo de Moisés ou de Jesus. Jesus unira-se a Moisés (cf. 8,5), aqueles judeus separam-nos por saberem que Deus falou a Moisés e por ignorarem a origem de Jesus (cf. vv.24.29.30).

Assim, para perceber o *como* (πῶς – cf. vv.10.15.16.19.21.26; cf. 3,4ss), Jo volta a focar-se na origem de Jesus (cf. vv.12.30), a qual, quando conhecida, leva os seus discípulos, como aquele que fora cego, a Deus; quando desconhecida, leva os seus, como os judeus, à divisão e à exclusão.

Surpreso por ignorarem a sua origem, aquele que fora cego ensina-os pelo evidente e pela doutrina comum resolvendo as divisões anteriores (cf. vv.30-33)[195]: *"... e que me tenha aberto os olhos"* (... ἤνοιξέν μου τοὺς ὀφθαλμούς – v. 30; cf. vv.8-9); *"... Deus não ouve os pecadores..."* (... ἁμαρτωλῶν ὁ θεὸς οὐκ ἀκούει... – v.31; cf. v.16); *"... se alguém é religioso e faz a sua vontade, a esse, ele escuta"* (... τις θεοσεβὴς ᾖ καὶ τὸ θέλημα αὐτοῦ ποιῇ τούτου ἀκούει – v.31; cf. v.22); *"Se esse homem não fosse de Deus, não poderia fazer nada"* (εἰ μὴ ἦν οὗτος παρὰ θεοῦ, οὐκ ἠδύνατο ποιεῖν οὐδέν – v.33; cf. vv.28-29).

Sem o escutar, dizem: *"Tu nasceste todo em pecado e ensinas-nos?" E expulsaram-no* (ἐν ἁμαρτίαις σὺ ἐγεννήθης ὅλος καὶ σὺ διδάσκεις ἡμᾶς; καὶ ἐξέβαλον αὐτὸν ἔξω – v.34). Acusado de ser pecador como Jesus (cf. v.24), é na palavra e no envio que a ele se une. No auge da cegueira, por não acolher o Logos-Jesus nem reconhecer a sua origem, o *nós* faz do que une, exclusão; do enviado de Deus, pecador; do salvo, um todo pecador.

f) *Jesus questiona-o (9,35-38)*

Enviado para salvar o homem todo (cf. 7,23), sabendo que aquele homem tinha sido expulso (ἐξέβαλον αὐτὸν ἔξω – v.35), Jesus reaparece e diz-lhe: *"Tu acreditas no Filho do homem?"* (σὺ πιστεύεις εἰς τὸν υἱὸν τοῦ ἀνθρώπου; – v.35)[196]. O homem responde-lhe: *"Quem é, Senhor, para que acredite nele?"* (τίς ἐστιν, κύριε, ἵνα πιστεύσω εἰς αὐτόν; – v.36). Jesus diz-lhe: *"Tu o viste: é aquele que fala contigo"* (ἑώρακας αὐτὸν καὶ ὁ λαλῶν μετὰ σοῦ ἐκεῖνός ἐστιν – v.37; cf. 8,58).

Antes cego, ao vê-lo falar, confessa: *"Acredito, Senhor." E prostrou-se diante dele* (πιστεύω, κύριε καὶ προσεκύνησεν αὐτῷ –

---

[195] Cf. J. L. MARTYN, *History*, 34ss.
[196] Cf. M. MÜLLER, «Have You», 293.

v.38)[197]. Em oposição à ignorância, à divisão, à exclusão, ao juízo manifestados anteriormente pelas autoridades judaicas, aquele que fora cego de nascença vê então perfeitamente ao unir-se a Jesus (cf. 4,21-24). Nesse sentido, a pergunta de Jesus no versículo 35 revela o seu desejo vital de a todos atrair para manifestar neles a obra de Deus[198].

g) *Jesus dirige-se aos fariseus (9,39-41)*

Como corolário do encontro, Jesus diz: *"Eu vim a este mundo para um juízo: para que os que não vêem vejam, e os que vêem se tornem cegos"* (εἰς κρίμα ἐγὼ εἰς τὸν κόσμον τοῦτον ἦλθον, ἵνα οἱ μὴ βλέποντες βλέπωσιν καὶ οἱ βλέποντες τυφλοὶ γένωνται – v.39)[199].

Efectivamente, Jesus veio ao mundo para encontrar uma resposta dos seus discípulos (cf. 5,22ss; 8,15; 12,47) e nesse sentido, distingue: os que vêem as coisas como Deus as dá dos que vêem com os olhos do mundo. Então, reaparecidos, os fariseus perguntam: *"Somos nós, por acaso, também cegos?"* (μὴ καὶ ἡμεῖς τυφλοί ἐσμεν; – v.40)[200]. Jesus clarifica: ser cego é não ter pecado e ver é permanecer nele. O que fora cego vê (ἑώρακας – v.37). Eles, dependentes de si, permanecem num coral *vemos* (βλέπομεν – v.41) sem ver o enviado, e, assim, no pecado.

Então, finalmente (cf. vv.2-3.16.24-25.31.34), Jesus fala do pecado – o recusar ver a luz, o recusar vê-lo – para que, como todos nascem cegos, todo o povo veja e entenda nele o lugar vital onde encontram perfeitamente Deus, domine a treva e seja manifestação de Deus e da sua unidade.

2.3.2 Dispersão e unidade (10,1-42)

Jesus manifesta a obra de Deus num homem que era cego e a cegueira daqueles que teimam em não ver (cf. 9,1ss); esta vital oposição joanina passa então a ser especialmente evidente.

---

[197] Cf. 4,20-24; 12,20. Em contraste com o doente (cf. 5,1ss), aquele que era cego confessa a fé. Como a Samaritana, chega à fé confessando: *"um homem chamado Jesus"* (ὁ ἄνθρωπος ὁ λεγόμενος Ἰησοῦς – v.11); *"um Profeta"* (προφήτης ἐστίν – v.17); *"se este homem não fosse de Deus, não poderia ter feito nada"* (εἰ μὴ ἦν οὗτος παρὰ θεοῦ οὐκ ἠδύνατο ποιεῖν οὐδέν – v.33); *"Senhor, eu acredito"* (πιστεύω, κύριε – v.38). Diferente da Samaritana, prostra-se diante dele; diferente de Nicodemos (cf. 3,2), confessa a sua fé publicamente.

[198] Cf. R. H. LIGHTFOOT, *John*, 199ss.

[199] Um movimento que tende para a salvação universal, pois atrai os que não vêem a ver, e os que vêem a não ver para que vejam. Cf. Y.-M. BLANCHARD, *Signes*, 78ss.

[200] Cf. Sb 2,21; Is 42,16ss.

De facto, da necessária resposta dos seus discípulos a si (cf. 9,39), da qual também depende a sua manifestação, o Logos-Jesus passa à manifestação nos que vivem em relação de escuta a si, precisamente como o lugar de unidade do seu povo a Deus.

Jesus revela e manifesta nos seus discípulos o que é e o como é; por isso, aquele que o compreende não pode senão manifestar o que ele é e o como é, ou seja, unidade de vida no Pai. Nesse sentido, Jesus declara ser a Porta que leva à vida (cf. vv.1-10) e o Bom Pastor que conduz à unidade na sua vida (cf. vv.11-18)[201].

Perante a sua palavra, a multidão divide-se (cf. vv.19-21). Depois como conclusão, no templo e na sua Dedicação, Jesus diz ser *um* no Pai e deseja que o conheçam nessa unidade (cf. vv.22-39). Finalmente, dirige-se para o rio Jordão, onde muitos vão a si e crêem (cf. vv. 40-42)[202].

a) *Porta (10,1-10)*

Jesus diz: *"... quem não entra pela porta no redil das ovelhas, mas sobe por outra parte, é ladrão e salteador. Aquele que entra pela porta é pastor das ovelhas"* (... ὁ μὴ εἰσερχόμενος διὰ τῆς θύρας εἰς τὴν αὐλὴν τῶν προβάτων ἀλλὰ ἀναβαίνων ἀλλαχόθεν ἐκεῖνος κλέπτης ἐστὶν καὶ λῃστής[203] ὁ δὲ εἰσερχόμενος διὰ τῆς θύρας ποιμήν ἐστιν τῶν προβάτων – vv.1-2).

Desse modo, Jesus joanino não só explica as divisões anteriores (cf. 9,8-9.16.22.28-29) como manifesta o desejo de levar à sua unidade de vida em Deus[204]. A relação com a sua palavra é a potência que faz sair e conduz à unidade, e o distingue como pastor do ladrão e do salteador.

O pastor chama as suas ovelhas (ἴδια πρόβατα – v.3) pelo nome, pois conhece-as, leva-as até o Pai, porque é o caminho; elas seguem-no, pois reconhecem a sua voz. Assim sendo, a relação de escuta é o lugar de unidade sem a qual elas dispersam.

Na expressão depois de ter feito sair todas as que são suas... (ὅταν τὰ ἴδια πάντα ἐκβάλῃ... – v.4; cf. 9,34.35), o Mestre confirma o desejo de

---

[201] Cf. M. R. RUIZ, «Discurso», 5ss.

[202] Cf. O. HOFIUS, «Sammlung», 289.

[203] O termo *ladrão* (κλέπτης) ocorre só em Jo para definir Judas (cf. 12,6) e *salteador* (λῃστής) apenas para definir Barrabás (cf. 18,40). Cf. J. BEUTLER, «Discurso», 245ss.

[204] O *redil* (αὐλή) onde se encontram os seus discípulos opõe-se ao *redil* (αὐλή) onde se encontra a guarda aquando das negações de Pedro (cf. 18,15ss). Cf. J. PAINTER, «Tradition», 53-74.

atrair todos ao Pai (cf. 9,39); por isso, liberta-os[205] e abre-lhes as portas do medo (cf. 9,22; 20,19.26). As suas ovelhas, conclui, fogem do estranho, pois não reconhecem a sua voz.

Contudo, eles não compreenderam o que lhes dizia (ἐκεῖνοι δὲ οὐκ ἔγνωσαν τίνα ἦν ἃ ἐλάλει αὐτοῖς – v.6); por isso, esclarece-os com três decisivas declarações: "Eu sou a Porta das ovelhas" (ἐγώ εἰμι ἡ θύρα τῶν προβάτων – v.4); "Eu sou a Porta" (ἐγώ εἰμι ἡ θύρα" – v.4); "Eu vim, para que tenham a vida e a tenham em abundância" (ἐγὼ ἦλθον ἵνα ζωὴν ἔχωσιν καὶ περισσὸν ἔχωσιν – v.10).

Na primeira declaração, Jesus diz ser a Porta das ovelhas, em oposição a todos os que vieram antes dele: ladrões e salteadores, a quem as ovelhas não escutam. Na segunda declaração, anuncia que é nele que se acede à salvação, à liberdade e ao alimento. Na terceira declaração, Jesus revela que veio para que tivessem a vida (cf. 20,31), contrariamente ao ladrão que vem para roubar, matar e desgraçar.

Assim, se os líderes excluem (cf. 9,34) e um dos seus discípulos é ladrão (cf. 12,6) e filho da perdição (cf. 17,12), sabendo que nenhum dos seus discípulos é arrebatado de si (cf. 18,9), Jesus manifesta-se neles como o lugar que leva à sua vida em Deus[206].

b) *Bom Pastor (10,11-18)*

Jesus prossegue: *"Eu sou o Bom Pastor, o bom pastor dá a sua vida pelas ovelhas"* (Ἐγώ εἰμι ὁ ποιμὴν ὁ καλός ὁ ποιμὴν ὁ καλὸς τὴν ψυχὴν αὐτοῦ τίθησιν ὑπὲρ τῶν προβάτων – v.11). A declaração, que ocorre duas vezes (cf. vv.11.14), e o sentido dessa, dar a vida, que ocorre cinco (cf. vv.11.15.17.18), são o núcleo da secção.

Na realidade, Jesus é perfeito Logos profético: os líderes apascentam-se a si sem cuidar dos mais fracos; Deus, no nome do seu filho Jesus, cuida dos seus filhos dispersos para os levar à sua unidade[207]. Nesse sentido, Jesus contrapõe-se aos primeiros (cf. vv.1.8.10), comparando-os ao mercenário, que nem é pastor nem toma as ovelhas como suas; pelo contrário, vê vir o lobo, abandona-as, foge e deixa-as arrebatar e dispersar (cf. vv.11-13)[208].

---

[205] O substantivo *ovelha* (πρόβατον) em Jo ocorre só em 21,16-17. Cf. C. L. BLOMBERG, *Historical*, 161ss.

[206] Cf. S. HANSON, *Unity*, 63ss; M. SAMUEL, *Lord*, 45ss.

[207] Cf. Jr 23,1-8; J. BEUTLER, «Altestamentlich-jüdische», 18-32.

[208] Jesus toma as ovelhas como suas (cf. 13,10) e nunca as abandona (cf. 17,12), vence o lobo que as dispersa (cf. 13,2-3) e dá-lhes a sua unidade de vida em Deus (cf. 10,15-16). Cf. J. BEUTLER, «Search», 34.

Jesus não se limita a contrapor; afirma a sua relação com os seus discípulos na sua relação com o Pai, como expressam o verbo *conhecer* (γινώσκω – vv.14-15), a repetição do pronome possessivo *minhas* (ἐμά – vv.14-18) e a insistência na expressão *"dá a sua vida"* (τὴν ψυχὴν αὐτοῦ τίθησιν – v.11; cf. vv.15.17.18).

À semelhança de outras expressões joaninas (cf. 6,56; 15,1ss), desse modo, Jesus joanino manifesta a unidade a si como a reciprocidade perfeita que leva ao Pai; por isso, tem outras ovelhas que não são desse redil (αὐλή – v.16), que deve também levar ao Pai, pois são na relação de escuta e nada as impedirá de o ouvir, de tal modo que conclui com o desejo: *"... haverá um só rebanho e um só pastor"* (... γενήσονται μία ποίμνη, εἷς ποιμήν – v.16).

A manifestação da unidade do único povo é fruto do único Pastor, do seu ser unidade, do seu desejo de que todos sejam *um*, como ele e o Pai são *um* (cf. 11,52; 17,21). Jesus funda essa acção no amor e na vontade do Pai e na certeza de que ninguém lhe tira a vida, pois é Senhor dela: recebe-a, é nela e dá-a de si como unidade no Pai que atrai a si (cf. vv.17-18).

c) *Povo de novo divide-se (10,19-21)*

Surgiu uma nova cisão entre os judeus, por causa dessas palavras (Σχίσμα πάλιν ἐγένετο ἐν τοῖς Ἰουδαίοις διὰ τοὺς λόγους τούτους – v.19)[209]. Entretanto, muitos dizem que tem um demónio (cf. 7,20; 8,48.52) e que está fora de si (cf. 8,43), outros que *"Estas palavras não são de um endemoninhado"* (ταῦτα τὰ ῥήματα οὐκ ἔστιν δαιμονιζομένου – v.21). Uns e outros interrogam-se mutuamente: *"Porque o escutais?"* (τί αὐτοῦ ἀκούετε;); *"Pode, por acaso, um demónio abrir os olhos aos cegos?"* (μὴ δαιμόνιον δύναται τυφλῶν ὀφθαλμοὺς ἀνοῖξαι; – vv.20-21).

Na realidade, Jesus manifesta-se nos seus discípulos como o lugar da unidade; porém, a divisão dos líderes passa a alguns dos seus discípulos. Efectivamente, positivamente falando, só vivendo de Deus em Jesus o povo pode ser reunido na unidade[210].

d) *Declara ser um no Pai na festa da Dedicação (10,22-39)*

Entretanto, na festa da Dedicação do templo[211], Jesus caminha sobre o pórtico de Salomão[212], lugar de encontro, passagem, abrigo e

---

[209] Cf. 7,11ss. Em Jo, o termo *cisão* (σχίσμα) apenas ocorre aqui e em 7,43; 9,16.
[210] Cf. J. F. O'GRADY, «Good», 86-89.
[211] Cf. 1Mac 4,41-59.

ensino[213]. Nesse tempo e espaço, o Bom Pastor, Jesus, aquele que também se apresentara como sendo a Porta, reúne, protege e ensina. No último encontro antes de ser preso, os líderes rodeiam-no e questionam-no.

A oposição aumenta: Jesus vem para reunir, eles rodeiam-no para o eliminar; ninguém lhe tira a vida, a deles está tomada por Jesus e pelo medo de que os romanos a tomem (cf. 11,48); ele fala e falaria abertamente (cf. 7,26; 18,20) até decidirem a sua morte, eles pedem-lhe que assim fale. Querem uma declaração pública, que lhes serva para o eliminar (cf. v.31) e prender (cf. v.39). Na realidade, essas são as únicas acções ou intenções dos líderes no encontro.

Entretanto, Jesus insiste: age no Pai afastando-se de qualquer outra expectativa messiânica[214]; mas eles não acreditam: *"Mas vós não acreditais, porque não sois das minhas ovelhas. As minhas ovelhas escutam a minha voz, eu conheço-as e elas seguem-me"* (ὅτι οὐκ ἐστὲ ἐκ τῶν προβάτων τῶν ἐμῶν, τὰ πρόβατα τὰ ἐμὰ τῆς φωνῆς μου ἀκούουσιν, κἀγὼ γινώσκω αὐτὰ καὶ ἀκολουθοῦσίν μοι – vv.26-27).

Na realidade, cercam-no e deixam as ovelhas serem arrebatadas e dispersas. Contrariamente, Jesus dá a sua vida pelos seus, que nunca morrerão, e ninguém os arrebata da sua mão, porque *"ninguém pode arrebatá-las da mão do Pai"* (οὐδεὶς δύναται ἁρπάζειν ἐκ τῆς χειρὸς τοῦ πατρός – v.29), que é maior que todos e lhe deu tudo nas suas mãos (cf. 3,35; 13,3).

A mão divina é a imagem do poder protector de Deus[215], que ele assume perfeitamente: *"Eu e o Pai somos um"* (ἐγὼ καὶ ὁ πατὴρ ἕν ἐσμεν – v.30). Assim, à pergunta se é o Cristo (cf. v.24), Jesus dá-se a conhecer na perfeita unidade no Pai: o *nós*, que atrai e realiza os que são nele.

Então, voltam a pegar em pedras para o lapidar (cf. v.31; 8,59), mas é Jesus quem os questiona: por qual das obras que fez *do Pai* (ἐκ τοῦ πατρός – v.32) o querem apedrejar. Eles dizem: por blasfemar, pois sendo homem se faz a si mesmo Deus (cf. v.33). Jesus volta a questioná-los: a lei diz: *"Sois deuses"* (θεοί ἐστε – v.34*)*, porque blasfema o Santificado e Enviado por Deus ao dizer ser o Filho dele? (cf. vv.34-36)[216].

Finalmente, olhando as obras de seu Pai (cf. v.37), chama-os, mesmo

---

[212] Cf. Act 3,1; 5,12; JOSEPHUS, *BJ* 5 § 1; *Ant.* 11 § 3.
[213] Cf. R. SCHNACKENBURG, *Johannesevangelium*, II, 347ss.
[214] Cf. D. M. SMITH, *Theology*, 75ss.
[215] Cf. Dt 33,3; Sb 3,1; Is 43,13.
[216] Cf. Sl 82 (81),6; J. H. NEYREY, «I Said», 662. Só Deus era absolutamente Santo e capaz de santificar; cf. Ex 29,43; Lv 10,3; Ez 20,41; J. BEUTLER, «Ich habe», 101-113; M. L. COLOE, *God*, 145ss.

CAP. I: TESTEMUNHO DO DISCÍPULO AMADO 75

senão crêem nele (*"mesmo que não acrediteis em mim..."*; "κἂν ἐμοὶ μὴ πιστεύητε... – v.38), a acreditar nessas suas obras, pois assim *"sabereis e reconhecereis que o Pai está em mim e eu no Pai"* (γνῶτε καὶ γινώσκητε ὅτι ἐν ἐμοὶ ὁ πατὴρ κἀγὼ ἐν τῷ πατρί – v.38).

Jesus é perfeita revelação do Pai (cf. 8,29), por isso, chama-os à fé, à compreensão da fé, à obra de Deus[217]. Como a festa da Dedicação sugere, a unidade do Pai e do Filho é o lugar de atracção a Deus. Os líderes procuram prendê-lo, mas Jesus escapa das mãos deles (cf. v.39).

e) *Retira-se e muitos vão a ele (10,40-42)*

Do templo, Jesus passou à outra margem do Jordão. Para além de ser mais seguro que Jerusalém (cf. 10,39; 11,8), Jo destaca o lugar por ser onde antes João baptizava.

O relato termina centrado nesse lugar (*para o lugar*, εἰς τὸν τόπον → *onde*, ὅπου → *ali*, ἐκεῖ → *dele*, πρὸς αὐτὸν → *ali*, ἐκεῖ – vv.40-42), onde se confirma a verdade do testemunho de João acerca de Jesus (cf. 1,19ss; 3,23ss) e onde muitos livremente vão a Jesus e crêem nos sinais que dá. Dessa maneira, da unidade a si (cf. 9,38), Jo traça o movimento de unidade dos seus a Deus atraídos na relação com Jesus.

2.3.3 Morte e vida (11,1-57)

Jesus manifestara num dos seus discípulos o poder de ver (cf. 9,1ss) e nos seus discípulos a relação como lugar de unidade (cf. 10,1ss); agora, manifesta a meta, o princípio, o caminho dessas acções e de toda a sua acção: vida de Deus dada aos seus discípulos (cf. vv.1-44).

Depois, muitos judeus, vendo o que Jesus fazia, acreditaram; outros disseram aos fariseus o que ele fazia (cf. vv.45-46). Em seguida, o sinédrio reúne-se para decidir a sua morte (cf. vv.47-53); então, Jesus retira-se para completar a missão (cf. vv.54-57).

a) *Situação (11,1-6)*

O texto parte da doença de Lázaro vivida em família e em relação à unção de Maria[218]. O pedido das irmãs enviado a Jesus faz prosseguir a acção[219]: *"Senhor, aquele de quem gostas está doente"* (κύριε, ἴδε ὃν φιλεῖς ἀσθενεῖ – v.3).

---

[217] Cf. 9,3ss; 20,30; R. SCHNACKENBURG, *Johannesevangelium*, II, 351ss.
[218] Cf. 12,1-11.
[219] Cf. G. THEISSEN, *Religion*, 56ss.

Assim, a cena inicia-se com dois extremos, os quais se encontram no fim: a situação de Lázaro e o domínio total de Jesus. O evento é inserido no seio do poder do amor[220], da missão de Jesus, da glória de Deus (cf. vv.4.40): dar a vida aos seus discípulos.

Senhor da história, a que os judeus preparavam e a que aquela família vivia, Jesus ficou dois dias onde estava para no terceiro se manifestar. Na verdade, com a compreensão e a unidade da vida de Deus manifestada nos seus discípulos (cf. cap.s 9-10), a acção de Jesus une-se à dos seus discípulos na relação de escuta, na qual é a única acção de amar para a vida de todos os eles.

b) *Vai com os discípulos a Betânia (11,7-16)*

A acção passa a ser especialmente marcada pelo movimento (*ir*, ἄγω – vv.7.15.16; *ir*, ὑπάγω – v.8; *caminhar*, περιπατέω – vv.9.10; *tropeçar*, προσκόπτω – vv.9.10; *ir*, πορεύομαι – v.11). Apartir do desejo inicial, *"Vamos de novo à Judeia?"* (ἄγωμεν εἰς τὴν Ἰουδαίαν πάλιν; – v.7), Tomé declara: *"Vamos nós também para morrermos com ele"* (ἄγωμεν καὶ ἡμεῖς ἵνα ἀποθάνωμεν μετ' αὐτοῦ – v.16).

Perseguido – como lhe lembram os discípulos (cf. v.8) –, o Senhor deseja ir à Judeia para cumprir a missão, pois quem caminha com ele tem a luz e não teme (cf. v.10; 8,12; 9,4ss). Jesus confirma a sua senhoria e o seu desejo de unidade nos seus discípulos.

Sabendo da morte de Lázaro, refere-se a ela como a um sono em vista da sua passagem à vida[221] e manifesta a sua alegria[222], não por Lázaro, mas por poder levá-los à fé. Refere-se a Lázaro como *"o nosso amigo"* (ὁ φίλος ἡμῶν – v.11) e deseja tomar os seus discípulos no amor que tinha por ele. Num *nós* coral, mesmo sem perceber que ia para a vida e não para a morte[223], e após a sua indecisão inicial (cf. v.8), Tomé dispõe-se a segui-lo.

Jesus é um no Pai (cf. 10,22-39), e Tomé unir-se-á a ele[224]. De facto, o sinal é a caminho da hora: temendo ir à Judeia, Tomé vai para a morte,

---

[220] Cf. 13,23; 19,26; 20,1-10; 21,7.20.24. Se os três viviam atraídos por Jesus, Lázaro prepara a aparição do discípulo amado: sempre atraído a Jesus e chamando-o sempre de senhor.

[221] Cf. Act 7,60; 13,36; Ef 5,14.

[222] Cf. G. FERRARO, *Gioia*, 67ss.

[223] O diálogo une a morte de Jesus (cf. v.8), de Lázaro (cf. vv.11-14) e dos seus discípulos (cf. v.16).

[224] A sua intervenção antecede o desejo de conhecer o caminho de Jesus (cf. 14,4-6), a dispersão, o não acreditar na palavra, o desejo de tocar o ressuscitado (cf. 20,24-

Jesus leva-os à vida. Lázaro representa cada um dos seus discípulos, por excelência, o discípulo amado que recebe dele a vida; a acção de Jesus revela o seu desejo de dar aos seus e de os ter sempre na vida em Deus.

c) *Marta (11,17-27)*

Jesus encontrou Lázaro há quatro dias no sepulcro, ou seja, realmente no domínio da morte[225]. Os quinze estádios entre Betânia e Jerusalém e os muitos judeus que vieram consolar Marta e Maria colocam Jerusalém em relação com Betânia e traçam o movimento de muitos judeus em direcção a esta última.

Tendo ouvido que Jesus vinha, Marta foi ao seu encontro e Maria ficou sentada em casa. Então, Marta chama-o de *Senhor* (κύριε – v.21) e confia-lhe tudo: antes podia ter evitado que morresse, agora pode fazer o que quiser (cf. vv.21-22). Marta está totalmente aberta à fé e entende a missão de Jesus como sendo a realização do desejo do Pai. Jesus diz-lhe: *"Teu irmão ressuscitará"* (ἀναστήσεται ὁ ἀδελφός σου – v.23) e ela crê na ressurreição no último dia[226]. Ele acrescenta: *"Eu sou a Ressurreição e a Vida"* (ἐγώ εἰμι ἡ ἀνάστασις καὶ ἡ ζωή – v.25).

Assim, Jesus passa da ressurreição futura à presente em si: quem acredita nele, mesmo se morre, vive. Jesus entende o a*creditar* (πιστεύων – cf. vv.25.26) e o *viver* (ζῶν – cf. v.26) no ser presente, que Marta encontra, face a face, em si.

Jesus pergunta-lhe: *"Acreditas nisso?"* (πιστεύεις τοῦτο; – v.26). Ela acredita de tal modo, que, parecendo esquecida do que lhe pedira, tudo o que pudesse desejar encontra nele: o Senhor, o Cristo, o Filho de Deus, o Enviado, a Ressurreição e a Vida (cf. v.27)[227].

d) *Maria leva-lhe os judeus (11,28-32)*

Marta chamou em segredo a irmã. É clara a intimidade e atracção entre Jesus e a família. Maria manifesta-o duas vezes na prontidão de se levantar (cf. vv.29.31) e de ir ao encontro do seu Senhor (cf. v.32).

Não obstante o corpo não estar ali, Jesus ter caminhado dois dias e a multidão estar em casa, Maria encontrou-o no lugar onde Marta o encontrara; e aí levou os judeus.

---

27) e a confissão: *"Meu Senhor e Meu Deus"* (ὁ κύριος μου καὶ ὁ θεός μου – 20,28).

[225] Os judeus assumiam que ao terceiro dia o corpo se corrompia e a alma entrava definitivamente no reino dos mortos; cf. K. WENGST, *Johannesevangelim*, II, 21ss.

[226] Cf. 6,39ss; Mc 12,18ss. C.V. MALZONI, «Moi», 421-440.

[227] Cf. 20,31; J. BEUTLER, «Psalm», 33-57.

Seguiam-na para a consolar, veriam o consolador nele; pensando que ela fosse ao sepulcro chorar a morte, encontrariam a Ressurreição e a Vida em Jesus. Chegada a Jesus, vendo-o, Maria caiu a seus pés, repetiu parte das palavras da irmã, e as outras expressou-as na sua unidade atraente ao seu Senhor.

Com efeito, em Marta manifestara-se a potência vivificante do Logos-Jesus; em Maria, essa única perfeita potência de relação interpessoal atrai os judeus a si, ao lugar onde realiza o encontro com a vida de Deus.

e) *Diante da morte (11,33-37)*

Vendo Maria e os judeus que a acompanhavam (συνελθόντας – v.33)[228] a chorar, Jesus indignou-se profundamente e perturbou-se[229]. Depois, perguntou onde o tinham posto; responderam-lhe: *"Senhor, vem e vê"* (κύριε, ἔρχου καὶ ἴδε – v.34)[230]; então, Jesus chorou vendo face à morte Maria e os judeus impotentes.

Entretanto, alguns dos judeus confirmam o amor de Jesus por Lázaro, enquanto outros asseguram que Lázaro está morto preparando a vitória de Jesus: *"Não podia este, que abriu os olhos ao cego, fazer também com que ele não morresse?"* (οὐκ ἐδύνατο οὗτος ὁ ἀνοίξας τοὺς ὀφθαλμοὺς τοῦ τυφλοῦ ποιῆσαι ἵνα καὶ οὗτος μὴ ἀποθάνῃ; – v.37)[231]. Os sentimentos de Jesus revelam o seu amor por eles e inserem-se no movimento do versículo 7 em vista do dom da sua vida sobre a morte.

f) *Ressuscita Lázaro (11,38-44)*

A caminho do sepulcro, Jesus indigna-se de novo profundamente. Chegado, diz: *"Retirai a pedra"* (ἄρατε τὸν λίθον – v.39). Marta con-

---

[228] O verbo *acompanhar* (συνέρχομαι) ocorre apenas outra vez em Jo, quando Jesus se refere ao templo como o lugar onde judeus se reúnem e onde tinha falado abertamente (cf. 18,20).

[229] Jesus não se indigna com os presentes, mas da impotência face à morte. O verbo *perturbar* (ταράσσω), além de dizer o agitar da piscina (cf. 5,7), em Jo descreve a experiência de Jesus ao chegar a sua hora (cf. 12,27), a sua perturbação ao anunciar que um dos seus o trairia (cf. 13,21), e serve para exortar os seus a não se perturbarem (cf. 14,1.27). Jo utiliza dois verbos para definir o choro de Maria e dos judeus (κλαίω – vv.31.33) e o choro de Jesus (δακρύω – v.35); o verbo κλαίω ocorre diversas vezes em Jo (cf. 11,31.33; 16,20; 20,11ss) e no NT; o verbo δακρύω em todo o NT só ocorre então para o chorar de Jesus. Cf. J. BEUTLER, «Psalm», 33-57.

[230] Através da expressão, *"Vinde e vede"* (ἔρχεσθε καὶ ὄψεσθε – 1,39), Jesus chamara os discípulos de João; então, segue a chamada para dar a vida e indicar o caminho a seguir aos discípulos. Cf. G.R. O'DAY – S.E. HYLEN, *John*, 112ss.

[231] Cf. Mt 27,42; M.W.G. STIBBE, «Tomb», 40ss.

firma que o corpo já entrara em corrupção. Sempre no lugar da fé, Jesus diz-lhe: *"Não te disse que, se acreditares, verás a glória de Deus?"* (οὐκ εἶπόν σοι ὅτι ἐὰν πιστεύσῃς ὄψῃ τὴν δόξαν τοῦ θεοῦ; – v.40).

Marta ainda não acreditava autenticamente no poder presente de manifestar a glória de Deus: levar com eles o irmão à vida. Jesus vai ao seu encontro para lhe falar e ao encontro da morte para a vencer. A tripla referência à pedra do sepulcro destaca a separação de Lázaro da vida e confirma o poder de Jesus. Levantada a pedra, enquanto choram, Jesus levanta os olhos ao céu, em perfeita unidade ao Pai[232], para que a multidão creia que o Pai o enviou e tome parte da sua vida.

Então, o seu movimento, sentimento, perturbação e choro culminam no maior grito joanino, maior que o da multidão em Jerusalém (cf. 12,12) e maior que o dos líderes no seu processo (cf. 18,40ss): *Tendo dito isso, bradou em alta voz: "Lázaro, vem para fora"* (φωνῇ μεγάλῃ ἐκραύγασεν: Λάζαρε δεῦρο ἔξω – v.43). Na verdade, Jesus enfrenta directamente a morte e vence-a.

Ainda descrito como o morto, de imediato Lázaro sai com os pés, as mãos e o rosto cobertos. Jesus disse-lhes: *"Libertai-o e deixai-o andar"* (λύσατε αὐτὸν καὶ ἄφετε αὐτὸν ὑπάγειν – v.44; cf. 9,7).

Jesus dá a vida a Lázaro sem nunca o tocar senão pelo poder do seu Logos e pela acção deste nos que o escutam: removem a pedra, libertam-no e deixam-no andar.

Tal como o primeiro sinal (cf. 2,1ss), o último realiza a perfeita relação de Deus com os seus discípulos e assim lhes é dado[233]: Jesus manifesta o seu poder absolutamente vitorioso sobre a morte e atraente à vida de Deus na relação de escuta que mantém com os seus discípulos.

g) *Resultado (11,45-46)*

Muitos dos judeus que vieram a Maria, vendo a acção de Jesus, acreditaram nele. Alguns foram contar aos fariseus o que ele fizera (cf. vv.45-46). O poder de Jesus e a opção de fé confirmam-se como vitais.

O Bom Pastor manifestara o amor indo ao encontro do seu amigo, chamando-o pelo nome, conduzindo-o fora, libertando-o e deixando-o

---

[232] O verbo *dar graças* (εὐχαριστέω) ocorre só no sinal dos pães (cf. 6,11.23).

[233] Cf. 20,23. O evento une-se especialmente ao reconhecer e manifestar de Jesus nos seus discípulos: Jesus enfrenta a morte e vence-a, faz abrir a porta do sepulcro, liberta Lázaro das cobertas da morte e fá-lo caminhar. Jesus ressuscita e vence a morte; Maria encontra a porta do sepulcro aberta, dois dos discípulos encontram as faixas no chão e o sudário à parte; Maria é depois enviada aos irmãos (cf. 20,1ss); cf. R. G. O'DAY, *Word*, 147ss.

andar (cf. vv.1ss); então, Jesus vai ao sinédrio. Assim, anunciada a vitória sobre a morte (cf. vv.38-44), ele prepara-se para a realizar para que todos possam ter a vida em Deus.

h) *Decisão do sinédrio (11,47-53)*

A perícope é construída em torno de duas acções definidas pelo verbo *reunir* (συνάγω): o reunir do sinédrio (cf. v.47) e o reunir de Jesus (cf. v.52)[234]. A reunião é um decisivo momento de chegada de Jo, onde as motivações dos líderes e as de Jesus se tocam [235]. Os primeiros, na sua ignorância, desejam conservar o seu poder, servindo-se da sua posição e da nação para condenar Jesus e, assim, evitar a intervenção romana[236]. Jesus quer dar a sua vida para unidade dos seus.

A reunião do sinédrio decorre do sinal de Jesus em Betânia e representa o momento de partida para a conclusão do testemunho joanino: os líderes preparam-se para consumar a sua intenção e Jesus a sua missão de *reunir na unidade os filhos de Deus dispersos* (τὰ τέκνα τοῦ θεοῦ τὰ διεσκορπισμένα συναγάγῃ εἰς ἕν – v.52)[237].

i) *Jesus retira-se (11,54-57)*

Depois da decisão do sinédrio (cf. vv.47-53), pela última vez (cf. v.54; 7,4.10; 10,39-42), Jesus retira-se para o deserto sem sair da Judeia. Então, Jo refere-se, pela terceira vez, à proximidade da Páscoa dos judeus (v.55; cf. 2,13; 6,4).

Entretanto, os muitos judeus da região, que subiam para se purificar, unanimemente o procuram no templo e questionam-se se ele subiria à festa. Em contraposição, confirmando a tensão crescente, os líderes

---

[234] Cf. J. BEUTLER, «Two Ways», 400; C. H. DODD, «Prophecy», 134-144.

[235] A compreensão de 11,47-53 deve atender ao sentido binário das contraposições, simbolismos, ironias e mal-entendidos que o atravessam, onde a correspondência do verbo *reunir* (συνάγω) é expressão principal. Esse ritmo semântico binário, expresso de diversas maneiras, além de constituir uma característica do autor, baseia-se na compreensão diferenciada que líderes e Jo têm de Jesus. Cf. P. J. AROWELE, «Scattered», 185ss; I. DUNDERBERG, *Symbolism*, 55ss.

[236] Para Jo, os sinais manifestam a glória de Jesus como possibilidade de crer; para as autoridades que não o reconhecem e o menosprezam tornam-se um problema: agem em reacção ao agir de Jesus; são vários contra um e procuram uma solução para os muitos sinais de Jesus. O movimento de oposição contra ele, que começa por ser expressão de incompreensão e se intensifica ao longo da acção, no sinédrio manifesta-se como o medo de aquelas autoridades perderem o lugar e a nação. Cf. C. UMOH, *Plot*, 88ss.

[237] Cf. J. DENNIS, «Restoration», 57-86; W. GRUNDMANN, «Decision», 295-318.

ordenavam a sua prisão. O Cordeiro de Deus, terminada a acção pública, prepara-se para dar a vida.

2.3.4 Final da acção pública (12,1-50)

Após anunciar o fruto da morte de Jesus, como conclusão da acção pública e preparação da sua hora, o discípulo amado anuncia a manifestação e o reconhecimento do fruto da hora nos seus discípulos (cf. vv.1-11), no povo (cf. vv.12-19) e nos gregos (cf. vv.20-36).

Finalmente, perante a descrença do seu povo e a não confissão dos seus líderes (cf. vv.37-43), Jesus joanino faz uma universal chamada à fé (cf. vv.44-50).

a) *Jesus é ungido (12,1-11)*

Inicia-se a contagem decrescente para a Páscoa de Jesus (cf. v.1). A ida a Betânia era arriscada (cf. 11,8.50.53.57), mas Jesus vai ao encontro dos seus discípulos como o que dá a vida, e aqueles que a recebem acolhem-no numa refeição: Marta diaconisa continuamente[238]; Lázaro é sempre em relação a si sem nunca intervir; outros comensais[239] estão consigo; Maria unge-lhe os pés com um perfume *genuíno* (πιστικός – v.3) e *muito precioso* (πολύτιμος – v.3)[240], que qualifica a relação a si.

Sem memória na tradição judaica de uma unção nos pés durante uma refeição, Maria ainda os seca[241] com os seus próprios cabelos. Diante do seu Senhor, dá-se como sua fiel e agradecida discípula celebrando a sua vitória sobre a morte[242]. O efeito da unção na casa[243] confirma a grandeza do gesto, a vitória de Jesus e o seu tomar parte nela.

---

[238] Cf. 2,5.9; 12,2.26; 13,1-20; 15,20.

[239] Jo usa o verbo *reclinar* (ἀνάκειμαι – v.2) apenas no sinal dos pães (cf. 6,11) e na última ceia (cf. 13,23.28). Cf. J. F. COAKLEY, «Anointing», 241-256.

[240] O AT refere-se a unções nos pés a hóspedes e peregrinos, e na cabeça a convidados num banquete (cf. 1Sm 25,41). Deus ordena que o material do culto seja ungido para tornar-se santo (cf. Ex 40,9-11); os líderes de Israel eram consagrados com unção na cabeça: rei, sumo sacerdote, sacerdote, profeta; cf. Ex 29,7; 40,12-16; 1Rs 19,16

[241] O verbo *enxugar* (ἐκμάσσω – v.3), no NT, recorre apenas no lava-pés (cf. 13,5; cf. 11,2) e em Lc 7,38.44; cf. M.-L. RIGATO, «Maria», 211.

[242] Cf. 13,1ss; Ct 1,12; 4,13-14.

[243] Para Inácio de Antioquia, a fragrância de toda a casa corresponde tipologicamente à fragrância da incorruptibilidade, difundida através da Igreja por Jesus. Wetstein compara a expressão ao final do episódio relatado em Mt 26,13 e Mc 14,9. Outros associam a expressão a um midras judeu, onde se compara o bom nome com o aroma do perfume de nardo (cf. Midr Ecl 7,1); cf. R. SCHNACKENBURG, *Johannesevangelium*, II, 347ss; J. F. COAKLEY, «Jesu' Messianic», 462ss.

Em oposição, Judas materializa a acção de Maria e julga-a desnecessária. Servindo-se dos pobres e da lei (cf. Dt 15,11), Judas esconde as suas intenções: pensa em si e é ladrão. Jesus intervém: *"Deixa-a!"* (ἄφες αὐτήν – v.7), para confirmar a justiça do gesto e para o unir à sua sepultura; é um gesto de antecipação e profecia, pois o perfume destinado para a sepultura Maria usou em Jesus vivo, experimentando a realidade do Filho de Deus e como ele age (cf. 13,1ss).

Considerando a lei (cf. Dt 15,11), a temporalidade humana e o domínio dos poderosos, Jesus orienta os seus discípulos para o caminho que inverte esse domínio: a hora do seu retorno ao Pai e da sua presença nos seus discípulos. Assim, a unção de Maria alcança o seu sentido mais vital: o amor recíproco ou a unidade.

Em sua casa, Maria revela o mistério de Jesus e o modo de os seus discípulos nele permanecerem e o manifestarem. Entretanto, a multidão vem a Jesus por saber da sua presença e para ver Lázaro; por isso, os sacerdotes decidem matá-lo. Com efeito, Lázaro surge especialmente unido a Jesus: é ressuscitado, é condenado e leva a enorme multidão de Jerusalém a Jesus na casa de Betânia, de tal modo que o movimento do versículo 9 é contínuo no versículo 11.

b) *Jesus é aclamado como Rei (12,12-19)*

De Betânia, a acção segue com a solene e simbólica entrada de Jesus em Jerusalém; aí a grande multidão que subia ao templo, ouvindo que viera a Jerusalém, tomou ramos de palmeiras, símbolo do soberano vitorioso[244]; foi ao seu encontro, acolhendo-o como rei[245]; e gritou, *"Hossana! Bendito o que vem em nome do Senhor"* (ὡσαννά εὐλογημένος ὁ ἐρχόμενος ἐν ὀνόματι κυρίου – canto jubiloso a Deus fiel e salvador – v.13;), *"o Rei de Israel!"* (ὁ βασιλεὺς τοῦ Ἰσραήλ – v.13)[246].

Chegada a sua hora, sem recusar ser o Rei de Israel e sem se retirar[247], senta-se num jumento e diz: *Não temas, filha de Sião! Eis que vem o teu Rei, sentado numa cria de jumenta!* (μὴ φοβοῦ, θυγάτηρ

---

[244] Cf. Lv 23,40; 1Mac 13,51; 2Mac 10,6ss; Ap 7,9; JOSEPHUS, *Ant.* 3 § 245.
[245] Cf. JOSEPHUS, *BJ* 7 § 100-102.
[246] Cf. Sal 118(117),25-26; M. H. POPE, «Hosanna», 16-25.
[247] Cf. 6,14-15; 18,28ss. Jo situou e compôs o relato em vista da apresentação de Jesus como o Rei de Israel. Em relação aos Evangelhos sinópticos (cf. Mc 11,1-11), Jo refere: ramos de palmas e não mantos ou ramos de árvores; expressão *Rei de Israel*; ligação à ressurreição de Lázaro; acontecimentos após a unção de Betânia; movimento da multidão para o acolher; clarificação do evento com a glorificação na cruz; mundo atrás de Jesus.

Σιών ἰδοὺ ὁ Βασιλεύς σου ἔρχεται, καθήμενος ἐπὶ πῶλον ὄνου – v.15).

Desse modo, sem carros de batalha ou reais, esclarece: não é rei deste mundo[248] nem precisa das suas homenagens, vive do Pai e vem para o salvar. Nas suas palavras, quase na totalidade de Zc 9,9[249], assume-se como o Rei vitorioso que traz o seu domínio de paz a toda a terra (cf. Zc 9,10) como a multidão desejava.

Da sua palavra, surgem três movimentos: o não-entendimento dos seus discípulos orienta o evento para a sua hora; a multidão que estava com ele quando chamara Lázaro da morte testemunha acerca de Jesus atraindo a grande multidão que subia a Jerusalém a si (cf. v.18); por isso, os fariseus dizem entre si: *"Vede! Não adiantais nada. Eis que o mundo foi atrás dele!"* (θεωρεῖτε ὅτι οὐκ ὠφελεῖτε οὐδέν ἴδε ὁ κόσμος ὀπίσω αὐτοῦ ἀπῆλθεν – v.19). De facto, os fariseus confirmam o que sabiam (cf. 11,48) e, por isso, mesmo se Jesus exorta a não temer, temem.

c) *Os gregos desejam vê-lo (12,20-36)*

Entre os que tinham subido para adorar na festa estavam alguns gregos (Ἕλληνές τινες ἐκ τῶν ἀναβαινόντων ἵνα προσκυνήσωσιν ἐν τῇ ἑορτῇ) que dizem a Filipe: *"Senhor, desejamos ver Jesus"* (θέλομεν τὸν Ἰησοῦν ἰδεῖν – v.21)[250].

Filipe disse-o a André, e os dois a Jesus, que declara: *"É chegada a hora de o Filho do homem ser glorificado"* (ἐλήλυθεν ἡ ὥρα ἵνα δοξασθῇ ὁ υἱὸς τοῦ ἀνθρώπου – v.23). Portanto, Jesus coincide a vinda do mundo a si com a vinda da sua acção de o unir a Deus, e fá-lo opondo o não morrer ou permanecer só ao morrer ou dar muito fruto[251].

A hora é necessária para que Jesus não fique só, para que seja glorificado no Pai, para que dê muito fruto nos seus discípulos; por isso, declara (v.26): *"se alguém deseja servir-me"* (ἐμοί τις διακονῇ) → *"siga-me"* (ἐμοί ἀκολουθείτω) → *"onde eu estou, aí estará também o meu diácono"* (ὅπου εἰμὶ ἐγὼ ἐκεῖ καὶ ὁ διάκονος ὁ ἐμὸς ἔσται) → *meu Pai o honrará* (τιμήσει αὐτὸν ὁ πατήρ).

Se, então, Jesus se perturba face à sua hora (cf. 11,33; 13,21), também reafirma imediatamente que veio para a cumprir, como confirma a voz

---

[248] Cf. C.H. TALBERT, *Reading*, 179ss.

[249] Face a Zc 9,9, Jo insere não temer (cf. Sf 3,16), ou seja, convida à confiança, pois Jesus atrai o mundo a si. Cf. G. R. BEASLEY-MURRAY, «John», 72ss.

[250] Gregos que adoravam com os judeus; cf. H. J. LEE, *Signore*, 257. Nos Evangelhos os gregos só reaparecem em 7,35; 12,20; cf. J. BEUTLER, «Greeks», 343.

[251] Cf. Mt 13,3ss; Mc 4,26ss.

do céu: *"Eu glorifiquei-o e glorificá-lo-ei de novo!"* (καὶ ἐδόξασα καὶ πάλιν δοξάσω – v.28).

À voz do céu, a multidão divide-se (cf. v.29)[252]. Então, Jesus diz a hora: *"Agora é o julgamento deste mundo"* (νῦν κρίσις ἐστὶν τοῦ κόσμου τούτου – v.31), revela o poder presente de os seus discípulos serem em Deus; *"agora o dominador deste mundo será expulso"* (νῦν ὁ ἄρχων τοῦ κόσμου τούτου ἐκβληθήσεται ἔξω – v.31), revela a perda do domínio do mal sobre os seus discípulos.

Na hora, não há alternativa senão acolhê-lo ou recusá-lo, pois satanás perde o domínio[253]; por isso, Jesus acrescenta: *"... e eu, quando for elevado da terra, atrairei todos a mim"* (... κἀγὼ ἐὰν ὑψωθῶ ἐκ τῆς γῆς, πάντας ἑλκύσω πρὸς ἐμαυτόν – v.32).

A atracção a si depende também da vital decisão da fé como mostra o verbo *atrair* (ἕλκω – v.32)[254]. A multidão interroga-o: *"Como dizes tu: É necessário que o Filho do homem seja elevado? Quem é esse Filho do homem?"* (πῶς λέγεις σὺ ὅτι δεῖ ὑψωθῆναι τὸν υἱὸν τοῦ ἀνθρώπου; τίς ἐστιν οὗτος ὁ υἱὸς τοῦ ἀνθρώπου; – v.34)[255].

Assim, tendo orientada a multidão para o evento da sua glorificação, finalmente chama-a a andar na luz, esconde-se da multidão para estar com os seus discípulos e reaparecer exaltado vencendo a treva e atraindo todos a si.

d) *Comentário de Jo (12,37-43)*

Terminada a acção pública de Jesus, Jo comenta-a: com avanços e recuos, a multidão não acreditou; entre os líderes, muitos acreditavam (cf. v.37; 7,26.48ss; 10,40-42), mas não o confessavam.

Então, Jesus explica a falta de fé da multidão com Isaías: previra a sua incredulidade[256] → Deus endurecera-os para os curar → vira a glória de Jesus e falava dele. Depois, diz que os chefes não confessa-

---

[252] Cf. 7,20.31.40; 9,16; 10,19; G. C. NICHOLSON, *Death,* 63-65.

[253] No NT, só Jo se refere ao *príncipe deste mundo* (ὁ ἄρχων τοῦ κόσμου τούτου), o que vem contra Jesus, mas que nada pode sobre ele (cf. 14,30) e que é julgado na sua hora (cf. 16,11); Jesus anuncia peremptoriamente que esse será expulso (ἐκβάλλω + ἔξω – 6,37; 9,34; 15,6), pois é julgado pelo domínio da sua hora, na qual perde o poder naqueles que dessa vivem (cf. 8,32.34; 17,15). Cf. H. J. LEE, *Signore,* 107. Nos Evangelhos sinópticos ocorre a expressão *"príncipe dos demónios"* (ἄρχοντι τῶν δαιμονίων); cf. Mt 9,34; 12,24; Mc 3,22; Lc 11,15.

[254] Quatro sujeitos do verbo ἕλκω: Pai (cf. 6,44), Jesus (cf. 12,32), Pedro (cf. 18,10; 21,11) e os seus discípulos sem Pedro (cf. 21,6). Cf. J. BOLYKI, «Christology», 195ss.

[255] Cf. J. ASHTON, *Understanding,* 240ss.

[256] Cf. Is 53,1; Rm 10,16. Cf. R. H. LIGHTFOOT, *John,* 233ss.

vam a sua fé por causa dos fariseus, para não serem expulsos da sinagoga (cf. v.42); na realidade, reafirma: amavam mais a glória dos homens que a Deus[257].

e) *Chamada à fé (12,44-50)*

Num último apelo à fé, sem tempo nem lugar, face ao não acreditar do povo e ao não confessar dos líderes, a alta voz, Jesus resume o seu ser e/ou missão[258]: é o Enviado de Deus; acreditar nele é acreditar naquele que o enviou; o que o vê, vê aquele que o enviou. Na imagem da luz, recorda o seu desejo de atrair os seus da treva ao Pai e insiste na relação de escuta como o lugar da salvação.

Então, Jesus conclui, falando na sua unidade no Pai: *"... pois não falei de mim, mas o Pai, que me enviou, deu-me um mandado do que dizer e anunciar, e sei que o seu mandamento é vida eterna. O que eu digo, portanto, digo-o como o Pai me disse"* (... ὅτι ἐγὼ ἐξ ἐμαυτοῦ οὐκ ἐλάλησα, ἀλλ' ὁ πέμψας με πατὴρ αὐτός μοι ἐντολὴν δέδωκεν τί εἴπω καὶ τί λαλήσω, καὶ οἶδα ὅτι ἡ ἐντολὴ αὐτοῦ ζωὴ αἰώνιός ἐστιν, ἃ οὖν ἐγὼ λαλῶ, καθὼς εἴρηκέν μοι ὁ πατήρ, οὕτως λαλῶ – vv.49-50).

2.3.5 Jo 9-12 e a unidade em Jo

A revelação de Jesus nos capítulos 5-8 manifesta-se nos capítulos 9-12 nos discípulos que o acolhem num movimento do não-ver ao ver, da dispersão à unidade, da morte à vida.

Nesse único dinamismo, o cego, as suas ovelhas e a família de Betânia são modelos perfeitos em vista da unidade dos seus em Deus; a multidão, as autoridades, os pais do cego, os fariseus, os judeus, Judas, na dúvida, no medo, na oposição e na entrega, são modelos em processo para essa única unidade.

O sinédrio confirma a sua cegueira e dispersão e assume o interesse do diabo, mesmo se Caifás anuncia o lugar da unidade dos filhos de Deus. Do sinédrio, Jo manifesta o amor recíproco e a unidade a Jesus na família de Betânia, na voz e no movimento a si de toda a multidão e no desejo dos gregos de virem a si.

Em síntese, três modelos de atracção a Jesus são acompanhados por outros três de resistência, preparando o caminho que os seus devem percorrer no mundo para alcançar a unidade dos filhos de Deus.

---

[257] Cf. 5,41-44.
[258] Cf. R. KYSAR, *John*, 203ss.

3. Jesus comunica a unidade (13,1-17,26)

Seguindo a missão de levar os seus discípulos e a humanidade inteira a Deus, nos capítulos 13-17, antes da sua prisão, morte e retorno ao Pai (cf. 18,1ss), como corolário da sua vida pública e preparação da sua hora, Jesus encontra-se a sós e pela última vez com todos os seus discípulos[259].

Nesse sentido, o Logos-Jesus começa o encontro convidando-os a tomar parte de si (cf. 13,1-20), anunciando-lhes a entrega de um deles, o qual então os abandona (cf. 13,21-30), e falando-lhes da sua partida e do seu amor neles (cf. 13,31-35).

O encontro é um autêntico passar, um comunicar do Logos-Jesus aos seus discípulos num primeiro (cf. 13,36-14,31) e num segundo discursos (cf. 15,1-16,33) e, finalmente, na sua oração ao Pai pela unidade de todos os seus discípulos (cf. 17,1-26)[260].

3.1 *Acolhimento (13,1-35)*

O encontro inicia-se com os dois únicos gestos do Mestre: Jesus lava os pés aos seus discípulos e dá um bocado de pão embebido a Judas. O primeiro gesto é explicado (cf. 13,1-20); o segundo surge depois do anúncio da entrega de Judas, assinala o seu abandono do encontro (cf. 13,21-30) e precede o anúncio da glorificação de Jesus e do Pai e do mandamento único dado aos seus discípulos (cf. 13,31-35).

3.1.1 Lava-pés (13,1-20)

Jo começa por situar o ambiente do encontro (cf. vv.1-3): *Antes da festa da Páscoa* (πρὸ δὲ τῆς ἑορτῆς τοῦ πάσχα – cf. 18,28.39; 19,14), pois Jesus prepara-se para a vivificar em si[261]; *sabendo Jesus que tinha chegado a sua hora de passar deste mundo para o Pai* (εἰδὼς ὁ Ἰησοῦς ὅτι ἦλθεν αὐτοῦ ἡ ὥρα ἵνα μεταβῇ ἐκ τοῦ κόσμου τούτου πρὸς τὸν πατέρα – cf. 18,4; 19,28), pois nela revelaria o Pai perfeitamente; *tendo amado os seus que estavam no mundo, amou-os até ao extremo* (ἀγαπήσας τοὺς ἰδίους τοὺς ἐν τῷ κόσμῳ εἰς τέλος ἠγάπησεν αὐτούς), pois assim o revela[262]; *quando o diabo já tinha metido no coração de*

---

[259] Cf. G. ROSSÉ, *L'ultima*, 20-22.
[260] Cf. F. F. SEGOVIA, «Journeys», 23-54.
[261] Cf. 1,29.36; 19,28ss; 20,19-23. Cf. J. BEUTLER, «Heilsbedeutung», 43-58.
[262] Em 13,1, Jo refere-se ao amor de Jesus pelos discípulos que estavam no mundo até ao fim; no último versículo do encontro, anuncia que continuará a dar o nome do Pai a conhecer para que o amor com o qual o Pai o amou seja nele e ele neles (cf. 17,26). Jo construiu o encontro em torno da acção de amar e, sobretudo, do desejo de

Judas Iscariotes (διαβόλου ἤδη βεβληκότος εἰς τὴν καρδίαν ἵνα παραδοῖ αὐτὸν Ἰούδας), pois esse era o grande antagonista de Jesus e aquele que movia, de um modo particular, Judas; *sabendo que o Pai tudo lhe tinha dado nas mãos, e que tinha saído de Deus e a Deus voltava* (εἰδὼς ὅτι πάντα ἔδωκεν αὐτῷ ὁ πατὴρ εἰς τὰς χεῖρας καὶ ὅτι ἀπὸ θεοῦ ἐξῆλθεν καὶ πρὸς τὸν θεὸν ὑπάγει), pois venceria o diabo e atrairia todos ao pai[263].

Nesse ambiente, no decorrer da ceia, Jesus lavou os pés aos seus discípulos (cf. vv.4-5)[264]. Se nos versículos 1-3 Jo introduzira o gesto, nos versículos 6-17, a partir das questões – *"Senhor, tu lavas-me os pés?"* (κύριε, σύ μου νίπτεις τοὺς πόδας; – v.6); *"Compreendeis o que vos fiz?"* (γινώσκετε τί πεποίηκα ὑμῖν; – v.12) – Jesus explica-o a Pedro (cf. vv.6-11) e aos seus discípulos (cf. vv.12-17)[265].

À questão de Pedro, antes de o lavar, Jesus orienta-o para a sua hora e para a necessidade de ele a entender e de dela tomar parte (cf. 12,26ss); por isso, diz-lhe: *"Se não te lavar, não terás parte comigo"* (ἐὰν μὴ νίψω σε, οὐκ ἔχεις μέρος μετ' ἐμοῦ – v.8)[266].

Assim, o gesto revela o desejo de Jesus os levar, os introduzir no seio da sua vida no Pai. De facto, se o tratam como Mestre e Senhor, esclarece o próprio Jesus, é essa sua condição de perfeita relação em Deus e de total desejo de os ter no Pai a sua mestria e senhoria; e, assim se aproxima, lhes fala e lhes lava os pés[267], precisamente, para os acolher,

---

que esta se torne realidade nos seus discípulos como é em Jesus; cf. 13,1.23-26.31-35; 14,21-24.28.31; 15,9-17.

[263] Cf. R. KIEFFER, «L'arrière-fond», 546-555.

[264] Cf. D. E. SMITH, *Symposium*, 274ss. A ceia joanina omite os elementos principais da Eucaristia e da Páscoa; cf. A. D. CALLAHAN, *Love*, 77; e difere dos Evangelhos sinópticos (cf. Mc 14,22ss), sobretudo relativamente às palavras sobre o pão, o vinho e a ceia pascal.

[265] O conhecimento visa a unidade entre Deus e os homens, a qual será dita como perfeita unidade; cf. 17,1ss; C. H. DODD, *Gospel*, 390ss.

[266] Antes de ser preso, Jesus não prepara o seu caminho, mas o caminho dos seus após a sua ressurreição num processo de revelação: *sabendo Jesus...* (εἰδὼς ὁ Ἰησοῦς... – v.1) → *sabendo que tudo...* (εἰδὼς ὅτι πάντα... – v.3) → *"O que eu faço, tu não o entendes agora, compreendê-lo-ás depois"* (ὃ ἐγὼ ποιῶ σὺ οὐκ οἶδας ἄρτι, γνώσῃ δὲ μετὰ ταῦτα – v.7) → *Sabia, de facto...* (ᾔδει γάρ... – v.11) → *"Compreendeis o que vos fiz?"* (γινώσκετε τί πεποίηκα ὑμῖν – v.12) → *"Se compreendeis estas coisas, sois felizes se as fizerdes"* (εἰ ταῦτα οἴδατε, μακάριοί ἐστε ἐὰν ποιῆτε αὐτά – v.17); *"Nisto reconhecerão todos que sois meus discípulos: se tiverdes amor uns pelos outros"* (ἐν τούτῳ γνώσονται πάντες ὅτι ἐμοὶ μαθηταί ἐστε, ἐὰν ἀγάπην ἔχητε ἐν ἀλλήλοις – v.35).

[267] O lava-pés na família e na comunidade é um gesto de acolhimento e de higiene que assinala o passar do espaço do mundo ao espaço da casa ou da comunidade e o ingresso num sistema de relações definida nessas; cf. PLUTARCO, *Phoc.-Cat. Mi.* 18,3;

os introduzir nessa sua mestria e senhoria: ser um em total reciprocidade com o Pai[268].

Desse modo, através do gesto de lavar os pés, Jesus joanino introduz os seus discípulos no domínio do encontro e no desejo de lhes dar e de os ter na vida do Pai[269]. Na proximidade da Páscoa, Jesus deseja que os seus discípulos passem a viver reciprocamente (ἀλλήλων – v.14) como ele, pois *"o servo não é mais do que o seu senhor, nem o enviado mais do que aquele que o envia"* (οὐκ ἔστιν δοῦλος μείζων τοῦ κυρίου αὐτοῦ οὐδὲ ἀπόστολος μείζων τοῦ πέμψαντος αὐτόν – v.16)[270].

Sabendo que seria morto, que o deixariam e que um o entregaria, reúne-os para os inserir no seu amar recíproco em Deus como Maria já manifestara (cf. 12,1ss); Jesus então anuncia a bem-aventurança (cf. v.17) que, ao longo do encontro, deseja comunicar aos seus.

Com efeito, a partir de então, mais claramente Jo projecta em Pedro o justo caminho de compreensão no amar recíproco, a autêntica felicidade e a primeira bem-aventurança; em Judas, o caminho oposto a esse; e no discípulo amado, perfeitamente atraído a si, o modelo perfeito daquele que recebe a vida de si.

Sabendo que não falava de todos, que os escolhera e para que a Escritura se cumprisse[271], Jesus anuncia então que integra a acção de Judas nesse seu domínio atraente a si e, solenemente, no seio da própria acção dos seus.

3.1.2 Anúncio da entrega e abandono de Judas (13,21-30)

Ditas essas coisas, Jesus perturbou-se profundamente como só sucedera em Betânia (cf. 11,33) e na chegada da sua hora (cf. 12,27) e disse: *"um de vós me entregará!"* (εἷς ἐξ ὑμῶν παραδώσει με – v.21).

Gn 19,2; Ex 30,17-21; Lc 7,44. Nas casas senhoriais e nos grandes encontros, o gesto estava a cargo dos servos e das mulheres; no grupo de Jesus e em ambientes familiares, como Lc 7,44-46, estava a cargo de um homem da casa ou da comunidade, não necessariamente de um servo, e não era tido como serviço ou rebaixamento; cf. J. C. THOMAS, *Footwashing*, 27ss.

[268] Cf. A. J. HULTGREN, «Johannine», 539-546.

[269] O gesto não surge no início da refeição, mas sim no princípio dos capítulos 13-17, ou seja, do último encontro com os seus discípulos, no qual os insere no seu dinamismo de unidade no Pai. Diversamente dos Evangelhos sinópticos (cf. Mt 18,23-35; 20,1-16; 22,1-14), Jo nunca apresenta o servo nem o serviço como modelo, mesmo se Pedro assim o pensasse.

[270] Cf. Mt 10,24; 23,8.10; Mc 10,32-45; Lc 6,40; 22,24-27.

[271] Cf. Sl 41(40),10.

Sabendo que o diabo tomava Judas (cf. v.2), Jesus preparava-se para o vencer (cf. v.27).

Entretanto, os seus discípulos olhavam uns para os outros sem entender, pois, originalmente, Jo fala da entrega de Judas sempre na sua e na consciência de Jesus[272].

Como outras cenas joaninas[273], o presente episódio é composto pelo cenário evidente, Jesus e os discípulos, e pelo cenário mais profundo, Jesus e o diabo. Nesse único cenário, destacam-se as personagens Judas, tomado pelo diabo (cf. v.2)[274]; o discípulo amado, como sempre atraído a Jesus; e Pedro, disposto a entender.

Antes, porém, de apresentar o caminho dado aos seus discípulos no encontro, Jesus revela aquele que o entregaria, diferentemente do que acontece nos Evangelhos sinópticos, o qual abandona o grupo[275]. De facto, como já indiciara a posição de Judas no discurso do Pão da vida (cf. 6,70-71) e na unção de Betânia (cf. 12,4-8), opor-se a Jesus e aos seus discípulos é uma única acção contrária ao desígnio salvífico de unidade.

Nesse sentido, face à ignorância dos seus discípulos e à pergunta do discípulo amado[276], num bocado de pão embebido (cf. Rt 2,14) Jesus joanino revela o que o entregará.

O gesto manifesta, por um lado, a especial relação de amor de Jesus por Judas[277], pois conhecia-o, viera para lhe dar a vida (cf. 10,11ss),

---

[272] Cf. 6,64.71; 12,4; 13,2.11.21; 18,2; 21,20; Mt 26,25; R. VIGNOLO, *Personaggi*, 194-196.

[273] Cf. 3,1-21; 4,1-42; 11,1-46.

[274] Judas é caracterizado como sendo *"um de vós"* (ἐξ ὑμῶν εἷς – 6,70), um dos Doze (εἷς ἐκ τῶν δώδεκα – 6,71), um dos seus discípulos (εἷς [ἐκ] τῶν μαθητῶν αὐτοῦ – 12,4), mas abandona o grupo pelo diabo para entregar Jesus, como desde o início é apresentado (6,71). Cf. G. GREENBERG, *Judas*, 44ss.

[275] Notar as particularidades joaninas: a presença e acção do discípulo amado (cf. vv.23.25); a referência directa a Pedro como o que procura saber quem o entregaria (cf. v.24); a acção de Jesus dar um bocado embebido a Judas como sinal (v.26); a referência explícita à entrada nesse instante de satanás em Judas (v.27); as palavras: *"O que tens a fazer fá-lo depressa"* (ὃ ποιεῖς ποίησον τάχιον – v.27); o abandono imediato de Judas e a sua associação à noite (cf. v.30); a ausência de reprovação directa de Judas por Jesus.

[276] Cf. R. A. CULPEPPER, *Johannine*, 266. Excepto na cruz, o discípulo amado está sempre em relação exclusiva com Pedro como testemunha qualificada: no diálogo entre os dois na ceia (cf. 13,23-25), na corrida ao sepulcro, na precedência dada a Pedro, no retorno aos seus (cf. 20,1-10). Jo finda a narração no anúncio do fim de Pedro e do amado (cf. 21,20-23). Cf. R. E. BROWN, *Community*, 33ss; J. H. CHARLESWORTH, *Beloved*, 225ss.

[277] Cf. R. E. BROWN, *Gospel*, II, 548ss.

não o perderia, e assim como recebera do Pai, assim daria; e, por outro lado, revela ainda a oposição extrema daquele é tomado pelo dispersor.

Então, Jo anuncia que satanás entrou em Judas e que Jesus diz: *"O que tens a fazer fá-lo depressa"* (ὃ ποιεῖς ποίησον τάχιον – v.27)[278]. Às suas palavras, que os comensais não entendem, imediatamente Judas os abandona. Assim, Jo integra este abandono no destino salvífico de Jesus (cf. 1,29), concretamente, no seu domínio sobre satanás[279] e no destino de unidade dos seus discípulos (cf. 17,21).

Um deles opta passivamente por aquele que dispersa[280]; Jesus, que denunciara o mercenário que vê vir o lobo e abandona os seus discípulos, não o abandona nem deixa que ele seja arrebatado (cf. 10,1ss). A Pedro, sabendo que o negaria três vezes, para que o seguisse, Jesus lavara-lhe os pés; a Judas, sabendo que era tomado pelo diabo e o entregaria, para que viesse a si, entrega-lhe parte de si[281].

Com efeito, ambos os gestos do Filho visam levar ao Pai, como todos os gestos de Jesus testemunhados pelo discípulo amado; este, então, após o derradeiro sinal de Lázaro, todo ele envolvido pelo amor e consumado na doação de vida de Jesus, aparece directamente em cena pela primeira vez[282].

---

[278] Judas reaparecerá explicitamente em Jo apenas para entregar Jesus (cf. 18,3).

[279] Cf. 13,27. Jo não hesita em precipitar o confronto entre Jesus e satanás, pois sabe que Jesus o vence (cf. 14,30; 16,11.33). Desde o início do encontro (cf. 13,2-3), revela-se o domínio de Jesus face ao gesto de Judas, às negações de Pedro e à incompreensão dos seus discípulos. Na sua unidade no Pai, Jesus é Senhor sobre satanás, deseja todos na unidade e apresenta o caminho para ela; cf. H.-J. KLAUCK, *Judas*, 70ss.

[280] A primeira (cf. v.2) e a segunda (cf. v.27) referências ao diabo, fazem-no protagonista, ou melhor, antagonista na acção de Judas, que é sempre definido passivamente face à entrega: antes, não se desloca para negociar; durante, não pronuncia palavra nem gesto, é objecto da acção do diabo que entra em si, provoca o seu abandono e a sua entrega; depois, na prisão, não expressa palavra ou gesto; os vv.23-30 são exclusivos de Jo; cf. 6,70; 8,44; 14,30.

[281] Diferentemente de Mt 27,1-5; Act 1,16-19, Jo não se refere ao suicídio de Judas; o seu interesse é apresentá-lo como o discípulo em perfeita oposição ao Pai e à unidade dos discípulos por ser do diabo (cf. 6,70; 13,2.18.27). A sua última acção é levar a guarda para o prender, a quem Jesus ordena que os deixe, dizendo que assim se cumpria a Escritura: não perdia nenhum dos seus (cf. 18,9). Cf. H.-J. KLAUCK, *Judas*, 91ss. Judas é o maior destinatário do amor de Jesus e, ao não ser instruído por esse, o mais distante de si; cf. R. VIGNOLO, *Personaggi*, 210.

[282] Como a decisão do sinédrio podia parecer derrota, mas confirma o papel salvífico da sua morte, assim os gestos de Jesus na ceia. Jesus não se limita a existir na unidade em Deus, pois a unidade é sujeito da sua mensagem. Cf. G. THEISSEN, *Religion*, 223-245.

CAP. I: TESTEMUNHO DO DISCÍPULO AMADO

3.1.3 Anúncio da partida e mandamento (13,31-35)

Quando Judas saiu, Jesus disse: *"Agora o Filho do homem foi glorificado, e Deus foi glorificado nele"* (νῦν ἐδοξάσθη ὁ υἱὸς τοῦ ἀνθρώπου καὶ ὁ θεὸς ἐδοξάσθη ἐν αὐτῷ – v.31). Então, Jesus concentra a realização da sua missão, na qual, como Filho de homem, diz a sua unidade em Deus e nos seus.

A acção de *glorificar* (δοξάζω) de Jesus e de Deus, que ocorre cinco vezes nos versículos 31-32, une-se à de Jesus *amar* (ἀγαπάω) os seus discípulos (três vezes no versículo 34), reconhecida no mundo: *"... que vos ameis uns aos outros"* (... ἐὰν ἀγάπην ἔχητε ἐν ἀλλήλοις – v.35)[283]. Entre essas acções, Jesus refere-se à sua partida e à incapacidade deles, pois, só quando do seu retorno ao Pai, os seus teriam perfeitamente o seu poder em si.

Assim, os versículos 31-35 concluem a acção anterior e introduzem os discursos finais, onde Jesus deseja comunicar e capacitar os seus discípulos no amar recíproco, tal como já ocorrera no lava-pés e se manifestará perfeitamente na oração final. Dessa maneira, da acção (cf. 13,1-30) à oração (cf. 17,1-26), nos seus dois discursos (cf. 13,36-14,31; 15-16) Jesus deseja-os na sua glória no Pai.

3.2 *Primeiro discurso (13,36-14,31)*

No primeiro discurso, numa série de respostas aos seus discípulos, Jesus começa por animá-los a acreditar: dá-lhes a vida e prepara-lhes um lugar onde eles serão onde ele é (cf. 13,36-14,4). Declarando ser *"o Caminho, a Verdade e a Vida"* (ἡ ὁδὸς καὶ ἡ ἀλήθεια καὶ ἡ ζωή – 14,5-7), Jesus chama-os a entendê-lo na sua unidade no Pai e a manifestá-lo no amar recíproco (cf. 14,8-21). Diferentemente da lógica do mundo, Jesus confirma que o seu amor no Pai vem e habita nos que o amam e guardam a sua palavra (cf. 14,22-31).

3.2.1 Prepara o lugar onde serão (13,36-14,4)

Após afirmar *"Para onde eu vou, vós não podeis ir"* (ὅπου ἐγὼ ὑπάγω ὑμεῖς οὐ δύνασθε ἐλθεῖν – v.33), o discurso parte da questão de Pedro: *"Senhor, para onde vais?"* (κύριε, ποῦ ὑπάγεις; – v.36). Na realidade, Jesus deseja-o na sua morada[284], mas agora não pode ir[285].

---

[283] Notar a tripla repetição de *uns aos outros* (ἀλλήλων) nos versículos 34-35. Cf. F.F. SEGOVIA, *Love*, 129ss.
[284] Cf. B. WITHERINGTON, *John*, 231ss. A revelação desse lugar em Jo é notória: a primeira pergunta dos seus discípulos feita a Jesus: *"Onde moras?"* (ποῦ μένεις; –

Pedro questiona Jesus sobre a sua incapacidade e dispõe-se a dar-lhe a sua vida, mas Jesus orienta-o para a hora, que ele ainda não entendia: *"Darás a tua vida por mim?"* (τὴν ψυχήν σου ὑπὲρ ἐμοῦ θήσεις; – v.38). Questiona-o, para anunciar: *"o galo não cantará antes que me tenhas negado três vezes!"* (οὐ μὴ ἀλέκτωρ φωνήσῃ ἕως οὗ ἀρνήσῃ με τρίς – v.38); e, sobretudo, para os exortar à confiança.

Falara-lhes como a *filhinhos* (τεκνία – v.33); agora, anima-os a acreditar em Deus e nele, pois na sua casa são muitas moradas (cf. vv.1-2)[286]; parte para lhes preparar um lugar (*"... para que, onde eu estou, vós estejais também"*) (... ἵνα ὅπου εἰμὶ ἐγὼ καὶ ὑμεῖς ἦτε – v.3), respondendo depois à questão inicial de Pedro: *"E, para onde eu vou, vós conheceis o caminho"* (καὶ ὅπου ὑπάγω οἴδατε τὴν ὁδόν – v.4).

3.2.2 Caminho, Verdade e Vida (14,5-7)

Jesus colocara-os no seu caminho, Tomé questiona-o em nome dos seus discípulos: *"Senhor, não sabemos para onde vais, como podemos conhecer o caminho?"* (κύριε, οὐκ οἴδαμεν ποῦ ὑπάγεις πῶς δυνάμεθα τὴν ὁδὸν εἰδέναι; – v.5). Já manifestara não perceber o caminho (cf. 11,16), resistirá em acreditar nele (cf. 20,19ss) e, agora, como Pedro, ignora-o.

O Senhor Jesus insiste em dizê-lo: *"Eu sou o Caminho, a Verdade e a Vida"* (ἐγώ εἰμι ἡ ὁδὸς καὶ ἡ ἀλήθεια καὶ ἡ ζωή – v.6). Jesus é o caminho que revela a verdade que conduz à vida[287]; e esse caminho, que é o único poder vital dos seus discípulos, é relação de revelação e compreensão: *"Se me conhecestes, também conhecereis o meu Pai. Desde já o conheceis e o tendes visto"* (εἰ ἐγνώκατέ με, καὶ τὸν πατέρα μου γνώσεσθε καὶ ἀπ' ἄρτι γινώσκετε αὐτὸν καὶ ἑωράκατε αὐτόν – v.7)[288].

1,38); Pedro, o discípulo amado e Maria não sabem onde estava Jesus (cf. 20,3.13. 15). O último encontro é uma autêntica revelação do lugar: o diálogo entre Jesus e Pedro (cf. 13,36ss); a questão de Tomé (cf. 14,5-6); a questão de Jesus (cf. 16,5); o coro final dos discípulos (cf. 16,31).

[285] Cf. 13,7. Só no final, Jesus chama Pedro a segui-lo; cf. 21,19.21.
[286] Cf. J. BEUTLER, «Psalm», 47.
[287] Cf. I. DE LA POTTERIE, *Vérité*, I, 341ss.
[288] O uso do verbo *acreditar* (πιστεύω) nos capítulos 13-17, e sobretudo em 14,10-12, revela: Jesus procura assertivamente levar os seus discípulos a acreditar nele no seio do Pai; a sua revelação é coroada pela resposta em coro na única ocorrência do verbo *acreditar* (πιστεύω) não pronunciada por Jesus: *"Por isso, acreditamos que saíste de Deus!"* (ἐν τούτῳ πιστεύομεν ὅτι ἀπὸ θεοῦ ἐξῆλθες – 16,30), e pela pergunta aberta que segue a confissão: *"Agora acreditais?"* (ἄρτι πιστεύετε; – 16,31); a inclusão entre a primeira (cf. 13,19) e a última (cf. 17,21) ocorrências do verbo

Entre a ignorância (ou impotência) e o desejo de o conhecer e de o seguir (ou potência), continua o discurso, que encontrará no final uma resposta positiva (cf. 16,29-30) e no final do Evangelho a resposta justa (cf. 20,28).

3.2.3 Compreender o Pai e manifestá-lo no amor (14,8-21)

Entendendo a resposta de Jesus, Filipe (cf. 1,43-46; 6,5-7; 12,21-22) deseja o vital da resposta: *"Mostra-nos o Pai e isso nos basta!"* (δεῖξον ἡμῖν τὸν πατέρα, καὶ ἀρκεῖ ἡμῖν – v.8).

Questionando-o, Jesus leva-o ao Pai: *"Acreditai em mim: Eu sou no Pai e o Pai em mim"* (πιστεύετέ μοι ὅτι ἐγὼ ἐν τῷ πατρὶ καὶ ὁ πατὴρ ἐν ἐμοί – v.11); e, porque acreditar nele é crer na sua unidade no Pai, presente nas suas palavras, nas suas obras e nos seus discípulos [289], quem crê nele fará obras maiores que as suas[290].

Nessa acção una, Jesus introduz no encontro a oração como o lugar da acção dos seus discípulos e, por isso, diz duas vezes: *"E o que pedirdes em meu nome, eu fá-lo-ei"* (ὅ τι ἂν αἰτήσητε ἐν τῷ ὀνόματί μου τοῦτο ποιήσω – v.13; cf. v.14)[291].

A partir de então, Jo detém-se na unidade de acção dos discípulos e de Jesus, que define como a relação de amar[292] que deseja o *outro Paráclito* (ἄλλον παράκλητον – v.16)[293], que já conheciam, neles habitava e seria com eles para sempre. Nesta primeira referência explícita ao Paráclito[294], Jesus percebe-o na perfeita unidade a si: é o Espírito da verdade, que completará nos seus discípulos a missão que ele consumou.

πιστεύω confirma a intenção de inserir os seus discípulos na unidade no Pai e de nela se manifestar ao mundo.

[289] Cf. K. SCHOLTISSEK, *In ihm sein*, 89ss.

[290] As obras maiores não são quantitativas. Na sua unidade nos seus discípulos, Jesus levará à perfeição a realidade pela qual se consumou: a unidade dos filhos de Deus; cf. X. LÉON-DUFOUR, *Évangile*, III, 109-110.

[291] Jesus veio em nome do Pai, os discípulos pela força do Espírito (cf. 5,43) vão em nome de Jesus, ou seja, unidos a ele e em nome dele. Ao longo do seu discurso, Jesus refere-se ao *meu nome* para expressar a unidade aos seus discípulos (cf. 15,16; 16,23-26) e na oração final refere-se ao *teu nome* (referido ao Pai); cf. 17,6.11.12.26.

[292] Como na aliança deuteronómica, fé e amor são vitais; cf. 14,15.21.23.24; Dt 5,10; 7,9; 11,1; C. DIETZFELBINGER, «Größeren», 27-47; Cf. J. BEUTLER, «Joh 6», 43-58.

[293] No NT, o termo *paráclito* (παράκλητος) ocorre só em Jo e 1Jo 2,1. Em Jo, o termo παράκλητος surge só no encontro; cf. 14,16.26; 15,26; 16,7; cf. 16,13. Na sua primeira ocorrência, Jo diz: aquele que a pedido de Jesus, o Pai dará aos seus com quem estará e permanecerá (verbos *ser* e *permanecer*; εἰμί e μένω – vv.16-17).

[294] Cf. R. E. BROWN, «Paraclete», 131-132.

O mundo não o pode receber, pois não o vê nem conhece, mas seria neles: *"... permanece convosco e será em vós"* (... παρ' ὑμῖν μένει καὶ ἐν ὑμῖν ἔσται – v.17); não os deixa órfãos, mas vem ao encontro dos seus discípulos. O mundo deixaria de o ver, mas eles o veriam, pois viveria e lhes daria a vida na unidade do amar (cf. vv.19-20). Então, Jesus joanino resume o ser e o ser dos seus discípulos: amar no seio da unidade do Pai e do Filho e manifestar essa acção de amar ao mundo (cf. v.21).

3.2.4 O amor habita nos que o amam (14,22-31)

Judas (não o Iscariotes) pergunta a Jesus: *"Senhor, que se deu para que te vás manifestar a nós e não ao mundo?"* (κύριε, τί γέγονεν ὅτι ἡμῖν μέλλεις ἐμφανίζειν σεαυτὸν καὶ οὐχὶ τῷ κόσμῳ; – v.22).

Efectivamente, o Logos feito carne manifesta-se nos seus discípulos, porque a potência do seu amor no Pai habita nos que a amam e a guardam: *"Se alguém me ama, guardará a minha palavra, o meu Pai o amará, nós viremos a ele e nele faremos morada"* (ἐάν τις ἀγαπᾷ με τὸν λόγον μου τηρήσει, καὶ ὁ πατήρ μου ἀγαπήσει αὐτὸν καὶ πρὸς αὐτὸν ἐλευσόμεθα καὶ μονὴν παρ' αὐτῷ ποιησόμεθα – v.23); em oposição, quem não o ama não guarda a sua palavra, a qual, como recorda o próprio Jesus, não é sua, mas do Pai que o enviou (cf. v.24).

Sabendo do confronto com o mundo, de novo, Jesus assegura aos discípulos a presença consoladora e mestra do Paráclito, que agora diz ser o Espírito santo que o Pai enviará em seu nome para os ensinar e recordar tudo acerca da sua palavra (cf. v.26). Deixa-lhes, dá-lhes a sua paz e exorta-os a não temer (cf. v.27; cf. 14,1-2; 16,33); depois, funda essas acções na sua partida e retorno, donde brota a alegria[295], pois o Pai é maior que ele (cf. v.28).

Então, falando da vinda do príncipe do mundo, que nada tem nele (cf. v.30), orienta-os para a sua vitória sobre ele, na qual dará a conhecer ao mundo o seu amor no Pai, pois o mundo precisa de saber *"que eu amo o Pai e que faço como o Pai me mandou"* (ὅτι ἀγαπῶ τὸν πατέρα καὶ καθὼς ἐνετείλατό μοι ὁ πατήρ, οὕτως ποιῶ – v.31).

Assim sendo, Jesus termina o seu discurso: *"Levantai-vos. Vamo-nos daqui!"* (ἐγείρεσθε, ἄγωμεν ἐντεῦθεν – v.31)[296]; estas palavras sugerem a mudança de espaço, mas manifestam sobretudo o domínio e desejo de Jesus de cumprir a sua missão[297] e a presença de satanás como o seu

---

[295] Cf. J. BEUTLER, *Studien,* 163-173.
[296] Cf. 18,1; Mc 14,42.
[297] Cf. D. A. CARSON, *Farewell,* 83ss.

grande antagonista; ao mesmo tempo, preparam a situação seguinte da acção, centrada na palavra de Jesus.

3.3 *Segundo discurso (15,1-16,33)*

O segundo discurso de Jesus detém-se, excepto em 16,30, só na palavra do Mestre. Jesus parte da vitalidade da unidade como modo de ser dos seus discípulos, opondo-a à dispersão (cf. 15,1-8).

O Unigénito de Deus funda a unidade no amar, que em Deus e nos seus discípulos é perfeita reciprocidade (cf. 15,9-17). Em seguida, contrapõe o amar recíproco, que, pela força do Paráclito, é o seu testemunho no mundo, ao ódio e à perseguição dos que ignoram Deus e vivem do seu príncipe (cf. 15,18-16,4a).

Nesse sentido, Jesus volta a anunciar o envio do Paráclito, que colocará em confronto os seus discípulos e o mundo (cf. 16,4b-15), e promete-lhes que passarão da tristeza à alegria quando o virem na sua hora (cf. 16,16-24). Finalmente, após a confissão dos seus discípulos, anuncia-lhes que passarão da dispersão à unidade pela sua vitória sobre o mundo (cf. 16,25-33).

3.3.1 Unidade na palavra (15,1-8)

A acção centra-se na palavra de Jesus, que declara: *"Eu sou a Videira Verdadeira"* (ἐγώ εἰμι ἡ ἄμπελος ἡ ἀληθινή – v.1). Nas seis autoproclamações[298] anteriores, usara imagens que revelavam a sua relação pessoal com os seus discípulos; na última, numa imagem colectiva vital, compreende-as na sua unidade no Pai e neles.

O povo fora constituído e chamado para dar fruto na sua aliança com Deus[299]; no entanto, nem sempre o escutara (cf. Jr 2,21-22), por vezes moldara-se pela falsidade (cf. Os 10,1-2) e estabelecera outras alianças (cf. Ez 17,1ss); e, assim, de facto, não poderia dar frutos próprios da relação com Deus. Não obstante, nos dias de Jesus, como o discípulo amado testemunha, esperava-se na generosidade de Deus e na resposta do povo a única possibilidade de florir da videira (cf. Is 27,2.6).

Nesse sentido, Jesus declara ser a videira[300] a unidade onde os seus discípulos vivem do Pai e se unem entre si; e logo completa: *"e o meu*

---

[298] Cf. C. C. CARAGOUNIS, «Vine», 201-204.
[299] Cf. Gn 1,22.28; Jr 2,21; Os 10,1.
[300] Notar as doze repetições do pronome pessoal *eu* (ἐγώ) nos versículos 1-8 e seis na construção *em mim* (ἐν ἐμοί). A videira não pode ser eliminada, é definitivamente de Deus, a ela se uniu o seu Filho que nela vive e, por isso, é uma promessa e realida-

Pai é o Agricultor" (καὶ ὁ πατήρ μου ὁ γεωργός ἐστιν – v.1), pois é ele quem age por Jesus nos seus discípulos: corta todos os gérmenes e dinamismos que não são nele e poda todos os que são. Em síntese, o Pai opera em todos os que são nele para gerar e consolidar a unidade desses no seu Logos.

Nas então sucessivas repetições do verbo *permanecer* (μένω)[301], Jesus revela a sua unidade nos discípulos não por comparação nem por consequência da sua no Pai, mas por adesão, filiação, parte nessa; por isso, declara: *"Eu sou a Videira e vós os ramos"* (ἐγώ εἰμι ἡ ἄμπελος, ὑμεῖς τὰ κλήματα – v.5)[302].

A unidade joanina, o amar recíproco, é na relação entre Pai-Jesus e entre estes e os seus discípulos, entre o 'um' e os 'muitos', entre 'todos' os seus. Sem se confundirem, os discípulos são na sua vital unidade como único e abundante fruto, no qual une todos e fora do qual integra a actual e futura ausência de si.

Nesse contexto, Jesus opõe salvação a juízo, unidade a dispersão: o povo sem Deus não deu fruto, sem Jesus-Logos não dá fruto. Unindo à acção expressa pelo verbo *permanecer* (μένω) nele a acção do verbo *permanecer* (μένω) do seu Logos neles, assim desejado, Jesus manifesta-se nos seus discípulos e constitui-os (*"... sejais meus discípulos"*; … γένησθε ἐμοὶ μαθηταί – v.8) naqueles que glorificam o Pai, precisamente, dando fruto na unidade[303].

3.3.2 Mandamento (15,9-17)

Apresentada a alegoria da videira, então Jo revela a sua realidade vital: o amor do Pai. Como a anterior, esta perícope começa e termina no

---

de de unidade inquebrantável; cf. J. RATZINGER, *Jesus*, 301-302.

[301] O verbo *permanecer* (μένω) é utilizado em Jo significando morar/permanecer. Deus e o seu Espírito moram em Jesus (cf. 1,32.34; 14,10) e nos seus como palavra (cf. 5,38), alimento (cf. 6,27; 14,17). Morrer é morar sozinho (cf. 12,24); as trevas moram nos que não obedecem a Jesus (cf. 3,36; 12,36) e quem não vê Deus permanece no pecado (cf. 9,41). O verbo μένω expressa a resposta justa à iniciativa do Pai em Jesus. O homem é chamado a acolher, entender e acreditar em Jesus, e a permanecer nele (cf. 1,39; 8,31). Ser de Jesus é ser em unidade, permanecer em comunhão, um imperativo (cf. vv.4.9) e condição (cf. vv.6.7); cf. K. SCHOLTISSEK, *In ihm sein*, 123-125.

[302] Notar: *"Eu sou a Videira Verdadeira e o meu Pai é o Agricultor"* (Ἐγώ εἰμι ἡ ἄμπελος ἡ ἀληθινὴ καὶ ὁ πατήρ μου ὁ γεωργός ἐστιν – v.1); *"Eu sou a Videira e vós os ramos"* (ἐγώ εἰμι ἡ ἄμπελος, ὑμεῖς τὰ κλήματα – v.5); Jesus vive em relação de unidade com o Pai e com os seus discípulos. Os versículos 1-8 iniciam com a relação de Jesus e do Pai, que se abre e funda a unidade dos seus revelada no seu fruto (cf. v.8).

[303] Cf. C. H. DODD, *Gospel*, 187ss; G. L. PARSENIOS, *Departure*, 159ss.

Pai (cf. vv.9.15). As repetições de *amar* (ἀγαπάω), *amor* (ἀγάπη) e *amigo* (φίλος) orientam o sentido da perícope[304], unida à anterior na repetição de *permanecer* (μένω) e *fruto* (καρπός).

Partindo do amor do Pai, Jesus convida-os a permanecer nesse amor, o mesmo que recebe, o mesmo que tem por eles[305]. Convidara-os a permanecer nele (cf. vv.4.7), agora convida-os a permanecer no domínio do seu amor (tripla repetição de μένω + ἐν + ἀγάπη – cf. vv.9-10).

Assim lhes fala, diz o próprio Jesus, para que a sua alegria permaneça neles e seja completa (cf. v.11)[306]. Incluíra na sua unidade de amor no Pai o guardar os mandamentos (cf. v.10), no versículo 12, definindo-os num único mandamento: o amar recíproco.

Os versículos 12-17, que começam e terminam com *"que vos ameis uns aos outros"* (ἵνα ἀγαπᾶτε ἀλλήλους)[307], falam do amar recíproco como o ser vital e próprio na unidade do Pai, de Jesus e dos seus discípulos.

Desse modo, depois de os ter acolhido para que tomassem parte nele (cf. 13,8), na construção *dar* (τίθημι) + *vida* (ψυχή) + *por* (ὑπέρ), que se entende à luz da acção do Bom Pastor (cf. 10,11-18), deseja ser nos seus como é no Pai: o amar recíproco[308].

Nesse lugar de salvação, em oposição à relação *servo-senhor* (δοῦλος-κύριος – cf. vv.14-15), chama-os de amigos[309], precisamente porque tudo o que ouviu do Pai revelou-lhes[310]; por isso, insiste que os escolheu (*"escolhi-vos"*, ἐξελεξάμην ὑμᾶς – v.16) e os constituiu (*"constituí-vos"*, ἔθηκα ὑμᾶς – v.16) para: *"irdes"* (ὑμεῖς ὑπάγητε) → *"dardes fruto"* (καρπὸν φέρητε) → *"pedirdes"* (ἰτήσητε) (v.16).

De facto, Jesus insiste: *"que vos ameis uns aos outros"* (ἵνα ἀγαπᾶτε ἀλλήλους – v.17). Mais tarde, quando da sua hora, os discípulos seguirão Jesus (cf. 13,36), tomarão parte do seu fruto (cf. 11,52) e desejá-lo-ão (cf. 21,7). Entretanto, a partir de agora, ainda mais claramente, Jesus

---

[304] Jo elaborou um texto em torno do amar, desejando que seja real nos discípulos como é real em Jesus, o qual no encontro já quatro vezes repetiu: *"que vos amei uns aos outros"* (ἵνα ἀγαπᾶτε ἀλλήλους – 13,34; 15,12.17).

[305] A unidade é o desejo do Pai; cf. J. RATZINGER, *Jesus*, 306ss.

[306] No seu encontro final, Jesus repete sete vezes a palavra *alegria* (χαρά), três das quais classificando-a como completa (cf. 15,11; 16,24; 17,13). Jesus fala na alegria da unidade com o Pai, aquela que enche de paz, move e torna o homem humilde. Cf. G. ZEVINI, «Vita», 93ss.

[307] Cf. 1Jo 3,11.23; 4,21.

[308] Cf. J. BEUTLER, «Heilsbedeutung», 43ss.

[309] Cf. Ex 33,11.

[310] Cf. 1,18; 13,34; 17,26.

passará a falar da sua partida, do seu retorno ao Pai, do envio do Espírito aos seus discípulos e da situação dos seus discípulos no mundo (cf. vv.18ss).

3.3.3 Os seus e o ódio (15,18-16,4a)

Jesus começa por destacar o ódio do mundo contra os seus discípulos e une-o ao ódio anterior do mundo contra si (cf. vv.18-20). Os seus discípulos são atraídos e constituídos pela palavra de Jesus; o mundo (cf. 3,13-21), agora, é definido pela situação de oposição a Jesus e aos seus discípulos. Não obstante, como eles escutaram a palavra de Jesus, o mundo escutará a deles (cf. 16,33), pois eles não são *do mundo* (ἐκ τοῦ κόσμου), mas do Logos (λόγος)[311].

Nessa oposição joanina transversal, então, claramente, frente a frente, estão o modo de ser de Deus revelado por Jesus e o modo de ser do mundo dominado pelo seu príncipe: odiá-lo é odiar o Pai e viver nele é ser odiado pelo mundo que desconhece o Pai.

Desse modo, o próprio Jesus confirma a Escritura [cf. Sl 69(68),5]: ele veio, falou e agiu no mundo (ἐν αὐτοῖς – v.24); a ignorância que desculpava o mundo passa a ser o seu pecado.

Então, pela terceira vez, Jesus refere-se ao tempo (*"Quando vier..."*) (ὅταν ἔλθῃ... – 15,26)[312] do envio do Paráclito. Jesus descrevera o Paráclito como o Enviado pelo Pai a seu pedido (cf. 14,16) e em seu nome (cf. 14,26); agora, como o que vem enviado por si (*enviar*, πέμψω) vindo (*vir*, ἐκπορεύεται) do Pai.

O Paráclito é no Pai e no Filho[313]. Jesus é a verdade do Pai (cf. 14,6). O Paráclito é o seu Espírito (cf. 14,17; 16,13). Jesus foi enviado pelo Pai para revelar a verdade. O Pai e Jesus enviam o Paráclito para testemunhar a verdade.

Antes da sua hora, João (cf. 1,7ss), o Pai (cf. 5,32), a Escritura (cf. 5,39), o próprio Jesus (cf. 8,13ss) e as suas obras (cf. 10,25) e o discípulo amado (cf. 19,35) testemunhavam acerca de Jesus; depois, será o Paráclito enviado na unidade do Pai-Filho a dar testemunho[314].

Nesse sentido, então, Jesus, pela primeira vez, é explícito no encontro quanto à unidade do testemunho (*"dará testemunho"*) (μαρτυρήσει)

---

[311] Cf. A. REINHARTZ, *Befriending*, 17ss.
[312] A primeira de três sucessivas vezes que Jo usa a expressão *"Quando ele vier"* (ὅταν ἔλθῃ – 16,4.13). Jo torna sempre mais claro e importante o tempo pós-morte e ressurreição de Jesus, no qual os discípulos estarão separados fisicamente dele.
[313] Cf. X. LÉON-DUFOUR, *Évangile*, III, 151ss.
[314] Cf. J. BEUTLER, *Martyria*, 274ss.

do Paráclito e o testemunho (*"dareis testemunho"*) (μαρτυρεῖτε) dos seus discípulos (cf. vv.26-27)[315]. Eles testemunharam a obra de Jesus; o Paráclito ensinará e recordará o sentido desta e levá-la-á ao cumprimento neles[316].

Assim lhes falava para os despertar a vencer a morte, o ódio, a perseguição do mundo, pois, tal como ele vence na fidelidade ao Pai, deseja que os seus discípulos sejam e vençam no espírito que enviará do Pai.

Por isso, exorta-os a não se escandalizarem, pois chegará a hora em que serão expulsos da sinagoga (*"Sereis excluídos das sinagogas"*) (ἀποσυναγώγους ποιήσουσιν ὑμᾶς – v.2) e mortos em nome de um culto a Deus.

Na realidade, o escândalo faz vacilar a fé e divide os seus discípulos (cf. 6,61); Jesus deseja a fé e a unidade. Na sua hora, o Senhor falar-lhes-á abertamente no Paráclito[317], distinguindo precisamente o culto da verdade que leva à unidade e à vida daquele culto próprio da ignorância que leva à morte e à exclusão.

Desse modo, Jesus orienta-os para a sua hora e funda-a no testemunho do Paráclito: *"Disse-vos estas coisas"* (ταῦτα λελάληκα – v.1.4); *"vos lembreis"* (μνημοωεύω – v.4a).

3.3.4 Paráclito (16,4b-15)

Nos versículos 4b-7, Jesus distingue o tempo que está fisicamente com os seus discípulos e o que passará a estar no Espírito, retomando a questão: '*Para onde vais?*' (ποῦ ὑπάγεις; – v.5; cf. 13,36; 14,5) para confirmar que o seu reino não é deste mundo (cf. 18,36) e que não irá para a morte, mas para o Pai (cf. 7,35).

A sua partida, diz, é benéfica[318]: retorna ao Pai e envia o Paráclito, o qual levará os seus discípulos da tristeza profunda à alegria perfeita (cf. v.6)[319]; ele mostrará ao mundo o pecado de não acreditar em Jesus, a

---

[315] Cf. D. FLUSSER, *Judaism*, 189ss.
[316] Cf. 14,12-14.26; R. BULTMANN, *Evangelium*, 423ss.
[317] Cf. 15,26; 16,25; J. BEUTLER, *Judaism*, 125.
[318] O verbo *convir* (συμφέρω) em Jo ocorre apenas no discorrer de Caifás acerca da necessidade da morte de Jesus (cf. 11,50; 18,14); agora, esta morte é necessária para que Jesus envie o Paráclito que será presente e reunirá os seus discípulos. Cf. I. DE LA POTTERIE, «Parole», 177-201.
[319] Cf. 17,13. Efectivamente: Jesus retorna ao Pai (cf. 20,1-10); Maria triste chora e pergunta pelo seu Senhor (cf. 20,11-18); os seus discípulos estão escondidos com medo dos judeus, mas ao receberem de Jesus o Espírito são por ele enviados (cf. 20,19-23); ao

justiça de ir ao Pai e de não o verem e o juízo *do dominador deste mundo* (ἄρχων τοῦ κόσμου τούτου – v.11) (cf. vv.9-11).

Então, Jesus anuncia que muitas outras coisas teria para dizer, mas que os discípulos não suportariam, voltando a distinguir o tempo que está com eles do que será no Paráclito.

De facto, em seguida, na sua última referência explícita ao Espírito no encontro, dá-o a conhecer em três acções: *guiar* (ὁδηγέω)[320] os seus discípulos a toda a verdade, pois levá-los-á à total compreensão de tudo o que revela do Pai[321]; *anunciar* (ἀναγγέλλω) as coisas que virão, pois dirá o que escuta de Jesus e esse será o anúncio deles; *glorificar* (δοξάζω) o Filho, pois não falará de si, mas tomará dele tudo o que o Pai lhe deu (cf. vv.13-15).

3.3.5 Os seus verão e alegrar-se-ão (16,16-24)

Na expressão *"Dentro em pouco, não me vereis mais; e um pouco mais e ver-me-eis"* (μικρὸν καὶ οὐκέτι θεωρεῖτέ με, καὶ πάλιν μικρὸν καὶ ὄψεσθέ με), que aparece no falar de Jesus (cf. v.16; cf. v.19), no falar dos seus discípulos (cf. v.17) e no falar de Jo (cf. v.18), Jesus precisa: o tempo em que os seus discípulos não o verão e estarão dispersos (cf. 16,32) e escondidos (cf. 20,19); e o tempo em que o verão vir ao seu encontro, reuni-los e enviá-los (cf. 20,1ss).

Os seus discípulos eram testemunhas oculares, mas deixariam de o ver (cf. 9,1ss) e, depois, no Paráclito, vê-lo-iam. Estariam tristes e o mundo alegre, mas a sua tristeza passaria a alegria.

Na imagem da mulher que dá à luz[322], Jesus joanino explica o sentido das suas palavras anteriores: a mulher sofre as dores de parto, os seus discípulos sofrerão antes de ver Jesus; ao dar à luz, a mãe não se recorda da dor pela alegria do filho, na sua hora, eles não se recordarão do sofrimento, pois Jesus virá ao seu encontro e vê-los-á.

Nas sucessivas proposições, *"a mulher, quando..."* (ἡ γυνὴ ὅταν...), *"... chegou a sua hora..."* (... ἦλθεν ἡ ὥρα αὐτῆς...), *"... mas, quando..."* (... ὅταν δὲ...) (v.21), Jesus prepara o início da hora dos seus discípulos no encontro consigo glorificado[323], no qual a alegria dos discí-

---

desejo de tocar de Tomé, Jesus apresenta a bem-aventurança final (cf. 20,24-29). Cf. G. M. BURGE, *Annointed*, 214ss.
[320] Cf. Sl 25(24),5; Is 63,14.
[321] Cf. 15,15; C. K. BARRETT, *Gospel*, 483ss.
[322] Cf. Is 66,7-10; Mq 4,9ss; Mt 24,21ss; Rm 8,22; Ap 11,10; 12,1-6.
[323] Cf. G. R. BEASLEY-MURRAY, *John*, 265ss.

pulos será perfeita[324], pois tudo o que pedirem ao Pai, em seu nome, receberão dele[325].

3.3.6 Os seus compreenderão (16,25-33)

Jesus falara-lhes em imagens (cf. 10,6; 16,29) e volta a referir-se à chegada da hora (*"Vem uma hora..."*) (ἔρχεται ὥρα ὅτε... – v.25), na qual lhes falará abertamente do Pai. Desse modo, depois do ver dos seus discípulos, integra o compreender deles no Paráclito. Nesse dia, então, o que pedirem em seu nome, o Pai lhes dará.

Assim, da sua comunicação aberta aos discípulos acerca do Pai (cf. vv.23-24), Jesus passa à comunicação directa entre os seus discípulos e o Pai como manifestação do seu amor por eles. Então, em coro, os discípulos declaram que o compreendem perfeitamente, que ele sabe tudo e que, por isso, acreditam que ele saiu de Deus (cf. vv.29-30).

Contudo, Jesus revela que se agora crêem, chegou a hora (*"Eis que vem uma hora – e já chegou –..."*, ἔρχεται ὥρα καὶ ἐλήλυθεν... – v.32), *"em que sereis dispersos cada um por si..."* (σκορπισθῆτε ἕκαστος εἰς τὰ ἴδια... – v.32).

Porém, à dispersão dos seus discípulos, Jesus contrapõe a sua unidade no Pai: *"Mas eu não estou só, porque o Pai está comigo"* (οὐκ εἰμὶ μόνος, ὅτι ὁ πατὴρ μετ' ἐμοῦ ἐστιν – v.32)[326].

Assim falava: *"para que tenhais paz em mim"* (ἵνα ἐν ἐμοὶ εἰρήνην ἔχητε) → *"No mundo tendes tribulações"* (ἐν τῷ κόσμῳ θλῖψιν ἔχετε) → *"mas tende coragem! Eu venci o mundo!"* (ἀλλὰ θαρσεῖτε, ἐγὼ νενίκηκα τὸν κόσμον – v.33; cf. 17,21-24; 20,19.21.26; 21,11).

Nessas três acções, dependentes da sua vitória, Jesus compreende a *duração* da hora deles: da cruz, onde só o discípulo amado e a sua mãe estão unidos a si, será reconhecido e manifestado precisamente na unidade dos Doze. Desse modo, a hora dos seus discípulos é o caminho que estes fazem da cruz para a unidade; a dispersão de cada um por si, tomados pelo poder do mundo, tornar-se-á, pela atracção ao Pai, caminho de unidade de todos nele[327].

---

[324] Cf. J. FREY, *Johanneische*, I, 218-222.
[325] Cf. 14,13ss; 15,16; 16,33. Pedir em nome de Jesus é acreditar nele a salvação de Deus, é fazer como Jesus no Pai (cf. 8,29). Cf. R. BULTMANN, *Evangelium*, 447.
[326] O adjectivo ἴδιος (cf. v.32) indica a relação estreita com o sujeito a que se refere; então, os discípulos não optam por Jesus, mas pelo que é seu (deles); cf. G. NOLLI, *Evangelo*, 611.
[327] Cf. J. LÓPEZ, *Figura*, 45ss.

3.4 A oração (17,1-26)

Jo coroa o encontro com a oração, na qual deseja que os discípulos de Jesus sejam[328]. Os seus escutam a palavra de Jesus. Para lá do tempo e do espaço[329], através das suas palavras, Jesus comunica e dá aos discípulos o que é: unidade de vida no Pai e nos seus filhos.

Sem pedir nada exclusivamente para si, no silêncio dos discípulos como espaço para a sua palavra, introduz a oração (cf. vv.1-5), ora pelos que o Pai lhe deu (cf. vv.6-19) e pelos futuros crentes (cf. vv.20-23) e conclui a oração (cf. vv.24-26).

3.4.1 Introdução (17,1-5)

Os versículos 1-5, introdução e resumo da oração, estruturam-se entre os imperativos: *"Pai, chegou a hora! Glorifica o teu Filho"* (πάτερ, ἐλήλυθεν ἡ ὥρα δόξασόν σου τὸν υἱόν – v.1); *"E agora glorifica-me, Pai"* (νῦν δόξασόν με σύ, πάτερ – v.5).

Olhando o céu[330], chegada a hora, Jesus une num único desejo a sua glorificação e a do Pai[331] e o dar a sua vida aos seus. Ao unir as acções de glorificar (δοξάζω) e de dar (δίδωμι), ele distingue: *"toda a carne"* (πάσης σαρκός – v.2), a humanidade carente do espírito (cf. 3,6) sobre a qual recebeu todo o poder; *"e a todos aqueles que lhe deste"* (πᾶν ὃ δέδωκας αὐτῷ – v.2), aqueles que vivem do espírito (cf. v.2)[332].

A distinção anterior serve a Jesus para manifestar o seu desejo, como é evidente na oração, de levar toda a humanidade à sua vida no espírito ou à vida eterna.

Depois, no versículo 3, dá a conhecer a vida eterna: reconhecer o único verdadeiro Deus e o que ele enviou, Jesus Cristo; conhecer é ser em relação com Deus e, porque Jesus é um em Deus, é nele a relação com o *"único Deus verdadeiro"* (τὸν μόνον ἀληθινὸν θεόν – v.3)[333].

---

[328] Os seus continuam a ser os únicos presentes, mas deixam de intervir. Jo centra-se na oração do Filho no Pai dada aos seus a ser; cf. A. DESTRO – M. PESCE, *Nasce,* 82ss.

[329] Cf. 17,1.4.11.12.15; G. SEGALLA, *Preghiera,* 85ss.

[330] A referência ao *céu* (οὐρανός) no testemunho joanino surge a propósito da descida do céu à terra da voz do Pai (cf. 12,28), do Espírito (cf. 1,32) e de Jesus (cf. 3,27.31; 6,31ss); em Jo só aqui se revela propriamente a elevação de Jesus ao Pai (cf. 1,51; 3,13), horizonte onde se desenrola a oração.

[331] Cf. G. R. BEASLEY-MURAY, *John,* 291ss.

[332] Cf. 1,9.12.14; 3,1ss; Mt 28,18. No capítulo 17, Jo nunca refere discípulos; prefere a expressão *os que o Pai deu* (vv.2.6.9.11.12.24), desejando-os na sua reciprocidade.

[333] Cf. M. M. MITCHELL, *Emergence,* 180ss.

Original em relação aos Evangelhos sinópticos, no uso de μόνος[334], Jo fala de Deus como único, pois não há outro nem outros deuses (cf. 5,44); único, pois é total e indiviso (cf. 10,30); único, pois é a perfeita relação interpessoal de unidade (cf. 17,21)[335].

Assim sendo, ao pedir que o glorifique para retornar à glória que tinha antes, Jesus joanino completa o seu pedido inicial e resume a sua missão ou glória: retornar ao Pai, dar a vida aos seus. Desse modo, o Unigénito consuma a obra criativa ao dar a sua vida de unidade aos seus para que sejam em Deus (cf. v.5).

3.4.2 Ora por aqueles que o Pai lhe deu (17,6-19)

Jesus começa por falar dos que o Pai lhe deu (cf. vv.6-11a) para depois introduzir o seu primeiro pedido (cf. vv.11b-16) evocando o *Pai Santo* (πάτερ ἅγιε – v.11)[336], ou seja, o mistério profundo de Deus, o único absolutamente santo e capaz de santificar[337].

Desse modo, Jesus-Santo une-se perfeitamente ao próprio Deus (cf. v.11; 6,69) desejando levar os seus a ser como ele em Deus totalmente outro (cf. Os 11,9) e totalmente relação (cf. Lv 17,26); tanto assim que, passados aos seus a sua palavra, o seu agir e o seu mandamento, Jesus passa e deseja comunicar-lhes a sua unidade no Pai: *"para que sejam um como nós"* (ἵνα ὦσιν ἓν καθὼς ἡμεῖς – v.11)[338].

Assim, confirma: ele e o Pai (o nós divino – ἡμεῖς) são um (ἕν – cf. 10,30) na sua perfeita relação interpessoal; os que são no Pai são chamados a ser um (ἕν) (*"sejam um como nós"*; ὦσιν ἓν καθὼς ἡμεῖς – v.11) nessa única e infinita vitalidade interpessoal; o 'um' (ἕν) atrai e realiza os seus.

Unido ao seu pedido, Jesus diz ainda que quando estava com os seus guardou e protegeu no nome do Pai aqueles que o Pai lhe deu e que

---

[334] No NT, *único* (μόνος) aparece 46 vezes, sobretudo em Paulo (treze vezes) e em Jo (nove vezes), num contexto de confissão de fé no único Deus e de louvor litúrgico (cf. Rm 16,27; 1Tm 1,17; 6,15-16). Para Jo, Jesus é o revelador divino, é o seu Unigénito (μονογενής).

[335] Termina o discurso com a relação aberta entre o Pai e os seus discípulos (cf. 16,25-28), com o reconhecimento de que Jesus veio de Deus (cf. 16,30) e com a dispersão daqueles (cf. 16,32); começa a oração definindo a vida eterna na relação com o Deus único, uno, unidade.

[336] Original em relação ao AT e ao NT, a evocação encontra-se na liturgia eucarística da Did e associada ao nome Santo de Deus, na qual o coração dos crentes é apresentado como sendo o templo onde mora o nome Santo de Deus; cf. Did 10,2.

[337] Cf. Ex 29,43; Lv 10,3; Ez 20,41.

[338] Cf. M. PAMMENT, «Meaning», 14ss.

nenhum deles se perdeu senão *"o filho da perdição"* (ὁ υἱὸς τῆς ἀπωλείας – v.12)[339]; e assim foi para que se cumprisse a Escritura (cf. 13,18) e essa em vista da hora dos seus, na qual, precisamente, os chama a ser um como ele e o Pai.

De facto, sem ter perdido nenhum dos seus (cf. 6,12ss; 10,10ss; 18,9), Jesus assim falava para que tivessem neles a plena alegria (cf. 14,20; 16,28ss); por isso, não pede ao Pai que os tire do mundo, mas que os guarde do mal, pois, na realidade, nem ele nem os seus são do mundo.

Então, no seu segundo pedido (cf. vv.17-19), Jesus deseja que o Pai os santifique na sua verdade para os tomar no seu domínio[340]. Sabendo que só o Pai pode santificar e que ele é a sua verdade (*"A tua palavra é verdade"*; ὁ λόγος ὁ σὸς ἀλήθειά ἐστιν – v.17), pede: *"Santifica-os na verdade"* (ἁγίασον αὐτοὺς ἐν τῇ ἀληθείᾳ – v.17) → *"Por eles a mim mesmo me santifico"* (καὶ ὑπὲρ αὐτῶν ἐγὼ ἁγιάζω ἐμαυτόν – v.19) → *"para que sejam também eles santificados na verdade"* (ἵνα ὦσιν καὶ αὐτοὶ ἡγιασμένοι ἐν ἀληθείᾳ – v.19)[341].

Dessa maneira, aquele que o Pai santificou (cf. 10,36) santifica-se por aqueles que o Pai lhe deu, pois é um no Pai, é sempre no seu domínio que se encontra a verdade atraente a ser em Deus. Nesse sentido, Jesus diz e deseja uma nova passagem de si aos seus: *"Como tu me enviaste ao mundo, também eu os enviei ao mundo"* (καθὼς ἐμὲ ἀπέστειλας εἰς τὸν κόσμον, κἀγὼ ἀπέστειλα αὐτοὺς εἰς τὸν κόσμον – v.18)[342].

Assim, tendo começado por contrapor o mundo aos seus (cf. v.14), Jesus une então o seu segundo pedido ao primeiro (cf. vv.11b-16), precisamente porque o Pai santifica-os em si e assim os envia no mundo.

---

[339] É filho da perdição não por lhe ser negada a salvação, mas por ser de satanás.

[340] Como evidencia o uso da preposição *em* (ἐν): nos vv.10-26.

[341] Jesus pedira ao Pai que os guardasse no seu nome para que fossem um como ele e o Pai (*"para que sejam um como nós"*; ἵνα ὦσιν ἓν καθὼς ἡμεῖς – v.11), agora pede: *"para que sejam também eles santificados na verdade"* (ἵνα ὦσιν καὶ αὐτοὶ ἡγιασμένοι ἐν ἀληθείᾳ (v.19). Repete a construção *para que + sejam* (ἵνα + ὦσιν), colocando os seus no dinamismo vital da hora unindo a *verdade* (ἀλήθεια) e a *unidade* (ἓν) dos seus, como fizera no início da oração ao apresentar o Pai como o único verdadeiro Deus (μόνος + ἀληθινός – v.3). Cf. M. VELLANICKAL, *Divine*, 91ss.

[342] O verbo *santificar* (ἁγιάζω – vv.17.19) em Jo surge só na controvérsia dos judeus quando Jesus declara ser um com o Pai; 10,30; cf. 10,25-42. Então, na sua resposta às autoridades (cf. 10,36), como agora, encontram-se *santificar* (ἁγιάζω) e *enviar* (ἀποστέλλω). Cf. R. E. BROWN, *Gospel*, II, 739ss; L. MORRIS, *Gospel*, 716ss.

3.4.3 Ora pelos que acreditarão (17,20-23)

Jesus ora também pelos que acreditarão pela palavra dos seus. De facto, o Logos feito carne revela-se, sendo revelação do Pai e assim os seus. Dessa maneira, Jesus assegura a vitória dos seus e apresenta-os como a sua morada no mundo, na qual as suas promessas se realizam: os filhos de Deus dispersos serão reunidos (cf. 10,16; 11,52); os mortos encontrarão a vida (cf. 6,63; 11,1ss); os cegos começarão a ver (cf. 9,1ss); os descrentes acreditarão (cf. 17,20).

Nesse sentido, como no versículo 11 (*"para que sejam um como nós"*; ἵνα ὦσιν ἓν καθὼς ἡμεῖς), Jesus deseja: *"que todos sejam um"* (ἵνα πάντες ἓν ὦσιν – v.21), ou seja, a unidade (ἓν) dos futuros crentes é na unidade (ἓν) dos primeiros, a unidade (ἓν) do Pai-Filho.

Assim, entre o desejo do versículo 11 e o do versículo 21, Jesus dá a conhecer a unidade no seu desejo e na unidade dos seus em Deus num devir no nós divino, atraindo o mundo a si. Então, insistindo no desejo vital da unidade dos seus, anuncia que lhes dera a glória que tinha recebido do Pai *"para que sejam um, como nós somos um"* (ἵνα ὦσιν ἓν καθὼς ἡμεῖς ἕν – v.22). A sua glória manifesta o Pai[343], acolhendo-a, manifestam a sua unidade ou a unidade de Deus Pai-Filho[344].

Então, finalmente, Jesus toma os seus no Pai, desejando *que sejam perfeitos na unidade* (ὦσιν τετελειωμένοι εἰς ἕν – v.23; cf. v.21)[345]. Assim, não só a unidade (ἕν) é a realidade vital, como é nesta que Jesus conclui que a unidade nos seus leva o mundo a conhecê-lo como o enviado do Pai e a conhecer neles a perfeição do seu amor; esta é a última passagem de Jesus aos seus no encontro.

3.4.4 Conclusão do encontro e da oração (17,24-26)

Como corolário do encontro e da oração, o último pedido: *"desejo que, onde eu estou, também eles estejam comigo"* (θέλω ἵνα ὅπου εἰμὶ ἐγὼ κἀκεῖνοι ὦσιν μετ' ἐμοῦ – v.24). Servindo-se da forma verbal *"sejam"* (ὦσιν) e da construção *"onde eu estou"* (ὅπου εἰμὶ ἐγώ – v.24), Jesus deseja que os seus sejam donde ele veio, onde ele vai, onde ele é.

---

[343] Cf. 1,14; 2,11; 17,2-3.

[344] A glória dada por Jesus aos seus é a glória na qual é ele glorificado e glorifica os seus. A glória dada manifesta-se na relação dos seus com ele mesmo. Desse modo, depois da sua morte, a morada do Logos é presente naqueles que nele acreditam por meio da palavra dos que o Pai deu a Jesus (cf. 2,13-22). Cf. R. HAKOLA, *Identity*, 109ss.

[345] Cf. Did 10.

Jesus afirmara aos líderes (cf. 8,21-22) e aos discípulos (cf. 13,36) que não podiam ir onde ele vai e que o seu desejo final é que os seus sejam com ele onde é. O seu pedido tem uma meta: *"para que vejam a glória que tu me deste"* (ἵνα θεωρῶσιν τὴν δόξαν τὴν ἐμήν ἥν δέδωκάς μοι – v.24). Antes anunciara que eles e o mundo o deixariam de ver e depois o veriam (cf. 14,17-19; 16,16-24); agora, refere-se ao ver o Pai-Filho[346] no seio da acção cósmica de amar do pai, do filho e dos seus[347].

Então, a sua última evocação: *"Pai Justo"* (πάτερ δίκαιε – v.25), ou seja, Jesus chama o justo, o único que tem poder sobre todo o mundo (cf. Is 51,8) e que manifesta na sua justiça a santidade (cf. Is 5,16), que é misericórdia (cf. Sl 4,2), salvação[348], edificação do povo na verdade[349].

Assim Jesus falou, pois cumpriu as suas promessas, e assim termina opondo o mundo que não reconheceu o Pai a ele que o reconheceu e aos seus que o reconheceram como o seu enviado. O seu desejo final é que os seus vivam no amor com que o Pai o amou e ele seja neles; por isso, deu-lhes e dar-lhes-á a conhecer o Pai (cf. v.26).

3.5 *Jo 13-17 e a unidade em Jo*

Chegada a sua hora e desejando que os seus tomem parte de si no Pai, no último encontro com os seus discípulos, numa passagem de si aos seus iniciada no lava-pés e terminada na oração pela unidade, Jesus deseja-os perfeitos nela.

O discípulo amado, Pedro e Judas são paradigmas nesse processo de unidade. Para que todos sejam um nele, Jesus anima-os no acreditar; manifesta-se como o Caminho, a Verdade e a Vida; fala na sua unidade ao Pai e aos seus no amor recíproco; e, em oposição ao mundo, promete manifestar-se no amor dos seus discípulos.

Depois, centrado totalmente na sua palavra-Logos, na atracção e no fundamento da unidade dos seus, fala no seu poder como a razão do caminho de unidade num movimento que passa do mundo aos seus, da tristeza à alegria, da dispersão à unidade.

---

[346] A oração finda no ver e dar a conhecer; cf. 9,1ss; 12,45-46; 19,26-27; 20,29.
[347] Cf. 13,35. D. A. CARSON, *Farewell*, 150ss.
[348] Cf. Sl 65(64),6-14.
[349] Cf. J. PAINTER, *Quest*, 60ss. Os conceitos de *justo* e de *justiça* no hebraísmo compreendem-se na comunidade e nas relações interpessoais. O justo age conforme a sua posição e cumpre os deveres para com Deus e o próximo. A justiça divina revela-se no modo como Deus age com o povo (cf. Is 45,21; 51,5ss) e é um bem salvífico presente nas relações do povo (cf. Dt 25,1). Cf. C. J. DEMPSEY, *Justice*, 45ss.

CAP. I: TESTEMUNHO DO DISCÍPULO AMADO   107

O encontro completa-se com a oração (sem tempo nem espaço explícitos), na qual deseja a única unidade a todos os filhos de Deus. Na sequência das diversas passagens de Jesus aos seus discípulos, na última passagem, ele fala na unidade perfeita dos seus como modo de estes levarem o mundo a conhecê-lo como o enviado do Pai e a conhecer nele a perfeição do amor do Pai. Assim profetizara Caifás no sinédrio.

Não obstante a persistência da dispersão, do poder, dos interesses do mundo, da perseguição, da exclusão, da não-atracção a Deus, Jesus deseja os seus discípulos no seu domínio, quere-os senhores sobre todas essas realidades dispersivas do mundo, de tal modo que unidos a si serão em acção de *amar recíproco*; assim, todos os filhos de Deus dispersos serão na vida do Pai.

4. Hora de Jesus (18,1-19,42)

Os capítulos 18-19 do testemunho do discípulo amado relatam o retorno glorioso de Jesus a Deus. Jo começa por descrever a prisão de Jesus e a sua presença diante de Anás em paralelo com as negações de Pedro (cf. 18,1-27). Em seguida, relata o processo romano onde Jesus é declarado rei dos judeus (cf. 18,28-19,16), e a consumação da hora, na qual manifesta os seus frutos na cruz (cf. 19,17-42).

4.1 *Prisão, Anás e as negações de Pedro (18,1-27)*

Assim, de imediato, Jo começa com o relato da prisão, contrapondo o movimento de unidade de Jesus ao de dispersão de satanás (cf. 13,27), onde se confirma a senhoria de Jesus no desejo de cumprir a vontade do Pai (cf. 18,1-14). Depois, ao entrecruzar os episódios de Jesus diante da autoridade de Israel (cf. 18,12-14.19-24) e o de Pedro face à sua guarda (cf. 18,15-18.25-27), o testemunho joanino contrasta o caminho de unidade com a contradição dispersiva de o negar.

4.1.1 Jesus é preso e conduzido a Anás (18,1-14)

Jo relata a prisão de Jesus em três cenas. A primeira cena (cf. vv.1-3) opõe o movimento de Jesus com os seus discípulos ao movimento de um dos seus discípulos, Judas, com a guarda romana e judaica[350].

---

[350] Cf. 12,4; 13,11.21; R. E. BROWN, *Death*, 247ss. Judas leva e coloca a guarda diante dele, e entrega-se livremente. Então, a passividade de Judas passa a ser especialmente notória: face aos Evangelhos sinópticos, Judas não pronuncia palavra, não faz sinal à guarda, não se aproxima nem beija Jesus, não é descrito como um dos Doze e

Ambos os movimentos convergem para o jardim[351], que *Judas, aquele que o entregava* (Ἰούδας ὁ παραδιδοὺς αὐτὸν – vv.2.5) conhecia, *porque frequentemente Jesus se tinha reunido ali com os seus discípulos* (ὅτι πολλάκις συνήχθη Ἰησοῦς ἐκεῖ μετὰ τῶν μαθητῶν αὐτοῦ – v.2)[352].

Na segunda cena (cf. vv.4-8) vemos, face a face, Jesus e a guarda, enquanto os discípulos, incluindo Judas, assistem passivamente. Sabendo que chegava a sua hora e que tinha tudo em suas mãos, Jesus saiu do lugar onde estavam e perguntou à guarda: *"Quem procurais?"* (τίνα ζητεῖτε;). Repetida no centro da secção (cf. vv.4.7), a pergunta, a mesma e a primeira que Jesus fizera (cf. 1,38), coloca em confronto o triplo *"Eu sou"* (ἐγώ εἰμι – vv.5.6.8) e a ignorância da guarda.

Face ao Jesus-Logos, os discípulos procuram o homem de Nazaré e, ao escutá-lo, recuam e caem por terra[353]. Prostrados a seus pés, Jesus entrega-se e salva os seus discípulos, que, diversamente do que afirmam os Evangelhos de Mateus e de Marcos, não fogem, mas são libertados: *"deixai estes ir"* (ἄφετε τούτους ὑπάγειν – v.8)[354].

Desse modo, Jesus cumpre as suas próprias palavras: *"Daqueles que me deste, não perdi nenhum"* (οὓς δέδωκάς μοι οὐκ ἀπώλεσα ἐξ αὐτῶν οὐδένα – v.9; cf. 6,39; 10,28; 17,12). De facto, Jesus sabia que não perderia nenhum dos seus discípulos, nem mesmo Judas, que se perde por ser de satanás (cf. 13,2.27), da guarda, do mundo que vem nas trevas com as suas luzes e armas (v.3)[355].

---

não é mais referido explicitamente. Jo omite em relação aos Evangelhos sinópticos: Jesus não entra em oração; não refere o seu sofrimento, o Getsêmani (também Lc omite), nem a combinação prévia entre Judas e as autoridades. Cf. Mc 14,32-52; D. M. SMITH, *John*, 130ss.

[351] Cf. 18,25-27; 19,41; 20,15. Agostinho, Cirilo de Alexandria, Tomás de Aquino e outros autores unem tipologicamente o evento ao jardim de Adão. Cf. X. LÉON-DUFOUR, *Évangile*, IV, 29ss. A intenção de Jo é, sobretudo, revelar que Jesus sai do local onde se encontrava frequentemente com os seus discípulos, que, desse modo, permanece como inviolado.

[352] Cf. 10,1ss.

[353] Cf. 2Rs 1,9-14; Ez 44,4.

[354] Como na contraposição e envio dos seus discípulos ao mundo (cf. 17,25), Jesus liberta-os deste em vista da sua hora. Cf. Mc 14,50. Lc não se refere à fuga dos discípulos.

[355] Cf. M.-J. LAGRANGE, *Évangile*, 454ss. O Bom Pastor, que as ovelhas seguem, ao ver chegar o ladrão, guarda-as, pois conhece-as, dá a vida por elas e ninguém tem poder sobre ele (cf. 10,1ss). Se o jardim é a aula da unidade dos seus, Judas vem a ela tomado por satanás, o ladrão que dispersa, que o toma. Porém, Jesus não teme e prepara-se para o expulsar e reunir os seus. Cf. J. H. NEYREY, «Worship», 160ss.

Na terceira cena (cf. vv.9-11), Pedro reage e Jesus intervém. O primeiro golpeia um guarda[356]. Os guardas tinham chegado com armas e caído aos pés de Jesus; porém, Pedro é o único que agride. Pedro confirma a sua ignorância (cf. 13,37): o reino de Jesus não é deste mundo; o seu poder não é o da espada (cf. 18,36). Efectivamente, o seu desejo é a vontade e a unidade do Pai: *"Não beberei o cálice que o Pai me deu?"* (τὸ ποτήριον ὃ δέδωκέν μοι ὁ πατὴρ οὐ μὴ πίω αὐτό; – v.11)[357].

Então, a corte, o chefe romano e a guarda dos judeus prendem, manietam e conduzem Jesus a Anás, o que Jo logo coloca em relação com as palavras de Caifás: *"Convém que um só homem morra pelo povo"* (συμφέρει ἕνα ἄνθρωπον ἀποθανεῖν ὑπὲρ τοῦ λαοῦ – v.14).

4.1.2 Negação de Pedro (18,15-18)

Simão Pedro e um outro discípulo seguiam Jesus (Ἠκολούθει δὲ τῷ Ἰησοῦ Σίμων Πέτρος – v.15). O verbo *seguir* (ἀκολουθέω) orienta a secção para o justo seguimento, no qual Pedro se insere[358]. As negações seguem as suas perguntas e intenções (cf. 13,36-38) e precedem o último encontro com Jesus (cf. 21,15ss) como um vazio que nega o Mestre e os seus discípulos (cf. vv.15-18.25-27). O vazio é ocupado pela presença de Jesus diante de Anás e a sua guarda[359].

Tendo antes esclarecido que dar a vida não dependia da espada, agora o discípulo amado recorda que o único caminho é Jesus. Na realidade, então Pedro não segue Jesus; é guiado pelo discípulo, não nomeado, da relação do sumo-sacerdote (ἀρχιερεύς – três vezes nos vv.15-16)[360], e à pergunta *"Não és tu também um dos discípulos deste homem?"* (μὴ καὶ σὺ ἐκ τῶν μαθητῶν εἶ τοῦ ἀνθρώπου τούτου; – v.17), responde: *"Não sou"* (οὐκ εἰμί – v.17), como palavra de acesso para passar a porta[361], entrar na aula, estar com a guarda e aquecer-se nas brasas em contraposição a 21,1ss[362].

---

[356] Os Evangelhos sinópticos não nomeiam o autor do gesto; Mc 14,47. Cf. M. SABBE, *Johannine*, 34-64.
[357] Cf. 19,28; Sl 16(15),5; Mt 26,39.42.
[358] Cf. M. MARCHESELLI, *Avete qualcosa*, 156-158.
[359] Face aos Evangelhos sinópticos, Jo não descreve: afirmações feitas a Pedro, mas questões que lhe são colocadas; mais do que um 'não' como resposta; choro e recordação das negações; olhar entre Pedro e Jesus; desconhecimento de Pedro; relato único.
[360] Cf. C. H. DODD, *Historial*, 65ss.
[361] Em Jo, o termo *porta* (θύρα) recorre isolado: Jesus é a Porta e quem não entra pela porta na aula é ladrão e salteador, mas aquele que entrar será salvo (cf.

4.1.3 Jesus diante de Anás (18,19-24)

Jo entrecruza as negações de Pedro e a atitude de Jesus diante de Anás[363]. Os líderes de Israel, particularmente o sumo-sacerdote, são os principais elementos comuns. Desde a prisão até à aparição de Pilatos (cf. v.29), *o sumo-sacerdote* (ἀρχιερεύς) é constante: Caifás surge quatro vezes, Anás duas, ἀρχιερεύς dez.

A maior autoridade de Israel questiona-o acerca dos seus discípulos e ensinamentos. Anás distingue, Jesus une-os e une-os às principais instituições comunitárias de Israel: a sinagoga e o templo, lugares *"onde todos os judeus se reúnem"* (ὅπου πάντες οἱ Ἰουδαῖοι συνέρχονται) e onde sempre Jesus ensinara abertamente (cf. v.20)[364].

A intervenção de Jesus, só em Jo, destaca-se em relação à de Anás e confirma a universalidade da sua missão comunicada aos seus no seio de Israel.

Mesmo estando Jesus de mãos atadas, um dos guardas dá-lhe uma bofetada[365] e diz-lhe: *"Assim respondes ao sumo-sacerdote?"* (οὕτως ἀποκρίνῃ τῷ ἀρχιερεῖ; – v.22). O confronto entre Jesus e o sumo-sacerdote é óbvio: *"Se falei mal, testemunha sobre o mal; mas, se falei bem, porque me bates?"* (εἰ κακῶς ἐλάλησα, μαρτύρησον περὶ τοῦ κακοῦ εἰ δὲ καλῶς, τί με δέρεις; – v.23).

A agressão, diversa do sentido expresso nos Evangelhos sinópticos (cf. Mc 14,65), revela a ignorância e incapacidade da guarda face à clarividência de Jesus[366]. De facto, nem o sumo-sacerdote nem a guarda lhe respondem, e Anás envia-o a Caifás. Jo salienta a ambiguidade do sinédrio (cf. 11,47-53) e o facto de este estar maniatado

---

10,1.2.7.9); os discípulos reúnem-se de portas fechadas (cf. 20,19.26). Cf. Tommaso d'Aquino, *Commento*, III, 291ss.

[362] Original em relação aos Evangelhos sinópticos, Jo destaca: a porta e a porteira; a construção como *um dos seus discípulos* (ἐκ τῶν μαθητῶν – v.25; cf. v.17); a resposta de Pedro: *"Não sou"* (οὐκ εἰμί – vv.17.25); Pedro não estar de saída, mas na direcção da guarda. Cf. Mc 14,66-72. No NT, o termo *braseiro* (ἀνθρακιά) ocorre apenas em 21,9.

[363] Pedro é um objecto passivo, Jesus um sujeito activo; o primeiro é orientado pelo discípulo conhecido do sumo-sacerdote, o segundo pelo Pai; porque mente Pedro aquece-se junto da guarda, porque é a verdade Jesus confronta o sumo-sacerdote e é agredido; Pedro nega ser do grupo de Jesus, este é questionado sobre os discípulos e diz-lhes que os questionem acerca dele; Pedro teme e retrai-se, Jesus fala abertamente; Pedro é interrogado, Jesus interroga. Cf. D. R. Beck, *Discipleship*, 6ss.

[364] Cf. 2,14; 6,59; 7,14.26.28; 8,20.26; 10,23.

[365] Cf. R. E. Brown, *Death*, 385ss.

[366] Jesus defendera a guarda de Pedro, este agride-a. Cf. E. Stauffer, *Jesus*, 122.

face a Jesus, que Pilatos reconhecerá como o rei deles (cf. 18,28-19,16a)³⁶⁷.

4.1.4 Negações de Pedro (18,25-27)

Jo completa as negações de Pedro. Em coro, o grupo onde estava, como a porteira, questiona-o: *"Não és tu também um dos seus discípulos?"* (μὴ καὶ σὺ ἐκ τῶν μαθητῶν αὐτοῦ εἶ; – v.25). Volta a responder: *"Não sou"* (οὐκ εἰμί – v.25; cf. v.17).

Jesus convida os líderes a questionar os que o tinham ouvido (cf. v.21), à sua guarda; contemporaneamente, Pedro nega ser um dos seus discípulos. Outro pergunta-lhe: *"Não te vi no jardim com ele?"* (οὐκ ἐγώ σε εἶδον ἐν τῷ κήπῳ μετ' αὐτοῦ; – v.26). A questão, como as perguntas anteriores, espera um sim; porém, mesmo feita por uma testemunha directa, Pedro volta a negar.

Jesus reunia-se com os seus discípulos num jardim (cf. 18,1.26), onde não deixara entrar a guarda (cf. v.4); noutra *aula* (cf. v.15), Pedro está com a guarda e, entretanto, os outros discípulos dispersam-se³⁶⁸.

Com efeito, no vazio do seu seguimento e pastoreio, original face aos Evangelhos sinópticos (cf. Mc 14,66-72), Pedro nega Jesus negando ser *"um dos discípulos deste homem?"* (ἐκ τῶν μαθητῶν εἶ τοῦ ἀνθρώπου τούτου; – v.17), *"um dos seus discípulos?"* (ἐκ τῶν μαθητῶν αὐτοῦ εἶ; – v.25), *"Não te vi no jardim com ele?"* (σε εἶδον ἐν τῷ κήπῳ μετ' αὐτοῦ; – v.26)³⁶⁹. Então, imediatamente o galo cantou (cf. v.27; 13,38).

4.2 *Processo romano (18,28-19,16)*

A acção prossegue com o último evento antes da cruz³⁷⁰. A acção é no pretório (πραιτώριον – v.28), a residência oficial romana, na manhã da morte de Jesus (cf. 19,14).

Face aos Evangelhos sinópticos, na sua originalidade³⁷¹, o relato joanino move-se em torno de quatro motivos principais: o confronto entre

---

³⁶⁷ Onde Jo reenvia e concentra o confronto do seu Evangelho. Cf. P. F. ELLIS, *Genius*, 247ss; J. BLINZLER, *Trial*, 85ss.

³⁶⁸ Cf. 13,38; 16,31. Pedro então não chora, mas entristece-se quando o questionam a terceira vez (cf. 21,17).

³⁶⁹ Notar a oposição entre as três afirmativas *"Eu Sou"* (ἐγώ εἰμι) de Jesus aquando da sua prisão (cf. vv.5-7) e os dois *"Não sou"* (οὐκ εἰμι) de Pedro (cf. 18,17.25).

³⁷⁰ Optando pela estrutura linear, no ápice, Jesus é apresentado como Rei (cf. 19,13-16a); optando pela estrutura concêntrica, no centro, é coroado Rei (cf. 19,1-3).

Jesus e o poder do mundo; a realeza de Jesus; o conflito dos líderes religiosos contra Jesus; as questões de Pilatos. As saídas de Pilatos do pretório para falar com os líderes e as entradas do prefeito para falar com Jesus fazem mover os motivos da acção[372], que, no seu final, se encontram.

4.2.1 Autoridades entregam Jesus a Pilatos (18,28-32)

Para não se contaminarem para a Páscoa, os líderes judaicos não entram no pretório e aí entregam o Cordeiro de Deus pronto para dar a vida[373]. Da prisão de Jesus à sua condenação, os líderes aparentam liderar a acção: questionam-no (cf. 18,19-24), entregam-no a Pilatos, acusam-no, obtêm a libertação de Barrabás e a crucificação de Jesus (cf. 18,28-19,16a).

Assim, o confronto entre as autoridades judaicas e Jesus prossegue, agora mediado por Pilatos: fora do pretório, dirige-se aos líderes, que o acusarão insistentemente; no seu interior, dirige-se a Jesus, que lhe fala.

Pilatos começa por questionar os líderes: *"Que acusação trazeis contra este homem?"* (τίνα κατηγορίαν φέρετε τοῦ ἀνθρώπου τούτου; – v.29). Eles começam por acusá-lo de ser um *malfeitor* (κακὸν ποιῶν – v.30), depois tomam-no por ladrão (cf. v.40) e acusam-no de blasfémia (cf. 19,7) e de se fazer rei (cf. 19,12).

Jesus sabia que cumpriam os desejos do homicida e mentiroso (cf. 8,44), que ninguém tinha poder sobre ele (cf. 14,30; 19,11). Na resposta a Pilatos, os seus líderes cumprem a acção própria de Judas: *"... to entregaríamos"* (... σοι παρεδώκαμεν αὐτόν – v.30)[374].

Sem precisar de ouvir Jesus, Pilatos ordena que o julguem segundo a lei deles. Desconhece o processo, pois já tinham decidido a sua morte (cf. 11,47-53); porém, como recordam, não a podem decretar.

---

[371] Central importância na sua originalidade: destaque da realeza de Jesus; três vezes Páscoa e três vezes lei; Jesus fala várias vezes; acção decorre segundo a palavra de Jesus; líderes isolados, sem o povo (assim como Lc), que o acusam de ser malfeitor, ter-se feito filho de Deus; ser contra César; uso do termo *acusação* (κατηγορία – v.29); receio de Pilatos das palavras dos líderes e o alerta, por três vezes, de que não encontra nenhuma culpa em Jesus (semelhante insistência em Lc 23,4.14.22); flagelação e coroação no interior do processo; ausência de Herodes, da mulher de Pilatos e do lavar das mãos; tríade Jesus – Pilatos – líderes religiosos; entradas e saídas de Pilatos do pretório; apresentação: *"Eis o homem!"* (ἰδοὺ ὁ ἄνθρωπος – v.5) → *"Eis o vosso Rei!"* (ἴδε ὁ βασιλεὺς ὑμῶν – v.14).

[372] Cf. P. WINTER, *Trial*, 53ss.
[373] Cf. E. HAENCHEN, *Johannesevangelium*, 125ss.
[374] Cf. 18,30.35.36; 19,11.

O diálogo introdutório, ausente nos Evangelhos sinópticos, inicia o processo[375] distinguindo o modo como líderes e Jesus vivem a lei e julgam: as autoridades religiosas servem-se da lei (cf. v.31; 8,1ss) para tentar julgar aquele que a vivifica; Jesus não só anuncia como morrerá como, desse modo, pela sua morte, o mundo inteiro será julgado (cf. v.32; 15,3; 16,10.33).

4.2.2 Pilatos entra no pretório e questiona Jesus (18,33-38a)

Pilatos entra no pretório, chama Jesus, e, sem atender às intenções dos líderes, pergunta-lhe: *"Tu és o Rei dos judeus?"* (σὺ εἶ ὁ βασιλεὺς τῶν Ἰουδαίων; – v.33). Assim, introduz um dos motivos maiores da acção: motivo da condenação (cf. 19,12.15); caracterização final (cf. 19,14); título da cruz (cf. 19,19). Jesus diz-lhe: *"Dizes isso por ti mesmo ou outros to disseram de mim?"* (σὺ τοῦτο λέγεις ἢ ἄλλοι εἶπόν σοι περὶ ἐμοῦ; – v.34).

Estará Pilatos interessado em conhecer a realeza de Jesus ou repete as indagações dos líderes judaicos? Distinto do confronto com Anás, onde é logo agredido (cf. vv.19-24), Pilatos distancia-se dos judeus, *"Eu sou, porventura, judeu?"* (μήτι ἐγὼ Ἰουδαῖός εἰμι; – v.35), e diz-lhe que a sua nação e líderes o entregam.

Como confirmam os movimentos e perguntas seguintes: *"Que fizeste?"* (τί ἐποίησας; – v.35) → *"Portanto, tu és Rei!"* (οὐκοῦν βασιλεὺς εἶ σύ; – v.37) → *"Que é a verdade?"* (τί ἐστιν ἀλήθεια; – v.38), na sua ambiguidade e ignorância, Pilatos interessa-se por conhecer a obra e a verdade de Jesus[376].

Sem lhe responder à sua questão, Jesus insiste três vezes que o seu reino não é deste mundo: não é um falso Cristo, um rei deste mundo, um agitador político ou um malfeitor. Pilatos insiste em saber se ele é rei (cf. v.37). Em resposta, frisando que Pilatos fala de si (cf. vv.34.37) e tomando as suas palavras, Jesus confirma: não enfrenta apenas Pilatos e os seus líderes religiosos, mas fundamentalmente a mentira[377].

De facto, Jesus diz que testemunha a verdade e que *"Todo aquele que é da verdade escuta a minha voz"* (πᾶς ὁ ὢν ἐκ τῆς ἀληθείας ἀκούει μου τῆς φωνῆς – v.37)[378]. Aqui *escutar + voz* (ἀκούω + φωνή) significa a sua relação pessoal vivificante (cf. 3,8) e unificante com os

---
[375] Cf. E. BAMMEL, «Trial», 419.
[376] Cf. J. LÓPEZ, «"Todo el que es"», 71-99.
[377] Cf. 3,19-21; 8,44; 16,8ss.
[378] Num explícito olhar universal, refere-se a todos os que são da verdade.

seus discípulos (cf. 10,3ss), porque vence a mentira, como na única ocorrência do reino de Deus (cf. 3,3.5); assim, confirma a necessidade de ser elevado e de o homem renascer[379] para consumar essa relação. O diálogo fica em aberto: *"Que é a verdade?"* (τί ἐστιν ἀλήθεια; – v.38)

4.2.3 Pilatos dá amnistia e os judeus gritam por Barrabás (18,38b-40)

Saindo pela segunda vez para o exterior do pretório, Pilatos dirige-se aos judeus: anuncia-lhes que não encontra nenhuma culpa em Jesus e propõe-lhes libertar em favor deles[380] o rei dos judeus pela amnistia da Páscoa que recorda.

Em resposta, de novo eles gritam[381] pela liberdade de Barrabás. Desse modo, Jo confirma: a inocência de Jesus, na primeira das três sentenças de Pilatos (cf. v.38; 19,4.6); Jesus como o Rei dos Judeus; e a cegueira dos judeus, que, ao pedido de amnistia[382], optam por um ladrão[383].

Jesus definira o ladrão como aquele que não entra pela porta na aula das ovelhas, bem como aqueles que vieram antes dele, a quem as suas ovelhas não escutam (cf. 10,1ss).

De facto, Jesus, o Bom Pastor, mesmo diante daqueles que o querem trocar por um ladrão (cf. v.40), prepara-se para dar a vida pela unidade dos seus discípulos vencendo o ladrão dispersor (cf. 10,1ss). Na realidade, o mundo mente a respeito de Jesus, incapaz de receber a verdade, pois depende da mentira do seu príncipe.

4.2.4 Pilatos entra no pretório e manda flagelar e coroar Jesus (19,1-3)

Incapaz de assumir a inocência de Jesus, face aos gritos dos judeus, Pilatos reentra no pretório e manda tomar (ἔλαβεν) e flagelar (ἐμαστίγωσεν) Jesus (cf. 19,1). A guarda coroa-o de espinhos, coloca-lhe um manto de púrpura, saúda-o como rei dos Judeus e agride-o (cf.

---

[379] Cf. 1,13; 3,3ss; 8,41; 9,1ss; 16,21.

[380] Notar o triplo benefício das autoridades: *"vos liberte"* (συνήθεια ὑμῖν) → *"Desejais então"* (βούλεσθε οὖν) → *"que vos liberte o Rei dos judeus"* (ἀπολύσω ὑμῖν τὸν βασιλέα τῶν Ἰουδαίων) (cf. v.39).

[381] A alta voz ordena a Lázaro que volte à vida (cf. 11,43), o povo aclama-o Rei de Israel (cf. 12,13), os líderes a alta voz desejam a sua morte. Cf. P. D. DUKE, *Irony*, 111ss.

[382] Cf. K.-S. KRIEGER, «Pontius», 27-32.

[383] Cf. 7,7; 15,23. Jo é o único dos Evangelhos que classifica Barrabás de ladrão; cf. R. L. MERRITT, «Jesus», 57-68.

Is 50,6). Diversamente dos Evangelhos sinópticos[384], Jo insere essa cena no processo[385].

Assim, na sequência da gritante ignorância dos líderes, tendo escutado de Jesus que o seu reino não é deste mundo, a guarda serve-se dos símbolos de poder e da lógica do mundo para o ultrajar. Jo prepara a apresentação final (*"Eis o vosso Rei!"*; ἴδε ὁ βασιλεὺς ὑμῶν – v.14) e a conclusão do processo contra satanás na cruz.

Então, Jesus manifestará a sua realeza, sem coroas, mantos de púrpura, nem aclamações mundanas, mas na sua unidade ao Pai, na qual vence a cegueira dos líderes, a ambiguidade de Pilatos, a violência da guarda e a lógica do mundo (cf. 16,32-33), atraindo-o ao seu reino onde lhe prepara um lugar (cf. 14,1-5).

4.2.5 Pilatos entrega-o aos líderes, que gritam: *crucifica-o* (19,4-7)

Pilatos, pela terceira vez, sai do pretório, vai aos líderes e declara que traz para fora Jesus para que reconheçam que não encontra nenhuma culpa nele. Apontando o homem coroado de espinhos e com o manto de púrpura, declara: *"Eis o homem!"* (ἰδοὺ ὁ ἄνθρωπος – v.5).

A cena não ocorre nos Evangelhos sinópticos e Jo prepara-a dramaticamente: os líderes tinham-no acusado de ser malfeitor (cf. 18,30) e de se fazer passar por rei dos judeus (cf. 18,33-34); Pilatos acabara de reconhecer a sua inocência e, então, fê-lo desfilar desarmado e falido diante dos olhos deles[386].

Em reacção, os chefes dos sacerdotes e guardas gritam: *"Crucifica-o"* (σταύρωσον – v.6). Diversamente dos Evangelhos sinópticos (cf. Mc 15,13), em Jo, os chefes e a sua guarda gritam sós sem a referência à multidão. Distanciando-se deles e provocando-os, Pilatos não aceita o pedido, ordena-lhes que o levem e o crucifiquem e, pela terceira vez, declara: *"Eu de facto não encontro nele nenhum delito"* (ἐγὼ γὰρ οὐχ εὑρίσκω ἐν αὐτῷ αἰτίαν – v.6).

Os líderes, que retomarão, no final do processo, a acusação de se intitular rei dos judeus passam, noutra originalidade de Jo, do âmbito estritamente político ao religioso, acusando-o de se ter designar Filho de Deus. Desse modo, a contradição persiste[387]: é a falta de fé ou o pe-

---
[384] Cf. Mc 15,16-20.
[385] Cf. L. K. Johnson, *Real*, 105ss.
[386] Cf. D. Böhler, «Ecce Homo», 104-108.
[387] Pilatos mostra-lhes a inocência de Jesus, eles introduzem outra acusação; Pilatos apresenta-lhes um homem, eles acusam-no de se ter feito Filho de Deus (cf. 10,30-33); eles desejam a crucificação, a nova acusação tem por pena a lapidação (cf. Lv

cado dos líderes religiosos que os separa de Jesus (cf. 16,9), o qual, na realidade, não se fez: é o Unigénito Filho de Deus (cf. 1,18).

4.2.6 Pilatos entra no pretório e questiona Jesus (19,8-12)

A cena anterior anunciara, esta confirma: em causa está a condição de Filho de Deus. Então, Pilatos sente mais medo, pois, evocada a lei, é importante politicamente respeitá-la, e Jesus poderia ser de Deus (cf. 18,35). Então, reentra no pretório, pela terceira vez, e questiona-o: *"De onde és tu?"* (πόθεν εἶ σύ; – v.9)[388]. Diante dessa questão vital, Jesus nada diz, pois então não o poderia entender (cf. 8,25).

Contudo, tal como no fim da sua acção pública a palavra de Jesus se abrira aos gregos (cf. 12,20ss), agora, abre-se a Pilatos. Jo prepara a hora de Jesus, a qual se apresenta a gregos, a Pilatos, ao mundo inteiro como a possibilidade de estes compreenderem e de serem de Deus, ou seja, perceberem donde Jesus vem, é, vai e onde deseja que os seus sejam e caminhem.

Pilatos insiste: *"Não me falas? Não sabes que tenho o poder de te libertar e o poder de te crucificar?"* (ἐμοὶ οὐ λαλεῖς; οὐκ οἶδας ὅτι ἐξουσίαν ἔχω ἀπολῦσαί σε καὶ ἐξουσίαν ἔχω σταυρῶσαί σε; – v.10). Jesus diz-lhe que o poder que tem sobre ele foi-lhe concedido do alto (ἄνωθεν); ἄνωθεν indica a esfera divina, o lugar de onde Jesus é.

Assim, o texto coloca em confronto 'o alto' e 'o baixo' (cf. 3,1ss) e, por isso, Jesus decreta: *"quem me entregou a ti tem maior pecado"* (ὁ παραδούς μέ σοι μείζονα ἁμαρτίαν ἔχει – v.11). Os chefes dos sacerdotes e a guarda têm um pecado maior (cf. 18,30.35), pois odeiam-no sem motivo (cf. 15,25) e evocam o alto para o matar[389].

A partir de então, aquele que dissera poder libertar e crucificar, procura libertá-lo; no exterior, contemporaneamente, os judeus gritam. Pilatos vive um drama[390]: enquanto ouve a gritaria, tem que optar entre

---

24,16); a lei tinha-lhes servido para decretar que não podiam dar a morte (cf. 18,31), agora serve-lhes para dar a morte de Jesus.

[388] 19,9. A pergunta de Pilatos sobre a sua proveniência (cf. v.9) une-se à da sua identidade (cf. v.10).

[389] Para excluir Jesus servem-se sucessivamente da religião (cf. 18,31; 19,7), da acusação de malfeitor (cf. 18,40), da lei (cf. 18,31; 19,7) e de César (cf. 19,12.15).

[390] Os sumos-sacerdotes apercebem-se das intenções de Pilatos, mesmo sem o ver nem o escutar, como se a sua consciência falasse. Então, não pedem a crucificação, mas, relativamente à intenção de o libertar, pedem que não o liberte. Ambos perdem o controlo do processo: dominado pelos gritos dos chefes dos sacerdotes, Pilatos não o pode libertar; unidos ao Imperador, os chefes dos sacerdotes deixam os motivos religiosos. Jesus prepara-se para vencer o que os domina; cf. E. A. JUDGE, *Social*, 33ss.

o amigo César e aquele que chamou os seus amigos (cf. 15,13-15), entre agarrar-se à mentira ou salvar-se na verdade (cf. 8,32).

4.2.7 Apresentado e entregue para ser crucificado (19,13-16)

Pilatos reconduz Jesus ao exterior. Oficial e solenemente, o processo aproxima-se do fim: *Era a Preparação da Páscoa, perto da hora sexta* (ἦν δὲ παρασκευὴ τοῦ πάσχα, ὥρα ἦν ἕκτη – v.14).

Quando no templo os cordeiros destinados às refeições rituais eram emulados e nas casas hebraicas o fermento velho deveria ser eliminado (cf. Ex 12,1ss), sentado na tribuna, sem encontrar culpa e tendo desejado libertá-lo (cf. v.12), sem acto de condenação ou libertação[391], Pilatos declara aos judeus: *"Eis o vosso Rei!"* (ἴδε ὁ βασιλεὺς ὑμῶν – v.14). Na realidade, o prefeito confirma a falência do messianismo de Jesus visto pelos líderes e prepara a sua coroação de Jesus rei dos Judeus.

À declaração, os judeus insistem: *"Fora! Fora! Crucifica-o!"* (ἆρον ἆρον, σταύρωσον αὐτόν – v.15). Pilatos interpela-os: *"Crucificarei o vosso Rei?"* (τὸν βασιλέα ὑμῶν σταυρώσω; – v.15). Eles, pela terceira vez, evocam César: *"Não temos outro rei senão César"* (οὐκ ἔχομεν βασιλέα εἰ μὴ Καίσαρα – v.15; cf. v.12).

A intervenção dos judeus atinge o auge: após evocarem a lei em seu benefício (cf. 18,31; 19,7), negam o seu fundamento: a soberania de Deus na vida do seu povo.

César representa o poder máximo no mundo, a ele os líderes judeus se sujeitam; por isso, sem razão, desejam a morte do seu rei. Dominados pelo poder do mundo, alcançam o seu desejo, pois, na impotência do seu poder e na mentira que o domina, Pilatos entrega-lhes Jesus para ser crucificado.

Na hora em que se prepara a Páscoa, os judeus alcançam a condenação de Jesus, Pilatos apresenta-o como rei deles e o Cordeiro de Deus prepara-se para consumar a sua missão diante deles e do mundo[392].

4.3 *Glorificação de Jesus (19,17-42)*

Tomada a decisão, nos últimos momentos no mundo a caminho do Pai[393], Jesus dá-se a conhecer perfeitamente no evento da sua hora:

---

[391] Só poderia declarar oficialmente a pena capital na sede judicial; cf. J. BLINZLER, *Trial*, 180ss. Mt e Lc não se referem à *tribuna* (βῆμα).

[392] Cf. 1,29.36; 3,14; 12,32; 19,37. Os três protagonistas reencontram-se na cruz: Jesus para consumar a sua missão, as autoridades para reclamar a Pilatos o título de rei dos Judeus atribuído pelo prefeito romano (cf. 19,19.22).

revela a centralidade e a universalidade da sua exaltação (cf. 19,17-18) expondo-se aos olhos de todo o mundo como *o Rei dos Judeus* (ὁ βασιλεὺς τῶν Ἰουδαίων – cf. 19,19-22); confirma o sentido e a meta da sua missão: a salvação de todo o mundo (cf. 19,23-24); funda os seus discípulos para a completar no mundo (cf. 19,25-27).

Tudo consumado, entrega o seu Espírito (cf. 19,28-30), e logo, da cruz, brota o poder dos seus discípulos para cumprir a missão (cf. 19,31-37), a qual dois judeus abertamente preparam ao sepultar o seu corpo como Rei (cf. 19,38-42).

4.3.1 Crucificação (19,17-18)

Jesus é entregue para ser crucificado. Entrega-se livremente à guarda (cf. 18,4-8), na cruz e entrega livremente o seu Espírito (cf. 19,30); agora, suportando a cruz[394] sem que nenhum homem o ajude (cf. Mc 15,21), dirige-se ao Pai para dar a vida aos seus discípulos (cf. 10,17ss).

Jo precisa que segue para *o chamado Lugar da Caveira* (em hebraico diz-se *Gólgota*) (τὸν λεγόμενον Κρανίου Τόπον, ὃ λέγεται Ἑβραϊστὶ Γολγοθα – v.17), colocando a exaltação de Jesus na realidade da história.

Original em relação aos Evangelhos sinópticos (cf. Mc 15,27), Jo não caracteriza os outros crucificados senão assim: *e com ele outros dois, um de cada lado e Jesus no meio* (μετ' αὐτοῦ ἄλλους δύο ἐντεῦθεν καὶ ἐντεῦθεν, μέσον δὲ τὸν Ἰησοῦν – v.8)[395]; deste modo, confirma a centralidade e a realeza universal de Jesus na hora, na qual brotarão os seus frutos e o mundo será atraído a uma resposta a si.

4.3.2 Título real (19,19-22)

Após o breve relato do caminho até à cruz e da crucificação, Jo detém-se no título da cruz: *"Jesus, o Nazareno, Rei dos judeus"* (Ἰησοῦς ὁ Ναζωραῖος ὁ βασιλεὺς τῶν Ἰουδαίων – v.19).

---

[393] Apenas em Jo: Jesus transportando a cruz só; inscrição em três línguas; confronto entre os chefes dos sacerdotes e Pilatos na cruz; presença e diálogo na cruz com sua mãe e o discípulo amado; sede na cruz; o sangue e a água que brotam do lado; pedido dos chefes dos sacerdotes para que Pilatos tire o corpo da cruz por ser preparação da Páscoa; José de Arimateia e Nicodemos como os únicos tratam do sepultamento.
[394] Cf. J. WILKINSON, *Jerusalem*, 150ss.
[395] Cf. J. BLINZLER, *Trial*, 250ss.

A inscrição explica a causa e o sentido da sua morte: ele é o Rei dos judeus. Pilatos é o responsável pela inscrição, a qual confirma as suas indagações acerca de Jesus e serve a Jo para apresentar a crucificação como a hora da exaltação de Jesus como rei (cf. 12,32). De facto, joanicamente, Jesus é Rei na cruz (cf. 18,33; 19,14ss) ao abraçar em perfeita fidelidade a vida do Pai e ao oferecê-la aos seus discípulos.

Jo interessa-se pelos muitos judeus que leram o título, pois Jesus é crucificado à vista da cidade e a inscrição está em hebraico, latim e grego[396], ou seja, acessível a todo o mundo[397].

Diante da senhoria universal de Jesus, os chefes dos sacerdotes insistem de novo com Pilatos, agora para alterar o título da cruz. Para eles, Jesus não é o rei dos Judeus, disse apenas sê-lo.

Neste último confronto entre sumos-sacerdotes e Pilatos, ambos são diante o evento da cruz[398]. Os primeiros insistem na cega ignorância, tentando inverter o plano de Deus. Sem ceder, Pilatos confirma que Jesus é o rei dos Judeus tornando-se testemunha, consciente ou não, da sua senhoria e reino.

Além da dupla ocorrência do termo *letreiro* (τίτλος – cf. vv.19.20), Jo, nos versículos 19-22, por seis vezes usa o verbo *escrever* (γράφω) para sublinhar que assim ficara escrito. Confirmam-se o fracasso dos sacerdotes, a derrota de satanás e a vitória de Jesus[399].

4.3.3 Divisão das vestes (19,23-24)

Tomaram as suas vestes das quais fizeram quatro partes, uma para cada soldado (Ἔλαβον τὰ ἱμάτια αὐτοῦ καὶ ἐποίησαν τέσσαρα μέρη, ἑκάστῳ στρατιώτῃ μέρος – v.23). Da habitual repartição das vestes entre soldados, Jo anuncia o sentido universal da hora de Jesus.

Jesus despojara-se das suas vestes para as retomar no lava-pés (*tomou as suas vestes*, ἔλαβεν τὰ ἱμάτια αὐτοῦ – 13,12). Agora, diferentemente dos Evangelhos sinópticos (cf. Mc 15,24), Jo precisa que cada um dos soldados tome uma das quatro partes das suas vestes (cf. v.23), confirmando que só pelo poder da sua exaltação os seus acedem autenticamente ao Pai[400] e que esse poder é dado para a vida do mundo inteiro.

---

[396] A primeira a língua nacional e religiosa, a segunda oficial e imperial, a última comercial e cultural. Cf. J. GEIGER, «Titulus», 203ss.
[397] Cf. JOSEPHUS, *Ant.* 14 § 319.
[398] Cf. A. GARCÍA-MORENO, *Jesús*, 111ss.
[399] Cf. E. BAMMEL, «Titulus», 353-364.
[400] O número quatro expressa a totalidade cósmica (cf. Mt 24,31; Mc 13,27). Na

Nesse sentido, depois, originalmente ainda face aos sinópticos, Jo diz que os soldados tomam a túnica de Jesus, assim descrita: *A túnica era sem costura, do alto tecida por inteiro* (ἦν δὲ ὁ χιτὼν ἄραφος, ἐκ τῶν ἄνωθεν ὑφαντὸς δι' ὅλου – v.23)[401]. Desse modo, Jo confirma o dom total da salvação, una e sem divisões, dada do alto ao mundo inteiro[402].

Finalmente, diz Jo, os guardas agiram assim para que fosse cumprida a Escritura – v.24; cf. Sl 22(21),19. Nesta primeira referência de uma série de outras ao cumprimento da Escritura (cf. vv.24.28.36.37), Jo certifica toda a glória e fruto da cruz, bem como o completarem-se nela todas as promessas de Deus.

4.3.4 Testamento (19,25-27)

Em contraposição aos quatro soldados, Jo fala da presença de quatro mulheres[403] e detém-se no olhar e nas palavras de Jesus do alto da cruz à sua mãe e ao discípulo amado: *"Mulher, eis o teu filho!"... "Eis a tua mãe!"* (γύναι, ἴδε ὁ υἱός σου... ἴδε ἡ μήτηρ σου – vv.26-27).

Estas suas últimas palavras, ausentes nos Evangelhos sinópticos, permitem a Jo afirmar: *E, desde aquela hora, o discípulo tomou-a como sua* (καὶ ἀπ' ἐκείνης τῆς ὥρας ἔλαβεν ὁ μαθητὴς αὐτὴν εἰς τὰ ἴδια – v.27).

A mãe de Jesus aparecera só em Caná, onde gerara a acção de Jesus (cf. 2,1ss); excepto aqui, ela é sempre e só definida como a mãe de Jesus e mulher[404]. O discípulo amado vive filialmente de Jesus (cf. 13,23): é o único na cruz (cf. 19,26), é sempre, excepto aqui, unido a Pedro, é o primeiro a crer (cf. 20,8), é a testemunha qualificada (cf. 21,24) e é definido pelo amor que recebe de Jesus.

Assim, enquanto cada um segue o *seu*, o *próprio* (cf. 16,32), o discípulo amado segue Jesus e recebe como sua a mãe dele. Então, na última ocorrência da *hora* (ὥρα – v.27), Jesus realiza-a, criando os seus discípulos na atracção às suas palavras na cruz[405]. Em síntese, o discípulo amado é chamado a testemunhar Jesus-Logos como sua mãe o gerou ao mundo.

---

cruz: no meio de dois outros dois discutem (Pilatos e sumos-sacerdotes); quatro soldados e quatro mulheres; dois (o discípulo amado e a mãe de Jesus) recebem as suas palavras, dois (Nicodemos e José de Arimateia) recebem o seu corpo. Cf. J. H. BERNARD, *Gospel*, 178ss; O. BETZ, «Problème», 566ss.

[401] Cf. Mc 14,63; I. DE LA POTTERIE, «Tunique», 127-138.
[402] Cf. 3,3; 7,21; 19,11.
[403] Cf. B. WITHERINGTON, *John*, 303ss.
[404] Cf. F. J. MOLONEY, «Mary», 421-440.
[405] Cf. G. R. BEASLEY-MURRAY, *John*, 312ss.

4.3.5 Tudo consumado (19,28-30)

No seio da sua contínua revelação de unidade no Pai, da sua constante dádiva de si ao mundo (cf. 16,33), *sabendo Jesus que já tudo estava consumado, para que se cumprisse a Escritura, declarou: "Tenho sede!"* (εἰδὼς ὁ Ἰησοῦς ὅτι ἤδη πάντα τετέλεσται, ἵνα τελειωθῇ ἡ γραφή, λέγει διψῶ – v.28)[406].

Desse modo, Jesus revela a sua condição humana, sofrida e necessitada, e, sobretudo, manifesta a sua sede de cumprir a sua missão, de beber o cálice do Pai (cf. 18,11), de dar a beber aos seus discípulos (cf. 4,1ss)[407].

Ao tomar o vinagre, Jesus confirma a senhoria diante a morte. Se Mt e Mc se referem a uma cana (cf. Mc 15,36) no hissopo joanino, pequena planta aromática usada em ritos de purificação, Jo anuncia que assim (cf. 3,14) se realizavam a lei (cf. 1,17), o perdão (cf. 1,29), a salvação (cf. 4,42)[408], como confirma nas suas últimas palavras: *estava consumado* (τετέλεσται – v.28) → *se cumprisse* (τελειωθῇ – v.28) → *"Está consumado"* (τετέλεσται – v.30)[409].

Jesus não fala do seu fim, mas do seu retorno ao Pai e do seu ser nos discípulos. De facto, o amor consuma-se e cumpre-se perfeitamente (τέλος – cf. 13,1) na sua total unidade de amor em Deus e nos seus discípulos, como manifestam as suas últimas duas acções antes da morte: E, *inclinando a cabeça* (κλίνας τὴν κεφαλὴν), *entregou o Espírito* (παρέδωκεν τὸ πνεῦμα – v.30) no Pai; ao Pai e aos seus[410].

4.3.6 Deposição (19,31-37)

Jo começa por referir que, para que os corpos não ficassem suspensos na cruz durante o sábado, os judeus pediram a Pilatos que lhes fossem quebradas as pernas e tirados dali[411].

---

[406] Cf. Sl 22(21),15.
[407] Cf. G. M. BURGE, *Annointed*, 190ss. Nos Evangelhos sinópticos, a iniciativa de dar de beber a Jesus é de um dos presentes; em Jo, é Jesus que declara ter sede. Cf. Mc 15,36; R. H. LIGHTFOOT, *John*, 316ss.
[408] Cf. Ex 12,22; 1Rs 5,13.
[409] Cf. Gn 2,2; R. BERGMEIER, «ΤΕΤΕΛΕΣΤΑΙ», 282-290. Jo não se refere ao abandono de Jesus nem aos seus gritos e lamentos; cf. Mc 15,34; G. VAN BELLE, «Death», 5ss.
[410] A acção de Jesus (*Entregou o espírito*; παρέδωκεν τὸ πνεῦμα – v.30) contrapõe-se à de Judas (cf. 18,2.5.36), à dos sumos-sacerdotes (cf. 18,30.35; 19,11) e à de Pilatos (cf. 19,16). Cf. C. H. DODD, *Historical*, 31ss.
[411] Cf. JOSEPHUS, *BJ* 4 § 317.

Assim, os judeus partem de um motivo religioso: *porque era de facto um dia solene aquele Sábado* (ἦν γὰρ μεγάλη ἡ ἡμέρα ἐκείνου τοῦ σαββάτου – v.31), porém, contra a Escritura (cf. v.37), pois evitavam a sua exposição aos olhos dos passantes (cf. vv.20-22).

Vendo Jesus já morto, não lhe quebraram as pernas; um dos soldados trespassou-lhe o peito com uma lança, de onde saiu sangue e água. O sangue, símbolo da *Vida*, e a água, símbolo do *Espírito*[412], que brotam do seu lado, Jo confirma-os como o fruto da sua hora e do poder dos seus discípulos.

O evento em que se cumprem as promessas de Jesus, leva Jo, como dirá no fim do seu testemunho (cf. 21,24), precisamente a dizer: *Aquele que viu dá testemunho e o seu testemunho é verdadeiro; e ele sabe que diz a verdade, para que também vós acrediteis* (καὶ ὁ ἑωρακὼς μεμαρτύρηκεν, καὶ ἀληθινὴ αὐτοῦ ἐστιν ἡ μαρτυρία, καὶ ἐκεῖνος οἶδεν ὅτι ἀληθῆ λέγει, ἵνα καὶ ὑμεῖς πιστεύ[σ]ητε – v.35).

Então, surge o último *completar-se* da Escritura: *Não lhe será quebrado nenhum osso* (ὀστοῦν οὐ συντριβήσεται αὐτοῦ – v.36)[413], pois, em perfeita unidade ao Pai, Jesus é o autêntico Cordeiro pascal; *Olharão para aquele que trespassaram* (ὄψονται εἰς ὃν ἐξεκέντησαν – v.37)[414], pois o fruto da sua perfeita fidelidade ao Pai é precisamente dado a ver e a conhecer a todo o mundo (cf. 9,1ss) como poder para que viva verdadeiramente (cf. 11,1ss).

4.3.7 Sepultura (19,38-42)

Depois disto (Μετὰ δὲ ταῦτα – v.38), surgem José de Arimateia e Nicodemos; o primeiro só então aparece e é dele se diz que acredita em segredo por medo dos judeus (cf. 12,42). Nicodemos é conhecido (cf. 3,1ss; 7,45-53)[415]: é membro do sinédrio e foi antes a Jesus de noite.

Então, abertamente os dois pedem *o corpo de Jesus* (τὸ σῶμα τοῦ Ἰησοῦ – v.38) a Pilatos para o sepultar com reverências de rei[416], o que só Jo evidencia na combinação de mirra e aloé de cem libras (cf. vv.38-39). Autorizados, tomam o corpo de Jesus e ligam-no[417] em panos de linho (cf. 20,5-7) com os aromas.

---

[412] Cf. 4,1ss; 7,37-39; 16,7; 19,30; 1Jo 5,6-8.
[413] Cf. Ex 12,10.46; Nm 9,12; Sl 34(33),21.
[414] Cf. 1,19ss; Zc 12,10; Mc 14,27; Ap 1,7.
[415] Cf. J. N. SUGGIT, «Nicodemos», 100-101.
[416] Cf. Sl 45(44),9.
[417] Cf. 11,44; 18,12.24.

CAP. I: TESTEMUNHO DO DISCÍPULO AMADO 123

Os Evangelhos sinópticos não o referem, mas Jo destaca que, próximo do lugar onde Jesus tinha sido crucificado, estava um *jardim* (κῆπος – v.41; cf. 18,1.26), onde, num sepulcro novo[418], ninguém tinha sido sepultado; aí depuseram *o corpo de Jesus* (τὸ σῶμα τοῦ Ἰησοῦ – v.40). Os chefes dos sacerdotes tudo tinham feito para o eliminar, mas os dois líderes sepultam-no segundo a tradição de Israel e como seu rei.

Assim, diante da sua exaltação na cruz, no seio de Israel e das suas autoridades, Jesus é tomado como rei no dia da preparação. Desse modo, confirma-se a realeza de Jesus, como tinha sido anunciado (cf. 18,28-19,16a; 19-22), e prepara-se o que se seguirá: ao terceiro dia Jesus ressurgirá (cf. 2,22-23) no amor recíproco nos seus discípulos (cf. 13,34).

Com efeito, tendo sido preso num jardim, onde se encontrava com os seus discípulos (cf. 18,1-11.26), e depois sepultado num jardim (cf. v.41), será reconhecido também num jardim por Maria Madalena (cf. 20,1ss). O dia da preparação (cf. 19,14.31.42) é decisivo no evoluir do relato até à morte de Jesus, a qual dará início à derradeira hora da história.

4.4 *Jo 18-19 e a unidade em Jo*

Após o último encontro com os seus discípulos (cf. 13,1ss), Jesus é preso. Então, a guarda cai a seus pés, e os passos seguintes confirmam o domínio de Jesus a caminho da sua glória. Jesus guarda os seus discípulos, liberta-os dos soldados e caminha para a unidade destes. Nesse processo, Pedro passa o seu vazio e Jesus manifesta de novo a sua meta de unidade para os seus discípulos.

No pretório, Jo prepara o confronto de Jesus com o príncipe do mundo, a sua vitória sobre este como Rei dos Judeus; não obstante a cegueira das autoridades, Jesus exorta o mundo a segui-lo.

De facto, o evento da morte de Jesus é o lugar central e universal da salvação; Jesus deseja salvar todo o mundo na unidade do Pai, de tal modo que entrega a sua vida aos seus como poder para que sejam como ele é no Pai. Nicodemos e José de Arimateia tomam o seu corpo e sepultam-no como seu Rei.

5. Epílogo (20,1-21,25)

No seguimento da hora de Jesus (cf. 18,1-19,42) e como conclusão e fruto de todo o testemunho do discípulo amado, o capítulo 20 revela o reconhecimento-manifestação de Jesus glorificado na unidade dos seus

---

[418] A única recorrência em Jo do adjectivo *novo* (καινός) qualifica o mandamento dado; cf. 13,34. Apenas Mt também se refere ao sepulcro novo (cf. Mt 27,60).

discípulos, a qual, no capítulo 21, se realiza no mundo como atracção de todos à sua unidade em Deus.

5.1 *Jesus na unidade dos seus (20,1-31)*

No seguimento dos eventos anteriores, no capítulo 20, Jesus glorificado manifesta-se na unidade dos seus discípulos a si e ao Pai: Maria Madalena vê a pedra do sepulcro removida e corre ao encontro de Pedro e do discípulo amado (cf. vv.1-2); estes correm ao sepulcro, o discípulo amado crê e os dois vão aos seus discípulos (cf. vv.3-10); Maria Madalena reconhece Jesus pessoalmente e é enviada por ele aos discípulos (cf. vv.11-18); estes, excepto Tomé, reconhecem Jesus no meio deles (cf. vv.19-23); Tomé ausente não crê na palavra dos restantes discípulos (cf. vv.24-25); então, Tomé reconhece Jesus, reconhece Deus e une-se a si e à unidade dos seus (cf. vv.26-29). Finalmente, Jo completa o primeiro epílogo (cf. vv.30-31).

5.1.1 Sepulcro (20,1-2)

Face ao evento anterior, o lugar é o mesmo – o sepulcro –, mas o tempo é outro: da tarde do dia anterior ao sábado à madrugada do primeiro dia depois desse[419]. Assim, o sábado semanal e anual judaico é vital para a acção: o seu aproximar preocupara os líderes por causa do corpo de Jesus (cf. 19,31.42); a partir daí, começa a sua manifestação tal como dissera (cf. 13-17).

Os Evangelhos sinópticos situam a ida de Maria na aurora (cf. Mc 16,2), Jo apresenta-a na *madrugada* (πρωΐ) *ainda escuro* (σκοτία)[420] para a partir daí iniciar a manifestação de Jesus nos seus discípulos, concluída a dois tempos: na tarde desse dia (cf. 20,19-23) e oito dias depois (cf. 20,26-29).

Jo une o evento à cruz: Maria Madalena era uma das quatro mulheres ali presentes (cf. 19,25). Original em relação ao descrito pelos Evangelhos sinópticos (cf. Mc 16,1), Maria Madalena vai sozinha e, como Mt entre os Evangelhos sinópticos, nada leva para venerar Jesus (cf. 19,39-40). Procura o corpo do *Senhor* (κύριος → σῶμα τοῦ Ἰησοῦ – cf. vv.2.12-13.15.18), mas encontra a pedra do sepulcro removida.

Sem ali entrar e na ignorância, Maria Madalena corre ao encontro de Pedro e do discípulo amado e diz-lhes: *"Levaram o Senhor do sepulcro*

---

[419] Cf. Ex 20,8-11; Dt 5,12-15.
[420] Cf. 1,5; 6,17; 8,12; 12,35.46.

e não sabemos onde o colocaram" (ἦραν τὸν κύριον ἐκ τοῦ μνημείου καὶ οὐκ οἴδαμεν ποῦ ἔθηκαν αὐτόν – v.2).

Na realidade, Jesus anunciara (cf. 14,2ss) e anunciaria (cf. 20,17), que subia ao Pai; ela inquieta-se por não saber onde estava o corpo dele (cf. vv.13.15). Jo olha (ocorre nove vezes a palavra *sepulcro,* μνημεῖον – vv.1-11) a justa resposta ao sepulcro aberto[421].

5.1.2 Discípulo amado e Pedro (20,3-10)

Pedro e o discípulo amado correram ao sepulcro (cf. 16,32). O segundo precedeu rapidamente Pedro e chegou primeiro, viu as faixas por terra, mas não entrou no sepulcro[422]. Entretanto, Pedro, que o seguia (ἀκολουθῶν – v.6), chegou também. O desejo que atraía o discípulo amado era maior que as trevas que ainda tomavam Pedro.

O amor no discípulo amado conduziu Pedro a Jesus, que entrou e viu com pormenor as ligaduras no chão e o sudário enrolado num lugar à parte. A disposição precisa das ligaduras e do sudário sugere que o corpo de Jesus fora libertado e não roubado. De Pedro, o primeiro a testemunhar que o sepulcro estava vazio, nada mais se refere.

Na contraposição entre os dois, está e é o âmago do capítulo: ver e acreditar. Pedro viu. O discípulo amado viu e acreditou; viu os sinais da partida, que lhe bastam para acreditar[423]. No entanto, os discípulos ainda não tinham entendido a Escritura: Jesus deveria ressuscitar dos mortos (cf. v.9).

Os dois retornam aos discípulos sem correrias, sem anúncio nem sinais de estupor (cf. v.10; Mt 28,8). De notar que um discípulo levara Pedro ao grupo da guarda (cf. 18,15), o discípulo amado guiara-o ao sepulcro e agora, unidos, retornavam aos discípulos, onde acreditariam no ressuscitado: não num sinal, mas no meio deles.

5.1.3 Maria reconhece-o (20,11-18)

Maria Madalena ficara junto ao sepulcro chorando só. Diversamente do que se refere nos Evangelhos sinópticos (cf. Lc 24,3), ela não entra-

---

[421] Cf. U. SCHNELLE, *Evangelium,* 156ss.

[422] Só o que ama e é amado e só aquele que vive autenticamente em relação que o faz ser a si e ao outro sempre mais sujeitos pode ver o amor e percorrer a distância que os separa até à perfeita unidade como se de uma corrida se tratasse. O discípulo amado viu e acreditou. Efectivamente, ele era o único que estava na cruz, o único a crer no sepulcro, o único que sempre e sempre creu pois era no seio ou no lado de Jesus como manifestação da sua perfeita, vivificante, potente, unificadora, relação interpessoal com Jesus em Deus.

[423] Cf. B. BYRNE, «Faith», 83-97.

ra no sepulcro. *Inclinou-se para dentro do sepulcro, viu dois anjos vestidos de branco* (παρέκυψεν εἰς τὸ μνημεῖον καὶ θεωρεῖ δύο ἀγγέλους ἐν λευκοῖς καθεζομένους – vv.11-12): um à cabeceira e outro aos pés onde jazera o corpo de Jesus.

Os anjos perguntaram-lhe: *"Mulher, porque choras?"* (γύναι, τί κλαίεις; – v.13). Sem se admirar, ela respondeu que tinham levado o seu Senhor e que ignorava onde estava.

A presença e as palavras dos anjos elucidam Maria Madalena e o próprio leitor para o facto de não haver motivos para chorar a partida de Jesus; ao mesmo tempo, precisam o lugar onde estivera o Filho de Deus[424].

Então, o Senhor vem ao encontro de Maria com a mesma pergunta dos anjos (cf. v.13), confirmando não ter ela razões para chorar e acrescentando: *"Quem procuras?"* (τίνα ζητεῖς; – v.15). Diante dele e da sua palavra, não o conhece; toma-o pelo jardineiro[425].

Com efeito, Jesus não se manifestava como antes. Na segunda pergunta, a mesma que fizera inicialmente aos seus discípulos (cf. 1,38; 19,9)[426], Jesus, agora glorificado, deseja levar Madalena a essa morada, ou seja, ao Pai ou à sua unidade de vida nele. No entanto, sem lhe responder nem o reconhecer, Maria insiste pela terceira vez que levaram o seu corpo.

Conhecendo Jesus, o Bom Pastor, cada um dos seus pelo nome e dando a sua vida para que sejam um como ele e o Pai (cf. 10,1ss), glorificado, chama Maria pelo nome. Ao escutá-lo, Maria Madalena volta-se, reconhece-o e chama-o: *"Rabboni!"* (ῥαββουνί – v.16).

Jesus diz-lhe: *"Não me detenhas, pois ainda não subi para o Pai"* (μή μου ἅπτου, οὔπω γὰρ ἀναβέβηκα πρὸς τὸν πατέρα – v.17). À insistência de Maria Madalena em saber onde levaram o seu corpo, ele pede-lhe que não o detenha[427]. É injusto procurá-lo entre os mortos ou tentar detê-lo. Jesus retorna ao Pai e envia-a aos seus irmãos.

Então, sem depender dos sinais do sepulcro nem da ignorância, mas do encontro amoroso com ele, Maria deixa de questionar e deixa-se tomar pela sua palavra: é nos seus irmãos pela palavra que lhes fala e envia, é no seu Pai e Pai deles, no seu e Deus deles[428].

---

[424] Cf. Mt 28,5-6; P. SIMENEL, «Anges», 71-76.
[425] Cf. A. TASCHL-ERBER, *Maria*, 187-196.
[426] Então os seus discípulos não lhe responderam, mas perguntaram pela sua morada.
[427] Cf. B. F. BINIAMA, *Missions*, 195ss.
[428] Cf. 17,21ss. Jesus é o Irmão dos seus irmãos, pois o seu Pai é o Pai deles.

5.1.4 Os discípulos reconhecem-no entre eles (20,19-23)

A acção foca-se agora nos discípulos. Os eventos descritos anteriormente decorreram de madrugada junto à porta aberta do sepulcro, onde, no final do mesmo dia e de portas fechadas, estavam os discípulos.

Desse modo, Jo une este e os eventos anteriores: a fé brota do encontro pessoal e amoroso com o glorificado no seio dos seus discípulos. Na realidade, nem o discípulo amado, nem Pedro, nem Maria Madalena levaram os discípulos à fé; ainda viveriam do medo de padecerem e de serem excluídos (cf. 9,22).

O único poder capaz de os levar à fé é o do glorificado neles. De novo, Jesus toma a iniciativa de ir aos seus discípulos. Coloca-se *no meio deles* (ἔστη εἰς τὸ μέσον – v.19). Identificara antes Maria pelo nome; agora, sem referir o nome dos presentes, nas primeiras palavras aos discípulos, identifica-se e identifica-os: *"Paz a vós!"* (εἰρήνη ὑμῖν – vv.21.26).

A paz comunicada por Jesus é a sua potência de amor no Pai que prometera dar aos seus discípulos (cf. 14,23-27), pois venceu (cf. 16,33), retorna ao Pai (cf. v.17) e é no meio deles (cf. v.19)[429].

Perante a sua palavra e a visão das suas mãos e lado, das marcas da morte na cruz, sinais dos seus frutos, então *os discípulos alegraram-se, vendo o Senhor* (ἐχάρησαν οὖν οἱ μαθηταὶ ἰδόντες τὸν κύριον – v.20).

As promessas cumprem-se, pois os discípulos passam do medo à paz; da tristeza à alegria; do não-ver ao ver; do não-reconhecimento ao reconhecimento. Desse modo, os discípulos são enviados na unidade do Pai-Filho a ser no mundo, recebem o Espírito como envio[430] e vencem o pecado do mundo com o seu perdão.

Assim, é o início da hora deles como poder de vida, o único capaz de erradicar o pecado do mundo. De facto, contrariamente ao referido nos Evangelhos sinópticos (cf. Mc 6,7-13), só então os discípulos são enviados, não um a um ou dois a dois, mas na unidade, animados pelo Espírito em que reconhecem e manifestam o glorificado no mundo[431].

5.1.5 Tomé não acredita (20,24-25)

Original em relação aos Evangelhos sinópticos, Tomé é de novo destacado (cf. 11,16; 14,5-7; 21,2). Face à cena anterior, surgem dois novos elementos: Tomé não estava com eles; e, não com o número onze (cf. Mt 28,16) mas com o doze, Jo refere-se à totalidade dos seus.

---

[429] Cf. S. M. SCHNERIDERS, «Raising», 337-355.
[430] Cf. Gn 2,7; Ez 37,9; G. F. HAWTHORNE, *Presence*, 135ss.
[431] Cf. 13,33-35; M. W. G. STIBBE, *John*, 32ss.

Assim, se antes era referida a dispersão, a tristeza, o medo, os sinais desfavoráveis, agora trata-se da ausência de um dos Doze, a quem os restantes discípulos dizem em coro: *"Vimos o Senhor"* (ἑωράκαμεν τὸν κύριον – v.25). Jesus vem e manifesta-se nos seus discípulos, sendo então eles que anunciam que o viram. Dessa maneira, uma vez mais, o ver aparece no evento como vital, agora manifestado no encontro dos seus discípulos no Espírito.

Desse modo, Jo confirma que o autêntico anúncio dos seus discípulos é em unidade à sua unidade no Pai e é na unidade dos seus discípulos; por isso, começa por visar precisamente um dos doze ainda disperso e voltado para si.

Ao ouvi-los, Tomé diz-lhes: *"Se não vir nas suas mãos a marca dos pregos e não meter o meu dedo na marca dos pregos e não meter a minha mão no seu peito, não acreditarei"* (ἐὰν μὴ ἴδω ἐν ταῖς χερσὶν αὐτοῦ τὸν τύπον τῶν ἥλων καὶ βάλω τὸν δάκτυλόν μου εἰς τὸν τύπον τῶν ἥλων καὶ βάλω μου τὴν χεῖρα εἰς τὴν πλευρὰν αὐτοῦ, οὐ μὴ πιστεύσω – v.25).

Negativamente, Tomé vivia para si, distante dos Doze, dependente de uma revelação exclusiva e visível. Positivamente, só vendo, só tocando os frutos da cruz, poderia ver e ser unidade. O discípulo amado no sepulcro vira e acreditara, Maria reconhecera-o escutando-o pessoal e amorosamente, os discípulos viram-no no meio deles; porém, para Tomé não bastava acreditar.

Assim, face à dispersão, à não-unidade, ao exclusivo, ao em si dos seus (cf. vv.1ss), a manifestação de Jesus nos seus discípulos era ainda incompleta. De facto, para que a manifestação de Jesus seja completa, não basta o amor entre ele e cada um, a sua presença no meio deles, o seu Espírito e envio; é necessário também que todos os seus sejam tomados ou habitados pelos frutos da sua glorificação.

5.1.6 Meu Senhor e meu Deus (20,26-29)

Passados oito dias, e sem referência ao seu medo, estavam os discípulos de novo, em casa, de portas fechadas. Jesus veio e *estava no meio deles* (ἔστη εἰς τὸ μέσον – v.26). Após o importante dia depois do sábado (cf. v.19), como um arco criador de oito dias, Jo completa a manifestação de Jesus nos seus discípulos.

Pela terceira vez, o Senhor diz-lhes: *"Paz a vós!"* (εἰρήνη ὑμῖν – v.26; cf. 19.21), e directamente a Tomé: *"Mete o teu dedo aqui e vê as minhas mãos. Estende a tua mão e põe-na no meu peito"* (φέρε τὸν δάκτυλόν σου ὧδε καὶ ἴδε τὰς χεῖράς μου καὶ φέρε τὴν χεῖρά σου καὶ βάλε εἰς τὴν πλευράν μου – v.27). Jesus retoma as suas palavras para que: *"Não sejas incrédulo, mas crente"* (μὴ γίνου ἄπιστος, ἀλλὰ πιστός – v.27; cf. v.25).

De imediato, Tomé confessa: *"Meu Senhor e meu Deus!"* (ὁ κύριός μου καὶ ὁ θεός μου – v.28)[432]. Não acreditara na palavra dos seus discípulos, mas agora, ao ver, escutar e tocar Jesus, crê como ninguém[433]. Motiva-os a seguir Jesus até à morte (cf. 11,16), tocado pelo fruto da cruz, motiva-os a ser totalmente a Jesus de modo a ser em ou ter a vida de Deus.

Maria Madalena fora enviada aos irmãos de Jesus (os discípulos) na palavra do Senhor glorificado que subia ao seu e ao Deus Pai dos seus irmãos (cf. vv.17-18); agora Tomé adere ao seu Senhor e seu Deus. A confissão de Tomé brota precisamente do seu tocante, vivificante, transformante encontro pessoal concreto e real com Jesus glorificado.

Assim, do escuro, da dispersão, da correria, do medo, da incapacidade, da incompreensão, do em si (cf. v.1ss), os seus discípulos passam a ser e a realizar a sua vocação na unidade atraídos a Jesus, ao seu Senhor, ao seu Deus; então, desse modo, o início da hora dos discípulos completa-se e eles testemunham a sua meta[434].

Nesse contexto, brota a bem-aventurança: *"Felizes os que não viram e acreditaram!"* (μακάριοι οἱ μὴ ἰδόντες καὶ πιστεύσαντες – v.29), ou seja, os que acreditam não por tocar fisicamente em Jesus, mas por ver, ouvir e tocar Jesus glorificado vindo, presente e anunciado nos seus discípulos.

A importância do ver atinge o culminar e toda a sua claridade. De facto, o não ver não é uma incapacidade (cf. 9,1ss), mas antes entrar na vida de Deus sem depender dos sinais deste mundo (cf. 17,16); é atracção amorosa que fala, vem e é nos que são um em Jesus e nos seus discípulos[435]. Tal como abrira a porta do sepulcro, Jesus abre as portas aos

---

[432] Cf. 1,49; 4,42; 6,69; 11,27; 16,30; 20,16. Notar: *"Meu Senhor"* (ὁ κύριός μου) unido a *"Meu Deus"* (ὁ θεός μου) confirma a maturidade da fé. Do encontro com o glorificado brota a verdade da sua ressurreição encontrando Deus. Cf. W. H. GLOER, «Come», 269-301.

[433] Cf. A. MARCHADOUR, *Personnages*, 112ss.

[434] Cf. M. J. HARRIS, *Jesus*, 127-128.

[435] Cf. 15,1ss. A bem-aventurança refere-se aos que, após a morte e ressurreição de Jesus, o viram não morto, não propriamente nas suas *aparições*, mas glorificado nos seus discípulos, que são modelo de todos os crentes, chamados à perfeição na unidade ao glorificado no Pai. Maria recebeu o mandato de anunciar aos irmãos que vira o Senhor, os discípulos anunciaram que o tinham visto, Tomé confessa-o vitalmente. Cf. A. GARCÍA-MORENO, «Manos», 523-542.

discípulos para que neles leve o mundo ao Pai; iniciados na cruz, alcançam a sua maturidade e são enviados no mundo como ele.

5.1.7 Conclusão: na fé é a vida (20,30-31)

Jo conclui que Jesus realizou muitos outros sinais na presença deles, os quais tinham sido escritos *para que acrediteis que Jesus é o Cristo, o Filho de Deus, e para que, acreditando, tenhais a vida em seu nome* (ἵνα πιστεύ[σ]ητε ὅτι Ἰησοῦς ἐστιν ὁ χριστὸς ὁ υἱὸς τοῦ θεοῦ, καὶ ἵνα πιστεύοντες ζωὴν ἔχητε ἐν τῷ ὀνόματι αὐτοῦ – v.31).

Desse modo, como corolário e programaticamente, o discípulo amado precisa a meta do seu testemunho[436]: foi escrito para que os seus discípulos tenham a vida de Deus dada em Jesus.

5.2 *Jesus manifesta-se ao mundo nos seus (21,1-25)*

No capítulo 21, em seguimento do anterior, num tempo indefinido, Jo revela a consumação da hora dos seus discípulos, a plena manifestação e o reconhecimento do glorificado, não num sinal de Jesus glorificado, nem só nas suas palavras, mas na sua acção nos seus discípulos[437]: *trazem* o mundo a si (cf. vv.1-14); Pedro é modelo na missão (cf. vv.15-19); o discípulo amado é a testemunha autêntica (cf. vv.20-25)[438].

5.2.1 O mundo é atraído pelo glorificado (21,1-14)

Iniciada a hora dos seus discípulos, em perfeita unidade de sentido com os eventos anteriores, Jo relata a manifestação do poder do Logos-Jesus glorificado, atraindo nos seus discípulos o mundo a Deus. O testemunho do discípulo amado percorre e completa a hora dos seus em três tempos:

a) *Insucesso (21,1-3)*

Unido aos eventos anteriores (*Depois destas coisas*, Μετὰ ταῦτα – v.1)[439], a acção entende-se segundo a dinâmica: *manifestou-se* (ἐφανέρωσεν – v.1) → *manifestou-se* (ἐφανέρωσεν – v.1) → *se manifestava* (ἐφανερώθη – v.14); as nove ocorrências joaninas do verbo *mani-*

---

[436] Cf. J. BEUTLER, «Faith», 29-30.
[437] Cf. H. THYEN, «Entwicklungen», 259-299; M.W.G. STIBBE, *John*, 60ss.
[438] Cf. T. WIARDA, «John», 53-71.
[439] Cf. G.R. BEASLEY-MURRAY, *John*, 392ss.

festar (φανερόω), que nos Evangelhos sinópticos surge três vezes (cf. Mc 4,22; 16,12.14), revelam a vida de Deus comunicada por Jesus a Israel, aos seus discípulos e ao mundo.

Nesse contexto, a acção vai da Judeia à Galileia, concretamente ao mar de Tiberíades[440]. Os sujeitos da acção *estavam juntos* (ἦσαν ὁμοῦ – v.2): Pedro; dois discípulos só intervenientes em Jo (Tomé e Natanael); dois discípulos nunca referidos em Jo (os filhos de Zebedeu); e dois discípulos não nomeados.

Os sete representam todos os que são de Deus, e entre esses, em todo o capítulo, destaca-se a pessoa de Pedro[441], que então toma a iniciativa: *"Vou pescar"* (ὑπάγω ἁλιεύειν – v.3) e a quem os restantes dizem: *"Nós vamos também contigo"* (ἐρχόμεθα καὶ ἡμεῖς σὺν σοί – v.3).

Os sete discípulos sobem à mesma barca, que, como em 6,16-22 (única ocorrência da palavra *barco* – πλοῖον) em Jo, revela a unidade da acção dos seus discípulos. Naquela noite, expressão da distância a Deus, nada apanharam.

b) *Manifestação (21,4-8)*

Fracassada a pesca liderada por Pedro, a acção passa da noite à manhã seguinte, do mar à margem, da ausência à presença de Jesus, que lhes pergunta: *"Rapazes, tendes alguma coisa para comer?"* (παιδία, μή τι προσφάγιον ἔχετε; – v.5).

Mesmo distantes dele e sem o reconhecerem, chama-os de *rapazes* (παιδία – v.5), termo frequente nos Evangelhos sinópticos (cf. Mc 7,30), e em Jo só referido em 4,49; 16,21.

Na realidade, os discípulos davam os seus primeiros passos na sua nova vida (cf. 3,1ss; 19,3; 19,26; 1Jo 2,14.18). Uma *criança* (παιδάριον) trouxera cinco pães e dois peixes (cf. 6,1ss); agora Jesus chama-os de *rapazes* e pergunta-lhes se têm peixe. Sem o reconhecerem, respondem-lhe: *"Não"* (οὔ – v.5).

Então, Jesus pede-lhes que lancem a rede para o lado direito e assegura-lhes: *"encontrareis"* (εὑρήσετε – v.6). No início de Jo, o verbo

---

[440] A acção une-se especialmente a 6,1ss. Agora, como então, referem-se o mar de Tiberíades, o consumo de pão e peixe, a abundância de alimento; destacam-se: a atracção a Jesus; a incapacidade de os seus darem fruto sem Jesus; a unidade como fruto e fruto a guardar; cf. M. MARCHESELLI, *Avete*, 45-50.

[441] Pedro assume um papel especial: primeiro é nomeado; depois decide ir pescar; os discípulos seguem-no; o amado anuncia-lhe: *"É o Senhor"* (ὁ κύριός ἐστιν – v.7); atira-se a Jesus; atira-lhe uma rede cheia de 153 peixes sem se romper. Cf. P. J. HARTIN, «Role», 49-61.

encontrar (εὑρίσκω) expressara o encontro de Jesus com os seus discípulos e desses entre si[442]; agora Jesus assegura-lhes que encontrarão peixe.

Nos Evangelhos sinópticos a referência ao lado *direito* (δεξιός) ocorre inúmeras vezes; em Mt 25,31ss, simboliza o lugar da salvação; e em Jo, refere-se só à orelha do guarda (cf. 18,10); aqui insere a acção no domínio da salvação.

De facto, ao ser lançada a rede, ocorreu uma enorme pesca: *e já não eram capazes de a puxar, devido à grande quantidade de peixes* (οὐκέτι αὐτὸ ἑλκύσαι ἴσχυον ἀπὸ τοῦ πλήθους τῶν ἰχθύων – v.6). Ausente nos Evangelhos sinópticos, o verbo *atrair, puxar* (ἕλκω), ocorre quatro vezes em Jo (cf. 6,44; 12,32; 18,10; 21,11), revelando que a salvação é o fruto da atracção de Deus aos seus discípulos e que essa é universal como mostra a abundância da pesca (cf. 6,5ss; 11,52; 12,32).

Na unidade entre as palavras de Jesus e a acção dos sete, então, o discípulo amado diz a Pedro: *"É o Senhor!"* (ὁ κύριός ἐστιν – v.7)[443]. Dessa maneira, o discípulo amado revela a Pedro o justo entendimento de Jesus, precisamente na unidade entre a palavra deste e o agir dos sete.

Assim, da confissão do discípulo amado decorrem dois movimentos: diverso da inactividade no sepulcro, Pedro lança-se ao mar sem hesitar e, tentando vesti-lo (cf. v.18), veste-se sozinho (cf. v.5), pois é livremente atraído ao Senhor[444]; vendo Pedro e sem deixarem o barco, os restantes seis discípulos aproximam-se da margem arrastando (σύροντες – v.8) a rede com os peixes; o verbo *arrastar* (σύρω) expressa o empenho deles e une-se ao verbo *tirar* (ἕλκω) numa única acção (cf. vv.6.11)[445].

c) *A refeição (21,9-14)*

O ambiente altera-se: os discípulos chegam a terra e encontram o lume aceso, com Pedro junto aos guardas (cf. 18,18), e sobre o lume *peixe* (ὀψάριον) e *pão* (ἄρτος) – os termos usados em 6,1-15. Sem se deter propriamente no resultado da pesca, Jesus diz-lhes: *"Trazei alguns dos peixes que apanhastes agora"* (ἐνέγκατε ἀπὸ τῶν ὀψαρίων ὧν ἐπιάσατε νῦν – v.10).

---

[442] Cf. 1,41-45; 2,14; 6,25; 9,35; 11,17.
[443] Cf. 20,2.13.15.18.20.25.28. Cf. S. SABUGAL, «Resurrección», 649-667.
[444] Cf. M. NUN, «Simon», 18-23.
[445] Cf. Lc 5,1-11; F. NEIRYNCK, «John», 321-333.

CAP. I: TESTEMUNHO DO DISCÍPULO AMADO 133

Encontrando a refeição preparada, Jesus pede-lhes que tragam o pescado. Assim, a refeição faz-se do peixe dado por Jesus e do pescado por eles. Ao seu pedido, Pedro *tirou* (εἵλκυσεν – v.11) a rede cheia de grandes peixes, ou seja, agiu em atracção a Jesus.

A rede ia cheia de 153 peixes: na sua precisão, o número confirma a importância de cada um dos atraídos a Jesus (cf. 10,1-5); na sua simbologia, *153* expressa a salvação realizada na unidade vital do único Deus *(1)* com toda a humanidade que abraça a lei *(5)* na perfeição à sua unidade *(3)*[446].

Não obstante serem muitos peixes, a rede não se rompeu, pois a salvação, segundo o testemunho do amado, é una e indivisa (cf. 10,16) e os seus são chamados a ser perfeitos nessa única universal salvação (cf. 17,21-23) e, desse modo, manifestar Jesus ao mundo (cf. 20,24-29) ou, mais precisamente ainda, o glorificado em Deus manifestar-se neles.

O uso do verbo *rasgar* (σχίζω – v.11)[447], que aparece em Jo apenas no não rasgar da túnica (cf. 19,24), confirma a vitalidade da unidade na acção salvífica dos seus discípulos. Depois, Jesus glorificado convida-os: *"Vinde almoçar"* (δεῦτε ἀριστήσατε – v.12), ou seja, chama-os a si, a tomar do seu mesmo alimento.

Jo alude à fracção do pão (cf. 6,11), mas fundamenta sobretudo a acção dos discípulos na unidade de vida em Jesus, que os leva a Deus e à sua intimidade, e consuma nesse dom o ser deles.

Se começara por prevalecer na acção a distinção entre o peixe pescado (ἰχθύς – vv.6.8.11) e o dado por Jesus (ὀψάριον – vv.9.10.13), no evoluir da refeição essa distinção desaparece, pois o autor passa a utilizar apenas o termo ὀψάριον (v.13).

Assim sendo, a atracção leva-os à sua vida em Deus. Nenhum dos sete lhe pergunta: *"Quem és tu?"* (σὺ τίς εἶ; – v.12), pois sabem que é o Senhor e correspondem à chamada (cf. 1,19-49).

---

[446] Segundo a simbólica de então, o 'um' simbolizava a unidade de Deus, o 'cinco' a humanidade inteira atraída pela lei de Deus, e o 'três' a perfeição da unidade de Deus; cf. R. E. TESTA, *Simbolismo*, 227. Outras propostas para o número 153: historicamente, alguns consideram ser o número preciso dos peixes pescados; biologicamente, Jerónimo argumenta ser o número das espécies de peixes existentes; simbolicamente, Agostinho defende ser a soma dos primeiros 17 números e Cirilo de Alexandria o conjunto formado pelos pagãos (100), o resto de Israel (50) e Deus (3). Todas as interpretações apontam para a universalidade, que integra o sentido do capítulo 21 e de Jo; cf. 7,35; 10,16; 11,52; 12,20-24. A rede é expressão do reunir na unidade os filhos de Deus dispersos (cf. 11,52) e do último desejo de Jesus dado aos seus (cf. 17,1ss). Para essas e outras explicações do número, cf. C. S. KEENER, *Gospel*, II, 1231-1233.

[447] Em contraposição à tripla repetição joanina de *cisma* (σχίσμα); 7,43; 9,16; 10,19.

5.2.2 Seguimento de Pedro (21,15-19)

Jesus diz a Pedro: *"Simão, filho de João, tu amas-me mais do que estes?"* (Σίμων Ἰωάννου, ἀγαπᾷς με πλέον τούτων; – v.15). Sem entusiasmos, incoerências nem comparações, Pedro confirma a palavra do glorificado, o seu reconhecimento e relação: *"Sim, Senhor, tu sabes que gosto de ti"* (ναὶ κύριε, σὺ οἶδας ὅτι φιλῶ σε). Jesus diz-lhe: *"Apascenta os meus cordeiros"* (βόσκε τὰ ἀρνία μου – v.15).

Jesus questiona-o três vezes, Pedro responde-lhe três, e três vezes Jesus lhe dá a guarda das suas ovelhas. Na última resposta, entristecido, Pedro diz-lhe: *"Senhor, tu sabes tudo; tu sabes que gosto de ti!"* (κύριε, πάντα σὺ οἶδας, σὺ γινώσκεις ὅτι φιλῶ σε – v.17)[448].

Se o ambiente das brasas já evocara as três negações de Pedro (cf. v.9), estas agora tornam-se claras com a tripla insistência de Jesus e com o choro de Pedro (cf. 18,15-18.25-27).

Desse modo, então, Jo completa o seguimento de Pedro, como se de um novo início se tratasse; por isso, chama-o Simão de João, nome de nascença, como só ocorre no primeiro encontro (cf. 1,42). O seu processo completa-se: é atraído e unido à palavra, como manifestam o atirar-se ao mar, o participar na refeição e as suas palavras; é em relação pessoal, tu a tu, com Jesus, como o diálogo revela; e é no amor entre os dois, como confessa Pedro e confirma Jesus.

Assim, depois de Pedro ter tomado a iniciativa de ir pescar (cf. v.3) e depois de ter reconhecido as suas fragilidades e contradições (cf. v.17), o seu envio é fundado no encontro amoroso, pessoal e atraente a Jesus. Nesse sentido, da imagem da pedra do primeiro encontro (cf. 1,42) à do pastor, Jo une o envio de Pedro ao ser que o constitui – Jesus, o Bom Pastor (cf. 10,1ss) –, de tal modo que glorificaria Deus na sua morte.

Se Pedro agira na ignorância (cf. 13,36-38; 18,10-11), terá agora que enfrentar a ignorância dos que o conduzirão à morte. Se Pedro dissera que seguiria Jesus (cf. 13,37), então realiza o seu caminho dando a sua vida pela unidade dos seus (cf. 15,13).

Finalmente, Jesus diz-lhe: *"Segue-me"* (ἀκολούθει μοι – v.19). Após o encontro inicial com Pedro, chamara Filipe (cf. 1,43); agora, chama-o desse mesmo modo (cf. vv.19.22).

Entre os dois eventos, decorre Jo, no qual Pedro cumpre modelarmente a sua meta: entende justamente Jesus; acolhe a guarda da unida-

---

[448] São importantes a última pergunta de Jesus e a última resposta de Pedro: *"Gostas de mim...?"* (φιλεῖς με...;) → *"Tu sabes que gosto de ti"* (σὺ οἶδας ὅτι φιλῶ σε – v.17).

de dos seus; dá a sua vida pela unidade do rebanho que Jesus lhe confia; e segue o testemunho do amado (cf. vv.15-25).

5.2.3 Palavra do discípulo amado (21,20-25)

Pedro volta-se, vê o discípulo amado seguir Jesus e questiona-o: *"Senhor, e ele?"* (κύριε, οὗτος δὲ τί; – v.21) – de novo o par, discípulo amado e Pedro, como se uma contínua escola se tratasse: ao discípulo amado, Jesus glorificado deseja que permaneça até regressar, a Pedro, chama-o a segui-lo.

Desse modo, Jesus joanino une a guarda da unidade dos discípulos dada a Pedro ao testemunho autêntico do discípulo amado. Efectivamente, Jesus glorificado clarifica que o discípulo amado permanece (verbo *permanecer*, μένω – vv.22.23) no seu escrito[449] até à sua vinda final, recordando que ele é o discípulo que cumpre duas acções vitais: *escrever* (γράφω), no aoristo, os factos ocorridos; *testemunhar* (μαρτυρέω), no presente, a revelação nesses contidos (cf. v.24)[450].

O que vivera sempre atraído por Jesus e fora definido pelo amor dele recebido é a sua testemunha autêntica, e o seu testemunho toma a forma de livro acreditado pelos seus discípulos: *E nós sabemos que o seu testemunho é verdadeiro* (οἴδαμεν ὅτι ἀληθὴς αὐτοῦ ἡ μαρτυρία ἐστιν – v.24)[451].

Para evidenciar a grandeza da sua obra e recordar a eternidade da vida nela comunicada, o discípulo amado termina dizendo que muitas outras obras Jesus fez e que se essas fossem escritas o mundo inteiro não teria espaço para os livros que se deveriam escrever. De facto, os acontecimentos testemunhados foram escritos para que acreditássemos em Jesus e, acreditando, tivéssemos a vida (cf. 20,30-31)[452].

6. Conclusão do capítulo

Ao percorrermos o testemunho joanino, percebemos como o autor concebeu o seu escrito fazendo da unidade de Deus e do seu Logos-Jesus, do Pai-Filho, o seio, o lado (πλευρά – 19,34), a morada onde vê e testemunha a unidade. Assim, vendo e percebendo o autor joanino a unidade como a perfeita relação pessoal entre Jesus e o Pai, é nessa única perfeita relação pessoal que ele concebe o seu testemunho.

---

[449] Cf. R. BAUCKHAM, *Testimony*, 87ss.
[450] Cf. J. BEUTLER, *Martyria*, 245ss.
[451] Cf. I. DE LA POTTERIE, «Témoin», 358.
[452] Cf. FILÃO, *Mos.* I 213; 1Mac 9,22; Heb 11,32.

Nesse sentido, se compreendem os decisivos e contínuos encontros de Jesus com a família em Caná, com os líderes no templo, com Nicodemos, com a mulher samaritana, com a família do oficial real, com o doente, com todas as personagens joaninas e, de um modo excelente, com sua mãe, o discípulo amado, Tomé e Pedro.

Nesse contexto, este primeiro capítulo do nosso estudo permitiu-nos ver como a unidade joanina não é só um tema joanino, mas também é a perfeita vitalidade de relação entre o seu grande protagonista e Deus e os seus como morada. De facto, se para Jo a perfeita unidade entre Jesus e Deus é indiscutível e evidente, o seu testemunho depende dela, nela se desenrola e para ela chama todos os seus leitores e ouvintes.

Com efeito, a importância do protagonismo de Jesus joanino é a importância do seu Pai, tanto mais manifesta nos seus discípulos quanto mais tomam parte da sua unidade pessoal em Deus.

Assim sendo, a qualidade, a presença, o protagonismo do discípulo amado manifestam-se no texto joanino na medida em que fala o próprio Jesus, ou seja, na medida em que o seu testemunho leva os seus à vida de Deus.

Jesus joanino usa diversas imagens e noções para dar a conhecer aos discípulos a sua filiação ao Pai, para comunicar a sua perfeita relação pessoal com o Pai, para tomar os seus na sua vida em Deus, e todas essas imagens e noções – como faremos no evoluir da nossa tese quando as reportarmos ou a outras nos referirmos – avistam vitalmente o autêntico e perfeito encontro pessoal entre Deus e os discípulos do Senhor em si no nome de Jesus.

Efectivamente, segundo Jo, falar da unidade é falar da relação entre Jesus e o Pai, entre Deus e os seus discípulos. Jesus, ao dizer a unidade, não está a filosofar, a argumentar, a teorizar, nem propriamente a falar acerca da unidade; está, vitalmente, a dizer-se, a falar o Pai, a comunicar-se e a dar-se a conhecer na sua perfeita unidade em Deus, a comunicar e a gerar os seus como filhos de Deus.

Por isso, o autor joanino destaca o mandamento do amor recíproco; por isso, usa a imagem do nascer de novo; por isso, vê na hora a salvação do mundo; por isso, compreende o seu testemunho com o autêntico.

Sendo a unidade a própria vida de Deus dada à humanidade por Jesus, essa é vitalmente vida; vida que é a filiação de Jesus, o seu testemunho, o seu poder, a sua relação, a sua atracção, a sua luz, o seu viver em Deus e nos seus discípulos, vitalmente, o encontro entre Deus e os seus discípulos; este encontro é só perfeitamente dizível, precisamente, na perfeita relação de unidade entre esses, na qual os seus discípulos são verdadeiramente filhos. De facto, em vista desse desejo, Jo fez partir, assentou e orientou o seu testemunho.

Desse modo, o discípulo amado compôs e concebeu o seu testemunho partindo, sendo e chamando a ser exactamente nesse domínio vital de unidade pessoal do próprio Deus e com os discípulos.

Em síntese, a autenticidade do testemunho do discípulo amado decorre da hora gloriosa da cruz (cf. 19,35), da qual nasce, é e é chamada a ser perfeita relação de unidade na vida de Deus por meio de Jesus e nela entre os seus discípulos.

Nesse sentido, ao estender o seu escrito no seio da vida de Deus, Jo desejou nele gerar os seus leitores e ouvintes como seus filhos num contínuo e autêntico domínio de unidade. Na verdade, nesse dinamismo decorre o testemunho joanino acerca da vida de Jesus, o seu dizer e o seu dar a conhecer as realidades prometidas e esperadas como o lugar de encontro do próprio Deus com os seus filhos.

Com efeito, precisamente para potenciar e plenizar esse vital e necessário encontro entre Deus e a humanidade, sua filha, Jo não só fez da unidade e da perfeita comunicação o âmago do seu escrito, como se serviu, sempre no seio do seu único povo de Deus, dos seus próprios conceitos e noções e se serviu de outros conceitos e noções para testemunhar a sua vivência da unidade.

Assim, importa compreender o contexto próprio onde a compreensão joanina de unidade surgiu e se desenvolveu. Por outras palavras, mais concretamente, importa olhar a noção de unidade judaica, a qual Jesus joanino perfeitamente vitalizou em si, e a noção de unidade greco-romana, na qual Jesus joanino se inseriu e da qual também a seu modo se serviu para se dar a conhecer.

Capítulo II

Unidade judaica e greco-romana

1. Unidade judaica no I CE

Para entender a noção de unidade joanina, é necessário perceber a noção de unidade judaica, na qual brota a compreensão de unidade em Jo como resposta de Israel ao seu evento fundacional, como testemunham Adão e Eva, Abraão e a sua descendência, Jacob e as doze tribos, Moisés e o povo, David e a monarquia, o retorno do exílio, o judaísmo.

Nesse dinamismo de resposta, entre outras realidades do judaísmo do I CE, *o shemá Israel* confirma a unidade como modo e meta de ser de Israel. Assim, não obstante a diversidade dos seus grupos, das suas instituições e das suas noções de unidade, a unidade do povo de Deus era uma realidade vital. Com efeito, a unidade judaica no I CE brota do entendimento do seu evento original e da vitalidade desse na sua história.

1.1 *Evento fundacional do povo de Deus*

A justa compreensão do ser e da vocação do judaísmo de todos os tempos e, por consequência, daquele do I CE depende do discernimento e do entendimento da realidade e do evento que o criou e recria Israel.

Efectivamente, o judaísmo não foi nem é definido vitalmente pelos seus preceitos, pelas suas estruturas, pelos seus conceitos ou pelas suas doutrinas, mas sim pela sua realidade original e fundacional que o cria como um evento, uma experiência, uma história de vida.

Assim sendo, o judaísmo não se resume a um relato, a um passado ou a uma perspectiva de entendimento. Na realidade, não se conhece nem um tratado nem um poder únicos que definam o judaísmo. A leitura da torah, sua base vital, é críptica; por isso também, no interior do povo de

Deus surgiram a profecia, a sabedoria, a lei oral e escrita, a misná, os talmudes, como constante resposta do povo a Deus e o desejo de assumir a sua vontade[1]. Em síntese, o empenho contínuo em responder em obediência a Deus é parte integrante do ser e da vocação do judaísmo[2].

Nesse sentido, o judaísmo pode ser dito como sendo a resposta contínua ao seu evento fundacional e original. Barclay sublinha que, mais importante que elencar os frutos desse evento do povo de Deus e tentar descobrir os principais elementos que o configuram, ou a partir desses definir o judaísmo, é perceber o ser e a vocação de Israel, ou seja, entender o seu evento fundacional e original[3].

Segundo Barclay, o evento religioso que criou o povo de Deus define-o pela sua etnicidade e pela sua condição de grupo em formação e em diferenciação[4].

Por isso, originalmente, o judaísmo percebe-se como sendo um evento comunitário étnico religioso na unidade e para a unidade. Esse grupo étnico é uma descendência, uma linhagem, uma tradição, uma relação, que as tradições judaicas identificam frequentemente na sua origem com a dos três patriarcas, de um modo particular, a de Jacob, a Israel[5].

Assim sendo, na sua origem, no seu passado, presente e futuro, essa linhagem é a realidade única e eterna de povo que vive do evento vital que o criou e cria como descendência. As diversas tradições bíblicas e o judaísmo do I CE revelam como essa relação se realiza, recriando-se a partir da dinâmica do seu evento fundacional e original.

Como Leder propõe, o evento fundacional e original do povo de Deus é o ser e o reconhecer-se como a pessoa, a descendência, a família, a comunidade, o povo escolhido e tomado por Deus: *tomar-vos-ei como meu povo, e serei o vosso Deus* (Ex 6,7)[6].

Desse modo, em primeiro lugar, Israel é um povo, uma comunidade, um conjunto de pessoas, uma unidade, uma descendência, uma tradição, e, nesse sentido, também uma realidade com a sua etnicidade própria[7].

---

[1] Cf. D. KLINGHOFFER, *Why the Jews*, 24.
[2] Cf. J. BLENKINSOPP, «Development», 385-404.
[3] Cf. J. M. G. BARCLAY, *Jews*, 399ss.
[4] O autor procura prová-lo em cinco factos da documentação de então: a terminologia usada pelos judeus; o entendimento que os gentios tinham dos judeus; a ressocialização dos prosélitos; o reconhecimento social da endogamia; a educação dos filhos na lei; cf. J. M. G. BARCLAY, *Jews*, 405-413.
[5] Cf. G.W. AHLSTRÖM, *Who Were*, 23.
[6] Cf. D. LEDER, «Yehoshua», 150.
[7] Cf. K. L. SPARKS, *Ethnicity*, 23ss.

CAP. II: UNIDADE JUDAICA E GRECO-ROMANA 141

Porém, Israel não é só um povo, é também o povo determinado e único; pois não existe outro povo de Deus nem outros povos de Deus concorrentes e divididos, mas sim um único povo criado por Deus. Ao mesmo tempo, por definição, o povo é constituído pela diversidade de cada uma das pessoas que o constitui. Assim, o povo é 'um', 'único', 'o', e 'uno' na diversidade das pessoas que o integram[8].

Israel é ainda o povo escolhido, porque vive da relação única com Deus na medida em que responde, que reconhece, que obedece, que é parceiro da eleição original. É o escolhido, pois recebeu do Deus único, que tomou e toma a iniciativa, a sua condição de escolhido.

A sua eleição mede-se pela sua obediência, pertença, escuta a Deus que o criou e que o recria continuamente. Israel não é o escolhido em oposição a outros povos não escolhidos. É o escolhido em oposição aos que não se reconhecem como escolhidos; e é-o na medida em que corresponde à eleição universal da humanidade feita pelo único Deus[9].

Assim sendo, Israel é o povo de Deus, porque responde ao Deus único, o tem por Deus, tem-se como posse e propriedade do Senhor, deixa-se tomar por Deus, a quem reconhece e obedece na relação única de pertença que o define. Efectivamente, é a vivência de ser o povo escolhido que o define e distingue de outros povos.

Concluindo, a originalidade do povo de Deus é a relação que o constitui e recria. O povo escolhido compreende-se e compromete-se no caminho de aliança e de ser testemunha de Deus num evento que o molda e dirige como comunidade nessa relação, onde é protagonista com Deus.

Desse modo, podemos dizer que o povo de Deus escolhido é 'um', 'único', 'o' (determinado) e 'a unidade' daqueles que vivem em relação de comunhão com o seu único Deus.

Nessa relação original[10], a compreensão que o povo tem de si, ao longo das suas gerações, aprofunda-se na medida do seu encontro com Deus[11]. O povo é o fruto do seu reconhecimento e da sua relação com o seu Deus, onde a eleição, a pertença, a obediência, a resposta a Deus são, desde o início, elementos vitais próprios.

---

[8] Cf. Z. ZEVIT, *Religion*, 480ss.
[9] Cf. S. HERRMANN, *History*, 69ss.
[10] Entre os termos hebraicos do AT para designar a escolha ou eleição do povo, a raiz *bāḥar* expressa de um modo particular o seu ser; indica a função ou acção das pessoas ou lugares escolhidos por Deus (cf. Dt 7,6). Israel é o povo escolhido nessa vital dinâmica de pertença, reciprocidade e atracção ao evento que o criou e cria sempre como único e uno. Cf. B. MAZAR, *Biblical*, 55ss.
[11] Cf. B. S. CHILDS, *Biblical*, 316ss.

A partir dessa realidade vital, brotam diferentes respostas internas à sua vivência em oposição à vivência de outros povos e, de um modo particular, surgem e compreendem-se as suas principais instituições: a lei, o templo, a terra.

A importância da única lei, do único templo e da única terra manifesta a compreensão da relação vital de pertença entre o único, o uno, o Senhor Deus e o seu único, uno e fiel povo. Por isso, a história do povo é a história da sua relação com Deus e essa só se entende nessa relação, que o faz ser imagem e semelhança do seu Deus.

1.2 *Evento fundacional na história do povo de Deus*

A história do povo de Deus é a história da sua resposta a Deus. Diante do Senhor, não houve nem há várias direcções nem várias motivações; há sim a direcção e a motivação do Senhor Deus, há filhos de Deus e outros que não se têm como filhos, há o povo de Deus e outros povos.

No entanto, o povo criado para ser de Deus, desde o seu início, vive em tensão entre o cumprir e o não cumprir a vontade de Deus, entre a unidade e a dispersão.

Adão, criado por Deus, não chegou a participar em plenitude das maravilhas criadas por Deus devido à sua desobediência (cf. Gn 1,1ss). Moisés, por quem Deus deu a lei ao povo, não chegou a entrar na terra por causa da sua relação com o Senhor (cf. Dt 34,1ss). David, a quem Deus confiou o início da monarquia e a construção do templo, pela mesma razão, não viu a prosperidade da primeira e a elevação do segundo (cf. 2Sm 12,1ss). O povo a quem Deus desejou a unidade na sua terra dispersou-se por não o adorar (cf. Ez 3,1ss).

Assim, na obediência ou não a Deus, na harmonia ou não do mundo, na unidade ou na dispersão do povo, a história de Deus e do seu povo nasce e orienta-se para a unidade. Importa, então, perceber como o evento fundacional e original de Israel, em alguns dos principais momentos da sua história, realizou ou não realizou, se orientou ou não se orientou para a unidade do povo desejada por Deus.

1.2.1 Criação e vocação do homem

De acordo com a torah, a história e o caminho do povo começam com a criação divina e completam-se avistando a terra prometida. Em Adão, que representa o humano criado, a singularidade da pessoa humana e toda a humanidade, abre-se a cada um e a todos os humanos o caminho para a terra, só possível segundo a vontade de Deus, que o criou à sua imagem e semelhança[12].

Em síntese, o ser humano realiza-se em relação com o criador, com a humanidade e com a criação. Viver é relacionar-se como imagem e semelhança de Deus[13].

Da terra dando-lhe um corpo, e do seu espírito dando-lhe o seu ânimo, Deus criou o ser humano como uma unidade de ser, uma pessoa vivente. O humano é uma unidade com uma identidade (*nefeš*), uma força (*rûaḥ*), uma materialidade e debilidade (*bāśār*) e uma capacidade de relação (*'îš* – *'iššâ*). Viver é possuir essas forças e ser em relação, morrer é perdê-las e ser isolado[14]. Por isso, o ser humano, o único ser criado pela mão de Deus (cf. Gn 1,27; 2,7), foi criado e é recriado unido a Deus como sua imagem e semelhança.

Com efeito, a humanidade é uma unidade, pois todos os seres humanos são filhos de Adão, todos são criados pelo 'toque' de Deus. Não obstante, não há dois seres humanos iguais.

A unidade e a diversidade do humano encontram na unidade e na diversidade dos dois sexos a sua maior expressão: a unidade deles gera vida; e a unidade realiza-se na sua diversidade (cf. Gn 1,28; 2,8.24).

Portanto, a unidade é o lugar do diverso complementar. Nesse dinamismo vital, a humanidade experimenta a consumação do projecto edénico em toda a sua potencialidade e harmonia.

Assim sendo, o ser humano é também definido pelo poder de conhecer e de ser livre. Ser em relação com Deus, que o criou, é ser humano. Em oposição, não conhecer, não ser em relação com Deus desconfigura-o.

Desse modo, a história do ser humano, da humanidade, abre-se e vive-se no sábado comunitário e para o sábado comunitário, ou seja, para a relação com o único Deus num compasso que toca toda a vida de todo o povo num ritmo semanal, anual, jubilar (cf. Gn 2,1-4).

Em Adão, Deus chamou toda a sua descendência para a perfeita realização do seu projecto criativo em que todos os humanos são irmãos numa família sem nenhum tipo de discriminação. O percurso iniciado

---

[12] Cf. Gn 1,26; A. WÉNIN, *Homme*, 33ss.
[13] Cf. E. NOORT, «Creation», 3-20.
[14] Esta fundamental noção do homem bíblico não exclui outros modos de compreender o ser humano. Filão assume a ideia platónica da preexistência da alma, justapondo matéria, espírito e ideias. Josephus aproxima-se dessa linha dualista: o homem está composto de corpo mortal e de alma imortal, parte da divindade que mora no homem. Cf. H.W. WOLFF, *Anthropologie*, 25ss.

com a criação realiza-se na única e vital relação com o único Deus, o criador do universo.

Nesse caminho adâmico, Abraão e a sua descendência são chamados a ser a descendência em aliança com o seu Deus como seu modo de ser[15].

1.2.2 Abraão e a sua descendência

Em Abraão, o caminho da criação expressou-se na aliança de Deus com um homem e com a sua família, como compreensão do desejo de Deus de reunir a si toda a humanidade.

A vocação de Abraão e da sua descendência orienta-se para a harmonia assegurada por Deus, realizável não como mera construção humana, mas na unidade dos diversos idiomas em relação ao único Deus (cf. Gn 6,5ss)[16].

Nesse sentido, a história de Abraão é o início da história do povo chamado a ser povo de Deus. A descendência de Abraão foi e é chamada a testemunhar o ser do humano e da humanidade nos valores divinos adâmicos em caminho para a consumação da criação em aliança com o único Deus; por isso, a sua experiência é fundamentalmente decisiva no dinamismo do judaísmo (cf. Gn 12,1ss).

Deus chama Abraão, ele responde-lhe seguindo o seu desígnio. A dinâmica chamada-resposta define o ser e a vocação de Abraão. Deus chama-o a caminhar, chama-o a um modo de ser. Abraão deixa os seus caminhos, a sua família e a sua terra, para seguir a chamada de Deus.

Desse modo, o ser e a vocação de Abraão não dependem vitalmente de si, de lugares ou de tradições, mas sim da obediência a Deus. A dinâmica chamada-resposta é de tal modo vital, que lhe mudou o nome (cf. Gn 17,5), o ser, a identidade: passou a ser de Deus, da sua relação com Deus; o seu caminhar é o desígnio de Deus.

O ser em relação com Deus implicou uma especial existência, um modo de ser. Abraão define-se pela obediência, pela conformação a Deus. O ser e a vocação de Abraão são em comunhão com o seu Deus[17].

De facto, Abraão não é só nem é chamado a ser só. O seu ser e a sua vocação são o ser e a vocação da sua descendência. Abraão é chamado a ser numa descendência imensa, como as estrelas do céu e a

---

[15] Cf. F. CRÜSEMANN, *Tora*, 121ss.
[16] Cf. J. L. SKA, «Segno»,41-66.
[17] Cf. R. S. HENDEL, *Remembering*, 31ss.

areia do mar (cf. Gn 15,5; 22,17). A resposta, o caminho, a obediência de Abraão são a resposta, o caminho, a obediência da descendência que Deus lhe destina. O seu ser escolhido é o ser escolhido da sua descendência[18].

Portanto, a totalidade do ser e da vocação de Abraão a Deus é a totalidade do ser e da vocação da sua descendência, que foi e é chamada vitalmente a ser total relação com Deus. Por isso, o povo é o povo de Deus ao entrar e ao ser em relação única e exclusiva de aliança com o Senhor, ao ser na vida, na existência, no caminho, na história, na comunhão, na lei, na terra, na prosperidade de Deus.

Na sua realidade humana, Abraão recebe de Deus a descendência chamada na unidade e à unidade como povo (cf. Gn 15,1ss). Em síntese, a fidelidade do povo ao seu Deus realiza-o e aproxima-o ao seu ser e à sua vocação de único e unido povo[19].

Assim sendo, o evento vital e paradigmático de Abraão e da sua descendência, como constante evento fundacional, move a história do povo na medida em que pessoalmente, comunitariamente, e universalmente a humanidade vive em relação com o Senhor Deus[20].

Como sinal da total e eterna pertença a Deus, Abraão dispôs-se a circuncidar a sua descendência (cf. Gn 17,9-14). Por outras palavras, o povo é unidade, vive unido a Deus, é relação vital nele e nos seus descendentes (cf. Dt 10,12-22).

A Abraão, Deus pediu que ordenasse a seus filhos que guardassem o seu caminho, praticando a rectidão e a justiça (cf. Gn 18,19); assim seria próspero na sua descendência e seriam abençoadas todas as famílias da terra (cf. Gn 12,3). Ou seja, a justiça abrâamica tribal é chamada a ser universal (cf. Gn 18,16ss). Renovada com Isaac e com Jacob, a aliança confirmou-se como eterna num povo chamado a ser de Deus.

1.2.3 Jacob e Israel

No seio da descendência de Abraão, a história de Jacob é vitalmente marcada pela bênção que recebe do Deus de seus pais (cf. Gn 27,1ss; 32,30ss), à qual corresponde continuamente.

Perante o conflito com o seu irmão Esaú, com o seu sogro Labão, com os seus filhos e com o próprio Deus, a vida de Jacob é uma contínua bênção do Senhor, ou seja, uma constante realização da vontade de

---

[18] Cf. K. MÜLLER, *Tora*, 78ss.
[19] Cf. D. ROSENBERG, *Abraham*, 139ss.
[20] Cf. J.-L. SKA, *Abraham*, 67ss.

Deus nele. Nesse trajecto destacam-se três eventos fundamentais: o sonho de Jacob, a vitória de Israel, as doze tribos de Israel[21].

a) *Sonho de Jacob*

Num sonho Jacob vê uma escada assente na terra até ao céu, pela qual subiam e desciam mensageiros de Deus. No cimo dela o Deus de Abraão e de Isaac promete-lhe: a terra, a descendência pelos quatro cantos do mundo abençoando todas as famílias e a sua contínua presença protectora. Jacob percebe que aí era a casa de Deus e a porta do céu. De facto, declara, o Senhor estava realmente naquele lugar (cf. Gn 28,12ss).

Desse modo, Jacob vê a morada e a presença de Deus no mundo, encontrando o único Deus num caminho de contínua bênção da terra ao céu como bênção para o mundo. A qualidade desse encontro e da morada de Deus no mundo depende da relação dos seus descendentes com Deus, que estabelece a sua habitação na terra na família dos seus adoradores[22].

Com efeito, Deus não é só o criador da natureza e o Senhor da história, é o Pai da família que tem a sua morada na terra unida e em caminho à morada do céu. Jacob encontra Deus no cimo e no fundo da escada; não obstante a radical majestade de Deus totalmente outro, Deus revela a sua presença e abre ao mundo a sua porta[23].

b) *Vitória de Israel*

No total silêncio e solidão da noite, na sua realidade total e pura, Jacob enfrenta Deus (cf. Gn 32,25ss)[24]. Ao surgir da luz do novo dia, na sua pura fidelidade, e mesmo ferido por essa, vence; por isso, Deus dá-lhe o nome de Israel. A alteração do nome de Jacob é total: de um nome pessoal e dado pelo pai, passa a um nome comunitário e dado por Deus: Israel. Portanto, Israel é pessoa e é comunidade.

Jacob não só enfrentara e vencera o destino cósmico diante de Deus e de toda a humanidade, como nele foi dada origem, por vontade divina, a Israel, sujeito da aliança com Deus. Desse modo, Jacob dá seguimento ao destino de unidade do seu povo e do mundo na relação com a bênção de Deus.

---

[21] Cf. J. VERMEYLEN, «Bénédiction», 23-40.
[22] Cf. R. RENDTORFT, «Jakob», 511-523.
[23] Cf. J. L. KUGEL, *Ladder*, 9ss.
[24] Cf. L. BASSET, *Colère*, 119ss.

Assim sendo, Jacob é modelo para todo o Israel na sua dimensão pessoal e comunitária (cf. Gn 32,28). Ao desejo de Jacob vencer, corresponde o seu novo nome. No desejo de ter a bênção divina, alcança-a. À crise de Deus, corresponde a vitória de Jacob[25].

Depois de chamá-lo Israel, o Senhor omnipotente exorta-o a multiplicar-se, pois uma nação reunida de povos provirá dele (cf. Gn 35,11ss).

Ao desejo de Jacob de conhecer o nome de Deus, este dá-lhe a sua bênção, a sua descendência, a sua promessa, a sua presença, que Jacob pedira logo após o seu embate (cf. Gn 32,27). Então Jacob conclui que vira Deus face a face e permanecia vivo (cf. Gn 32,31). Perante o aparente insuperável abismo, Deus faz a ponte, une o céu e a terra, comunicando-se face a face e chamando Israel a não cessar de ir a si[26].

c) *Doze tribos de Israel*

Entre o seu sonho e a sua vitória, a bênção de Deus a Jacob manifesta-se de um modo particular no dom dos seus doze filhos, os herdeiros das doze tribos de Israel. A casa de Deus no mundo a caminho da sua morada no céu encontra na unidade das doze tribos a sua nova configuração, unindo a descendência até então ainda dispersa. Assim, da experiência de Jacob nasce Israel na unidade e na diversidade dos seus doze filhos.

Antes de morrer, Jacob deixa a sua bênção a cada um dos seus filhos. Com José, primeiro traído e depois escolhido pelos irmãos como Senhor (cf. Gn 50,15ss), Jacob completa a série de bênçãos com um dom especial: seria coroado pelos irmãos.

Porém, não obstante a promessa de Jacob a José e a disposição dos seus onze irmãos de o servirem (cf. Gn 50,18), José não se coloca no lugar de Deus e, antes de morrer, conforta-os, pois o Senhor cuidaria deles e os faria chegar à terra que jurou a seus pais (cf. Gn 50,19-24).

Em contraposição a José, Jacob começara por abençoar Rúben, o mais velho, que não se tornou o primeiro por causa da sua conduta, e por falar da dispersão de Israel em Simeão e Levi por causa da sua violência e do culto a deuses estranhos (cf. Gn 49,3-7). Depois abençoou os restantes filhos, começando por destacar a primazia de Judá até à vinda daquele a quem pertencem todos os seus filhos e o mundo deve obediência (cf. Gn 49,8ss)[27].

---

[25] Cf. V. B. H. MIRJAM, *Uno*, 27ss.
[26] Cf. J.-L. SKA, «Genèse», 11-21.
[27] Cf. G. VON RAD, *Genesis*, 75ss.

Efectivamente, a unidade e a diversidade das doze tribos são o fruto da experiência de Israel e pertencem ao que virá, a quem eles e o mundo devem obediência e que é razão da sua unidade. Nesse sentido, após o seu embate com Deus, Jacob foi ao encontro do irmão Esaú com o desejo de voltar a ver o seu rosto como se visse o rosto de Deus (cf. Gn 33,10ss).

Os dois colocam-se a caminho juntos e Jacob só pede ao irmão bom acolhimento. Em síntese, Jacob, Israel, confirma o desejo de Deus para cada um dos seus descendentes e para todo o seu povo: acolher os seus filhos como morada de Deus no mundo, como caminho para Deus[28].

1.2.4 Moisés e o povo

Com Moisés e com os hebreus, descendentes de Abraão, a quem Deus chama da escravidão à liberdade, da dependência tirânica à sua relação, o caminho adâmico consolida a condição de povo: *Escutai a minha voz: Eu serei o vosso Deus, e vós sereis o meu povo; andai em todo o caminho que vos mandar, para o vosso bem* (Jr 7,23).

Assim, a relação, o caminho, o encontro entre Deus e a sua descendência ganha no povo, pertença de Deus, uma lei própria. Da lei de outros senhores e de outras nações, o povo recebe de Deus, seu Senhor, a sua lei. Desse modo, a contínua e única relação entre o único Deus e a sua única descendência qualifica-se e prossegue[29].

Deus revela-se e é entendido como Iahweh, o Deus vivente, aquele que é, o único Deus existente para Israel. A experiência do povo é selada pela libertação a caminho da terra (cf. Ex 1,1ss). Iahweh é o existente que faz o povo existir, agora, em crescente valência política.

A constituição e a instalação do povo são percebidas como uma nova etapa no plano de Deus. A aliança é confirmada na impossibilidade de adorar deuses e fabricar imagens e depende da relação com o seu Deus, na qual o povo é como Deus: único, uno, relação[30].

À descendência inicial juntam-se outras que constituem o povo de Deus. Unidos pelos dois mandamentos vitais, os restantes mandamentos fundam e animam a relação de unidade no único e uno povo (cf. Ex 20,1ss). O Deus criador atende e acompanha o seu povo pela sua palavra[31].

---

[28] Cf. R. DE VAUX, *Histoire*, 56ss.
[29] Cf. B. S. J. ISSERLIN, *Israelites*, 51.
[30] Cf. H. M. ORLINSKY, *Ancient*, 31ss.
[31] Cf. J. NEUSNER, *Jewish*, 87ss.

Assim sendo, o Senhor é o legislador e o ordenador do universo presente no povo, chamado a realizar e a testemunhar a unidade do humano e da humanidade, possível no reconhecimento pessoal e comunitário da lei de Deus.

Portanto, a missão do povo é conformar-se com a lei do seu Deus, que, no seu todo, revela o desejo de unidade pessoal e comunitária de cada homem e de toda a criação ao seu único Deus e entre si. A importância do dom da lei e da terra manifesta o ser e a identidade do povo no mundo: unidade e total pertença ao seu Deus, a quem deve a sua existência e o seu ser. O povo é na medida que vive na lei de Deus e habita a sua terra[32].

a) *Lei*

A lei brota da relação única de Deus com o seu povo. O evento fundacional do povo, a sua relação de pertença, a dinâmica de chamada e resposta são o ambiente no qual nasce e é vivida a lei. Na sua forma narrativa e legislativa, na sua precisão e universalidade, a lei é a resposta do povo ao seu Deus[33]. A lei é o fruto, a manifestação, da relação vital de Israel com Deus, fora da qual qualquer vivência é injusta.

O povo de Deus é o povo responsável diante do Senhor, e não de qualquer outro soberano, pela vivência e pelo cumprimento da lei dada a todo o povo que consensualmente a acolhe (cf. Ex 24,3-8)[34]. Se a aliança é e estabelece a relação entre Deus e Israel, a lei dá o seu sentido e cumprimento; por isso, a lei é decisiva para entender Deus, a sua presença, o seu povo e o mundo.

Desse modo, a lei define o povo em relação com Deus, consigo e com os outros povos[35]. A lei como sabedoria é universal, como história de salvação é tarefa de Israel.

O povo entende a sua lei como única, acima de todas as outras e vivificante. A observância da lei, defendia Filão, faz do homem cidadão do mundo, pois o mundo e a lei harmonizam-se[36]. A lei, argumentava Josephus, promove os valores universais[37].

No essencial, a lei retrata o amor, a protecção, a bênção, a presença de Deus no seu povo. Para Israel, a lei é imutável e válida para todas as

---

[32] Cf. N. LOHFINK, *Studien*, 92ss.
[33] Cf. M. NOTH, *Geschichte*, 56ss.
[34] Cf. J. L. SKA, *Strada*, 159ss.
[35] Cf. N. GILLMAN, *Traces*, 17.
[36] Cf. PHILO, *Decal.* 32ss; *Mos.* II 51-52; *Praem.* 2.
[37] Cf. JOSEPHUS, *AgAp* 2 § 37.40.

gerações, de tal modo que nos dias de Jesus, como sempre, o judeu não percebia o passado, o presente e o futuro, fora do espaço da lei[38].

b) *Terra*

Desde a aliança com Abraão que a terra surge no horizonte do povo de Deus. O Senhor envia e congrega Abraão e a descendência para reunir o mundo comunitária e realmente.

Então, como sempre, o desígnio divino da santificação do mundo não é uma realidade monolítica do povo, mas o lugar onde também gentios são acolhidos, onde prevalece a compaixão pelo outro, onde todos são respeitados e os débeis privilegiados como revela a lei (cf. Ex 20,10).

Nesse desejo, a terra, material e espiritualmente percebida, é importante, pois é constituída na aliança e é necessária para a redenção[39].

Os homens, o povo de Deus de um modo particular, e Deus são parceiros no completar da criação. A missão do povo é santificar a história no modo comunitário de viver na terra, ou seja, na justiça e na rectidão divinas[40].

Portanto a terra é responsabilidade da aliança, é o reconhecimento da senhoria divina e da obediência ao seu caminho de paz, no qual todos os povos caminham, cada um em nome do seu deus, e o povo em nome do seu (cf. Mq 4,5).

Assim, a terra, por um lado, é o lugar da diversidade social e religiosa, não um monopólio religioso, é o lugar onde judeus e gentios são chamados a conviver mútua e harmoniosamente; a terra e, por extensão, a terra inteira, é o lugar onde todos os homens e povos vivem na fé e na bênção. Contudo, por outro lado, habitar a terra é a natural condição do povo de Deus. O povo é chamado à terra do seu Deus; viver nela depende da sua unidade a Deus, pois nela encontra e assume a sua missão. Habitar na terra é o modo de ser do povo em relação a Deus e ao mundo[41].

1.2.5 Monarquia do povo de Deus

A consolidação da identidade do povo, a chegada à terra, as influências recebidas foram alguns importantes motivos que contribuíram para que as tribos de Israel instaurassem a monarquia, que centralizou o governo, o culto e a soberania de Deus.

---

[38] Cf. 1,45; Rm 2,23ss.
[39] Cf. H. GUNKEL, *Legends*, 65ss.
[40] Cf. D. C. HOPKINS, «Life», 471-488.
[41] Cf. J. L. SKA, *Introduzione*, 259-262.

Na verdade, o rei David inovou na configuração do povo, sobretudo ao vincular a sua realeza a Iahweh, de quem vinha o seu poder de governar o povo[42] e o qual os sacerdotes deviam sustentar para o justo culto.

Não obstante as suas contradições, David tornou-se um paradigma do israelita fiel a Iahweh, e o seu reinado modelo para os sucessivos. A sua figura originou a principal corrente do messianismo: a esperança da vinda do filho de David para implementar o reino de Deus no fim dos tempos.

David ganhou representatividade na relação do povo com Deus, unido à cidade de Jerusalém (cf. 2Sm 7). Conquistada por David, que ali pusera a arca da aliança, a cidade santa assumiu uma crescente importância, sendo concebida como a montanha santa e morada de Deus, lugar de paz e de segurança[43]. Aí, o culto assume o seu esplendor com a construção do templo, que cresceu de importância como centro do Javismo[44].

Assim sendo, a monarquia formou-se em torno de quatro principais elos de unidade: a total soberania a Deus; a lei tida como a vida do povo; a terra de Deus como a terra do povo; o templo como o encontro de todo o povo com o seu Deus[45].

Porém, a monarquia ficou também selada pela dessacralização do culto, entre outros motivos, por causa de abusos e deformações. As batalhas e conquistas não eram tão percebidas como obra de Iahweh, mas dos reis, muitas vezes aliados a outros reinos. Ao mesmo tempo, era sempre maior a importância dada à realidade das coisas e à própria releitura da tradição[46].

Nesse contexto, olhando os eventos passados, sobretudo os acontecimentos do Sinai, cresceu a compreensão da vida do povo à luz da palavra vivente de Deus, dada para sempre e capaz de iluminar todo o povo.

A palavra iluminava a vida do povo e este enriquecia-se com a inteligência da palavra para lá do seu sentido histórico e literal[47]. Se a palavra de Deus era intocável no seu conteúdo vital, não era contudo na sua formulação e compreensão crente, o que também motivou o desenvolvimento do sincretismo e da idolatria.

---

[42] Cf. K. BODNER, *David*, 67-76.
[43] Cf. Sl 46(45),6-12.
[44] Cf. J. KIRSCH, *King*, 43.
[45] Cf. S. L. MCKENZIE, *King*, 25ss.
[46] Cf. G. E. MENDENHALL, «Change», 152-157.
[47] Cf. G. VON RAD, *Theologie*, 176ss.

Partindo da tradição, os profetas procuraram vivificar a palavra de Deus no presente e reabrir o caminho do povo a Deus. Tomados pela palavra, os profetas aprofundaram a compreensão de Deus como o único Senhor da criação e da história (cf. Os 12,16ss), defenderam os pobres, valorizaram a fraternidade, configuraram a vida e o culto à lei[48] e criticaram a irracional absolutização da dinastia davídica (cf. Is 7,1ss), do templo (cf. Jr 7), de Jerusalém (cf. Mq 3,12), do sacrifício (cf. Am 5,21-25) e da lei morta (cf. Is 1)[49].

Jeremias e a reforma deuteronómica assinalaram, de certo modo, o fim do período da monarquia, relendo profundamente a vida do povo de Deus: só o amor e a fidelidade poderiam salvaguardar o povo de ficar na terra e, depois, face à dispersão, de a essa retornar.

O povo e os seus líderes não escutaram os profetas, persistiram em abandonar a aliança e, por isso, foram dispersos (cf. Jr 22,8ss). Mesmo sem ser escutada, a palavra profética permaneceu e tornou-se a sabedoria do povo disperso em vista da sua unidade[50].

1.2.6 Exílio e retorno do povo

Não obstante, a infidelidade de David, dos reis e do povo, a história de Deus com o povo criado prossegue. O povo acha-se numa nova situação: em exílio. Antes, durante e depois da dispersão, os profetas revelaram o pecado do povo e, sobretudo, o caminho a percorrer em relação com Deus.

A tradição passa a falar explicitamente da vinda do messias para a eterna aliança. Se o exílio era fruto da ausência da acção de Deus, por opção do povo, a contínua chamada divina a si e à sua unidade permitia ao povo disperso reunir-se em vista da única e universal unidade. Se o retorno dependia do ser uno e único de Deus, a chegada dos tempos messiânicos dependia da unidade dos filhos dispersos.

Não tinha bastado habitar a terra, ter a lei e o templo para completar a realidade do povo; era necessário, de acordo com a sua vocação, que aí o povo fosse a sua unidade em vista da harmonia universal. Assim sendo, o povo percebe que só na unidade pode realizar-se[51].

A noção de messias desenvolve-se não numa, mas sim em diversas personagens: individuais conhecidas, como o rei Ciro, com a missão de

---

[48] Cf. P. BOVATI, *Ristabilire*, 122ss.
[49] Cf. N. LOHFINK, *Ältesten*, 67ss.
[50] Cf. A. R. CARMONA, *Religión*, 55-71.
[51] Cf. J. KIEFER, *Exil*, 775s.

fazer regressar o povo (cf. Is 45,1); individuais anónimas, como um dos retornados do exílio (cf. Dn 9,26); ou colectivas, como o povo judaico (cf. Hab 3,13). Ao nascimento do messias, seguir-se-iam o regresso dos exilados, o reino do messias sobre toda a terra e, finalmente, a paz universal (cf. Mq 5,2-4).

Nesse sentido, a história de Israel confirma-se como a história universal da salvação[52] e o seu último objectivo o reconhecimento universal de Deus de Israel, venerado em Jerusalém, de onde o mundo seria instruído pela torah.

Isaías profetiza que nos últimos dias todas as nações viriam ao monte do Senhor para aprender os seus caminhos, se converteriam e cessariam de guerrear (cf. Is 2,2-4). Segundo Jeremias, como pastor das suas ovelhas, Deus reuniria os dispersos e restauraria a antiga comunidade nacional pela atracção ao seu amor (cf. Jr 31,3ss)[53].

Entre os profetas, Ezequiel é o mais claro quanto ao seguir dos eventos aquando da realização do tempo messiânico: reunião dos dispersos numa única unidade, reino messiânico, um só pastor, nova aliança na observância da lei, paz eterna, novo templo, reconhecimento de Deus pelas nações (cf. Ez 36,24ss).

Se a profecia de Ezequiel não coincide com as anteriores ou se não existia uma só visão do evoluir dos eventos, contudo, uma prevalecia: reunião dos dispersos, redenção, reino messiânico, nova aliança, novo templo, reconhecimento universal de Deus[54].

a) *Messias*

Da voz dos profetas aproximam-se esperanças escatológicas e modos de entender a realização da aliança. Assim, o judaísmo tendeu a conceber a sua história, realidade e vocação olhando este mundo e o mundo futuro através de diferentes noções messiânicas[55]: *o reino de Deus* dado ao filho do homem; *o messias davídico* no reino de paz e justiça num mundo renovado, seguido ou não do reino transcendente de Deus, com ou sem referências à recompensa, ao castigo, à ressurreição ou a eventos catastróficos; *o escolhido de Deus*, transcendente, preexistente desde a criação, por vezes, chamado filho do homem e com características do servo de Iahweh, que actuaria como juiz; *o*

---

[52] Cf. A. R. CARMONA, *Religión*, 614.
[53] Cf. D. MARZOTTO, *Unità*, 37ss.
[54] Cf. S. L. COOK, *Social*, 67ss.
[55] Cf. Is 30,26; Dn 12,2ss; Zc 9,9-10; QSa I 21; P. R. DAVIES – G. J. BROOKE – P. R. CALLAWAY, *Complete*.

messias sacerdote, filho de Aarão, que restabeleceria o culto em Jerusalém; este e *o messias real* que instaurariam o reino de Deus; *o profeta* anunciado por Moisés que realizaria todas as promessas de Deus[56].

Entre essas e outras tradições, destaca-se a do rei davídico, que restauraria a nação e instauraria a paz e a prosperidade entre nações (cf. Gn 49,10; 2Sm 7,12-16). A esperança começou com tons nacionalistas e bélicos, mas tendeu a compreensões menos bélicas e mais espirituais, como a do messias sofredor que expiaria os pecados de Israel, ou a do messias sacerdote que morreria na definitiva luta escatológica[57].

b) *Sabedoria*

A profecia assumiu a modalidade de sabedoria, ou seja, de compreensão da lei na sua perspectiva vertical e pessoal, como o modelo profético, e cresceu também na sua perspectiva horizontal e comunitária, como caminho para a sua unidade e implantação do reino messiânico[58].

Com efeito, a sabedoria entendeu o motivo da dispersão e concebeu a unidade em torno à palavra de Deus. A lei construíra o templo de Jerusalém; no exílio a sabedoria da lei confirmou a necessária unidade do povo como poder iluminante e congregador[59].

A sabedoria de Israel, de certo modo, passa a representar o templo como lugar de culto, pólo de unidade nacional e instrumento da presença de Deus perante o seu povo. Se a missão da profecia era levar o povo a observar a lei como caminho de unidade deste e do mundo, a sabedoria prossegue essa missão chamando o povo a unir-se em torno ao seu único Deus.

Nesse sentido, a vida do povo de Deus é a sabedoria de Deus e, por isso, o seu espaço é tido como pleno e eterno. Pela sabedoria, o homem retorna à sua origem. Sem idade, imagem, nem altar, a sabedoria unifica todos os bens divinos, que são um e um querem ser no mundo[60].

A monarquia instalara o povo com prestígio, poder bélico, riqueza económica; a sabedoria cósmica elevava-o a algo mais. A dispersão resultara do honrar múltiplos reinos, povos e deuses. A unidade resultaria da adoração em verdade ao único Deus. Efectivamente, a relação do

---

[56] Cf. E. S. GRUEN, *Diaspora*, 232ss.
[57] Cf. P. BOVATI, *Ristabilire*, 78ss.
[58] Cf. C. LEVIN, «Word», 42-62.
[59] Cf. M. GILBERT, *Cinq Livres*, 56ss.
[60] Cf. Sb 6,12ss; Pr 2,1ss.

povo com o seu Deus fê-lo e fá-lo ser 'um', a relação do povo com o mundo fê-lo e fá-lo ser muitos ou dispersos[61].

O único Deus é aquele que é, e a relação consigo faz ser o que ele é. Portanto, Israel não se detém tanto na reflexão sobre a natureza de Deus, quanto na relação que o faz ser: Deus revelou-se em si aos seus descendentes; o povo reconheceu-o como sendo seu; nele o mundo pode compreender Deus.

Assim sendo, a sabedoria eterna dirige o movimento de unidade que realiza completamente a humanidade quando esta assume a sua condição. Dentro da acção humana, a sabedoria entranha tudo na unidade fazendo-a à sua imagem e semelhança. A sabedoria não deixa que nada do mundo se alheie à sua vital atracção, para que por ela Deus seja conhecido[62]. Ao dar-se a conhecer como unidade (cf. Sb 7,27), a sabedoria, não sendo do mundo, manifesta-se a esse como dom. Como em toda a história do povo, Deus manifesta-se na unidade e a ela conduz[63].

1.2.7 Judaísmo no I CE

No caminho do povo, no I CE, uma vez mais, em resposta ao único Deus, avistava-se e desejava-se a unidade do povo e das nações em torno ao Deus único como realidade necessária e vital. Esperava-se a vinda do messias davídico, o monarca que iria emergir, a partir da terra, para alcançar a paz.

O messias realizaria as promessas preparadas na criação, prometidas aos patriarcas, a Moisés, a David, ao povo. Nesse movimento, distinguiam-se o dinamismo de unidade e o de divisão do povo, que dependiam da maior ou menor fidelidade a Deus[64].

Nesse contexto, no I CE, a sabedoria da lei confirmava o seu valor e surgia como grande motivo congregador de Israel. A lei realizava de um modo permanente o que o simples culto não fazia continuamente: a união a Deus e a união pessoal; e, ao mesmo tempo, era elo de unidade

---

[61] Cf. F. J. MURPHY, *Early*, 61ss.
[62] Cf. Sl 119(118),131; Ct 1,4.
[63] Cf. P. BEAUCHAMP, *Ley*, 101-128.
[64] A dispersão é consequência da incúria dos pastores, que afastam o povo do único Deus, de tal modo que se afastam entre si. A unidade é acção de Deus nos corações dos seus a si. Deus é a única voz que reúne os dispersos. A nova Jerusalém será o ponto de referência de unidade de todos os povos, cidade ideal, à qual cada um traz o seu próprio contributo. Todos os povos encontrarão a sua forma de expressão, numa harmonia geral de paz e de justiça, na qual nenhum povo se perderá; cf. D. MARZOTTO, *Unità*, 66-67.

de todo o povo de Deus; perante as distâncias geográficas e doutrinais, todos eram regulados e unidos nessa única lei.

O povo reunia-se e vivia da lei na esperança da vinda do messias. Através da lei o povo desejava reaver a sua unidade como selo de identidade e de relação com os povos em resposta a Deus.

Entre os sinais que comprovavam o constante e o vital desejo de unidade do povo, estava a oração. Rezar era escutar, obedecer a Deus em ambiente comunitário. À luz da experiência de Jacob, a oração era especialmente potente quando feita pela comunidade e para a comunidade (cf. Gn 18,16-33), e essa era, sobretudo, bênção na certeza de que tudo de bom tinha sido criado por Deus.

Como Jacob, o desejo da bênção era o desejo de se conformar com a vontade de Deus. No desejo de viver da relação com o seu único Deus, que não só o tinha escolhido, constituído, como o protegia sempre, o povo desejava a unidade de todos os seus filhos de Deus dispersos[65].

A oração judaica era uma realidade dinâmica que orientava toda a existência dos judeus, conforme confirmam o shemá, a tefillah e a leitura da torah[66]. Então, como hoje, a tefillah manifestava, na décima bênção, precisamente esse desejo vital: *sound the great horn for our freedom, and lift up the ensign to gather our exiles and proclaim liberty to gather us from the four quarters of the earth to our land*[67].

Rezada três vezes ao dia, sinal de totalidade, de pé, sinal de disponibilidade, e com o crente virado para Jerusalém, lugar e símbolo da santidade, a tefillah era composta por dezoito ou dezanove bênçãos[68].

No essencial, partindo de Deus, na tefillah, o crente pede ao povo que realize a justiça e alcance a era messiânica. Na consciência e na oração do povo, a unidade é fruto da justiça e é tida como necessária para a chegada daquela era.

O seu desejo vital de unidade encontra no shemá uma particular e excelente manifestação e compreensão[69]. A relação entre Deus e o povo qualificava a vida de cada um e de todo o povo, o qual desejava a sua unidade partindo do ser de Deus: *Escuta Israel, o nosso Senhor é único Senhor*[70].

---

[65] Cf. J. BLENKINSOPP, *Pentateuch*, 34ss.
[66] Cf. C. DI SANTE, *Preghiera*, 35ss; M. DACY, «Jewish», 6-15.
[67] GAON, A. BEN S., *Seder*, I 91; cf. Is 27,13; 56,8.
[68] Cf. Sl 55(54),17; I. ELBOGEN, *Jewish*, 16ss.
[69] Cf. S. ROSENBERG, «Prayer», 69-108.
[70] Dt 6,4.

a) *Shemá Israel*

A relação vital passada e presente do povo com Deus era, de certo modo, resumida e programada no shemá Israel (cf. Dt 6,4ss). Proclamado de manhã e ao entardecer, confirmava o pensar e o viver judaicos em relação de escuta ao seu único Deus como selo de identidade.

A evocação começa por revelar o modo de ser vital do povo: *escutar*. Desse evento fundacional e nesse evento, o povo realiza-se e compreende Deus. O povo está em escuta, escuta o seu Deus, a sua palavra eterna.

Efectivamente, o estar em escuta orienta todo o shemá, ou seja, a vida toda de cada um e de todo o povo, de tal modo que o crente ama o seu Deus totalmente. Se o ver poderia levar à idolatria ou à racionalização, ouvir leva à obediência e ao amor.

Viver em relação com a palavra é o evento, o modo de ser vital, único e contínuo do povo que é de Deus[71]. O shemá não é um conjunto de verdades, é história vivida e dada a viver por Deus. Escutar é ouvir, é aprender, perceber, amar, obedecer, ser. O povo é e distingue-se de outros pela sua relação de escuta com o seu Deus, na qual se configura e move.

O imperativo de escutar é dirigido ao sujeito chamado *Israel*. Cada um e todo o povo evocam o shemá, conscientes de serem o povo; ou seja, a sua disposição de escutar é testemunho de escuta. O shemá não é uma simples evocação individual ou tão só pessoal, insere-se na realidade única e inteira da comunidade, que assim deseja comunitariamente e em vista de si mesma. Israel não é só um conjunto de pessoas e crentes, é a comunidade pertença de Deus que vive em escuta[72].

Nesse contexto do shemá, como mais vezes acontece no livro do Deuteronómio (cf. Dt 5,1.27; 9,1; 20,3), o Senhor dirige-se concretamente a Israel, a Jacob, à sua comunidade. Se escutar implicava a vida dada no passado e no presente, ao evocar Israel, cada um e todo o povo renovam a sua pertença à tradição e vocação de Jacob, concretamente, à sua origem e ao seu destino presente e futuro de unidade como desejados por Deus ao constituírem as doze tribos de Israel.

Escuta, Israel, o Senhor. Desde o início, o shemá orienta o escutar e Israel para o seu ser fundacional e vital: o Senhor. A fidelidade, a razão, o sentido, o próprio, o único, o falar de Israel não são senão o Senhor[73].

---

[71] Cf. N. LAMM, *Shema*, 13ss.
[72] Cf. E. BEN-RAFAEL, *Jewish*, 35.
[73] Cf. N. LOHFINK, *Ascolta*, 131.

Diante da realidade presente do povo e face ao seu desejo de unidade, o shemá deseja e testemunha que é ao Senhor que o povo obedece. Nenhuma outra realidade se sobrepõe à palavra do seu Senhor, Iahweh, o Senhor da história, o criador, o que se revela na relação pessoal e única com os seus filhos, que os escolheu como herança para benefício de toda a humanidade em vista da sua unidade[74].

Escuta, Israel, o Senhor nosso Deus. Ao primeiro nome divino, Iahweh, une-se um segundo: Elohim. Os dois nomes integram a única realidade de Deus. Iahweh evidencia a realidade de Deus como Senhor da história, Elohim o facto de ser o criador, que criou e cria harmoniosamente na sua total soberania de poder.

Nos dois nomes de Deus, os judeus desejavam e testemunhavam o seu Deus pessoal e criador, íntimo e soberano, particular e universal, imanente e transcendente. Os nomes não distinguem Deus; complementam-se, pois o Senhor é um.

De facto, a evocação proclama a sua unicidade e essa é relação, pertença, ao nosso Deus. O povo entende Deus na sua relação verdadeira de comunhão e pertença.

Escuta, Israel, o Senhor nosso Deus é um Senhor. Após os dois nomes divinos, o shemá repete o primeiro dizendo-o como 'um'. A raiz 'ḥd pode significar 'um' e, enfaticamente, também 'único'[75].

Assim, o shemá, que evocara Elohim como nosso, agora evoca-o como o único Senhor, ou seja, exclui, na sua relação de pertença a Deus, outros deuses. A compreensão da unicidade de Deus é iluminada no primeiro mandamento da lei e no shemá: *amarás o Senhor teu Deus com o teu coração, com toda a alma e com toda a força*[76].

b) *Deus é um*

O shemá chama Israel à relação exclusiva com o seu único Deus[77]. O shemá não se refere tanto a Deus como o *'um' filosófico*, o *'uno em si'* ou *'indiviso'*, nem tanto ao Deus *'único'* em geral, quanto, sobretudo, à

---

[74] Cf. E. KOPCIOWSKI, *Shema'*, 40ss.

[75] Cf. T. VEIJOLA, «Höre», 528-541. Uma das mais antigas fontes judaicas que sugere a definição exclusivista da raiz 'ḥd é a Mekilta, para quem Deus permanecia um e o único Deus no Egipto, no deserto, no Sinai, no passado e no futuro cf. Mek, *Baḥodesh* 5; Is 44,6.

[76] Dt 6,5.

[77] Lang destaca então a constelação a duas divindades, na qual se pode falar de um duoteísmo apocalíptico, sapiencial ou cristológico; cf. Dn 7; Pr 8,2-30; Jo 20,28; B. LANG, «Monarchische», 559-564.

unicidade de Deus que chama Israel a amar como seu único Deus. O seu Senhor é o único capaz de lhe dar a vida que espera.

Desse modo, a unicidade divina revela-se e é compreendida na relação histórica única do povo com o seu Deus. A originalidade da história israelita é precisamente a relação pessoal única entre 'o um' e 'único' Deus e 'o um' e 'único' povo[78], da qual brota a unidade do único povo e a fé no único Deus[79].

No seio dessa vivência relacional, o povo de Deus desenvolveu a compreensão da unicidade divina: no sistema angelológico (cf. Zc 1,9-14); na superioridade única do seu Deus em relação aos outros deuses (cf. Dn 4,14ss); em teorias respeitantes a entidades negativas, sobre-humanas e hostis (cf. Zc 3,1-2); na teologia da eleição (cf. Dt 10,12-15); no universalismo (cf. Dt 4,29-39); na compreensão de Deus como criador e ordenador do universo (cf. Gn 1,1ss); na acção do povo entre as nações; nas noções gregas e outras[80].

Assim, em Israel, por um lado, desenvolveu-se o monoteísmo universal, sempre dependente da sua relação existencial de exclusividade com o seu Deus, na qual assumia a sua função entre as nações; e, por outro lado, essa vivência, compreensão e teologia da história permitiu diversas compreensões da unicidade divina. Filão interpretou-a no sentido da absoluta unidade, aplicando o raciocínio filosófico ao princípio bíblico da diversidade de Deus em relação a qualquer outra coisa do mundo[81].

Josephus cria que Moisés tivesse introduzido a crença na unicidade de Deus criando uma una teocracia correspondente à unidade divina, enquanto os povos dependiam dos seus regimes de poder. A unicidade de Deus, para Josephus, espelha-se no mundo na existência do único povo, o único a submeter-se ao poder divino[82].

---

[78] Cf. J. ASSMANN, *Politische*, 75-76.

[79] O monoteísmo judaico no I CE tendia entre o monoteísmo absoluto/exclusivo, que negava a existência de outros deuses (cf. Is 45,14ss; Dt 4,35), e o monoteísmo monárquico/inclusivo, que colocava Iahweh no vértice do panteão a ele submetido, do qual brotava ao seu serviço ou em oposição uma inumerável corte de anjos ou inimigos mais ou menos hierarquizada. Ambos negavam o culto a deuses gentios; cf. M. D. COOGAN, *Stories*, 75ss; V. FUSCO, *Prime comunità*, 56ss.

[80] Cf. W. HOMOLKA, *Jüdische*, 134-135.

[81] Cf. H. A. WOLFSON, *Saadia*, 550ss.

[82] Cf. JOSEPHUS, *AgAp* 2 § 164ss. Nessa relação única fundante, como Deus é εἷς, também o povo é ἕν, e os seus santuários participam dessa unicidade. Existe uma só cidade santa e nessa um único templo e um único altar, pois de Deus pode dizer-se que: θεὸς γὰρ εἷς; cf. JOSEPHUS, *Ant.* 4 § 200ss; *AgAp* 2 §193.

Ao destacar a realidade universal e escatológica presente na repetição de Iahweh no shemá, o rabino judeu contemporâneo Lamm sublinha que essa avista o evento escatológico onde os judeus serão livres em observar a sua fé em plenitude e todos os povos conhecerão a justiça do judaísmo e purificarão as suas religiões crendo na unicidade de Deus[83].

Segundo o teólogo católico Carmona, a unicidade de Deus evidencia a sua natureza inefável, que é numa dimensão transcendente e incomparável com qualquer outra realidade. O Deus único tem uma relação com todo o criado como criador, que dá o ser a tudo o que existe, ou seja, revela-se como tal em relação com as suas criaturas, de um modo particular com a criada à sua imagem e semelhança[84].

Das diversas interpretações anteriores, encontram-se dois aspectos vitais: é a experiência que o povo tem da unicidade de Deus revelada que o leva à sua compreensão da unidade; e esta é na relação única que mantém com o seu Deus que se revela.

Assim, por um lado, a unidade resulta de o povo se reconhecer na única experiência da unicidade de Deus[85]; e, por outro, essa é a experiência e missão de Israel, o povo escolhido[86]. Desse modo, o escutar de Israel, por um lado, tende para um crescente particularismo, pois é na fidelidade à condição de povo escolhido que cumpre a sua vocação; e, por outro, quanto mais particular, mais universal é, pois mais claramente manifesta na sua unidade a unicidade do seu Deus ao mundo[87].

Desta forma, a compreensão da unicidade de Deus e da sua unidade não resulta tanto da reflexão nem de um ou vários princípios, quanto da qualidade da relação do povo com o seu Deus. O povo entende-o e percebe-se no seu ser e na sua vocação de relação com ele, o qual se revela na sua história como próximo e salvador (cf. Ex 20,3ss).

O Senhor escolhe e chama a si livremente. Deus é poderoso e livre, não está limitado a um país e acompanha os seus descendentes por

---

[83] Cf. N. LAMM, *Shema*, 31ss.

[84] Cf. A. R. CARMONA, *Religión*, 329.

[85] Rashi comenta Dt 6,4: o Senhor é o Deus dos judeus, ainda não é o Deus das outras nações, e será o único senhor; cf. Sf 3,9; Zc 14,9; N. LAMM, *Shema*, 31-33.

[86] No século XII, Maimonide defende que o criador é único e que não há em nenhum sentido uma unidade que seja igual a ele, que só ele foi, é e será. Deus é um, não dois nem mais de dois, mas um no sentido em que entre os indivíduos que existem no mundo não existe nenhum cuja sua unidade seja como a de Deus; por isso, a fé na unidade de Deus exclui, não apenas a pluralidade dos deuses, mas também a pluralidade em Deus. O autor cria Deus como a unidade da essência; cf. H. A. WOLFSON, «Maimonides», 112-136.

[87] Cf. J. NEUSNER, *Rabbinic*, 35.

toda a parte. A sua palavra poderosa e dinâmica é portadora de vida e com ela faz uma aliança eterna com o seu povo. Portanto, a compreensão da unicidade de Deus e da sua unidade não resulta de uma abstracção, como um ser supremo, bom, justo, mas sim de um evento concreto, no qual Deus actua na história de um modo único e levando a ser em si.

A presença de Deus e a sua chamada à unidade são certas para o povo. Deus não é uma projecção nem uma especulação nas consciências, é realmente presente na vida e revela-se na sua acção criativa junto dos seus descendentes como comunhão de amor[88].

Deus não se representa de nenhum modo físico. No templo, o Santo dos santos estava vazio, pois era o lugar, por excelência, do encontro presente de Deus com o seu povo, e este consuma-se, vitalmente, na obediência à sua palavra, ao seu desejo, à sua promessa[89].

1.3 *Evento fundacional e a unidade judaica no I CE*

Então, finalmente, importa olhar a noção de unidade, ou por outras palavras, o ser e desejar a unidade do judaísmo no I CE. Como em toda a sua história, no I CE, a noção de unidade era vital e gerava no seu seio diversos modos de a entender.

As diferentes respostas ou modos de compreender a unidade uniam-se em elos que faziam, como sempre, do povo ser e entender-se como único e uno em relação ao seu uno e único Deus. A diversidade dos principais grupos, instituições e noções de unidade confirmava a sua enorme diversidade no seio do uno e único povo.

1.3.1 Unidade judaica no I CE

Um dos registos principais do judaísmo no I CE, é o intenso desejo interno de reler a revelação de Deus e de preservar a sua unidade. O complexo panorama histórico, de um modo particular, o decorrente do exílio e da destruição do segundo templo, gerou e consolidou diversos modos de entender Deus e a identidade do seu povo[90].

As diversas propostas partiam do mesmo e único desejo – responder a Deus –, coexistiam mais ou menos convergentes em si e entre si, e, desse modo, orientavam decisivamente o judaísmo. Este compreendia-se e recriava-se constantemente no seu evento fundacional.

---

[88] Cf. A. R. CARMONA, *Religión*, 323ss.
[89] Cf. J.-L. SKA, *Strada*, 158.
[90] Cf. H. C. KEE, *Who Are*, 17ss.

Assim sendo, a única realidade do povo, que se chamara hebreus, israelitas, judeus, era em permanente e total relação com Deus sem que nunca existisse a noção de dois povos de Deus; a sua unidade entendia a diversidade no seu seio como fruto natural do seu ser[91].

Porém, o modo de ser unidade e diversidade do único povo de Deus não se confundia, aliás opunha-se, às tendências dispersivas e separatistas, presentes na sua história, e opostas à vontade do seu único Deus que o criou como único.

Por isso, importa distinguir a natural tendência de unidade e diversidade do povo de Deus, como os seus grupos o demonstraram, da não-natural tendência de divisão dispersiva, como as facturas mostraram (cf. Dt 32,21). A relação, por exemplo, entre um fariseu e um sacerdote, que podia ser numa mesma pessoa, era diversa daquela entre um sacerdote radical e um sacerdote moderado, que se podiam matar.

Assim, na una e única realidade do judaísmo de então, que se recriava em fidelidade ao seu único Deus, coexistiam diversas compreensões e respostas, por exemplo, em relação ao valor: do sacerdócio e do laicado; da lei escrita e da lei oral; da comunidade e da pessoa; do passado, do presente e do futuro; do maior e do menor radicalismo; da proximidade e da distância ao templo; da ruptura e da unidade[92]; da exclusividade e da não-exclusividade; do nacionalismo e do universalismo; da tradição e da novidade; do afastamento e da abertura a outros cultos e tradições.

Nessa ampla rede de interconexões de pertença e de separação internas, os diversos grupos procuravam e manifestavam de diferentes modos o ser e a vocação do povo[93].

Na realidade, o empenho em discernir e entender a unidade do povo retrata particularmente a sua situação no I CE, como manifestam as suas diversas respostas. Entre essas, importa atender o retrato que Josephus, sacerdote e militar judeu, traçou então do judaísmo, de certo modo, expressão da sua identidade cultual e ética.

O retrato é especialmente importante, pois não atende tanto à realidade do judaísmo quanto à compreensão doutrinal e ideológica diante a

---

[91] O dinamismo de escuta, obediência e caminho de Abraão, Isaac, Jacob, Moisés, do êxodo, dos profetas, dos sábios e dos exilados, dizia o judaísmo de então, sem uma unilateralidade ou exclusão da diversidade interna; cf. J. MAIER, *Judentum*, 89ss.

[92] Cf. L. H. SCHIFFMAN, *Who Was*, 52ss.

[93] Não obstante a diversidade, a unidade e unicidade do judaísmo era tida como vital e inquestionável por cada um dos grupos e era salvaguardada pelos principais, particularmente pelos presentes no sinédrio. Cf. G. JOSSA, *Giudei*, 55.

crescente helenização e anti-semitismo. De um modo apologético, sobretudo, em *AgAp*, atendendo à situação do judaísmo da diáspora, Josephus apresenta, de uma maneira compacta e monolítica, o judaísmo nos seus elementos vitais:

a) Deus: o autor de todas as bênçãos, princípio, meio e fim de todas as coisas; Deus é o criador, o eterno, o imutável, e o superior a tudo e a todas as concepções; do encontro com Deus resultam as virtudes dos homens e a vida do seu povo; nas suas mãos está todo o universo;

b) lei: a manifestação da vontade de Deus; a sua observância é a mais excelente e necessária forma de instrução; como Deus criou o mundo, assim a sua lei o atravessa; a ordem cósmica e as dimensões morais da vida são incluídas na lei, anterior aos filósofos e o seu mais alto nível;

c) Moisés: fundou a teocracia, na qual todo o poder e a soberania estão nas mãos de Deus; Moisés insiste que toda a humanidade deve aprender e conformar-se com a lei e só assim todo o povo será estabelecido;

d) templo: como Deus é único, de acordo com a sua lei, o povo é chamado à pureza cultual administrada pelos sacerdotes no templo; unido ao valor da terra e de Jerusalém, o povo era destinado a viver as virtudes e a universalidade da lei;

e) unidade do acreditar: o povo é uma realidade única, que não anula a sua diversidade; pelo contrário, integra-a nas fronteiras de uma visão unificada do mundo ético segundo o desígnio do Deus único; a humanidade terá o seu tempo para seguir a lei e os dons do povo de Deus[94].

A visão de Josephus é uma entre outras acerca dos elos constitutivos do judaísmo no I CE. É importante, porém, que o autor evidencie os principais elementos de unidade e de proximidade entre as diferentes tendências internas do judaísmo de então.

Na realidade, a maior parte dos autores, hoje, concorda com Josephus quanto à importância vital e congregadora do único Deus, da lei, de Moisés, do templo e da unidade da fé.

Ao mesmo tempo, é hoje consensual entre a maioria dos autores que os laços de unidade, como comprova a história do povo, são fruto do

---

[94] Cf. JOSEPHUS, *AgAp* 2 § 17-42.

seu evento fundacional; ou seja, o olhar monolítico de Josephus e a dinâmica interna de unidade e de diversidade do judaísmo dependiam do evento anterior que os fundou e funda[95].

De facto, o desejo de o judaísmo reler a revelação de Deus e de preservar a sua unidade brotava do seu evento fundacional e manifestava-se nos diversos elos de unidade do único povo de Deus.

1.3.2 Grupos no interior da unidade

No seio da única unidade do judaísmo e caracterizando-a, surgiam diversas respostas que se manifestaram na existência de diversos grupos, que auto-assumiam a sua leitura da lei na tentativa de reconfigurar a unidade do povo.

Cada um dos grupos chamava a si uma primazia, sem nunca conceber possível outra realidade que não incluísse a unidade do único povo de Deus[96]. Nesses grupos e entre esses, reinavam uma confortável compreensão e uma hostil competição entre o próprio e o diverso.

O poder e a influência desses grupos estavam numa pequena parcela do judaísmo, pois, na sua maior parte, mais ou menos próximo desses, estava todo o povo[97]. Entre outros grupos, como os anciãos, sacerdotes, escribas, gentes da terra, herodianos, helenistas, terapeutas, sicários, samaritanos, Josephus destaca os saduceus, fariseus, essénios e zelotes[98].

a) *Fariseus*

Entre os principais grupos judaicos identificados por Josephus, pelo NT e pelo rabinismo, os fariseus são os mais representados. A sua importância entende-se na sua origem, na sua consolidação e na sua transformação no rabinismo.

Segundo a maioria dos autores, como outros grupos, os fariseus projectaram-se face ao turbulento reinado asmoneu[99], sobretudo, à apropriação política do sumo-sacerdote e à crescente helenização[100].

Como sugere o nome $p^e r\hat{u}\check{s}\hat{i}m$ (separados), na sua origem, o farisaísmo é um movimento no judaísmo em dinâmica de separação interna e

---

[95] Cf. H. C. KEE, *Who Are*, 17ss.
[96] Cf. L. H. SCHIFFMAN, *Who Was*, 52ss.
[97] Cf. J. SIEVERS – G. LEMBI, *Josephus*, 78ss.
[98] Cf. I. M. ZEITLIN, *Jesus*, 24ss.
[99] Cf. A. I. BAUMGARTEN, *Flourishing*, 33ss.
[100] Cf. S. SAFRAI, «Teaching», 15-33; B. CHILTON, «Hermeneutics», 509-517.

externa: dos assideos e grupos piedosos, da classe sacerdotal, dos que se opunham à tradição e não cumpriam a torah (cf. 1Mac 2,42).

Dessa dinâmica original, a consolidação dos fariseus dependeu sobretudo das variações políticas, da instabilidade asmoneia, do domínio brutal de Herodes e do sistema de prefeitura na Judeia, que o fizera como movimento político e influente[101], heterogéneo e sem fronteiras[102], legalista e em acordo com a lei.

O farisaísmo era o modo de vida de um amplo número de pessoas e grupos sem estrutura formal, hierárquica ou reguladora, fundado no conhecimento dos membros também chamados companheiros[103].

Não sendo propriamente uma seita nem uma fraternidade organizada, e tendo mesmo um limitado poder no templo, os fariseus tornaram-se termómetro teológico do povo e reconhecidos professores e expositores da lei.

A interpretação e actualização da lei feitas pelos fariseus deram especial vigor à lei oral. Eles procuravam observar a lei como reprodução do culto do templo nas suas casas e ambientes, pois percebiam a sua relação com Deus como uma constante e total iluminação, uma perpétua santificação do quotidiano pelo rito[104].

Assim sendo, a filosofia de vida dos fariseus equilibrava-se entre o destino e a providência divina, entre o livre-arbítrio e esforço humano. Essa fundamental interacção unia-se à sua visão da história de Israel dirigida para a sua consumação cósmica.

Entre as suas principais originalidades, está o encontro entre a pessoa e Deus cósmico, que oferece a ressurreição e o juízo final como fruto da lealdade à lei. A internalização da lei na consciência individual criava uma relação directa com Deus[105]. Os fariseus ensinavam sobretudo

---

[101] Cf. A. J. SALDARINI, *Pharisees*, 167ss.

[102] Em relação à autoridade romana, à estratificação social, à radicalidade e autenticidade da observância, à proximidade ou distância a outros grupos como os saduceus e os escribas. Alguns fariseus tendiam para o separatismo, outros procuravam influir o povo e até confrontar-se com outros grupos do judaísmo; cf. E. W. STEGEMANN – W. STEGEMANN, *Urchristliche*, 220-224. Alguns dos fariseus chegavam à classe dirigente; cf. A. J. SALDARINI, *Pharisees*, 94ss. Entre os fariseus prevalecia a pluralidade doutrinal, como atestam as disputas halacádicas entre escolas; cf. E. SCHÜRER, *History*, II, 363-366; J. BLOMQVIST, «Languages», 237-259.

[103] Cf. J. P. MEIER, *Marginal*, III, 346; C. CLAUSSEN, «Meeting», 144-167.

[104] Cf. A. R. CARMONA, *Religión*, 140; E. RIVKIN, «Who Were», 78ss.

[105] Entendiam a purificação como a contínua configuração da vida pessoal e comunitária com a lei; por isso, eram adversos a tudo o que não fosse judeu e/ou não cumprisse diligentemente as práticas devidas. Os fariseus concebiam a unidade dos

nas sinagogas, moviam-se em todos os âmbitos da vida e, após a destruição do templo, cresceram bastante[106].

b) *Saduceus*

Josephus, o NT e a literatura rabínica são as principais fontes que falam dos saduceus. Estes terão surgido entre os sadoquitas que: não abandonaram Jerusalém; aceitaram e colaboraram com os asmoneus[107]; reivindicaram a legitimidade da tradição sacerdotal centrada no templo, em Jerusalém, e no sumo sacerdócio.

A existência dos saduceus é documentada desde os finais do II BCE[108]. Josephus refere-se a eles como uma das três escolas de pensamento no reino de Jónatas[109].

A consolidação do grupo dependeu das variações políticas, sobretudo, do poder do sumo-sacerdote, que retomara a sua autoridade com uma minoria aristocrática sacerdotal e laica, quase toda formada por saduceus[110]. Eram um grupo pouco numeroso de aristocratas sacerdotes e leigos, que detinham o poder político e religioso na Judeia em dependência do sumo-sacerdote.

O grupo não tinha um modo de vida próprio nem seguidores no seio do povo, de quem vivia distanciado; contava, sobretudo, com as suas relações com os poderosos e detinha os lugares de poder judaicos[111].

Se os fariseus detinham uma decisiva influência junto do povo e, por isso, junto dos sacerdotes e dos romanos[112], os saduceus influenciavam directamente as elites. Diferentemente da relação dos fariseus com o povo, os saduceus detinham-se no rigor do exercício no templo para

---

membros vivendo separadamente de toda a impureza e ilegalidade e das pessoas que as praticavam; cf. E. SCHÜRER, *History*, II, 482-483.

[106] Cf. A. R. CARMONA, *Religión*, 140.

[107] Cf. A. R. CARMONA, *Religión*, 143.

[108] O grupo dos saduceus consolidou-se e persistiu durante duzentos anos; após a destruição do templo em 70 CE perdeu o poder e lugar como grupo. Cf. J. LE MOYNE, *Sadducéens*, 137-141.

[109] Cf. JOSEPHUS, *Ant.* 13 § 171-172.

[110] O sumo-sacerdote, juntamente com a minoria aristocrática sacerdotal e laica em seu redor, quase toda ela fazendo parte dos grupos dos saduceus, não apenas detinha a riqueza e, por consequência, o poder ou a influência religiosa e/ou política, como gozava a dignidade especial da genealogia e o poder de fazer parte das mais notáveis ou eminentes famílias e lugares de influência judaicos. A etimologia derivará de *Sadoc*, o sacerdote de Jerusalém que serviu David e Salomão. Cf. J. P. MEIER, *Marginal*, III, 404-405.

[111] Cf. JOSEPHUS, *Ant.* 13 § 10; 18 § 16.

[112] Para a relação dos sacerdotes e fariseus, cf. U. C. WAHLDE, «Relationships», 518.

manter a sua autenticidade e conservar o seu *status quo*. Era do grupo dos saduceus, sobretudo, que surgiam os sumos-sacerdotes.

Como os demais grupos, os saduceus desejavam a unidade, a relação, o encontro entre o seu Deus e o seu povo, e concebiam esse encontro pela iniciativa da revelação de Deus e na conformidade da prática da torah como pacto de aliança.

Desse princípio vital comum, os saduceus destacavam a eleição divina, a santidade de Deus e a santificação do seu povo. Deus todo Santo chama o povo à sua santidade num processo de separação e de elevação a si, exercitado no culto estruturado no templo como expressão da relação de Deus visível e presente no santuário[113].

Nesse sentido, o dia do *yom kippur* era a expressão maior do ser saduceu: no dia santo do ano, no Santo dos santos, o sumo-sacerdote, imolava o sangue de um animal no propiciatório como expressão do exercício que ele, os sacerdotes, o povo sacerdotal e a multidão das nações eram chamados a fazer: do profano – como apenas o sacrifício de um animal poderia manifestar plenamente – ao ser posse de Deus – como o derrame de sangue no propiciatório simbolizava.

Assim, o exercício cultual no templo, lugar da aliança e do encontro, era universal, total e autêntico na medida em que elevava a Deus[114].

Nessa vital dimensão relacional e presencial na história do Deus vivo com o seu povo, os saduceus não atendiam e até se podiam opor a doutrinas que se desfocassem dessa, como o juízo final, a ressurreição dos mortos, o movimento apocalíptico, a crescente angelologia e demonologia, que não se encontravam no Pentateuco[115].

A compreensão dos saduceus decorria da consciência de serem herdeiros da tradição litúrgica e teológica centrada na eleição e na criação e, por isso, eram reticentes às inovações a essa. Os saduceus excluíam Deus de qualquer implicação no mal e criam na liberdade pessoal de decidir o destino, que dependia da fidelidade ao culto, a qual assegurava a prosperidade pessoal e comunitária[116].

c) *Essénios*

Os essénios eram o terceiro grupo apresentado por Josephus[117]. Incrementaram-se no II BCE, possivelmente, em consequência da tomada

---

[113] Cf. E. SCHÜRER, *History*, II, 404ss.
[114] Cf. L. SCHMIDT, *Studien*, 77ss.
[115] Cf. A. VANHOYE, *Prêtes*, 36ss.
[116] Cf. JOSEPHUS, *BJ* 14 § 164.
[117] Cf. JOSEPHUS, *BJ* 2 § 119-161; *Ant.* 18 § 18-22.

de posse de Jónatas como sumo-sacerdote. Em ruptura com o abuso sacerdotal praticado no templo, em alternativa a esse, e antecipando o puro que viria, os essénios consolidaram-se numa dinâmica sacerdotal e escatológica organizada e estruturada.

Dando total soberania a Deus, a quem deviam o destino, os essénios dependiam do seu fundador, o mestre da justiça, que profeticamente falava contra o sacerdote ímpio: o sumo-sacerdote empossado em Jerusalém, que abandonara Deus, praticara todo o tipo de males e fora entregue nas mãos dos seus inimigos[118].

Certos de que chegara o conflito final entre as forças do bem e as do mal, os essénios concebiam-se como a autêntica e a obediente comunidade desejada por Deus, que se estabeleceria em Jerusalém e restabeleceria a cidade e o templo. Tinham-se como os filhos da luz, de Sadoc, puros, santos, piedosos[119], seguros de que só vivendo assim e em batalha com os filhos das trevas Deus cumpriria as suas promessas. A batalha envolvia forças humanas, cósmicas e espirituais e terminaria quando os filhos das trevas fossem destruídos e os da luz reforçados[120].

A sua missão não era antecipar apocalipticamente o fim dos tempos, mas sim antecipar a nova realidade, que iria emergir no mundo a partir do templo de Jerusalém. A missão consumar-se-ia sobre a presidência de dois messias, o de Aarão e o de Israel; o primeiro restabeleceria o justo culto sacerdotal em Jerusalém.

Desse modo, os essénios procuravam viver a quotidianidade como comunidade da aliança; por isso, retiraram-se para zonas reservadas, onde queriam viver em conformidade com a palavra do mestre, valorizando em comunidade a pureza cultual de todos os membros, a partilha dos bens e da vida, o exigente processo de admissão[121], o ódio aos seus inimigos e a inquebrantável coragem do testemunho[122].

Tidos como os autênticos continuadores da revelação dada pelos patriarcas e profetas, consideravam-se como uma comunhão de irmãos[123] ascética e hierarquizada, na qual coexistiam uma comunidade restrita e selectiva e uma mais ampla, dividida noutras menores dispersas, lide-

---

[118] Cf. G. QUISPEL, «Qumran», 137-155; J. H. CHARLESWORTH, «Dead Sea», 65-97.
[119] Cf. 1QS V 5.
[120] Cf. 1QM XIII 5.
[121] Nas suas catequeses, aprendia-se que os homens se dividiam em duas classes: os filhos da justiça que caminhavam na luz e os filhos da injustiça que caminhavam nas trevas; 1QS III 21.
[122] Cf. JOSEPHUS, *BJ* 2 § 139ss.
[123] Cf. 1QS IX 6.

radas por um conselho[124]; ambas estavam destinadas a abarcar todos os israelitas num futuro escatológico, em parte realizado na comunidade restrita.

A comunidade era a morada do espírito de Deus, a comunhão do pacto eterno e o lugar de expiação de todos os que demonstravam estar preparados para ser um santuário de Aarão, uma casa da verdade de Israel[125], um lugar santíssimo, uma casa da comunhão para Israel[126].

Entre as diversas designações definidoras da comunidade, como $b^e rît$, $qāhāl$, '$ēdâ$, $sôd$, '$ām$ e '$ēṣâ$, destaca-se $jaḥad$[127], que a definia na unidade concorde dos membros e na unicidade comunitária como tal.

Nesse sentido, mais que aos sacrifícios e holocaustos, os essénios procuravam a oração e o culto espiritual da justiça e rectidão como sacrifício voluntário agradável[128] e nostálgica antecipação da esperada restauração do templo. Criam no mandamento absoluto de conservar a pureza cultual da inteira comunidade, na esperança da vinda dos dois messias na nova era[129].

Diferentemente dos saduceus e dos fariseus, que determinavam em grande medida a vida política e religiosa do país, os essénios tinham uma vida mais reservada, vivendo marcadamente retirados do mundo num estilo de vida original e atraente. Josephus refere-se a eles como um dos grupos judaicos mais numerosos[130], e Filão como o dos melhores judeus: dedicados a Deus e ao estudo da lei, empenhados nas

---

[124] Em cada congregação na cidade havia um líder sacerdote. A hierarquia era articulada por sacerdotes, anciãos e povo. O conselho da comunidade era composto por doze homens e mais três sacerdotes; 1QM II 1-3; 4QM XII. Na comunidade coexistiam diversos encargos: comandantes, juízes, oficiais, inspectores, etc. Ao papel do inspector ou catequista aplica-se a imagem do pai e do bom pastor que levará todos os dispersos ao seu próprio rebanho; cf. CD XIII 7-10. O culto espiritual tinha um horizonte universal beneficiando todos os homens. Cf. J. D. LOURENÇO, *Mundo*, 107.

[125] Cf. 1QS V 5ss.

[126] Cf. 1QS IX 6.

[127] Diversamente dos restantes termos tirados da tradição que manifestam o sentido comunitário dos essénios, *jaḥad* é particularmente especial por não ter uma história anterior. Segundo Fabry o significado da raiz *jaḥad* designa a mais estreita unidade (ser uma coisa só), da mais íntima comunhão; por isso, o termo foi escolhido para exprimir a comunidade. Cf. H.-J. FABRY, *ThWAT*, III, 602ss. *Jaḥad* designa a comunidade na sua totalidade com relação à sua unicidade e a unidade dos membros entre si. Cf. E. LOHSE, *Umwelt*, 65.

[128] Cf. 1QS IX 4ss.

[129] Cf. 1QSa I 21; J. D. LOURENÇO, *Mundo*, 101-108.

[130] Cf. JOSEPHUS, *BJ* 2 § 119-161.

boas obras, com uma sólida vida em comunidade e a estrita observância do sábado[131].

Segundo Josephus, para os essénios a alma imortal do homem provinha do céu e o seu destino era predeterminado, enquanto o corpo era a prisão da alma. Após a morte, as almas dos justos gozariam dum prémio eterno, as dos malvados seriam castigadas eternamente.

A doutrina dos essénios estava marcada pela força do destino, pelo caminho predeterminado que o homem devia percorrer e que dependia da escolha divina; por isso, a constante e estrita observância da lei[132] como modo de purificar todo o povo em ordem a participar no culto escatológico com o Deus da aliança[133].

d) *Zelotes*

O movimento zelote surgiu do espírito da revolta macabaica; porém, perante o desvio dos asmoneus dos princípios da insurreição, aliados patriotas formaram um grupo rebelde e clandestino para derrubar a dominação romana.

O nome *zelote* seria uma autodesignação honorífica tomada de modelos veterotestamentários como o zelo de Fineias (cf. Nm 25,1ss) e o movimento macabeu[134]. Ao mesmo tempo que profetas e carismáticos criticavam o sistema de influências, sobretudo aquele entre fariseus e saduceus[135], outros grupos opunham-se activamente também à dominação romana; entre os mais agressivos, estavam os zelotes.

Para Josephus, os movimentos nacionais religiosos rebeldes pretendiam a soberania religiosa e política com a direcção carismática e messiânica do exército como praticado por Saul e David[136].

Os zelotes eram uma radicalização da insatisfação de Israel[137]. Na maioria sacerdotes rurais, procuravam o líder messiânico que vencesse

---

[131] Cf. FILÃO, *Omn. Prob. Lib.* 75-91.
[132] Cf. JOSEPHUS, *BJ* 2 § 154-158; A. R. CARMONA, *Religíon*, 145-148.
[133] Cf. H. C. KEE, *Who are*, 28.
[134] Cf. M. HENGEL, *Zeloten*, 158ss.
[135] No final do reino de Herodes, um grupo, desmotivado pelos líderes, dispôs-se ao martírio para tirar a águia de ouro posta na porta do templo; cf. JOSEPHUS, *BJ* 1 § 648ss; *Ant.* 17 § 149ss. Quando Pilatos quis transladar para Jerusalém as insígnias militares com a imagem do imperador, uma enorme demonstração de oposição não violenta dos habitantes de Jerusalém e da população rural judaica diante da sede do governador em Cesareia conseguiu impedir a afronta; cf. JOSEPHUS, *BJ* 2 § 175ss.
[136] Josephus refere-se a cinco grupos insurrectos: sicários, zelotes, grupos da Galileia e da Judeia e Idumeos; cf. JOSEPHUS, *BJ* 2 § 55ss; *Ant.* 17 § 269ss.

os romanos e restabelecesse o reino de Deus. Josephus cita-os no ano 66 CE, quando Manaém avançava com pretensões reais e, depois, nas lutas de poder entre os revoltosos quando os sicários[138] assumiram a rebelião e se subjugaram a moderados aristocráticos[139]. Em ambas as situações, os zelotes surgiam como escolta e contra a aristocracia dominante sacerdotal.

A maioria dos zelotes concebia a fé na eleição de Israel em autonomia política, na realidade, como a maior parte da população de Israel de então[140]. Liderados por membros da classe superior, estabeleceram o seu centro fora do poder de Jerusalém e agiram como uma espécie de guerrilha esporádica[141].

Assim sendo, os zelotes podiam ser considerados como um grupo de sacerdotes radicais que actuou nos anos 66-70 com grandes limitações sociais, políticas e religiosas, e que destronou a aristocracia sacerdotal imperante no ano 67.

Sob a direcção de Ananias, entrincheiraram-se no templo de Jerusalém e transformaram-no em sua fortaleza e baluarte contra as sublevações populares[142]. Com a investida dos romanos contra Jerusalém, retiraram-se para Masada. Aí, para não serem entregues às mãos romanas, após alianças e disputas internas, vitórias e derrotas, suicidaram-se.

---

[137] Cf. B. D. SHAW, «Bandit», 337-381. Muitos rebeldes eram tidos pelo povo como heróis, salvadores e lutadores pela justiça; de certo modo, eram guias para um caminho de libertação, e não tinham necessariamente uma consciência patriótica ou partidária; muitas vezes assumiam-se como líderes carismáticos; cf. E. HOBSBAWM, *Primitive*, 11.

[138] Os sicários surgiram em Jerusalém nos dias do governador Félix como um novo movimento rebelde noto pelos seus assassinatos na cidade e em pleno dia com um punhal (*sica*); cf. JOSEPHUS, *BJ* 2 § 254; *Ant.* 20 § 208. Especialmente espectacular foi o assassinato do sumo-sacerdote Jónatas; cf. JOSEPHUS, *Ant.* 20 § 163ss. Diferentemente de outros movimentos rebeldes, os sicários moviam-se sobretudo contra judeus do estrato superior e unidos aos romanos; cf. JOSEPHUS, *BJ* 2 § 433; 7 § 254ss; *Ant.* 18 § 4ss. Eram como uma guerrilha urbana contra representantes simbólicos do domínio judaico. Judas o Galileu assumiu o lema da única senhoria de Deus para libertar Israel até ao martírio; cf. JOSEPHUS, *BJ* 2 § 117ss. 433. Menahem, um líder sicário, entrou em Jerusalém com vestes reais e com os seus mais fanáticos seguidores com a pretensão do reino messiânico; acabou por ser morto por Elezar; cf. JOSEPHUS, *BJ* 2 § 434-444.

[139] Cf. JOSEPHUS, *BJ* 2 § 564.

[140] Cf. JOSEPHUS, *BJ* 2 § 175ss; *Ant.* 18 § 60ss; 20 § 108.

[141] Cf. W. STEGEMANN, «Deutung», 41-56.

[142] Cf. JOSEPHUS, *BJ* 4 § 151.

1.3.3 Instituições de unidade

Os grupos descritos anteriormente e outros uniam-se em si e entre si de uma maneira mais ou menos evidente e mais ou menos próxima, em elos de unidade. Entre estes elos destacavam-se três instituições vitais: o templo de Jerusalém, a sinagoga judaica e a família judaica.

Estas instituições entendiam-se num todo: cada uma com a sua missão específica, manifestavam a seu modo a unidade do povo e asseguravam, criavam, celebravam, transmitiam e testemunhavam essa unidade como sua realidade essencial.

a) *Templo*

Para a tradição sacerdotal, a terra de Israel exprime, de um modo mais concentrado, a consagração da terra no acto da criação, e o santuário do templo de Jerusalém, de um modo ainda mais intenso, a santidade da terra.

A noção de gradação da santidade, importante na visão sacerdotal, expressava-se concentricamente pela proximidade ao centro (cf. Nm 2; Ez 40-48). Se os judeus criam que o centro do mundo estava em Jerusalém, segundo os gregos estava em Delphi e para os romanos em Roma. A novidade judaica estava no facto de o centro ser o lugar, por excelência, do encontro da santidade de Deus com o seu povo[143].

O santuário representava o centro do mundo e, de um modo particular, o centro do encontro entre o único Deus e o seu único povo, a partir do qual o monte de Jerusalém se compreendia como o lugar de encontro de todas as nações e a montanha cósmica[144].

Na descrição do templo erguido no deserto e do construído em Jerusalém, Josephus e Filão destacam uma série de correspondências simbólicas: a menorah representava os corpos celestes; as doze principais colunas eram símbolos do zodíaco; a fronte era expressão do oceano cósmico; as colunas de Jakin e Boaz simbolizavam o sol e a lua; as cores dos paramentos do sumo-sacerdote traduziam os quatro elementos; o desenho arquitectónico tripartido era um simbolismo cósmico; o Santo dos santos representava o céu; a sala principal, a terra; e o pórtico de ingresso expressava o oceano que a circunda[145].

---

[143] A terra era posse de Iahweh (cf. Lv 25,23) concedida como um feudo (cf. Lv 14,33-34); por isso, Israel tinha a missão particular e vital de a custodiar e fazer nela imperar as leis de pureza cultual como realidade única; cf. J. D. LEVENSON, *Sinai*, 111-137.

[144] Cf. R. J. CLIFFORD, *Cosmic*, 67.

[145] Cf. 1Rs 7,21; JOSEPHUS, *BJ* 5 § 212-219; FILÃO, *Mos.* II 76-108.

CAP. II: UNIDADE JUDAICA E GRECO-ROMANA   173

Com efeito, o templo era a alma da cidade santa e de toda a terra. O culto do templo servia a reconciliação de todo o povo e de toda a humanidade ao único Deus. O exercício dos sacerdotes, a participação do povo e a peregrinação das nações focavam-se no lugar de encontro como culto de purificação[146].

A configuração e a organização do templo manifestavam a sua dimensão microcósmica, envolvendo toda a criação no seu centro. Todas as forças se uniam para o conhecimento do criador, a força suprema que conduz o universo[147]. O templo possibilitava e oferecia à humanidade o caminho e a relação com o seu criador na experiência do seu povo.

A missão do templo era capacitar o povo e a humanidade a serem totalmente de Deus; quando todo o povo reconhecesse Deus como centro de unidade pessoal e comunitária, o templo consumaria a missão focal entre as nações[148].

Sendo o Santo dos santos o lugar de encontro de Deus com o seu povo, com interdições concretas à entrada de pagãos[149], era a zona mais inviolável, mais invisível de todas[150]; era o lugar do encontro entre o único Deus e o seu único povo como um puro e santo culto espiritual[151].

Nesse sentido, os exilados retornados logo reconstruíram o templo, que, com Herodes, alcançou uma dimensão única, precisamente como expressão da realidade do único Deus, do único encontro deste com o seu povo e com toda a humanidade, e como ponto focal do universo[152].

Como sublinha Josephus, no seguimento da teocracia introduzida por Moisés, correspondente à unicidade de Deus[153], sendo Deus 'um' (εἷς),

---

[146] A importância do templo de Jerusalém em alguns ambientes era relativizada. Os essénios demarcaram-se do modo como o culto era exercitado então em vista da restauração do templo e consagravam-se a Deus sem oferecer sacrifícios de animais, mas animados na intenção de santificar o espírito; cf. FILÃO, *Prob.*, 75; A. LEMAIRE, *Birth*, 126-127.

[147] Cf. J. C. ENCHES, *Temple*, 105ss; J. M. LIEU, «Temple», 51-69.

[148] Cf. B. C. OLLENBURGER, *Zion*, 99ss.

[149] A guerra contra Roma tentou impedir que estrangeiros violassem a santidade do templo com as suas ofertas e vítimas; cf. JOSEPHUS, *BJ* 2 § 409.

[150] Cf. JOSEPHUS, *BJ* 5 § 219.

[151] Cf. TÁCITO, *Storie*, 5,5.

[152] Cf. D. S. RUSSEL, *Early,* 22ss. Destacam-se três principais momentos de centralização do culto em Jerusalém: dominação persa desta cidade, estratégia asmonaica de unificação nacional de identidade, movimento da diáspora; cf. A. RUNESSON, *Origins*, 472-473; A. FITZPATRICK-MCKINLEY, «Synagogue», 87.

[153] Cf. JOSEPHUS, *AgAp* 2 § 164ss.

assim 'um' e 'único' era o povo, 'uma' e 'única' era a sua terra, 'um' e 'único' era o seu santuário, 'um' e 'único' era o seu altar[154].

De facto, Jerusalém assumira carácter de cidade-estado e o seu templo, em contraposição aos restantes templos, centralizava o culto a Iahweh, de tal modo que se desenvolvera a exclusividade do culto, a condenação da multiplicidade dos templos, a compreensão da unicidade de Deus no atributo *'ḥd*, o entendimento da adoração com apropriação de todo o ser, ou seja, a amar a Deus com todo o coração, com toda a alma, com toda a força (cf. Dt 6,5)[155].

b) *Sinagoga*

As mais antigas casas de reunião judaicas, atestadas em inscrições gregas desde o final de III BCE, reportam-se ao nome *proseuche* – lugar de oração. A designação *sinagoga* tomou mais tarde o seu lugar.

As primeiras atestações epigráficas das sinagogas judaicas provêm da diáspora[156]; uma atestação palestiniana do I CE, ajuda a perceber a sua missão: *Teódoto (...) construiu a sinagoga para a leitura da lei e para o ensinamento dos preceitos, e o hospício, os quartos e as instalações hidráulicas para alojar aqueles que vindo do exterior tivessem necessidade*[157].

Assim sendo, a sinagoga era o centro comunitário de cada aglomerado judaico, um edifício, por natureza, público. Embora a sua inicial função fosse essencialmente comunitária, assumiu sempre mais uma dimensão religiosa. Por ser uma instituição local de influência social e religiosa, a sinagoga difundiu-se variando localmente. Nas sinagogas e entre as sinagogas não existia uma uniformidade de ideias e orientações; de certo modo, era a consensualidade que a definia.

A sinagoga judaica empenhou-se em estabelecer o equilíbrio, sobretudo entre o sagrado e o profano, entre o particular e o universal; mas, ao mesmo tempo, manifestou aspectos próprios e oriundos do ambiente externo; por exemplo, a imagem da águia, para muitos anátema no tempo de Herodes, era difundida nas sinagogas tardo-antigas[158].

Desde a sua origem, a sinagoga era flexível no integrar e excluir. A sua principal peculiaridade era a dimensão comunitária e religiosa sempre em valorização. Os seus membros reuniam-se para aprofundar

---

[154] Cf. JOSEPHUS, *AgAp* 2 § 193.
[155] Cf. O. LORETZ, *Gottes*, 88ss.
[156] Cf. W. HORBURY – D. NOY, *Jewish,* n. 9.27.105.
[157] L. BOFFO, *Iscrizioni,* n. 31. Cf. L. L. GRABBE, «Synagogue», 22-38.
[158] Cf. L. I. LEVINE, *Ancient,* 390ss.

CAP. II: UNIDADE JUDAICA E GRECO-ROMANA   175

as promessas de Deus como base de renovação do judaísmo e definiam a sua identidade e dinâmica comunitária em torno da leitura, do estudo e do compromisso com a torah[159].

Filão testemunha essa reunião ao sábado para o aprofundamento do seu conhecimento e aumento da piedade através da leitura e estudo da torah[160]. O modo e o funcionamento de cada sinagoga dependiam das suas condições sociais e culturais[161]. A vida sinagogal servia de guia para os seus membros e era o lugar onde a comunidade era atacada ou honrada e onde admitia ou excluía elementos[162].

Em contraposição ao culto sacrificial, ao exclusivismo relativo e à forte hierarquização, próprios do templo de Jerusalém, a sinagoga destaca o livro, a lei, e abre-se a todos os que desejem aprender a lei; isso manifesta-se na tendência para designar Deus como o altíssimo, perceptível a pagãos e expressão da relação de Deus com o mundo inteiro[163].

De facto, na sinagoga não existiam os amplos e complexos sistemas do templo; as funções religiosas eram radicadas na vontade, na participação e nos recursos da comunidade inteira. Nenhuma hierarquia rígida presidia ao seu viver, o rito não era oficiado por nenhum corpo de pessoas e qualquer judeu poderia participar na vida sinagogal.

Na realidade, a sinagoga valorizava a pertença e participação da comunidade como tal[164]. Na origem, a sinagoga quis garantir à vida ju-

---

[159] Cf. 7,40-49; 9,22; 12,12-19; G. JOSSA, *Giudei*, 158ss.
[160] Cf. FILÃO, *Her.* 112ss; *Gig.* 6; *Opif.* 131; *Ebr.* 1. No seio da diversidade do judaísmo da época, Filão representa a visão da sinagoga intelectual orientada por dois principais princípios: o dever em relação a Deus, que formava a religiosidade e a santidade; e o dever para com os homens, que consistia na humanidade e na justiça; cf. FILÃO, *Spec.* II 62-63. Para Filão, Deus sopra o seu espírito sobre o intelecto do homem estabelecendo uma união, de tal modo que os que se unem a ele e o servem sempre recebem a sua própria herança; cf. FILÃO, LA I 37ss. Era um processo que pelo conhecimento de Deus (expresso na torah) formava os filhos de Deus e lhes concedia a felicidade, segundo os princípios da piedade e santidade; cf. FILÃO, *Confus.* 145.
[161] No I CE as sinagogas judaicas apresentavam uma enorme heterogeneidade, e o número dos seus membros e as suas dimensões variavam. Começando por ser casas particulares, tendiam a expandir-se. Estas inseriram na prática litúrgica o sermão, as instruções próprias de sábado, a recitação de leituras proféticas e, possivelmente, o Targum. Cf. L. I. LEVINE, *Ancient*, 101ss.
[162] Cf. L. I. LEVINE, «First Century», 20-21.
[163] Cf. A. LEMAIRE, *Birth*, 129ss.
[164] A origem institucional da sinagoga da diáspora entende-se à luz das estratégias dos chefes das nações face aos diversos grupos étnicos que viviam na sua área. As sinagogas judaicas eram uma instituição não oficial com um conjunto de costumes

daica uma vital e substancial unidade. Não obstante, a variedade geográfica, linguística, cultural e religiosa era uma base comum da comunidade judaica. Após a destruição do templo, a sinagoga tornou-se um pequeno santuário assumindo as necessidades comuns[165].

c) *Família*

A família assumia um papel decisivo na vida religiosa como primeira e principal unidade social, económica e política. A vida familiar quotidiana era marcada por decisivos modos de apropriação da lei. A identidade judaica dependera e dependia das práticas e orações familiares, sobretudo face à perda da autoridade dos estratos superiores[166].

Com efeito, a família era o lugar onde se realizava o mandato do crescer e multiplicar (cf. Gn 1,27-28; 2,23-24), se exercitava a obediência a Deus, se transmitia a fé, se contavam os eventos de Deus com o seu povo (cf. Ex 12,26ss), se orava, se realizavam importantes e únicos ritos, como alguns do sábado e da ceia pascal.

Como nos primórdios do povo, na família passavam-se as tradições, as noções e os elos de unidade do povo (cf. Dt 11,18-21), sobretudo nas famílias sacerdotais. A religiosidade e a piedade vividas na família foram decisivas para a formação e para a consolidação dos diversos movimentos religiosos através de pactos segundo interpretações e práticas comuns da lei. Nas famílias e entre as famílias aconteciam as principais alianças e disputas acerca da compreensão de Deus e do povo[167].

A família era concebida como um pequeno e vital santuário, e a casa como lugar de paz e serenidade. A mesa era o lugar de encontro com a renovação da aliança, diariamente, através da bênção do pão, na noite de sábado e nos dias de festa, especialmente, na ceia pascal. À mesa, Deus era recordado e louvado como fonte de todo o bem, e meditava-se na lei, que, de um modo particular, era explicada aos mais pequenos[168].

A bênção entre os membros da família era parte integrante da liturgia doméstica, que se unia à liturgia da sinagoga e do templo. O sábado era a expressão do empenho que toda a família devia assumir durante toda a semana, e o dia de Páscoa, durante todo o ano.

---

nacionais comuns. Essas comunidades ou sinagogas locais eram na sua origem autónomas de qualquer poder; cf. A. RUNESSON, *Ancient*, 324ss.

[165] Cf. L. I. LEVINE, *Ancient*, 650-653.
[166] Cf. E. W. STEGEMANN – W. STEGEMANN, *Urchristliche*, 178ss
[167] Cf. A. M. SIVERTSEV, *Households*, 270ss.
[168] Cf. R. DE VAUX, *Histoire*, 99ss.

A família – homem, mulher e sua descendência – era uma estável comunidade de amor baseada na aliança. As suas principais obrigações provinham directamente de Deus.

Ao criar os dois sexos, Deus criou a família como manifestação da sua realização na unidade. Os filhos eram bênção de Deus, garante da aliança, e chamados a honrar os seus pais e assumir todas as responsabilidades na justa obediência à lei e à descendência a que pertenciam[169].

O homem e a mulher eram partes do mesmo ser, partilhavam entre si as suas riquezas no amor e tinham sido criados à imagem de Deus. Na realização da família, de uma maneira particular, na pureza do encontro de homem e mulher e na sua descendência, realizava-se a vitalidade do judaísmo: a presença vivificante e unificadora do Deus único na sua relação com o seu único povo.

A família destacava-se ainda no valor das genealogias por questões de honra e, sobretudo, como veículo de méritos e vida.

A articulação entre papéis e espaços sociais na família era evidente e dependia do modo como as pessoas eram concebidas, não individualmente, mas pelas suas relações na família, na sinagoga, no lugar, no ofício.

Em síntese, a força de coesão e de unidade do judaísmo, de então e de sempre, deve-se, sobretudo, às suas famílias, que, de geração em geração, transmitiram a lei e tornaram presente a unidade de Deus nas suas vidas e descendências[170].

1.3.4 Noções de unidade

A compreensão de Deus, da vocação e da unidade do povo foi e é uma resposta constante deste na sua relação fundacional e unificadora com o seu Deus. Nessa relação era vital: ser diante de Deus, ou seja, da distância passar à proximidade a Deus; e retornar do exílio, ou seja, da dispersão reunir-se na unidade na terra.

Assim, o desejo de unidade era, então, como sempre, a realidade vital, que dependia da qualidade da relação do único povo com o único Deus, e da qual brotavam diversas noções de unidade. Como os grupos e as instituições, não obstante a sua diversidade, formavam e serviam uma única unidade, assim também as diversas noções de unidade coexistiam na unidade[171].

---

[169] Cf. I. M. ZEITLIN, *Jesus*, 88ss.
[170] Cf. F. J. MURPHY, *Early*, 63ss.
[171] Cf. H. C. KEE, *Who Are*, 56ss.

a) *Exogamia e não-exogamia*

Uma das primeiras noções de unidade e de pertença do povo era o nascimento e a geração, momentos onde se destacava a importância da prática da circuncisão[172]. A exogamia com tribos vizinhas fora proibida pela lei e confirmada por Esdras no retorno do Exílio (cf. Dt 7,1-4; Esd 9,1-4).

Apesar dessa tradição, outras tradições permitiam o casamento com mulheres pagãs (cf. Nm 12) e a participação de não-israelitas no culto especificando regras (cf. Ex 12,48; Lv 17,8).

Isaías anuncia que os estrangeiros que se juntassem aos judeus seriam levados ao monte santo para partilhar a nova aliança; a casa de oração passaria a servir todas as nações (cf. Is 56,3-7)[173].

A tensão e a oposição entre essas tradições confirmam que não havia uma só noção da unidade do povo e que as diversas tradições coexistentes não definiam o judaísmo por si, antes, se entrecruzavam.

b) *Jerusalém, luz das nações*

A importância de Jerusalém era decisiva para a renovação da unidade. A distância da cidade provocara a dispersão, o retorno a essa levaria à unidade do povo (cf. Jr 31,31-39). Jerusalém é o mensageiro de Deus e o selo da realização do seu povo e da paz das nações.

A cidade santa era a morada de Deus dada ao seu povo no mundo (cf. Zc 8,1-8) no meio do mundo (cf. Sl 3). Desse modo, Jerusalém assume uma dupla valência: a sua reedificação marcará a restauração da unidade do seu povo; e esta seria sinal de poder e de juízo para todas as nações (cf. Jr 19).

Não obstante as referências a protagonistas humanos na restauração da cidade – juízes, conselheiros, Ciro, sentinelas, governador[174] –, seria Deus a reunir o seu povo, a ordenar a paz e a chamar a si e julgar todas as nações.

---

[172] Cf. Lv 12,2ss; Dt 10,16; 30,6; Jr 4,4; 9,25. De facto, Filão cria na obrigatoriedade da circuncisão contra os judeus contemporâneos que a julgavam não necessária; cf. FILÃO, *Spec.* I; 1Cor 7,18-19.

[173] O acesso universal ao templo é reafirmado em 2Cr 6,32-33. As experiências de Ester e Rute retratam o poder de os gentios serem incluídos na relação com o Deus de Israel; Est 8,17; Rt 2,10; 4,10. Josephus procura convencer judeus e gentios acerca da antiguidade, racionalidade e preciosidade da tradição judaica; a lei era anterior às grega e romana e chave de compreensão destas; cf. JOSEPHUS, *AgAp* 2 § 11ss.

[174] Cf. Is 1,26; 45,13; 62,12; Jr 30,21.

CAP. II: UNIDADE JUDAICA E GRECO-ROMANA

c) *Santificação cultual*

O culto puro em Jerusalém era outra decisiva noção de unidade. A destruição do templo provocara a dispersão, a sua construção traria a unidade (cf. Ez 43;1ss; Esd 1).

O culto justo no templo faria tornar presente a nuvem da glória; os que a observassem puramente acederiam ao culto no templo, pelo contrário os que a violassem dele seriam expulsos (cf. Lv 18-26).

No âmbito dessa decisiva acção de Deus com o seu povo por meio da prática cultual justa, destacava-se o papel do sumo-sacerdote de presidência, de garantia de independência e de primazia divina (cf. 1Mac 12; 14,35; Esd 9,1ss).

A santificação do templo era o caminho e garante de unidade, o qual se unia, particularmente, à importância e à apropriação da terra de Israel e da cidade de Jerusalém (cf. Ez 47,1-13)[175].

d) *Purificação na lei*

O não cumprimento da lei levara à dispersão, a sua justa e recta observância levaria à unidade (cf. Br 1,18-20). Estando o templo reedificado e as festas restabelecidas, os líderes deveriam assegurar a observância da lei.

Em contraposição ao que não era judaico, a lei era a bússola para a compreensão e a realização da unidade[176]. Nesse sentido, Moisés era o principal mediador entre Deus e o seu povo (cf. Ex 19-40) e o poder da lei o agente congregacional do povo.

A sabedoria dos céus levaria o povo a assumir a lei (cf. Br 3,29-37), a qual se desenvolveu dependente do templo. Nesse contexto, em oposição à centralização do culto em Jerusalém, proliferaram outros lugares de culto, acentuou-se a relação pessoal com Deus e incrementaram-se os ritos de purificação pessoal.

e) *Caminho da sabedoria*

A sabedoria esteve na base de outra noção de unidade. Deus dá a sabedoria única ao seu povo, na qual consuma a sua vocação de unidade do criado. Na sabedoria, o povo encontra a estabilidade e toma parte no desígnio de Deus. A sabedoria foi o primeiro dos seres criados, dada aos que a amam (cf. Sir 1,4ss).

---

[175] Cf. R. RENDTORFF, *Canonical*, 78ss.
[176] Cf. Tb 1,3ss; H. M. ORLINSKY, *Ancient*, 87ss.

A sabedoria de Deus criara o mundo e a humanidade reunia-se em torno a ela (cf. Sir 16,24ss); a sabedoria manifestava-se na obediência à lei, que morava em Israel (cf. Sir 24). Ao viver da sabedoria, o povo restaurava-se, por isso, era vital valorizar o seu poder.

A sabedoria fala aos líderes das nações para que só a ela exercitem (cf. Sb 1,1; 3,1-9). A sabedoria é a atractiva e graciosa mulher (cf. Sb 6,12-16) que ordena a natureza e eleva o ser a Deus (cf. Sb 7,15ss).

Em síntese, a sabedoria é o Espírito Santo (cf. Sb 9), no qual Deus opera no universo e realiza a sua harmonia. A história do povo é o supremo testemunho do poder da sabedoria de Deus, na qual universal e eternamente o Senhor realiza a unidade do povo e da humanidade[177].

e) *Chegada do messias*

Num contexto cósmico, a criação é envolvida no cumprimento das promessas proféticas e integrada nos poderes celestiais, demoníacos e malignos. Deus expulsará o poder do mal, exercerá o seu poder sobre as nações e o mundo será renovado (cf. Is 14,12ss; 30,26); ou seja, avista-se uma festa única no monte do Senhor pelos que esperam a sua vinda.

Em oposição à desordem cósmica e social, que dispersou o povo, Isaías traça o movimento ordenado, no qual Deus cumprirá as suas promessas: o encontro dos judeus dispersos em adoração no monte do seu Senhor (cf. Is 25,9; Zc 10,9-12).

A vinha estéril dará os seus frutos eternos em toda a terra (cf. Zc 9). O messias trará a paz às nações (cf. Zc 9,9-10; Dn 7,13), convidá-las-á anualmente para a festa das tendas em Jerusalém e punirá as não participantes (cf. Zc 14,16-19). Deus fará ressuscitar os mortos e glorificará os crentes (cf. Dn 12,2-3). O filho do homem levará ao cumprimento o plano cósmico divino[178].

f) *Iluminação pessoal*

A própria experiência de Deus era decisiva na compreensão de unidade; a unidade resultaria da iluminação que permitisse ao povo viver a sua história, que se descobria e se disciplinava pela inspiração de Deus como um encontro de dois amados (cf. Ct 1,12ss).

Nesse sentido, cria-se que Deus habitaria na terra nas almas dos seus, guiando-os segundo os seus ensinamentos, renovando a humanidade na vida comunitária definida pelo amor e alegria.

---

[177] Cf. F. CRÜSEMANN, *Tora*, 432ss.
[178] Cf. J. O. CARVALHO, *Caminho*, 257ss.

Para Filão, a prosperidade e a unidade social dependem do carácter individual da mente devota, na qual brota a justiça pessoal como fundamento social[179]. Na imagem do maná, o Logos do céu à terra deleita a mente que segue a verdade[180]; a escada de Jacob manifesta o caminho[181]. Os sentidos deviam subir ao santuário divino como experiência comunitária imitando o culto celeste[182].

1.3.5 Unidade em Filão de Alexandria

Filão de Alexandria (15 BCE-50 CE) nasceu numa prestigiada e rica família da elite judia de Alexandria, onde passou grande parte da vida[183]. Foi um profundo admirador e conhecedor da cultura grega, especialmente da filosofia platónica e estóica[184], e um fiel seguidor das suas tradições judias[185].

A obra de Filão é orientada pelo principal objectivo de evidenciar a grandeza da tradição cultural e religiosa de Israel, colocando a sua cultura ao serviço desse empreendimento. A sua vasta obra pode ser dividida em quatro grupos de textos: exegéticos, históricos, apologéticos e filosóficos.

Desenvolvendo diversos temas, Filão fez uma profunda reinterpretação bíblica[186]. Serviu-se particularmente da alegoria para apresentar a verdade bíblica, que no seu sentido mais profundo fala do caminho que a alma deve percorrer, das atracções terrenas até à terra prometida, ou seja, à existência divina[187].

---

[179] Cf. FILÃO, *Migrat.* 56. 120-121.

[180] Cf. FILÃO, *Fug.* 137-139. O percurso de Abraão é assim apresentado como modelo e o povo é definido pela constante procura de entender no desejo de ver o existente e de ter os sentidos na perfeita alegria; cf. FILÃO, *Migrat.* 7ss. O autêntico sumo-sacerdote não é uma figura humana, mas o Logos imune a toda a injustiça, que, tendo Deus como seu Pai, é igualmente Pai de todos, e, tendo por mãe a sabedoria, nela todo o universo existiu; cf. FILÃO, *Fug.* 108-110.

[181] Para Filão, o *um* divino deu forma à matéria e radiou de si mesmo uma enorme corrente de luz, que é variavelmente chamada logos, sabedoria, virtude, espírito, e que manifesta a sua função criativa e ordenadora. Cf. FILÃO, *Somn.* 157.

[182] Cf. Ez 1,4-28; G. VERMES, *Dead Sea*, 221-230.

[183] Cf. JOSEPHUS, *Ant.* 18 § 259; 20 § 100. Alexandria era um dos principais focos de expansão da cultura grega e lugar onde se estabelecera a maior comunidade judaica fora da Palestina, a única capaz de contrariar o apogeu grego. Cf. Z. ZEVIT, *Religion*, 110ss.

[184] Cf. FILÃO, *Spec.* III 1-2.

[185] Cf. FILÃO, *Somn.* II 123-132. Filão fala de diversas sinagogas em Alexandria e refere-se a uma especialmente grande e notável; cf. FILÃO, *Legat.* 132-134.

[186] Cf. FILÃO, *Spec.* IV 61; LA I 108; *Mos.* II 3ss; *Praem.* 53-56.

[187] Cf. D. T. RUNIA, *Exegesis,* 7ss.

a) *Evento da criação*

A criação é uma das noções-chave de Filão no entendimento da unidade. Segundo o autor, Deus criou o mundo selando-o com a sua generosidade: chamou a ser o não-ser (μὴ ὄντα ἐκάλεσεν εἰς τὸ εἶναι), fazendo ordem da desordem, qualidade da não-qualidade, semelhança da diferença, identidade da total heterogeneidade, comunhão e harmonia da não-comunhão e desarmonia (ἐξ ἀκοινωνήτων καὶ ἀναρμόστων κοινωνίας καὶ ἁρμονίας), igualdade da desigualdade, luz das trevas[188].

Assim, para Filão, Deus é a fonte inesgotável de vida para o mundo[189], que criou o mundo inteligível – causa activa que anima e transforma o mundo – e, depois, o mundo sensível[190]. Os seres criados são obra da incessante e estruturante generosidade criativa divina, que se manifesta, por exemplo, na gratuidade dos bens da natureza ou na possibilidade humana de aceder à sabedoria divina[191].

Para o autor, a generosidade de Deus não é uma ideia nem uma lógica na qual as realidades determinada e/ou necessariamente se reúnem. Sem nunca mudar o ser de Deus, a sua generosidade é contínua doação criativa, e os seres beneficiam dela recebendo-a e nela sendo[192]. O dinamismo de doação de Deus é o fundamento da ordem da criação que a transforma em harmonia como uma alegre sinfonia[193].

O autor entende a ordem da criação como um regime monárquico, no qual todos convivem sobre uma única autoridade[194]. O mundo é como uma grande cidade fundada sobre a única lei do Logos da natureza, que é a suprema inteligência[195].

Nesse regime, a unidade e a unicidade de Deus são o único governo capaz de destruir as idolatrias e as vanidades e de favorecer a

---

[188] Cf. FILÃO, *Spec.* IV 187; *Congr.* 171.
[189] Cf. FILÃO, *Mut.* 140; *Her.* 31.
[190] Cf. *Opif.* 8ss.16. Filão entende o Logos como um instrumento de Deus na criação e ser providencial na história. O Logos representa a face de Deus para a realidade. O autor refere-se ao Logos como um ser existente independente, como uma dimensão de Deus, como um dos poderes de Deus. Ao apresentar o homem como uma imitação de Deus, o autor pensa no Logos na sua dimensão transcendente; ao apresentar o homem como parte do Deus inteiro, pensa na dimensão imanente do Logos. Cf. T. D. RUNIA, *Philo*, 66ss.
[191] Cf. FILÃO, LA I 5. 34; *Plant.* 89.
[192] Cf. FILÃO, *Her.* 31.
[193] Cf. FILÃO, *Opif.* 28; LA III 86; *Somn.* I 35; II 193.
[194] Cf. FILÃO, *Fug.* 10.
[195] Cf. FILÃO, *Ios.* 29.

unidade[196]. Os homens são chamados a conformarem-se com a única e una potência generosa criativa de Deus, integrando-a e imitando-a[197].

A progressiva conformidade do homem com a acção de Deus realiza-se na contemplação, onde o Logos se alimenta com palavras do alto[198]. A alma contemplativa, ao transcender-se, saboreia o dom divino e, questionando-se acerca desse, compreende-o como o Pão que o Senhor deu[199], no qual pode tornar-se elemento de harmonia entre os seres criados[200].

b) *Homem criado por Deus*

O homem, segundo o autor alexandrino, realiza-se dado pelo criador e dado a dar como Deus, ou seja, completa a sua santidade diante de Deus na justiça diante da criação[201]. O homem está unido ao criador, sem que nada disponha como seu, pois nu veio e nu parte deste mundo[202], tudo recebe de Deus e tudo, recíproca e generosamente, doa[203].

A grandeza do homem é imitar Deus e a ele unir-se[204]. Deus nada quer em troca senão que os seus dons sejam desfrutados e ordenadamente doados, ou seja, inseridos na virtude da generosidade[205]. O banquete preparado por Deus para a sua criação é expressão dessa harmonia e alegria colectiva, que completa o homem na medida em que este sacia a sua sede na descoberta da verdade[206].

---

[196] Cf. FILÃO, *Spec*. I 30-31.
[197] Cf. FILÃO, QG. I 15. O bem não se alcança no cimo dos montes ou nos confins da terra, mas na boca, no coração, nas mãos do homem que o quer realizar; cf. FILÃO, *Mut*. 237. Aquele que escuta obedientemente Deus age em consonância com a sua palavra; cf. FILÃO, *Congr*. 64ss; QG IV 110.
[198] Cf. FILÃO, LA III 163ss.
[199] Cf. FILÃO, *Fug*. 138s.
[200] Cf. FILÃO, *Her*. 107; *Fug*. 167; LA III 204.
[201] Cf. FILÃO, *Abr*. 208; *Migrat*. 121.
[202] Cf. FILÃO, *Spec*. I 295.
[203] Cf. FILÃO, *Cher*. 83ss; *Plant*. 48; LA III 195-196; *Her*. 79. O homem está entre o divino e o natural. O seu corpo humano pertence à terra, o espírito ao céu, e a alma está entre a terra e o céu. Para alcançar a vida virtuosa, deve procurar o equilíbrio entre o pensamento racional e as paixões irracionais. O objectivo do homem é assemelhar-se a Deus. Para Filão, o objectivo é possível para quem procura Deus e recebe a sua sabedoria. Conhecer Deus é uma relação pela graça; esta realiza-se quando o homem abandona as suas ilusões e reconhece a sua condição; cf. T. R. RUNIA, *Philo*, 77ss.
[204] FILÃO, *Virt*. 168-169.
[205] Cf. FILÃO, *Somn*. II 176; *Spec*. I 295.
[206] Cf. FILÃO, *Somn*. I 50.

Nessa busca, aquele que se apropria da verdade, liberto do egoísmo, insere-se na generosidade do dom[207]. O sábio reconhece que, recebendo tudo como graça de Deus[208], pode dar imenso (como Abraão deu uma enorme descendência) e que o egoísmo, radicado na duplicidade e na auto-suficiência, é negação do amor de Deus[209]. Livre da auto-suficiência e humildemente unificado, o homem é definido como aquele que espera naquele que verdadeiramente é. O homem reconhece a sua própria condição ao contemplar Deus e a enormidade dos seus benefícios[210].

c) *Os homens são irmãos entre si*

Segundo Filão, Deus criou os homens como autênticos irmãos[211], ou seja, todas as criaturas e, de um modo particular, todos os homens formam a fraternidade da criação. Os homens reconhecem-se como irmãos na interpretação conjunta do Logos, onde compreendem a harmonia da criação de Deus: no universo expressa pelo cosmos, na cidade pela democracia, e na alma pela bondade.

Servindo-se do exemplo da harmonia da lira, o autor defende que todos os homens devem seguir a amizade e a concórdia e formar uma única harmonia, onde um único dar e receber os deverá governar e levá-los à consumação da unidade em todo o mundo[212].

A consumação da missão dada aos homens encontra como principal obstáculo a incapacidade de alguns em cumprir a lei e em reconhecer o bem comum e os sistemas sociais injustos [213]. Sem descobrir a sua condição, o homem não alcança a verdade; pelo contrário, aumenta a cegueira e inoperância face à lei[214].

Opondo-se à verdade, regride na compreensão dos princípios supremos da inteligência podendo remeter-se ao isolamento[215]. Para Filão, face ao isolamento e à perda de identidade, só a sabedoria superior pode reinserir homens e sistemas sociais na harmonia da criação[216].

---

[207] Cf. FILÃO, *Her.* 106-108.
[208] FILÃO, *Deus* 107.
[209] Cf. FILÃO, *Sacrif.* 2ss; *Cher.* 84ss; *Agric.* 173.
[210] Cf. FILÃO, *Deter.* 138-139; *Her.* 29; *Somn.* I 60; *Her.* 29ss.
[211] Cf. FILÃO, *Prob.* 79. Filão usa o termo *irmão* para descrever a fraternidade entre todas as criaturas, homens racionais, familiares, israelitas entre si e entre estes e os restantes homens. Cf. D. FARIAS, *Studi*, 196ss.
[212] Cf. FILÃO, *Cher.* 109-115; *Spec.* IV 237.
[213] Cf. FILÃO, *Ios.* 29ss
[214] Cf. FILÃO, *Praem.* 12; LA III 229.
[215] Cf. FILÃO, *Somn.* II 70; LA III 53.
[216] Cf. FILÃO, *Praem.* 12-14; *Abr.* 7ss.

d) *Lei dada por Deus ao povo*

Filão apresenta a lei do Sinai como uma segunda génese, melhor que a primeira[217], na qual Deus restituiu ao homem a sua condição e revestiu-o da suprema inteligência[218]. Deus criou o povo, nação contemplativa, como tinha criado o mundo, em ordem a completar por meio dele a harmonia segundo a lei divina[219].

Os israelitas escolhidos por Deus passam a formar uma particular condição de fraternidade: uma comunidade que reconhece a sua condição e, por isso, dirige-se como órfã e indigente a Deus[220]. Reunidos no deserto, já não são apenas uma nação, um povo ou uma multidão, mas uma assembleia reunida numa única harmonia, fundada no amor de Deus que une todos os israelitas[221].

Desse modo, para Filão, os mandamentos são a fundação ontológica e política revelada por Deus ao povo sobre a forma de lei. A lei é dirigida ao povo reunido no deserto[222] em relação com Deus e consigo, ou seja, revela a natureza de Deus e a natureza da relação entre os homens e a criação. Naturalmente chamados à concórdia, os homens encontram a fonte desta nos dez mandamentos[223]. Os mandamentos convertem as relações sociais, marcadas pelo caos e o conflito, em harmonia e ordem naturalmente ordenadas por Deus.

A lei é a lei natural, sempre válida e praticável em todos os lugares e por todos os homens, pois supera todas as outras leis[224]. A lei conforma Israel a ser a estável e eterna ordem, a ordem natural, superior às contingentes e humanas leis[225]. A lei revelada, escutada, transmitida, escrita, no contexto da criação, é a memória das vidas dos patriarcas, racionalizada, vista, intuída, não escrita[226] e que corresponde à ordem natural e original em Deus[227].

Assim, segundo Filão, a lei é o elo de unidade entre todos os ju-

---

[217] Filão, QE II 46.
[218] Cf. Filão, *Praem.* 2; *Decal.* 32ss. Cf. D.T. Runia, *Philo*, 22ss.
[219] Cf. Filão, QE II 46. *Congr.* 51.
[220] Cf. Filão, *Legat.* 3.
[221] Cf. Filão, QE I 10; *Spec.* I 52.
[222] O povo foi conduzido ao deserto para receber a nova legislação distante da cidade e livre em relação a outras normas; cf. Filão, *Decal.* 2.
[223] Cf. Filão, *Decal.* 133.
[224] Cf. Filão, QE I 42; *Mos.* II 51-52.
[225] Cf. Filão, *Decal.* 2. 4. 9; *Mos.* 1. 87. 278. F. Calabi, «Ordine», 139-158.
[226] Cf. Filão, *Abr.* 5.
[227] Cf. Filão, *Mos.* II 14; C. Termini, *Potenze*, 211ss.

deus[228], que invocavam a unidade para todo o género humano[229]. Entre israelitas, Moisés é o melhor exemplo do cumprimento da lei, pois não só recebeu de Deus e deu ao povo a terra, como lhes ensinou o modo de nela habitar em vista do autêntico lugar que é o próprio Deus[230].

e) *Povo de Deus*

Estando o judaísmo fortemente disperso e o culto centralizado em Jerusalém, Filão identifica o povo naquele que tinha os mesmos valores e a mesma lei. Judeus e não judeus tinham capacidade de aderir à lei dada por Deus, na qual eram necessários o culto ao único Deus e a prática dessa única lei. O povo encontra na lei a resposta à aliança, a sua configuração de povo e o modo de celebrar e expressar a sua fé[231].

Nesse sentido, Filão fala de Israel como o povo sacerdotal, a oferta dada por Deus aos homens. O povo eleito é reunido por Deus na observância da lei para levar a humanidade à lei[232].

No seio do povo, a tribo dos levitas é a expressão ordinária do ser povo[233]: na escuta de Deus e do seu Logos, no serviço do santuário, no ensino e testemunho da sua vontade[234]; assim, ilumina o povo e os governantes com a lei e é modelo no conduzir o mundo à lei[235].

O êxodo era modelo da necessária passagem do sensível à contemplação, e da contemplação à visão do ser de quem Logos é só imagem: Deus, aquele que é verdadeiramente. Aquele que procura Deus e, de um modo ordinário, os sacerdotes elevam os seus e os olhos do povo ao céu, onde poderão contemplar o lugar do Logos no qual reside estavelmente Deus[236].

---

[228] Cf. FILÃO, *Legat.* 281ss.

[229] Cf. FILÃO, *Spec.* I 97.

[230] Cf. FILÃO, *Abr.* 56; *Virt.* 56-57; *Mos.* I 149. Filão diz que Deus contém o universo inteiro; é o refúgio de tudo e de todos, é o lugar de si mesmo, é o lugar do qual se fez conter e conteúdo; cf. FILÃO, *Somn.* I 63.

[231] Cf. FILÃO, *Spec.* IV 180. Filão usa e interpreta diferentes termos para falar dos judeus: Ἑβραῖος (cf. FILÃO, *Migr.* 20); Χαλδαῖοι (cf. FILÃO, *Praem.* 14); Ἰουδαῖοι ou τὸ Ἰουδαίων ἔθνος (cf. FILÃO, *Legat.* 205); Ἰσραήλ (cf. FILÃO, *Legat.* 4).

[232] Cf. FILÃO, *Decal.* 35; *Praem.* 54ss.

[233] Cf. FILÃO, QE I 10; *Spec.* IV 180.

[234] Cf. FILÃO, *Fug.* 93; *Sacr.* 119; *Migrat.* 102.

[235] Face às ambiguidades do poder e às consequências de um governo sem a sabedoria do Logos, Filão recorda que os governadores detinham o poder, mas os levitas dependiam do poder legislativo divino que regulava e movia os corações do povo; cf. FILÃO, *Agric.* 44ss; *Spec.* IV 160; *Virt.* 54; P. BORGEN, *Early*, 56s.

[236] Cf. FILÃO, *Confus.* 93-97.

O cosmos é o santuário sensível, no qual o Logos exerce o seu sumo sacerdócio; a alma racional é o santuário inteligível, onde o homem exerce o seu sacerdócio na tradição dos pais[237]. O templo de Jerusalém era o elemento de unidade e unicidade dos dois santuários, para onde confluíam peregrinos dos quatro pontos cardeais num refúgio comum e lugar de concórdia[238]. A unicidade do templo é sinal para a humanidade da existência do povo como comunidade que avista e imita a sabedoria de Deus[239].

Na relação única do povo com o seu Deus, se entende o modo como, órfão e suplicante, ele se relaciona com os outros povos[240]: intercede por todos e recorda-os da sua condição. Orientado pela inteligência do Logos, o povo avista o fim dos tempos, onde se afirma a ordem cósmica completamente livre de conflitos, quando a lei for assumida por todos os povos. A missão de Israel e a sua abertura universal expressam-se simbolicamente no alimento divino do maná dado a todos os homens[241].

Assim, a unidade de todos os filhos de Deus é fazer aquilo que é agradável à natureza, aquilo que é bem[242]. A fraternidade dos filhos de Deus, solidários entre si, realiza-se no encontro de verdade e interior de cada um e de todo o povo com a lei de Deus[243], num grau de parentesco mais íntimo que o do sangue, ou seja, o da justiça e da virtude[244].

Os filhos de Deus, já irmanados como criaturas, alcançam a plenitude na nova geração da virtude[245]. Como nenhum número se pode aplicar a Deus, senão o um ou a mónade, ainda que, segundo Filão, estes não sejam propriamente números mas princípios destes[246], assim a unidade entre os homens se inicia e consuma na submissão destes, livres de toda a duplicidade, à unidade e unicidade da generosidade de Deus, a qual os transforma naquilo que são: esperança naquele que verdadeiramente é[247].

---

[237] Cf. FILÃO, *Somn.* I 60. 125; II 183.
[238] Cf. FILÃO, *Spec.* I 67-70.
[239] Cf. FILÃO, *Abr.* 98; *Spec.* I 97.
[240] Cf. FILÃO, *Spec.* IV 179.
[241] Cf. FILÃO, *Praem.* 89; *Mos.* II 44; *Deter.* 118.
[242] Cf. FILÃO, *Spec.* I 318; QG I 92; *Sobr.* 56.
[243] Cf. FILÃO, *Deuter.* 24; *Spec.* I 153.
[244] Cf. FILÃO, *Spec.* III 155.
[245] Cf. FILÃO, *Decal.* 64; QG II 60.
[246] Cf. FILÃO, LA II 3.
[247] Cf. FILÃO, *Deter.* 139.

1.4 Unidade segundo Jo e unidade judaica

A noção de unidade do judaísmo no I CE, como antes e sempre na sua história, compreende-se justamente no seio e como fruto do seu evento fundacional. A unidade do povo é parte integrante do ser e da vocação daquele, é a sua resposta a Deus.

A unidade é a realidade vital desejada e necessária do povo e, ao mesmo tempo, antecipa a compreensão do fim dos tempos e a realização da sua missão como povo de Deus. Nesse sentido, a unidade é fim e sua necessária condição. É o ser e a realidade de Deus, o Deus único, aquele que é, que se revela na história ou em relação com os seus, que faz o ser e a unidade do seu povo, que é vitalmente uma única e definida comunhão, que é propriedade de Deus realizando-se nessa unidade de comunhão.

Como em toda a sua história, a realidade que definia o povo não era, propriamente, o nome dado a Deus, que variava; não era, propriamente, a reflexão acerca de Deus e do povo, que divergia, mas era vitalmente a resposta do único, definido, unido povo, pertença de Deus único e realizada em relação com o Senhor.

A unidade do povo incluía a diversidade, tanta quanto o número dos seus membros, grupos, instituições, conceitos, e opunha-se, por definição e radicalmente, à dispersão e à não-unidade[248].

Como definir a unidade do povo? Só no seio da relação do povo escolhido com o seu Deus. Sendo o seu único Deus relação, comunicação, vida, ser, a unidade do povo é na medida em que é imagem e semelhança do seu único Deus, ou seja, relação, comunicação, vida.

A unidade do povo, sem ser dogmatizada, sistematizada, nem controlada institucionalmente, é a unidade em Deus, ou seja, na medida em que o povo, na diversidade, na distância, na diferença, se realiza como unidade de Deus.

A unidade é a vocação e o ser do povo. A unidade do povo existia como realidade e vocação, como ser e desejo, como vida e missão, como facto e projecto. Com efeito, essa realidade de unidade era, é e será na tradição, na herança, vitalmente, na dinâmica, uma e única do evento fundacional, que exclui e inclui, que é profundamente existencial e vivencial, que é sinal e necessidade universal, que entrecruza diferentes noções de unidade, sempre em relação de definição a ela mesma; por isso, o povo continuamente recitava, recordava, orava, disponibilizava-se e desejava: *escuta, Israel, o Senhor nosso Deus é um Senhor* (Dt 6,4).

---

[248] Em contraposição ao interesse dos filósofos gregos entre o *um* e o *muitos*, surge a oposição hebraica entre a unidade do povo e a sua dispersão.

2. Unidade greco-romana no I CE

Conforme observámos anteriormente, Filão de Alexandria dominou e integrou no seu pensar a unidade da filosofia grega e romana. De facto, naquele tempo, pensar a unidade tocava necessariamente o pensamento grego e romano, no qual a noção de unidade aparece consolidada como uma das principais do seu pensar filosófico, social, moral e religioso.

Por isso, em vista da compreensão joanina da unidade, importa ver como se desenvolveu a noção grega e calcular a sua importância no I CE. Nesse sentido, do evoluir do conceito de unidade nas diversas escolas gregas clássicas, estudamos a importância dada a esse conceito por três autores contemporâneos a Jo: Séneca, Dio Crisóstomo e Plutarco.

2.1 Desenvolvimento do conceito

O pensamento grego nasceu do pensar do homem acerca do mundo e de si. Superando a imagética e a poética[249], a elite grega pensante citadina[250] quis individuar o princípio único do cosmos para perceber e reunir o seu múltiplo; ou seja, o múltiplo está na base do conceito grego de ἕν.

---

[249] Na qual o homem padrão era tido como único e onde todos ou quase todos tinham lugar sem propriamente uma distinção de idiomas. O homem distinguia-se dos deuses pela sua condição mortal; dos animais, pela sua articulação de técnica, idioma, e razão; e dos monstros, pela sua conduta. O homem aproximava-se dos deuses e afastava-se das bestas e daqueles outros homens que não assumiam os padrões comunitários de vida; estes padrões, sem um interesse geográfico, histórico nem metafísico próprios, surgiam do cenário poético e imagético cosmológico local, uniforme, determinado e universal; cf. HOMERO, *Od.* XVIII 129-137; T. W. ALLEN, *Odyssea*. Deus era um poder que representava uma acção num conjunto de forças de oposição e unidade que era o universo divino; cf. W. BURKERT, *Griechische*, 57ss. Os homens diferenciavam-se comunitariamente entre: maiores e menores; homem e mulher; livres e escravos; melhores e piores; bons e maus; elite e multidão; nobres e não nobres; gregos e bárbaros; cidadãos e estrangeiros. Hesíodo refere-se à humanidade inferior na situação de conflito e divisão, à superior na situação de paz e felicidade, e à justiça ou boa ordem como característica do homem civilizado dada por Zeus para que aquele viva em paz; cf. HESÍODO, *Op.* 225-237; M.L. WEST, *Hesiod*.

[250] A cidade ou polis (πόλις) constituía uma unidade por si, uma única alma, limitada política e religiosamente, com os seus habitantes unidos no culto à divindade como princípio (ἀρχή), origem e fonte de vida; cf. G. POMA, *Istituzioni*, 13-40. O paradigma unitivo da cidade estendeu-se cosmicamente, e a ele acresceu a divisão entre o ser e o não-ser grego, daí surgindo o conceito pan-helénico com as suas olimpíadas, festivais, oráculos próprios délficos, noções como a de o sol vir sobre toda a terra resplandecendo especialmente para os gregos; cf. HESÍODO, *Op.* 527-528.

O termo ἕν é o neutro do adjectivo numeral εἷς, mais ou menos próximo semanticamente de outros termos como μόνας, ὄν, πᾶν, que pode significar, segundo os diferentes autores e contextos: o uno contínuo geométrico oposto à descontinuidade; a unidade-forma biológica ou cósmica; a unidade-indivíduo aritmético inalterável mesmo multiplicando-se; a unidade-universalidade das relações, conceitos e leis.

Assim, na amplitude do conceito de ἕν, seja como uno-único, uno-unidade unificante ou uno-individual (em oposição ao múltiplo-diverso), uno-universal transcendente, presença do ser em todos os seres permitindo-os ser[251], é necessário atender ao desenvolvimento do conceito grego para a sua compreensão no I CE e para a sua relação com Jo.

2.1.1 Jónicos

Os jónicos perceberam o *tudo, o todo* (πᾶν, ὅλον), do *um* (ἕν) ou do *princípio*[252]. Para Tales, a água era o princípio de tudo e nela a terra era suspensa[253]. Para Anaxímenes, era o ar o ἕν de tudo, que o animava como a alma o homem[254]. Anaximandro, o primeiro a definir princípio por ἀρχή[255], percebeu o ἕν no *infinito* (ἄπειρον), onde tudo tinha origem e se dissolvia ciclicamente[256]. Para estes autores, explicar o múltiplo era unificá-lo no seu princípio[257].

Heraclito definiu o *fogo* (πῦρ) como o princípio do qual tudo emana e se desintegra[258]. Deus[259] não fez o mundo; este foi, é e será um fogo vivo[260], um uno (τὸ ἕν), unidade que unifica, resumo do diverso, ordenação de tudo. O uno permanece na mudança, pois tudo emana do uno (ἐξ ἑνὸς πάντα), a ele retorna (ἐκ πάντων ἕν)[261] e o forma (ἕν τὸ πᾶν)[262].

Assim, o tudo é diviso e indiviso, gerado e não gerado, mortal e imortal, logos e eterno, pai e filho; e, para Heraclito, escutando a razão,

---

[251] Cf. J.-P. ZARADER, *Vocabulaire*, 87ss.
[252] Cf. G. REALE, *Storia*, IX, 37ss.
[253] Cf. ARISTÓTELES, *Metaph*. I, 3; G. REIMER, *Aristotelis*.
[254] Cf. AÉCIO, 13 B 2 Diels – Kranz.
[255] Cf. N. ABBAGNANO, *Storia della filosofia.*, I, 14ss
[256] Cf. ARISTÓTELES, *Phys*. I, 4.
[257] Cf. G. REALE, ed., *Presocratici*, LI-LII.
[258] Cf. 22 B 90 Diels – Kranz.
[259] O Deus, diz Heraclito, é dia-noite, inverno-verão, guerra-paz, saciedade-fome. Ele sofre mutações como o fogo, quando se mistura com os aromas, e é chamado segundo o aroma de cada um; cf. 22 B 67 Diels – Kranz.
[260] Cf. 22 B 30ss Diels – Kranz.
[261] Cf. ARISTÓTELES, 22 B 10 Diels – Kranz.
[262] Cf. FILÃO, LA III 7; L. COHN – P. WENDLAND – S. REITER, *Philonis*.

é sábio admitir que tudo é um (ἔστιν ἓν πάντα εἶναι)²⁶³, pois só o uno permanece no devir: a realidade é um caos de incidentes, a vida uma enorme disputa, o homem cheio de desarmonia.

Para lá do confuso múltiplo, no divino harmónico, unem-se os conflitos²⁶⁴, pois tudo depende da única razão suprema, divina, eterna, universal, fixa, o logos que funda a harmonia universal num trovão²⁶⁵.

2.1.2 Escola de Pitágoras

Pitágoras e a sua escola desenvolveram o sentido metafísico do um (ἕν), da *mónade* (μόνας), de *deus* (θεός), do *bem* (ἀγαθόν)²⁶⁶, percebendo o número (ἀριθμός) como *princípio* (ἀρχή) de tudo.

O número é o fundamento do existente, e os seus constituintes elementos de tudo²⁶⁷. O *número* (ἀριθμός) é harmonia (ἁρμονία) do ímpar e par, do perfeito e imperfeito²⁶⁸; a *mónade* (μόνας), que não é ímpar nem par, é limite, ilimitado, ordem da grandeza²⁶⁹; ou seja, harmonia ou número, é o princípio de tudo²⁷⁰.

Sendo o ilimitado o vazio (κενόν) de tudo, o mundo deriva da inspiração do vazio pelo ἕν unindo tudo harmonicamente²⁷¹. O ἕν-μόνας é o princípio transcendente do número princípio de tudo; o ἕν, μόνας, θεός é princípio, intelecto (νοῦς)²⁷², centro e circunferência do mundo, que o reúne no um (εἷς ὁ κόσμος)²⁷³; por isso, Pitágoras e a sua escola chamaram ao conjunto de tudo cosmos²⁷⁴.

O mundo (κόσμος) é céu, terra, deus, homens; e tudo tem um número e ordem. O número sete, por exemplo, é regedor e senhor de tudo, é o divino, o que não gera nem é gerado, o imóvel, o tempo (καιρός), o momento justo, eterno, igual a si mesmo, diverso de tudo²⁷⁵.

---

[263] Cf. Hipólito, 22 B 50 Diels – Kranz.
[264] Cf. 22 B 66 Diels – Kranz.
[265] Cf. 22 B 64 Diels – Kranz; G. S. Kirk – J. E. Raven – M. Schofield, *Presocratic*, 67ss.
[266] Cf. Aécio, *Placita*, I, VII, 18; H. Daiber, *Aetius*.
[267] Cf. Aristóteles, *Metaph.* I, 4 – 5.
[268] Cf. C. Riedweg, *Pitagora*, 75ss.
[269] Cf. G. Reale – D. Antiseri, *Pensiero*, 24-31.
[270] Cf. Aristóteles, *Metaph.* I, 6.
[271] Cf. Aristóteles, *Phys.* III 6.
[272] Cf. Aécio, 58 B 15 Diels – Kranz.
[273] Cf. W. Bauer, *Der ältere*, 39-58.
[274] Cf. 14 A 21 Diels – Kranz.
[275] Cf. Filão, *Opif.* 100.

Tendo tudo um número, a partir daí há ordem, transparência e racionalidade, onde tudo se pensa[276].

2.1.3 Escola eleática

Parménides fundou a escola eleática detendo-se no ser e não ser. Para o autor e seus seguidores, a essência (εἶδος), a substância (οὐσία) eterna é o ser (ἔστι γὰρ εἶναι) que é e deve ser.

O ser na sua unicidade e imutabilidade faz de si o único objecto do saber[277]. O caminho da verdade e do saber o que é o ser só pode ser seguido pelo logos; os sentidos ficam na aparência entre o que é e o que não é.

O homem julga com a razão-logos, tomando as coisas distantes diante de si. Só o logos afirma o ser e nega o não-ser. Necessariamente, o ser é inteiro e o não-ser nada.

Assim, a necessidade, em relação ao tempo é a eternidade; em relação ao múltiplo, é a unicidade; em relação ao devir, é a imutabilidade[278]. Segundo Parménides, o ser não é gerado, é incorruptível, é indivisível, é contínuo igual (πᾶν ἐστιν ὁμοῖον), é limitado, é cumprido (τετελεσμένον), é único (ἕν), é única verdade[279].

Xenófanes quis desconstruir a religião tradicional representada por Homero e Hesíodo, os quais, segundo o autor, atribuíram ao divino e aos deuses a vergonha humana: roubo, adultério, engano[280]. Xenófanes concebia a divindade imóvel, inimaginável, mente suprema governadora do universo. O *um* (εἷς), divino, era acima dos deuses e dos homens e não era figura, pensamento nem semelhança humana[281].

Sendo a divindade uno-cosmos, o mundo é um e a sua unidade é a consequência do seu ser maior e mais perfeito: um. Deus é o uno-cosmos com o muito e diverso[282], no qual tudo inteiro vê, tudo inteiro pensa, tudo inteiro ouve.

---

[276] Cf. STOB. *Ecl.*, 44 B 5 Diels – Kranz.

[277] Cf. 28 B 8,1ss Diels – Kranz.

[278] Leucipo, fundador da escola atomista, e Demócrito, que a aprofundou, criam ser tudo conforme à necessidade num mesmo destino. De átomos qualitativamente iguais e quantitativa e geometricamente diferenciados eram constituídas todas as coisas que são. Os átomos eram a fragmentação do ser-uno em infinitos seres. G. REALE, *Storia*, I, 240ss.

[279] Cf. 28 B 8,4-5 Diels – Kranz.

[280] Cf. 21 B 11 Diels – Kranz.

[281] Cf. 21 A 30 Diels – Kranz.

[282] Cf. G. SOLERI, «Politeismo», 24-56. Sem negar o politeísmo, o divino é definido pela indivisibilidade, como é evidente, por exemplo, na auto-aclamação da deusa

Assim sendo, a acção de ver, pensar, ouvir, como força toda que tudo faz vibrar[283], é atribuída a deus cosmologicamente, e dela se entendem e destacam as ideias morais e espirituais, por exemplo, em relação às atléticas[284]. Recorda Xenófanes que, à ordem da cidade interessava mais a sabedoria que a força de homens ou cavalos[285].

Zenão de Eleia negou a multiplicidade e o movimento, argumentando que: se as coisas fossem múltiplas, o seu número seria simultaneamente finito e infinito. Para o autor, a pluralidade e a mudança das coisas são em si irreais, pois são infinitamente divisíveis; ou seja, na dialéctica entre o uno e o múltiplo, Zenão concebe o ser ou tudo como único uno[286].

Nesse sentido, Melisso de Samos defendeu que o ser sempre é e sempre será, ou seja, o seu espaço é o infinito. Assim, sendo infinito, o ser é uno: εἰ γὰρ ἄπειρον εἴν, ἓν εἴν ἄν; se fossem dois, não poderiam ser infinitos, mas um teria o limite no outro[287].

Com efeito, se o ser é, esse deve ser uno; e, sendo uno, não tem corpo, pois se tivesse partes não seria uno[288]. Segundo o autor, a única realidade é o ser-uno, que exclui a possibilidade dos muitos: εἰ πολλὰ εἴν, τοιαῦτα χρὴ εἶναι, οἷονπερ τὸ ἕν[289].

Ísis como senhora de toda a terra. Ísis é apresentada com o poder para lá da vida, do destino, dos outros deuses, do universo, de tudo fazer e sobre tudo. Ísis é a única, sem rival. Cf. W. PEEK, *Isishymnus*, 45ss; cf. V. T. T. TINH, *Culte*, 199-234. Heródoto serviu-se dos conceitos de deuses, deus e divino para explanar o indecifrável: o destino, a sorte ou a predestinação. Sem implicar necessariamente muitos deuses, referia-se à unicidade activa de Deus, não como uma noção colectiva, mas única compreensão do universo, no qual a pluralidade assumia os conceitos de destino. Um Deus partilhava os poderes dos deuses, não por reflexão nem por unificação, mas por exaltação e súplica, personalizada e projectada na realidade social e política, operando em diversos níveis e missões numa complementar coexistência. Cf. H. S. VERSNEL, «Thrice One», 79-164. Nesse sentido se apreendia a unidade como o espaço da diversidade do homem, do povo e do próprio divino, e o cosmos como ampla unidade reunida pela razão, não homogénea nem realizada, na complexidade dos sexos, classes e raças. Deus era o verdadeiro sábio, o logos era comum a todos, poucos o viviam e muitos viviam de si mesmos. Cf. G. S. KIRK – J. E. RAVEN – M. SCHOFOELD, *Presocratic*, 56ss

[283] Cf. 21 B 24 Diels – Kranz.
[284] Cf. 21 B 28 Diels – Kranz.
[285] Cf. 21 B 2 Diels – Kranz.
[286] Cf. W.W. JAEGER, *Paideia*, I, 77ss.
[287] Cf. 30 B 5.6 Diels – Kranz.
[288] Cf. 30 B 7 Diels – Kranz; ARISTÓTELES, *Phys.* IV, 6.
[289] Cf. 30 B 8 Diels – Kranz.

2.1.4 Sofistas

Protágoras destacou-se pelo postulado: o homem é a medida de todas as coisas, das coisas que são enquanto são, e das coisas que não são enquanto não são[290]; ou seja, as coisas singulares que me aparecem, assim são para mim, e aqueles que te aparecem, assim são para ti[291].

Assim, a norma de juízo é o homem sem critério absoluto distintivo do ser ou do não-ser. Se o sábio não conhece os inexistentes valores absolutos, conhece os relativos, os mais úteis e convenientes. O bem é o útil e o melhor, o mal é o danoso e o pior. O médico é sábio na medida em que conhece o útil e o melhor para os corpos.

O sofista é sábio ao conhecer o bem e o útil para a cidade e os faz aparecer como tais à cidade. Assim, o justo não é o verdadeiro, mas o útil público. Os homens civilizados distinguem-se pelo grau de utilidade e de virtude (ἀρετή) e não de espécie[292].

Górgias pensava: não existe o ser, nada existe; mesmo se o ser existisse, não seria compreensível; e mesmo compreensível, não seria comunicável. O autor excluía o poder de existência e de expressão de uma verdade objectiva. Se Protágoras cria numa verdade relativa, para Górgias tudo era não verdade[293]. Não havendo verdade absoluta, a palavra adquiria autonomia ilimitada dispondo de tudo.

Desse modo, a verdade dava o lugar à opinião[294], e entra elas importava apenas o empírico e o real das situações, onde o logos iluminava as coisas humanas. Nesse sentido, Pródico moveu-se na propriedade exacta da palavra. Percebeu a virtude (ἀρετή) como a bem calculada racionalização dos prazeres e do útil moral e material onde o divino era o útil[295].

Hípias teve-se como sabedor de fazer tudo, habilitado sobretudo pela matemática e pelas ciências naturais, pois a vida humana devia adequar-se à natureza, mais que à lei.

Assim, opôs a natureza (φύσις) e a lei (νόμος). A natureza unia os homens, a lei dividia-os. A natureza fazia os homens membros de uma

---

[290] Cf. SEXTO EMPÍRICO, 80 B 1 Diels – Kranz.
[291] Cf. PLATÃO, *Theaet.* 151 E – 152 A; J. BURNET, *Platonis.*
[292] Cf. PLATÃO, *Theaet.* 180 A.
[293] Cf. SEXTO EMPÍRICO, 82 B 3 Diels – Kranz.
[294] Cf. GORGIA, *Encomio di Elena*, 82 B 11 Diels - Kranz.
[295] Cf. 84 A 11.20 Diels – Kranz. Isócrates cria na missão de elevar o mundo ao nível dos gregos e favorecer a unidade e concórdia dos povos gregos em contraposição aos seus adversários; Cf. ISÓCRATES, *Panegyricus*, 3.15; C.C. FELTON, *Panegyricus.*

única família, a lei denunciava as suas tiranias. A natureza era a base verdadeira do agir humano, na qual os homens eram iguais sem se distinguirem pelos costumes. Florescia assim um ideal cosmopolita e igualitário[296].

Antifonte destaca a noção biológica como diferenciadora e unitiva de toda a humanidade, ou seja, de toda a autêntica natureza humana ou universal. O autor fundamenta a concórdia nos traços biológicos e antropológicos, compreendendo a natureza como o sensível, o espontâneo, o livremente instintivo, onde o bem é útil, o mal é danoso e o justo é não transgredir as normas da cidade.

Desse modo, superam-se barreiras entre gregos e bárbaros, entre cidades, entre níveis sociais, e, ao mesmo tempo, acrescem as divisões na própria natureza dos indivíduos[297].

2.1.5 Sócrates

Sem nenhuma obra, Sócrates dedicou-se à filosofia: conhecer-se a si. Segundo Cícero, o autor fez descer a filosofia do céu à terra[298]. A ignorância era condição de pesquisa, na qual a ironia servia para desarmar a vaidade do ignorante.

A pesquisa de si chegava na relação com o outro num diálogo contínuo consigo mesmo, no qual a amizade (φιλία) consistia no cuidar e no despertar a alma dos outros para se conhecer a si mesma[299].

Em oposição aos sofistas, o universalismo socrático dependia do vínculo entre os homens: conhecer-se a si; por isso, interessava-se pela virtude (ἀρετή) como a melhor e mais justa maneira de viver.

A virtude primeira é o conhecer-se, e dela provêm os bens verdadeiros, que são os da alma e os da interioridade do homem[300]; entre esses,

---

[296] Cf. PLATÃO, *Protag.* 337 C.
[297] Cf. ANTÍFONES, Περὶ ὁμονοίας; 87 B 44a Diels – Kranz.
[298] Cf. CÍCERO, *Tusculanae*, V 4,10.
[299] Cf. PLATÃO, *Phaedr.* 230 A.
[300] Cf. PLATÃO, *Apol.* 20 C-23 C. No seguimento de Sócrates, Diógenes, um dos grandes representantes do cinismo, cria na liberdade como a virtude superior a todas as prisões no falar, agir e convir. A autonomia do sábio cínico era tida como completa; cf. DIÓGENES LAÉRCIO, vi 38. O sábio era um indivíduo isolado, em oposição ao ideal platónico da cidade-estado. Se as leis eram justas para o governo, não chegavam para a vida dos sábios, que eram cidadãos do universo, da natureza, a quem deviam a sua vida e a quem deviam a sua aliança. Como vagabundos no cosmos com a única direcção do universo, viviam unidos como uma ilha de sabedoria no meio do nevoeiro dos insensatos e independentes das realidades da comunidade. Cf. DIÓGENES LAÉRCIO, VI 85. Apenas na idade de ouro, os sábios completariam a utopia: paz, liberdade,

o maior é o da felicidade (εὐδαιμονία), que depende, não das coisas nem da fortuna, mas do logos humano e da interior formação que com esse o homem pode dar-se[301].

Para Sócrates o homem é uma unidade indivisa como modo de ser e de se comportar como tal, que se empenha na investigação em si sem limites nem pressupostos fora de si e que encontra em si a sua disciplina, autodomínio, liberdade, autonomia. O verdadeiro filosofar é uma missão divina que inspira toda a vida[302].

A divindade é sempre presente na investigação como sentimento do que está para além do homem, guiando-o na investigação e encontrando na alma humana (ψυχή) a ordem para se conhecer a si mesma pela posse do logos[303]. Possuir o logos é a chave da vida, que leva à sabedoria, à felicidade, à amizade. A própria alma (ψυχή), crê Sócrates, ordena o homem a conhecer aquele que ordena conhece-te a ti mesmo[304].

2.1.6 Platão

Platão apresentava a unidade e a concórdia como o remédio para as insistentes divisões humanas. Negando o nascimento e a posse como critérios distintivos, era a virtude dos homens que os distinguia pela sua alma (ψυχή): sensitiva, espiritual, racional.

De facto, assim cria Platão, poucos aprendiam o imutável, muitos aprendiam o múltiplo[305]. Com o inato esforço para conhecer, guiado pela razão, o homem sábio naturalmente distinguia-se. Ao fracasso da oligarquia, os sábios do estado respondiam com a verdade universal[306]. A completa unidade seria possível entre os sábios e as suas leis criariam concórdia entre as diferentes classes em vista da felicidade dos homens[307].

---

realização. Os cínicos formavam uma unidade no mundo como irmãos pela amizade, numa única mente, mais potente que qualquer outra, num estado para lá do estado, o super-estado. Cf. PLUTARCO, *Lyc.-Num.* 31,2. O conceito cínico não unia a humanidade, mas traçava uma única e enorme linha de separação entre ela: só o sábio era verdadeiro homem e possuidor da natureza humana e, por isso, tinha-se como benfeitor da humanidade. Cf. DIÓGENES LAÉRCIO, VI 35; DIO, VIII 7; J. W. COHOON – H. L. CROSBY, *Dio*.

[301] Cf. G. REALE, *Storia*, II, 168.
[302] Cf. PLATÃO, *Apol.* 29 A – 30 E.
[303] Cf. H. C. BALDRY, *Unity*, 52ss.
[304] Cf. PLATÃO, *Alc. ma.* 130 E.
[305] Cf. PLATÃO, *Resp.* VI 484 A.
[306] Cf. PLATÃO, *Resp.* V 469 C-E; VII 517 C-D.
[307] Cf. PLATÃO, *Theaet.* 173 E – 174 A; *Gorg.* 521 D.

Platão fala da geométrica equidade do cosmos, o princípio que dá a cada um o justo[308]. A *polis* ideal é a comunidade dividida em classes segundo a natural aptidão de cada um para a sabedoria. Os homens vinculam-se harmonicamente na *polis*. Em oposição, o homem que segue os seus apetites não ama o próximo nem o divino; é incapaz de unir-se à *polis*, pois onde não há ideia de comunidade não há amor[309].

Céu e terra, deuses e homens unem-se pela ideia de comunidade e de amor, de autocontrolo e de justiça. O modo de o homem agir é fazer-se semelhante ao divino (εἰς ὅσον δυνατὸν ἀνθρώπῳ ὁμοιπῦσθαι θεῷ[310]) que é a medida de tudo[311].

Nesse ideal, Platão avista a chegada da idade de ouro, do mundo inteligível, do lugar (τόπος), onde o divino seria o pastor dos homens, constituiria um único rebanho sem divisões entre estados[312]. Assim sendo, se a concórdia é possível e limitada à *polis*, no futuro, no estado ideal, será universal.

Desse modo, se da experiência aparece o múltiplo das ideias dessas apreensões, Platão procura o comum no variável, a sua unidade. As variações correspondem a uma ideia (εἶδος), que implica a unidade dessas, chamada ἕν. As ideias são realidades objectivas, modelos eternos das coisas visíveis.

Assim sendo, a ideia de homem é o homem abstracto perfeito e universal, do qual os indivíduos são imitações transitórias. A ideia suprema não é um ser, é o ideal do mundo sensorial, fim maior, ideia de bem (ἀγαθόν), uno, origem de todo o ser e da unidade entre esses e suas ideias[313].

Com efeito, compreendendo o inteligível e visível, a unidade é cósmica e, porque é fundada nas ideias, é metafísica. A acção ordenadora do demiurgo, superior à matéria e inferior à ideia, ordena a matéria e transforma o caos em cosmos, plasmando o caos da matéria no modelo das ideias.

O dualismo dos elementos do mundo material resulta do ser (οὐσία) e do não-ser (μὴ εἶναι), da ordem e da desordem, do bem e do mal. Da ideia depende tudo o que há de positivo, e da matéria depende tudo o que há de negativo. Nesses dois mundos, o das ideias imutáveis e o das

---

[308] Cf. PLATÃO, *Resp.* V 474 C.
[309] Cf. PLATÃO, *Gorg.* 507 E – 508 A.
[310] Cf. PLATÃO, *Resp.* X 613 B.
[311] Cf. PLATÃO, *Leg.* IV 716 C.
[312] Cf. PLATÃO, *Polit.* 274 E; *Leg.* III 680 E.
[313] Cf. PLATÃO, *Resp.* VI 505 A; *Phil.* 20 D; *Gorg.* 486 B.

aparências sensíveis, o primeiro é o único verdadeiro, o segundo participa nesse como sombra[314].

2.1.7 Aristóteles

Para Aristóteles, o homem é uma substância (οὐσία), na qual a alma – aquilo através do qual vive, percebe, pensa[315] – é causa e princípio do corpo vivente[316]. Na alma intelectiva, aquela pensante e compreensiva, que só o homem possui, o logos é o elemento divino no homem em relação ao qual distingue o bem do mal, adquire sabedoria e tem um fim.

Sendo a matéria (ὕλη) princípio constitutivo da realidade sensível e a forma (εἶδος) princípio que a determina ou o modo de ser das substâncias eternas, a realização da substância humana ou a actualização plena da sua forma é o seu fim; e esse é alcançado pela virtude ou acção da razão[317].

Sendo o indivíduo potência realizada, matéria enformada, universal particularizado[318], todos os homens procuram a felicidade como o seu bem supremo e encontram-no como perfeita virtude, ou seja, como fruto da actividade mais perfeita da alma quando possui o seu objecto mais elevado: o bem supremo, primeiro motor (κίνητον), ser necessário, princípio, intelecto, justa medida, pensamento autónomo, fim último, acto que subsiste, divino[319].

Assim, a felicidade (εὐδαιμονία) consiste na contemplação (θεωρία) da mais sublime substância ou ser por si, que se contempla a si mesmo na mais perfeita felicidade. O bem-felicidade é viver como a parte mais perfeita de nós mesmos, que é o princípio divino da razão contemplativa[320].

O divino aristotélico é o real puro, que move sem ser movido, que faz amar, mas não ama fora de si[321]; é tudo aquilo que é eterno e incorruptível; é o princípio sumo das causas: o motor primeiro, eterno, imaterial, indivisível, o uno (ἕν). O divino é a causa primeira de todo o movimento, princípio maior e fim último; e a unidade da existência

---

[314] Cf. PLATÃO, *Soph.* 247 D-256; *Theaet.* 186 D.
[315] Cf. ARISTÓTELES, *De an.* II, 2.
[316] Cf. ARISTÓTELES, *De an.* II, 4.
[317] Cf. ARISTÓTELES, *De an.* III, 10 – 11.
[318] Cf. ARISTÓTELES, *EN* X 7-8.
[319] Cf. ARISTÓTELES, *Metaph.* XI, 1.
[320] Cf. G. REALE, *Aristoteles*, I, 23ss.
[321] Cf. ARISTÓTELES, *Metaph.* XII, 9.

funda-se no fim último. O divino age como o fim último, e, por isso, eficiente e formal, da qual dependem a ordem, a vida, a racionalidade do mundo³²².

Aristóteles percebe unicamente o motor primeiro do divino, do qual deduz a unicidade do mundo, que prefere chamar *todo* (ὅλον)³²³. A unidade existe na relação entre matéria e forma; a matéria representa a pluralidade como possibilidade; a forma torna-a possível, cria a solidez na pluralidade e aproxima-se da forma elevada, o fim dos fins.

Assim, o ser aristotélico tem um significado único e polivalente de sentido³²⁴. O ser diz-se em múltiplos sentidos, mas sempre em relação a uma realidade determinada; essa realidade determinada ou unidade de ser é a substância (οὐσία) como seu princípio único de ser em relação ao qual é toda a unidade³²⁵.

Nesse sentido, para Aristóteles o estado existe primeiro para o indivíduo, que não se realiza só, mas em relação, pois não há homens autosuficientes, mas em casa e na *polis*, a mais perfeita unidade social³²⁶. A necessária concórdia para unir a sociedade só cresce pela posse ou instrução na sabedoria³²⁷. Viver em paz e fazer as coisas belas é o ideal supremo que deve orientar o estado e a família, que não são unidades substanciais, mas síntese de indivíduos substancialmente distintos³²⁸.

---

³²² Cf. ARISTÓTELES, *Metaph*. VII.
³²³ Cf. ARISTÓTELES, *Phys*. VIII, 8.
³²⁴ Cf. ARISTÓTELES, *Phys*. I, 2-3.
³²⁵ Cf. ARISTÓTELES, *Metaph*. IV, 2.
³²⁶ Cf. ARISTÓTELES, *Pol*. I, 2-5; *EE* VII, 7.
³²⁷ A unidade da humanidade dependia da expansão da família para toda a humanidade segundo diversos níveis de parentesco, não só por razões físicas, mas também psicológicas. O mundo era a casa comum entre homens e deuses, e a sabedoria prática de muitos em relação à teoria de poucos devia valorizar a conciliação entre todos os homens e opor-se à revolta entre esses. Cf. ARISTÓTELES, *EN* VI 6-15.
³²⁸ As políticas e conquistas de Alexandre marcaram e orientaram o conceito grego de unidade. Alexandre empreendeu um pensar próprio e uma consciência de unidade. Segundo Plutarco, Alexandre movia-se pelo desejo de realizar e tornar claro que toda a terra estava sujeita a um princípio e a um governo, e que todos os homens eram um único povo; cf. PLUTARCO, *Alex.-Caes*. 330 c-e. Mesmo sem criar a unidade da humanidade, Alexandre transformou o mundo, sobretudo pelo aumento significativo da área conhecida e das relações entre raças, mesmo que após a sua morte reinassem o conflito e a clivagem entre gregos e não gregos, e que a unidade da humanidade dependesse do ser grego. Cf. S. I. ROTROFF, «Greeks», 221-253. A unidade helénica era, sobretudo, cultural, ou seja, pertencia aos que partilhavam uma certa cultura e mentalidade segundo a língua, a educação e o modo de vida, baseado na *polis* e suas instituições – teatros, lugares de encontro, ginásios, templos, festivais – que formavam o padrão de vida dos cidadãos sem que as divisões tradicionais sofressem especial alte-

2.1.8 Epicurismo

O epicurismo cria na realização individual de cada um. Segundo os filósofos do jardim, a realidade era perfeitamente conhecível e para alcançá-la o homem só precisava de si. As sensações, as antecipações e os sentimentos de prazer garantiam a verdade e a evidência imediata. Todos os homens eram tidos por iguais aspirando à paz de espírito. O cosmos era mera causalidade, e nele a liberdade encontrava-se na esfera do espiritual ou da infinita sucessão temporal.

De facto, os epicuristas criam que nada nascia do não ser e que tudo era determinado pelo corpo e vazio onde era a realidade infinita. A essência do homem era material, como material era o seu bem específico, que o tornava feliz: o prazer. O verdadeiro prazer era a ausência de dor no corpo e de tribulação na alma. A razão distinguia os prazeres naturais e necessários dos não necessários e não naturais. O prazer era o núcleo do prazer, a autonomia como verdade, princípio e fim[329].

A *polis* era tida como uma instituição artificial, criando contrastes para protecção mútua. Lucrezio imagina os primeiros homens vivendo isolados como as bestas selvagens, cada um procurando a sua própria sobrevivência de um modo individual e desorganizado em relação aos restantes.

Lucrezio acreditava na liberdade através da compreensão da verdade no coração. Segundo o autor epicurista, o filósofo falava com a linguagem do logos, o poeta acrescia a este logos os tons do sentimento, colocando o logos ao lado da intuição fantástica[330].

Nesse sentido, os epicuristas valorizavam o jardim (κέρος) como o espaço propício para o encontro consigo mesmos e com a verdade, destacados da palestra. O único elo que unia os homens era a amizade como realidade prática, vital e de maior prazer social, em que o espírito de fraternidade genuíno criava uma fronteira diversa da *polis*.

Epicuro afirmava, mesmo sem crer numa utópica ideia de unidade da humanidade que, entre todas as coisas, que a sabedoria procurava em vista de uma vida feliz, o bem maior era a amizade[331]. A amizade per-

---

ração. A divisão entre estrangeiro e não estrangeiro, evidente no pensar grego inicial, movia-se para o denominador comum entre os homens com ou sem carácter. A verdadeira divisão da humanidade não era entre livres e escravos, mas entre bons e maus, e, nesse sentido, havia um padrão de unidade universal entre os homens. Cf. R. BROWNING, «Greeks», 257-277.

[329] Cf. EPICURO, *Ad Menoeceum epistula*, 122.128ss; H. USENER, *Epicurea*.
[330] Cf. LUCREZIO, *De rerum natura*, V 195ss; E. CETRANGOLO, *Tito Lucrezio*.
[331] Cf. Cf. EPICURO, *Gnomologium Vaticanum* 27.

corria a terra, exortando todos nós a darmos alegria uns aos outros[332]. A amizade era o caminho de vida que gerava amizade.

2.1.9 Estoicismo

Segundo Plutarco, o principal tema do fundador do estoicismo, Zenão de Cizio, era a unidade[333]. O estoicismo via o cosmos inteiro penetrado, unido, governado pelo logos (λόγος ὀρθός): o princípio divino da racionalidade, a lei, a unidade das partes cósmicas viventes.

A verdade era qualquer coisa de material, um corpo; ser e corpo eram idênticos. O mundo era um (εἷς ἐστιν ὁ κόσμος) ser vivente, uma unidade orgânica, um corpo membrado que crescia e sofria em conjunto segundo dois princípios: o passivo, a matéria, a substância sem qualidade; e o activo, a razão na matéria, Deus[334].

Os estóicos identificam Deus-φύσις-logos com o fogo, o trovão de Heraclito que tudo governa, espírito (πνευμα), sopro inflamado. O logos é o sémen de todas as coisas. O mundo é uma comunidade singular, na qual a razão comum une todos os homens numa casa comum entre deuses e homens[335].

Nesse sentido, o cosmopolitismo transcende o patriotismo; a unidade é cósmica e social. Como o fogo artífice, o mundo é gerado e consumido numa conflagração universal onde é purificado, onde é fogo, onde é gerado como antes[336].

O mundo-um é organizado e adaptado para o seu fim, onde cada um é membro da totalidade e possui o instinto da amizade, que o faz ser vivente de comunhão. O indivíduo existe para o fim da totalidade. A alma do homem é um fragmento da alma cósmica, do mundo, de Deus, na qual é a sua virtude, a razão verdadeira.

Assim sendo, o homem como ser vivente tende sempre a conservar-se a si mesmo, a apropriar-se do seu ser, a evitar o contrário, a conciliar-se consigo e com as coisas suas (οἰκείωσις)[337]. O estado inteiro, a vida individual têm o bem, em oposição ao mal, como princípio que gera amizade, concórdia, unidade, si mesmo[338].

---

[332] Cf. Cf. EPICURO, *Gnomologium Vaticanum* 52.
[333] Cf. PLUTARCO, *Lys.-Sull.* 31; C. LINDSKOG – K. ZIEGLER, *Plutarchi*.
[334] Cf. D. BABUT, *Plutarco*, 303ss.
[335] Cf. CÍCERO, *De Nat. Deor.* II 154.
[336] Cf. CÍCERO, *De Nat. Deor.* II 9, 23.
[337] Cf. R. RADICE, "Οἰκείωσις", 34ss.
[338] Cf. CÍCERO, *finibus* III 5,16; SÉNECA, *Epist.* 121,14; G. REALE, ed., *Seneca*; G. REALE, *Storia*, X, 448ss.

Não obstante, a divisão fez parte da reflexão de Zenão, para quem, só o sábio, que pela sua sabedoria era bom, era capaz de concórdia. Zenão idealizava uma classe sem classes unida unicamente pela sabedoria. A comunidade baseava-se na unidade, na concórdia, na liberdade dos conflitos internos consolidada pelo culto de Eros e apropriando-se do logos.

Nesse sentido, Crisipo incrementou a ideia da sociedade única, destacando a universalidade da lei como senhora de todas as coisas. Crisipo tentou vencer as divisões em vista da universal unidade: não havia fronteira entre sábios e insensatos; entre os primeiros reinava a concórdia, e entre os segundos, os conflitos[339].

2.1.10 Cepticismo

O cepticismo visava a felicidade como ataraxia (ἀταραξία), ou seja, como ausência de perturbação e de paixão, em total indiferença perante as coisas. A felicidade era a perfeita paz de alma e a total tranquilidade do espírito, possível não numa doutrina, mas na rejeição de todas.

A dúvida era a atitude pensante contínua que admitia a incapacidade de entender. No lugar do ser, que não existia, colocavam o parecer (φαίνεσθαι) ou a aparência (φαιόμενον), que dominava sempre onde quer que fosse que aparecesse[340].

Sem propriamente uma doutrina, os cépticos criticavam as restantes doutrinas. Segundo Pirro de Élis, todo o juízo é convenção e costume, não verdade ou natureza; para o homem tudo é inalcançável e a sua única legitimação é a dúvida de todo o juízo (ἐποχή)[341], ou seja, não dizer coisa nenhuma como verdadeiro ou falso, justo ou injusto.

Assim, o homem é indiferente a tudo e superior a qualquer preferência; ao despir-se totalmente, realiza o não sentir nada ou o viver a vida igualíssima, que depende da natureza do divino e do bem e que vive sempre para lá do peso de todas as formas de aparência.

Nesse sentido, a única atitude possível, segundo Timone, é não dizer nada sobre as coisas (ἀφασία) em vista da total insensibilidade (ἀπαθεία). Crítico particular da dedução e indução, do conceito de causa, e da teologia estica, Sexto Empírico deseja seguir os fenómenos ou realizar o ideal da investigação pela investigação sem um ponto de princípio ou de fim[342].

---

[339] Cf. É. BRÉHIER, *Chrysippe*, 266.
[340] Cf. G. REALE, *Storia*, VI, 17ss.
[341] Cf. N. ABBAGNANO, *Storia*, 103ss.
[342] Cf. G. REALE, *Storia*, VI, 171ss.

2.1.11 Ecletismo

O estoicismo, o epicurismo e o cepticismo procuravam a felicidade com fim do homem e a seu modo descobriam o caminho para lá das paixões e motivos humanos. O eclectismo tende a concordar princípios dessas escolas.

Na verdade, a síntese e a aproximação das escolas aprofundaram o conceito de unidade, que ganhou importância com o apogeu romano, atendendo especialmente ao seu sentido filosófico e congregacional dos indivíduos do mundo habitado[343].

O histórico Políbio concebeu a unidade segundo a geografia, onde os distintos acontecimentos vividos em diversos lugares eram concebidos como uma realidade única inter-relacionada numa única realidade orgânica. Políbio centrou-se nas acções humanas, nos factos e não propriamente nas teorias, que no essencial seguiam as anteriores[344].

Possidónio uniu de um modo particular a história, a geografia e os conceitos filosóficos para entender a unidade. A humanidade era um todo feito de diversas partes na complexa unidade do universo. O mundo era a casa comum dos homens e dos deuses, e estes últimos cuidavam da humanidade no seu todo e de cada homem individualmente[345].

Antíoco sublinhou particularmente a extensão da amizade do espaço da família ao dos deuses como elemento fundamental configurador da humanidade. O amor-próprio conduzia o homem ao desejo de perfeição em todas as suas dimensões; destas dimensões a mais profunda era a qualidade das relações interpessoais, concretamente, a afeição; se esta se começava a manifestar na família, devia-se estender a todo o mundo.

Assim, o conceito de justiça e de interesse comum, como elo unificador de todos os homens, ganhou cada vez maior importância. Segundo a própria natureza, todos os homens sentiriam entre si boa vontade e afeição[346].

Cícero destacou a justiça e as virtudes sociais, daquela dependentes, como base de toda a sociedade humana. Os homens nasceram para se ajudar mutuamente e promover o bem comum. A universalidade da justiça é necessária e deve ser exercitada por todos. As rela-

---

[343] Eratóstenes desenhou e mediu a terra num método matemático e científico unido à filosofia. Através da sua obra procura revelar o mundo e as pessoas como um todo, dividido entre homens bons e maus, civilizados e incivilizados, bem e mal governados. Cf. D. LEIGEMANN, *Eratosthenes*, 33ss.
[344] Cf. E. COCCHIA, *Tito Livio*, 22ss.
[345] Cf. G. REALE, *Pensiero*, I, 198ss.
[346] Cf. CÍCERO, *finibus* V 9,26.

ções humanas seriam melhores se fossem fundadas na gentileza e na generosidade[347].

Para Cícero, os homens eram semelhantes no partilhar da lei e na potencialidade da sabedoria. O universo era percebido como uma única e unida comunidade de homens e deuses[348]. A perfeição na sabedoria é o natural trabalho como dom divino, o natural desenvolvimento da natural doação humana, que realiza a amizade e a unidade entre os homens[349].

Os homens foram revestidos dos dons dos deuses, têm um princípio comum e, finalmente, estão unidos num natural laço de parentesco e boa vontade que se realiza na justiça e na prática da lei[350].

O conceito de *humanitas* de Cícero revela como o género humano é na sua unidade intercomunitário, e o homem, como tal, é considerado como humano. O homem é realmente homem na medida em que é membro duma comunidade e assume o seu papel nela[351].

2.2 *Unidade greco-romana no I CE*

No I CE, mesmo se as tradicionais fronteiras homéricas não tinham sido apagadas e se o amplo pensar grego e romano não estava consolidado, chegara-se, por exemplo, à noção de fraternidade universal como realidade fundamental humana.

Na realidade, no I CE, as novas correntes pitagóricas, estóicas, epicuristas, platónicas, aristotélicas confirmavam a importância que a noção de unidade sempre tivera e evidenciavam-na de diversos modos e sentidos. No sentido de a avaliar e de entender a sua relação com Jo, olhamos a compreensão da unidade segundo três importantes autores do I CE: Séneca, Dio Crisóstomo e Plutarco.

2.2.1 Unidade segundo Séneca

Lúcio Aneu Séneca nasceu em Córdova (Espanha), no início da nossa era. Ainda menino, Séneca foi enviado para Roma, onde recebeu a sua formação retórica e filosófica, muito marcada pelo pensamento estóico, ainda que influenciada por outras escolas como a platónica, a pitagórica e a epicurista[352].

---

[347] Cf. CÍCERO, *finibus* III 67.
[348] Cf. CÍCERO, *legibus* I 7,23.
[349] Cf. CÍCERO, *finibus* III 20,65.
[350] Cf. CÍCERO, *legibus* II 8
[351] Cf. CÍCERO, *officiis* I 43,153.
[352] Cf. H.-J. KLAUCK, «The Roman Empire», 78.

Terminada a sua formação, prosseguiu a actividade em diversos serviços públicos romanos, onde se notabilizou como orador. Sobre o domínio do imperador Cláudio, que governou entre 41 e 54, foi enviado para o exílio e, depois de regressar, assumiu-se como um eminente conselheiro político do imperador Nero (54-68).

Depois da sua intensa actividade, Séneca retirou-se da vida pública e dedicou-se a compor grandes obras. No ano 65, depois de ter sido acusado de conspiração contra o imperador, cometeu com admirável coragem e confiança o suicídio ordenado por Nero.

O pensamento de Séneca assumiu uma valência sobretudo prática. O autor não procurou nem traçou uma sistematização filosófica ou metafísica, pelo contrário, colocou a filosofia ao alcance e ao serviço da praxis humana. Uma filosofia, por isso, direccionada para as questões éticas e antropológicas do seu tempo.

Encontramos algumas incoerências na doutrina de Séneca, que resultam sobretudo da sua não sistematização da filosofia, da posição de político e orador, da sua vivência (doença, exílio, perseguição...) e da abertura a diferentes correntes filosóficas.

Com efeito, o autor não teorizou propriamente uma noção acerca da unidade; esta resultou dos principais fios condutores do seu pensamento, assumindo, assim, um sentido prático.

Em verdade, um dos principais objectivos da obra de Séneca foi o de apresentar a todos os homens a vida em harmonia com o divino. O autor defendeu e procurou sempre esse objectivo[353] e fê-lo servindo-se dos grandes pilares da cosmologia estóica: 1) o monismo (o ser pensado como uno); 2) o materialismo (nada existe para além do mundo e seus princípios materiais); 3) o panteísmo (o divino presente em todo o mundo); 4) a imanência (tudo componente do mundo, nada para lá dele).

Sendo um dos expoentes do estoicismo do seu tempo, o conceito que Séneca teve de unidade-harmonia dependeu também da compreensão que teve do divino com traços espirituais e até pessoais, para lá da própria compreensão e ontologia estóicas[354].

a) *Logos: princípio orientador do homem e do mundo*

Segundo o autor, a unidade-harmonia no universo é consolidada pelo poder criativo concentrado no logos[355]. Tudo existe na conformidade

---

[353] Cf. I. LANA, *Anneo Seneca*, Torino 1955, 17.
[354] Cf. G. REALE – D. ANTISERI, *Pensiero*, I, 230.
[355] Quando Séneca utiliza o conceito de logos na realidade da vida humana,

do logos que tudo estrutura e orienta.

O destino do homem é viver de acordo com o logos – vontade divina da totalidade da natureza – como sua norma orientadora[356].

Assim, o logos é a causa primeira que provê todas as necessidades previstas, é a natureza que gerou tudo, é o destino do qual todas as coisas dependem, é a providência de tudo no mundo[357], é a bondade que superintende o mundo no bem, é a razão perfeita com leis necessárias e infalíveis, é a unidade de toda a existência[358].

Nesse processo ordenador, toda a existência depende da acção operante e activa de Deus, que está para a matéria no universo como a alma está para o corpo no homem[359]. A matéria submetida a Deus, como o corpo à alma, move-se segundo a providência divina que bondosamente modela todas as categorias e medidas do ser. Nesse movimento, só Deus é capaz de dissolver aquilo que criou e reunir aquilo que dispersou.

Sendo tudo, Deus tudo mantém no interior e exterior da sua obra, e sem ele nada de digno existe[360]. Desse modo, a totalidade contida no universo forma uma unidade que é Deus, na qual os homens são seus membros[361]. Uma unidade construída na medida em que os seres mortais libertados da confusão passam à razão[362].

A passagem à razão, segundo o autor, realiza-se na alma humana através da interioridade. Não sendo parte da massa terrestre chamada corpo, a alma é uma emanação da substância celeste[363]; a sua compo-

---

atribui diferentes designações a Deus: razão, destino, bondade, supremo bem. Estas atribuições resultam da totalidade do logos e da intensa vida interior e orientação moral, retórica e pedagógica de Séneca. Cf. A. L. MOTTO – J. R. CLARK, *Essays*, 66ss.

[356] Cf. H.-J. KLAUCK, *Religious*, 354-356.
[357] Cf. SÉNECA, *Nat. quest.* II 45,1-3.
[358] Cf. SÉNECA, *Epist.* XCII 30; XCV 53. Cf. G. SCARPAT, *Pensiero*, 56ss.
[359] Haec exemplaria rerum omnium Deus intra se habet; numerosque universorum, quae agenda sunt, et modos, mente complexus est. (...) Deus ista temperat, quae circumfusa rectorem sequuntur et ducem. Potentius autem est ac pretiosius quod facit, quod est Deus, quam materia, patiens Dei. Quem in hoc mundo locum Deus obtinet, hunc in homine animus: quod est illic materia, id in nobis corpus est. Epist. LXV 7. 23ss. Deus é um artista e domina a razão e a lei supremas que ordenam o mundo, reunindo o que é disperso e separado. Cf. A. R. BACHILLER, «Problema», 295-315.
[360] Cf. SÉNECA, *Epist.* LXV 4.
[361] Totum hoc, quo continemur, et unum est, et Deus: et socii sumus ejus, et membra. SÉNECA, Epist. XCII 30.
[362] Cf. SÉNECA, *Nat. quest.* I *prol.* 13-17.
[363] Cf. SÉNECA, *Epist.* XLI.

nente divina, identificada no homem pela razão, guia-o e protege-o segundo a lei natural.

Com efeito, a presença de Deus no homem pelo espírito santo (*sacer spiritus*) permite-lhe partilhar a divina natureza como um todo[364]. Como um bom pai, Deus torna-se presença cobrindo amorosamente de benefícios aqueles, entre todos os povos e nações, que o reconhecem[365].

b) *Missão do homem*

A missão do homem é conquistar a razão perfeita[366]. Segundo Séneca, Deus tudo possui para tudo dar. O homem deve superar-se e separar-se das coisas para conquistar a razão perfeita num processo que vai do tempo, dimensão onde é a vida biológica, ao bem, onde a vida encontra o seu cumprimento.

Sem medida espacial nem temporal, o bem, ao afirmar-se, anula o espaço e o tempo. Agindo no bem pela razão, o homem resgata a sua condição mortal e aproxima-se da razão como sua imortalidade[367]. Para alcançar a razão, o homem deve examinar-se a si mesmo como acusador, juiz e advogado[368].

Nesse sentido, se para Séneca a consciência é a força moral e espiritual fundamental do homem, na qual este expressa a sua auto-suficiência[369], sendo guiado pela razão última da divindade[370], ela é também consciência de bem e de insuficiência de bem na subjectiva condição humana.

Nessa tensão limitadora, o homem pode aceder na alma à razão divina superando a morte, ou seja, passando do plano individual ao universal onde a humanidade está destinada e se cumpre[371].

---

[364] O homem seguindo Deus, que é o sábio e o mestre, é inserido pelo espírito santo na natureza e nas suas regras. H.-J. KLAUCK, *Religious*, 365ss.

[365] Cf. SÉNECA, *Benef.* VII 31,4.

[366] Cf. SÉNECA, *Epist.* CXXIV 14. O bem supremo mora na mente e não nos sentidos. Cf. SÉNECA, *Epist.* CXXIV.

[367] Illud verum bonum non moritur, certum et sempiternumque, sapientia et virtus; hoc unum contingit immortale mortalibus. SÉNECA, Epist. XCVIII 9.

[368] Cf. SÉNECA, *Epist.* XXVIII 10.

[369] Séneca destaca a consciência na filosofia; ela sabe do bem e do mal original e impossível de eliminar; cf. G. REALE – D. ANTISERI, *Pensiero*, I, 229ss. A *auto-suficiência* (αὐτάρκεια) é constância e firmeza na acção e na reflexão; é um estado e uma consequência de uma convicção pela qual o homem se habitua a ter confiança em si e a ser ele mesmo (*certi profectus viro ... sibi iam innitatur* – SÉNECA, *Epist.* XXXIII 7). Cf. S. MASO, *Sguardo*, 109-112.

[370] Cf. H.-J. KLAUCK, *Religious*, 366-369.

[371] A morte não existe no tempo, mas antes e depois desse como um bem em profunda tranquilidade. A morte é a vida (*alta securitas*) no imperturbável movimento e

O homem sente-se por natureza e exigência interior dirigido para a perfeição da razão universal; esse bem absoluto, total, eterno, objectivo absoluto, torna-se na subjectividade da consciência controlo e repouso no agir[372].

Assim, a passagem ao logos perfeito consuma-se na medida em que a luz divina, anelada na origem do homem, o ilumina. O homem, ao cultivar sabiamente as sementes divinas em si, torna-se no que está destinado a ser.

Desse modo, a sua alma, sede do bem, transfigura-se[373] no seu fim: *ut parem deo faciat*[374]. Um processo que o conduz do Deus que habita nele, enquanto estímulo do bem, ao Deus que está fora dele, como bem absoluto. Neste processo de habitação e aproximação ao conhecimento de Deus – o verdadeiro culto –, o homem transforma-se no bem. A imagem da luz, em contraposição à treva dos que não se elevam à razão, desenha o processo que vai do logos imperfeito ao perfeito[375].

c) *O homem realiza-se ao imitar Deus*

A acção de Deus para com os homens é a que Deus espera deles[376]. Essencial não é levantar as mãos ao céu nem orar ao guardião do templo, mas sim imitar Deus[377]. O homem cumprindo o seu destino alcan-

---

pensamento divino. A morte aceite entra no movimento de Deus. Cf. SÉNECA, *Epist.* LIV 4-5. O divino aparece intrinsecamente na essência humana como expressão eminente de toda a racionalização. S. MASSO, *Sguardo*, 117.

[372] Cf. SÉNECA, *Benef.* III 17,3; *Epist.* LXXXIII 1; CLI 1-2.

[373] Cf. SÉNECA, Epist. XLVIII 11; LXXXVII 21. *Intellego, Lucili, non emendari me tantum sed transfigurari.* SÉNECA, *Epist.* VI 1. *Qui didicit et facienda ac vitanda percepit nondum sapiens est nisi in ea quae didicit animus eius transfiguratus est.* SÉNECA, *Epist.* XLIV 48.

[374] O homem ascende à natureza divina (*par deo surgere* – SÉNECA, *Epist.* XXXII 9) tornando-se como Deus (*parem deo facere* – SÉNECA, *Epist.* XLVIII 11) e agindo como Deus (*deum effingere* – SÉNECA, *Vita* XVI 1).

[375] Cf. SÉNECA, *Ira* III 6,1; *Epist.* LIX 16; CII 28; CX 7-8; *Nat. quest.* I *prol.* 12.

[376] O homem deve agir entre os homens assim como Deus lhe fala. Cf. SÉNECA, *Epist.* X 5; CII 29; LXXXIII 1.

[377] *Non sunt ad coelum elevandae manus, nec exorandus aedituus, ut nos ad aurem simulacri, quasi, magis exaudiri possimus, admittat: prope est a te Deus, tecum est, intus es! Ita dico, Lucili: sacer intra nos spiritus sedet, malorum bonorumque nostrorum observator et custos; hic, prout a nobis tractatus est, ita nos ipse tractat. Bonus vir sine Deo nemo est. An potest aliquis supra forrunam, nisi ab illo adjutus, exsurgere? Ille dat consilia magnifica er erecta. In unoquoque virorum bonorum habitat Deus.* SÉNECA, *Epist.* XLI 2. Cf. SÉNECA, *Brev.* XV 5. O verdadeiro culto não é ritual, mas desejo autêntico daquele que adora Deus. Acreditar em Deus gera autêntica feli-

ça o seu autêntico bem: viver segundo a natureza[378], ou seja, ser reconduzido pela providência à sua origem[379].

O homem é realidade sacra (*res sacra*)[380] e, por isso, deve imitar Deus. A imitação de Deus consuma-se nas realidades concretas quotidianas: amar todos os homens, mesmo escravos e inimigos; socorrer o náufrago; encaminhar o perdido; saciar o pobre[381].

A harmonia-unidade resulta assim antes de tudo da noção de Deus imanente e uno. Deus unidade total e perfeição na razão é a fonte e o destino do homem que nele habita e dele se aproxima na imitação de Deus. O homem, ao imitar Deus, une-se, no pensar e na acção, à unidade divina como objecto e fim e, simultaneamente, une-se em comunidade a todos os homens, membros dessa objectiva e destinada unidade.

O homem assume assim o seu papel de ser paciente, universal e interessado na unidade[382] entre homens que se acham irmãos. Sem ignorar as dificuldades desse amor universal, Séneca apresenta os meios para o alcançar: presença de gérmenes de vida divina nos homens, conselhos divinos, a mão estendida de Deus[383] e derrame dos bens divinos[384].

Envolvido pela providência divina, o mundo expande-se externamente e, ao mesmo tempo, concentra em Deus todas as suas partes. O homem, ao ser mestre dos objectos e de si mesmo, encadeia-se nesse movimento

---

cidade quando o homem usa correctamente os dons da providência. Cf. SÉNECA, *Epist.* XCV 50; XLVII 16. *Epist.* XCV 50. Independentemente do nível social, o homem deve agir do mesmo modo com todos os restantes homens, desejando o que é querido por Deus: respeito e amor. Cf. SÉNECA, *Epist.* XLVII 1. 4. 13. 16-17. O homem sábio ama todos os homens sem excepção, os quais são iguais por natureza e chamados a formar uma única família. Cf. SÉNECA, *Epist.* XCV 52; *Benef.* VII 1.

[378] Estar em harmonia com a natureza é submeter-se à vontade de Deus; ser livre é obedecer a Deus. O homem sábio, vivendo em acordo com a natureza, tem sempre diante de si o preceito que leva à imitação de Deus. Cf. SÉNECA, *Brev.* XV 7. XV.5.

[379] Cf. SÉNECA, *Epist.* XLIV 1. Quando o homem é liberto de todos os lamentos divinos e humanos, deixa o corpo e retorna a Deus. Assim como esteve nove meses no seio da mãe, a sua vida inteira condu-lo a um novo nascimento. Cf. SÉNECA, *Epist.* CII.

[380] *Homo res sacra hominis.* SÉNECA, *Epist.* XCV 33. Segundo Séneca, o valor do ser humano não resulta da comunidade do logos, como compreendia o pensamento estóico proeminente, mas da sua própria dignidade individual. Cf. J. C. GARCÍA-BORRÓN, *Moral,* 113.

[381] Cf. SÉNECA, *Ira* II 32.

[382] Cf. SÉNECA, *Benef.* I 1ss.

[383] Cf. SÉNECA, *Epist.* XLI 2; LXXIII 15. Os homens não vão à procura de Deus; Deus vem ao encontro dos homens, dando-lhes a sua mão e morando neles. Tudo é oferecido e presente em Deus; nada muda, nem sacrifícios nem holocaustos. Cf. *Epist.* LXXIII 16. *Nat. quest.* II. 36.

[384] Cf. SÉNECA, *Benef.* II 9. Cf. J. RIESCO, «Dios», 49-75.

de unidade que concorda em uníssono com a medida do sumo bem[385]. Viver segundo a razão é não viver para si mesmo, mas para o outro. O homem entende-se na sua totalidade, ou seja, na sua indivisibilidade.

Nesse contexto, a pessoa, como função, é um aspecto particular do homem no seu conjunto, ou seja, uma condição ou categoria do homem na sua relação de unidade[386]. Assim, os homens compreendem-se vinculados entre si e, por isso, são solidários e necessitados de crescer na unidade total da razão.

d) *Unidade: conformidade com o sumo bem*

A unidade resulta do modo de ser e operar dos homens em imitação do próprio divino: providência, amor, liberdade, bondade[387]. A conformidade do homem a Deus entende-se no espaço do universo: morada dos homens e templo de Deus. O universo é bom e, desse modo, desenvolve-se como foi pré-ordenado.

Segundo Séneca, as realidades de Deus estão por natureza num movimento perpétuo destinado pelo e para Deus[388]. O homem une-se àquelas num movimento irrevocável que atrai a si as coisas humanas e divinas[389]. As experiências humanas incluem-se nos fenómenos que permitem ao universo seguir esse processo e cumprir o dever de unidade.

O dever ser unidade do homem concretiza-se nas suas acções voluntárias e espontâneas. O homem procede cheio de benevolência, pois encontra encanto no que procura. O fundamental e o motivo do seu agir não são a acção em si mesma nem o resultado dela, mas a total disposição de espírito no agir benevolamente[390].

Nesse sentido, os benefícios são bens eternos, que valem sobretudo pela vontade colocada na sua acção, pois não valorizam apenas o homem, mas principalmente a humanidade[391]. Tudo o que se vê, que contém o divino e o humano, constitui uma unidade. Os homens são mem-

---

[385] Cf. SÉNECA, *Vita* VIII.
[386] Cf. M.S. BELLINCIONI, «Sénecani», 39-91.
[387] Deus é eterno e omnisciente, unidade e autor de todas as coisas, o pai que gera e a bondade para todos os homens. Cf. SÉNECA, *Benef.* IV 8,1-2; IV 8,1-3; *Clem.* I 16,1-3.
[388] Cf. SÉNECA, *Helv.* VI.
[389] Cf. SÉNECA, *Prov.* V 8.
[390] A acção humana é honesta se segue as normas e virtudes da bondade na vida presente e futura. É importante ter na alma a persuasão da unidade como princípio fundamental. Cf. SÉNECA, *Epist.* XCV; XXXI.
[391] Cf. SÉNECA, *Benef.* I 6; IV 29.

bros de um grande corpo constituído naturalmente por estreitos laços de parentesco, que tendem para o mesmo fim[392].

Desse modo, o homem é naturalmente inspirado para o amor recíproco e para a sociabilidade. A sociedade é como um conjunto de pedras sustentadas umas pelas outras; é formada por homens que conduzem a sua interioridade não pelo egoísmo nem pelo interesse próprio, mas pela superação dos interesses pessoais em ordem a um desinteressado bem comum[393].

2.2.2 Unidade segundo Dio Crisóstomo

Dio Crisóstomo nasceu em Prusa (noroeste da Ásia Menor) pelo ano 40 CE numa proeminente família benfeitora da cidade. No início dos anos 70 foi para Roma, onde foi membro da corte real[394]. Então, começou a sua actividade política como orador nesta cidade e noutras da área grega do império até ser exilado em 85-88 por Domiciano[395].

Desde o exílio até à morte de Domiciano, atravessou o império anunciando os justos valores éticos conforme os princípios estabelecidos na sociedade[396]. Com Nerva como imperador, Dio retornou ao seu país, retomou a acção política e manteve a sua influência na corte imperial. Enviado e confiado por Nerva e Trajano, proclamou em diversas cidades um projecto urbano renovado respeitando o interesse da sua cidade e província. Morreu em torno do ano 120[397].

Dio dirigiu-se a imperadores, a governadores, a elites, a populações. A sua filosofia era uma sofisticada e defensiva retórica[398] em vista das suas pretensões políticas e sociais[399]. O estóico Musónio Rufo terá sido

---

[392] Si, sociale animal et in commune genitus, mundum ut unam omnium domum spectat. SÉNECA, Benef. VII 1,7.

[393] Cf. SÉNECA, Epist. LX 1; XCV 53. Séneca destaca a amizade entre amigos que colocam tudo em comum como uma única família. A amizade é conformidade de sentimentos, a maior razão de contentamento da alma, que natural e inatamente atrai os homens à unidade. Cf. SÉNECA, Benef. VII 12; XXI 2; Epist. IX 5.

[394] Cf. DIO, XI 137-144; XLIV 6; XLV 1-3; L. TORRACA, Roma, 246.269.

[395] Cf. DIO, I 50; XIII 1ss; XIX 1.

[396] O ensino de Dio ocorreu num contexto social especialmente urbanos, onde anunciou o justo agir dos homens. Nas suas numerosas viagens, conheceu os problemas humanos e visou persuadir os espíritos humanos a praticarem a concórdia e a amizade. Cf. D. FERRANTE, Semantica, 109.

[397] Cf. P. DESIDERI, Dione, 3883-3884.

[398] Cf. G. M. GAYO, Hermenéutica, 216-217; A. BRANCACCI, Rhetorike, 95-97.

[399] Entendia o logos na ambivalência entre ratio e oratio, entidade filosófica e razão suprema do universo. O discurso era um meio para a verdade. Cf. D. FERRANTE, Semantica, 103-113; S. SWAIN, Dio, 1-8.

o seu mais importante mestre, e o estoicismo a sua maior influência. Inicialmente esteve próximo da sofística, e no exílio perto da escola cínica. Os seus temas estóicos e cínicos receberam a influência de Demóstenes e Platão.

O pensar de Dio é marcado pela convicção de que, não obstante a ascensão do império romano coincidir com a decadência do império grego, o primeiro podia concretizar a política e a cultura do helenismo.

Na realidade, o principal objectivo da filosofia de Dio foi a formação de homens virtuosos[400]. Sendo um activo intelectual, dialogante, político, orador, a cultura helenista ajudou-o a apresentar os valores éticos e cívicos da vida comunitária.

a) *Tema da concórdia*

O termo *concórdia* (ὁμόνοια) terá aparecido no contexto das relações de entendimento entre cidadãos da cidade[401] com duas principais metas: evitar os males dos conflitos sociais e defender a unidade da cidade perante o exterior.

Originalmente, a concórdia era entendida como a paz social em oposição à batalha (πόλεμος) e à guerra civil (στάσις), mas rapidamente se tornou num importante tema dos filósofos e oradores[402].

No período helénico, era um dos principais registos nos ofícios políticos e nos eventos no seio das comunidades e entre comunidades. César Augusto e os seus apologistas tinham a concórdia como sustento da estabilidade e unidade políticas, visível nos pactos entre cidades e no incremento do ideal de unidade de todo o mundo greco-romano.

A importância da concórdia na *polis* evitava convulsões destrutivas e prevenia a intervenção superior de Roma. Assim, minimizavam-se os conflitos entre as entidades públicas, as elites e as populações, mesmo se coexistiam as rivalidades de poder, o crescimento da pobreza e das assimetrias sociais, o empobrecimento popular das assembleias comunitárias e a fragilidade da liberdade e da democracia[403].

O incremento e o desejo da concórdia encontraram no imperador a autoridade ideal e o seu garante perfeito, levando ao acréscimo da legislação local e ao enfraquecimento do poder das assembleias comunitárias e da liberdade dos cidadãos[404].

---

[400] Cf. Dio, XIII.
[401] Cf. C. Breytenbach, «Civic», 262.
[402] Cf. Platão, *Resp.* IV 431 D-432 A.
[403] Cf. Dio, XXXIX 3-7.
[404] Cf. Dio, XLI 12; LXVII 1-3; LXIII 5; LXX 7-8.

CAP. II: UNIDADE JUDAICA E GRECO-ROMANA

Ao mesmo tempo, o ideal da concórdia uniu-se à compreensão da harmonia cósmica e ao desenvolvimento do seu próprio culto, face às dificuldades em alcançá-la e ao desejo de a preservar[405].

b) *Concórdia para Dio Crisóstomo*

Dio dedicou-se particularmente ao tema da concórdia[406]. Para o autor, a unidade concretizava-se na concórdia interna e externa da *polis*[407]. Na sua linha estóica, entendia a comunidade social num sistema fechado, onde todos os membros (imperador, governadores, líderes urbanos, assembleias da *polis*, famílias e cidadãos) se equilibravam entre si e partilhavam o mesmo prioritário objectivo: o bem comum preservado pela concórdia e fragilizado pela discórdia[408].

O bem da concórdia só era comparável aos bens da amizade, da paz, da salvação. Criticando os sofistas, Dio recordava que a concórdia não era uma realidade vaga, mas um bem concreto, oposto ao desejo de riqueza e de poder[409] e aos males da guerra e da doença.

Nesse sentido, se Esparta, constituída sem luxos nem vanidades, era apresentada como exemplo de concórdia, Tróia, na sua soberba e corrupção punidas pelos deuses, era exemplo de discórdia[410].

---

[405] A personificação da concórdia e a de outras divindades de natureza política (*democracia, paz*) (δημοκρατία, εἰρήνη) eram incluídas no panteão dos deuses gregos, como sendo aquelas que detinham maior poder sobre o destino da humanidade; cf. G. THÉRIAULT, *Culte*, 177-178.

[406] Cf. DIO, XLI 12. Entre os títulos dos seus discursos, só o termo *realeza* se repete mais vezes (cinco) que *concórdia* (quatro). A palavra *concórdia* repete-se 56 vezes nos discursos de Dio: 25 no discurso XXXVIII, seis no discurso XL, quatro no discurso XXXIX e XLVIII-XVI, três no discurso XLI, e treze nos restantes discursos.

[407] Cf. DIO, XLVII 2. Dio evitava soluções drásticas e favorecia os compromissos. A acção política urbana não era feita de grandes projectos ou iniciativas, mas orientada para os equilíbrios. A retórica era determinante para incitar, responder e conciliar diferentes grupos: pobres e ricos, escravos e livres, cidadãos e não-cidadãos. O poder urbano realizava-se sobretudo na afirmação e conquista de prosperidade aos olhos de Roma. Cf. XVIII 15; G. SALMERI, *Biografia*, 678ss.

[408] A vida natural e simples, em oposição à riqueza interessada, encontra na auto-suficiência (αὐτάρκεια) a realização e refundação da vida em comunidade. Cf. XXXII, 37; LXVI 82-92; A. R. R. SHEPPARD, «Homonoia», 229ss.

[409] Cf. DIO, XXXII 35-36

[410] Cf. DIO, XXXIV 49-51. Apenas eliminando *as iniquidades dos gregos* se podia retomar um caminho de concórdia e prosperidade; cf. DIO, XXXVIII 38. A riqueza, causa principal da corrupção dos costumes cívicos, aumentava as necessidades não primárias, afastava os homens da simplicidade originária e tornava mais difícil a convivência na cidade; cf. DIO, XVIIV. Cf. R. SCANNAPIECO, «Euboico», 100.

Dio acreditava na concórdia como meio fundamental para contrariar a discórdia[411] e favorecer a justa ordem da *polis*[412]. A cidade verdadeira deveria ser governada por formas nobres e justas de reino de acordo com a lei da amizade e da concórdia[413].

A prosperidade da *polis* não estava nos edifícios nem nos tesouros dos deuses, mas na sobriedade e na sabedoria[414]. De facto, o elogio da *polis* incide na disciplina, mansidão, concórdia, ordem, atenção aos autênticos pregadores e não na busca contínua dos prazeres[415].

Ao construir e ao apresentar a sua noção de concórdia-unidade, Crisóstomo serviu-se do ideal pan-helénico. Portanto, a concórdia da cidade integrava a harmonia cósmica[416].

Na realidade, a concórdia era uma criação de Deus necessária e ordenadora do universo. Colocando-se entre a autoridade romana e os líderes locais, Dio serviu-se da figura de Zeus, que o envia a anunciar os desígnios do alto, a interpretar e salvaguardar as políticas imperiais e a promover os interesses e a autonomia dos governos locais[417]. Nesse ideário, os embaixadores eram mandatários da concórdia divina.

---

[411] A discórdia era muitas vezes consequência do abuso de poder das autoridades que buscavam prestígio, riqueza, destaque, títulos e projecção. Outro foco de discórdia, em contraste com o anterior, eram as populações mais pobres em situação de dificuldade com os seus assaltos e destabilizações. Cf. G. SALMERI, *Biografia*, 678-711.

[412] Cf. DIO, XXXVI 30; LI 8; C. P. JONES, *Roman*, 83-84.

[413] A entreajuda das formigas, a cooperação harmoniosa das aves, o caminhar colectivo e manso das ovelhas recordam aos homens que devem ser chamados a viver em concórdia; cf. DIO, XL 40-41; XLIV 7.

[414] Cf. DIO, XXXIII 28.

[415] Cf. DIO, XXXII 37.

[416] O universo é como um templo sagrado criado pelos deuses, presidido pela harmonia cósmica e preservado na amizade; cf. DIO, XXXVI 22-23. 38. A amizade une a sociedade como expressão da bondade divina na terra e constitui o dever principal do cidadão, especialmente, dos chamados a governar; cf. DIO, III 86-95; IV 38. O carácter preeminente da divindade, que nunca cessa de olhar pela humanidade, deve ser imitado por todos os homens; estes são chamados a realizar na cidade a ordem cósmica, com o dever principal da amizade que encontra na concórdia a sua expressão política. Cf. DIO, III 82.

[417] A consciência de crise política, moral, religiosa, cultural, é um dos eixos na obra dioneia. Os seus textos testemunham a crise e apresentam em alternativa, próxima à condição natural, a esperança na sociedade ideal. Cf. R. SCANNAPIECO, «Euboico», 96-153. Dio move-se entre a utópica idealização do fim e a denúncia crítica do real. Idealiza a cidade, por exemplo, como um banquete amoroso entre dois esposos que convivem felizes na mesma comunidade; cf. DIO, VII. O autor critica a cidade pelos sentimentos de *ira* (ὀργή), *medo* (φόβος), *ignorância* (ἄγνοια), *iniquidade* (πονερία); cf. DIO, VII 22-26; XXXII 45; P. DESIDERI, «Tipologia» 3903-3959.

CAP. II: UNIDADE JUDAICA E GRECO-ROMANA 215

Com efeito, a concórdia divina era a cidade ideal[418] sempre feliz sustentada pela paz e imune à discórdia[419]. Com vários paralelismos – Deus/homem; paz eterna/guerra; concórdia/discórdia –, Dio cria na origem divina da concórdia e na comunicação dessa aos homens por contínuos e benévolos sinais (σημεῖα)[420] em forma de força sobrenatural – a própria concórdia – que unia os homens nela (ὁμονοεῖν αὐτοῖς)[421].

Em oposição, a discórdia era a principal razão que motivava os homens a afastarem-se da concórdia divina e entre si[422]. Se o mundo dos deuses era governado pela ordem, concórdia e mansidão, o mundo dos homens era governado pela desordem, guerras e conflitos que se propagam rapidamente[423].

O que impedia o homem de ter a felicidade perfeita dos deuses era a falta de concórdia humana, de aceitação dos bens divinos e de empenho para evitar a discórdia[424]. O universo era divino e precisado da amizade e da concórdia[425], a força que completava o seu destino de harmonia.

Segundo Dio, o cosmos é o supremo corpo onde os seus diversos elementos são harmoniosamente alterados pela intrínseca e necessária norma da concórdia[426]. A concórdia é a garantia do justo equilíbrio

---

[418] Cf. PLATÃO, *Phaedr.* 247 A.
[419] Cf. DIO, XXXVI 22. 35-38.
[420] Cf. DIO, XXXVIII 18. O autor apresenta a amizade, a bondade e a mansidão como principais atributos de Zeus; cf. DIO, XII 77. A ideia do divino é presente e crescente em todos os homens, gregos e bárbaros. Dio contrapõe diversas categorias éticas: gregos, macedónios, romanos e bárbaros; cf. DIO, XI 150. A presença contínua dos deuses na vida humana expressou-se no momento da criação preparando-lhes o alimento a partir da própria terra-mãe, e no nascimento dando-lhes o sopro vital que anima a alma; cf. DIO, XII 27-31. 39-46. A inspiração divina é como um *flash* de fogo invisível; cf. DIO, XXXVI 34. Cf. E. AMATO, *Polemica*, 14-18.
[421] *Eu digo-vos que a concórdia com os Niceenses é uma necessidade para vós.* DIO, XXXVIII 7. Dio une várias vezes a necessidade e a concórdia (ὠφέλεια + ὁμόνοια); cf. DIO, XL 22. 26. 34; XLIV 14; e distancia-se da compreensão estóica, ao defender que os deuses desejam sempre a paz e nunca a guerra. Cf. A.B. GARCIA, *Notas*, 89-90. A ambição do sábio, do imperador e do político é aproximar o mais possível a cidade dos homens à divina para viverem como essa: ὁμοιοῦσθαι τῷ θεῷ. Cf. L. FRANÇOIS, *Essai*, 204.
[422] Cf. DIO, XXXVIII 11-20.
[423] Cf. DIO, XXXIV 17; XLI 9; XL 21.
[424] Cf. DIO, XXXVIII 11.
[425] Cf. DIO, LXXXIV 27.
[426] Cf. DIO, XXXVIII 10-11. Cf. A. B. GARCIA, *Notas*, 87-92. O poder universal governa o universo como fundamento de todo o arquétipo e imagem do ideal do homem. No tratado sobre a realeza, Dio apresenta Hércules como o rei do universo que governa o mundo em nome de Deus e como modelo a seguir pelos políticos. Cf. G. M. GAYO, *Hermenéutica*, 219.

entre as partes e do sustento necessário para a sua manutenção. A singularidade dos seus membros deve integrar as leis do corpo, no qual a discórdia surge como uma doença que impede a sua harmonia[427].

Assim, a concórdia permite a todos os membros do cosmos encontrarem a sua função, razão de ser e potência existencial. A harmonia do cosmos tinha no império o seu estado de equilíbrio. Nessa ordem universal governada por Roma[428], onde a harmonia – à maneira do cosmos – é a lei dominante, cada cidade deve ser respeitada no seu âmbito específico e ser suporte da unidade do todo orgânico.

As cidades unidas ao império têm a sua margem de acção medida pela sua eficácia orgânica na unidade. Nesse contexto, o imperador é o absoluto regulador do mundo[429], e os filósofos benevolentes pastores com a função de regular a humanidade[430].

Portanto, Dio assume o papel do filósofo dirigindo palavras agradáveis e curativas à cidade doente[431]. As elites deveriam refrear as ambições, pois a inveja, a ambição, o interesse próprio e o esquecimento do interesse público eram graves vícios que colocavam em risco a concórdia.

Os oradores deveriam ser claros e conformar-se com os justos valores morais e culturais[432]. O político deveria anunciar a concórdia na cidade, entre assembleias e cidadãos, e entre as cidades, como base para a concórdia universal no império romano.

Desse modo, a unidade era assegurada pela justa acção dos seus líderes, a serena acção das assembleias comunitárias e a obediente participação do povo nas suas políticas imperiais e locais[433]. Nesse desejo, propondo a reconciliação da concórdia e alertando para os malefícios da discórdia, Dio dedica quatro discursos especificamente ao tema da concórdia entre e na cidade.

---

[427] Cf. DIO, XL 35-39.

[428] Roma é uma cidade superior pela sua feliz fortuna, potência, medida sem limites de cidadania, juízo imparcial e universal; cf. DIO, XLI 9. Roma é miticamente a maior expressão histórica do expansionismo de Tróia vocacionada para dominar única e universalmente o mundo habitado; cf. DIO, XI 118. 122. 138. 150; L. TORRACA, *Roma*, 248-249.

[429] Cf. DIO, XLIX 3. O melhor governo está abaixo do primeiro e maior Deus, é favorecido pelos deuses e dá o primeiro lugar à religião como expressão de confissão e de autêntica fé na existência dos deuses. O bom imperador é guia e pastor do povo, ama-o com muita solicitude, condu-lo ao pasto, afasta-o dos animais ferozes e protege-o dos salteadores; cf. DIO, I 18; II 6. 69; III 41.

[430] Cf. DIO, XLIX 1-2. 13.

[431] Cf. DIO, XXXII 17.

[432] Cf. DIO, XLIV 10-11; XLVIII 48.

[433] Cf. DIO, XXXIV 51; XXXVI 21; XLVI 14; L. BALDI, *XXXVIII Orazione*, 20-21.

CAP. II: UNIDADE JUDAICA E GRECO-ROMANA 217

c) *Discursos de Dio sobre a concórdia*

No discurso XXXVIII, Dio dirige-se à assembleia dos cidadãos de Nicomedia[434] para solucionar a discórdia com Niceia[435]. O autor começa por apresentar o motivo por que fala sobre a concórdia (1-9)[436], depois louva a concórdia (10-20), condena a vanidade das lutas por títulos[437] e recomenda que a assembleia repense a sua conduta (31-40). O discurso termina com a apresentação dos benefícios da concórdia (41-51).

A disputa surgira por causa da pretensão de Nicomedia de ter a exclusividade da inscrição de primeira cidade da Bitinia[438]. A pretensão, segundo Dio, era uma vanidade[439], pois não implicava nenhum benefício territorial, económico, ou político, perigava os laços entre as duas cidades, desestabilizava as relações das restantes cidades provinciais, propiciava os interesses das pequenas cidades e maus governadores e despertava a atenção dos oficiais romanos[440].

Dio propõe a resolução do conflito pacificamente e sem recorrer ao governador. Recorda a assembleia das vantagens da concórdia para as

---

[434] A cidade era formada por dois principais corpos governativos: assembleia dos notáveis da cidade (βουλή) e assembleia popular (δῆμος). A βουλή detinha o poder e era formada por um corpo permanente de magistrados que viam as suas funções revistas regularmente pelas autoridades romanas; esta assembleia não podia declarar guerras ou estreitar alianças e solucionava os problemas administrativos e económicos da cidade. As autoridades imperiais interferiam nesses campos em caso de destabilização. As tensões no seio da βουλή era comuns. Cf. DIO, XXXVIII. A dêmos era composta pelos cidadãos com riqueza. Apesar do seu poder apenas consultivo em relação ao poder decisório da βουλή, assumia na vida da cidade um papel relevante especialmente ao decretar honorários, imunidades e embaixadas. Cf. DIO, XXXVI 16. As duas assembleias reuniam-se frequentemente numa assembleia comum (ἐκκλησία). Cf. G. SALMERI, *Biografia*, 671ss.

[435] As suas cidades integravam a província da Bitinia. Nicomedia fora fundada por Nicodemes I como capital do seu reino, num lugar privilegiado de trocas comerciais favorecida pelo seu porto. Niceia estava a cinquenta quilómetros a sudoeste de Nicomedia, era mais antiga, provinha da linhagem dos primeiros gregos e formava uma importante avenida comercial. Nicomedia gozara do título de metrópole e Niceia do de primeira cidade. Domiciano permitiu a Nicomedia acrescentar o título de primeira cidade, instalando-se assim a disputa entre as cidades. Dio confirma a posição de metrópole de Nicomedia e sugere à assembleia não se servir da posição para colocar restrições e ser imparcial com as restantes cidades; Cf. DIO, XXXVIII.

[436] Da concórdia vos venho falar: bela palavra, bela realidade. DIO, XXXVIII 6.

[437] Cf. DIO, XXXVIII 21-30.

[438] Cf. DIO, XXXVIII 28.

[439] Cf. DIO, XXXVIII 38-40.

[440] Cf. DIO, XXXVIII 33-37.

duas cidades: culturais, económicas, políticas, familiares, jurídicas, estratégicas, concessionárias[441].

Efectivamente, a concórdia reconduzia as cidades ao ambiente de fraternidade, mantinha os territórios das cidades e evitava os conflitos e a intervenção romana[442].

O discurso XXXIX é um apelo dirigido à cidade de Niceia para preservar a tranquilidade que vivia depois de uma instabilidade interna. O autor começa por enaltecer a prosperidade e fortuna da cidade, recordando o seu glorioso passado e evocando os deuses e heróis como seus fundadores.

Sem explicitar os motivos da divisão, descreve-a como uma fase em que a cidade era um barco sem timoneiro ou um carro sem condutor. O autor elogia a unidade presente[443] e pede a sua conservação para evitar futuras rupturas.

No elogio que faz à concórdia, apresenta-a como a harmonia de tudo, segundo a imagem da sinfonia, e fonte de optimização da estrutura social. Uma harmonia que era necessária para a ordem e legalidade na *polis* e, ao mesmo tempo, era sinónimo de prosperidade. De facto, a concórdia como harmonia citadina e base de prosperidade interessava às autoridades locais e romanas.

Dio termina o seu discurso dirigindo-se a Dionísio, patriarca da cidade, a Hércules, seu fundador, e a todos os deuses, incluindo a concórdia, pedindo a unidade na cidade e o fim dos conflitos[444].

Os discursos XL e XLI abordam a discórdia entre Prusa e Apameia por rivalidade económica. Prusa, além de se sujeitar aos impostos quando usava o porto de Apameia, apresentava uma configuração jurídica diferente em relação a Apameia: era sede de *conventus iuridicus* e possuía privilégios em relação às cidades vizinhas. Face ao seu estatuto, Dio aconselha Prusa a moderar-se para não alimentar a inveja e as rivalidades da cidade vizinha.

Porém, Apameia era a imagem da cidade de Roma, da qual gozava o privilégio de *Jus Italicum* que lhe conferia benefícios fiscais directos em relação às cidades vizinhas. Face a estes dois tipos de organização citadina, Dio evidencia os laços comuns. O autor serve-se da sua dupla cidadania para mediar a discórdia e destacar a importância das cidades e do seu papel na formação e consolidação dos cidadãos.

---

[441] Cf. Dio, XXXVIII 34.44-47.
[442] Cf. Dio, XXXVIII 38.
[443] Cf. Dio, XXXIX 1-3.6.
[444] Cf. Dio, XXXIX 8.

Ao apresentar os valores ideais da *polis*, entendida como espaço natural de inserção do homem, Dio integra na realidade do império romano diferentes tipos de organização citadina, os quais se cumprem de acordo e em harmonia com uma normativa moral: Roma.

Dio descreve a condição de colónia de Apameia não como expressão de opressão por parte de Roma, mas como um voluntário e recíproco trato de amizade e concórdia. Roma era a cidade idealizada exemplar e moralmente. Apameia estava inserida no processo de colonização e tinha um papel paradigmático de amizade e concórdia; por isso, era particularmente chamada a favorecer laços de concórdia entre os diversos organismos e urbes romanas[445].

2.2.3 Unidade segundo Plutarco

Plutarco nasceu pelo ano 46 CE numa destacada família de Queroneia, uma cidade próxima de Delfos. Foi discípulo de Amónio em Atenas num círculo platónico; estudou retórica, matemática e filosofia. Tornou-se um eminente filósofo, biógrafo, historiador, ensaísta, prosador, e foi um dos mais importantes médio-platonistas do seu tempo.

O prestígio de Plutarco valeu-lhe a cidadania de Delfos, de Atenas e de Roma. Entre inúmeras viagens e conferências, viveu em Roma entre 72 e 92. A sua doutrina influenciou a política romana.

Plutarco conheceu diversos imperadores e foi distinguido por esses. Regressou a Delfos, onde assumiu a função de sacerdote de Apolo. A sua obra é normalmente dividida em dois grandes blocos: *Vidas Paralelas* e *Moralia*. Morreu em torno do ano 119.

O dualismo unidade-dispersão atravessa a obra de Plutarco e a sua compreensão é importante para entender a sua noção de unidade. O dualismo funda-se na oposição entre Deus (a unidade, a mónade intelectual) e o princípio da separação (a díade indefinida), e no encontro do logos imanente ordenador e da alma do mundo[446].

a) *Deus de Plutarco*

Deus é o que é, estável e uno[447]. Deus é o ser vivente, potente, virtu-

---

[445] Cf. C. P. JONES, *Roman*, 37ss.
[446] Cf. PLUTARCO, *Stoic. rep.* 1035 B; *Is et Os.* 369 C; BIBLIOTHECA TEUBNERIANA, *Plutarchi*.
[447] Na linha de Platão, Plutarco, não apenas estabelece o contraste entre *ser* e *tornar-se*, como também entre o um, que é Deus, e o muitos, que é o homem. Cf. PLUTARCO, *Pyth. or.* 393 C; *Def. orac.* 425 F-426 A.

oso, benévolo com os homens[448]. A sua natureza é invisível, não criada, incorruptível, indivisível, radicalmente estranha ao mundo sensível[449]. Deus é um e não múltiplo, pois o que realmente é não pode ser senão um, nem dar origem a outro ser[450].

A unidade e a simplicidade são características próprias de Deus. Plutarco refere-se a Deus designando-o por Apolo ou Ieo, ou seja, oposto à pluralidade e/ou multiplicidade[451].

O facto de definir Deus como único não impede Plutarco de referir-se aos deuses do panteão grego, por exemplo: Zeus o defensor da família, Poséidon a fonte de vida, Deméter a legisladora, e outros deuses[452].

As divindades particulares, para o autor, manifestam a unicidade e a unidade da bondade de Deus nas diversas circunstâncias da vida humana[453]. Plutarco concilia a tradição recebida e o universalismo de um Deus único e reduz o número das divindades, assimilando aquelas com características semelhantes e as de outros povos.

O autor nega a existência de deuses exclusivos dos Egípcios, deuses bárbaros e deuses gregos, ou deuses do Sul e do Norte, pois esses não se podem circunscrever a uma região e os seus dons são universais. Se os seus nomes, honras e cultos variaram segundo os povos, o Deus uno é único e revela a sua providência em favor de todos[454].

Plutarco adverte que Deus não pode descer à terra e misturar-se com os homens; ele não está sujeito a transformações, nem ao destino do cosmos[455], pois está presente no alto, no reino da natureza imutável[456].

---

[448] Cf. PLUTARCO, *Stoic. rep.* 1051 E.
[449] Cf. PLUTARCO, *Lyc.-Num.* 8,13.
[450] Cf. PLUTARCO, *É ap. Delph.* 393 B-C.
[451] Cf. PLUTARCO, *Is et Os.* 354 F. 381 F.
[452] Cf. PLUTARCO, *Pyth. or.* 414 E. 416 F; *Is et Os.* 377 E.
[453] Cf. PLUTARCO, *Quaest. conv.* 671 B. 758.
[454] Cf. PLUTARCO, *Is et Os.* 377 C-F. A divindade define-se como providência; atribuir-lhe indiferença significa negá-la. Cf. J. BEAUJEU, «*Religion*», 207-231. O sincretismo plutarquiano tende a uma teologia monoteísta, onde Deus principal, supremo, primeiro, soberano, é assistido por um único logos e muitas potências. A bipolaridade não impede um único guia supremo e soberano do mundo, em virtude da sua inteligência e razão. Cf. PLUTARCO, *Pyth. or.* 425 F-426 A.
[455] Plutarco distancia-se completamente das visões estóicas de emanação ou transformação do ser divino, o qual se dissolveria em fogo em conjunto com todas as substâncias do universo e depois de novo se controlaria nas diversas formas do mundo, mar, terra, vento; cf. PLUTARCO, *E ap. Delph.* 393 E; *Ad princ. inerud.* 781 E.
[456] Plutarco critica o deus estóico, apresentando-o como um homem político demasiadamente confiante nas próprias forças e capacidades, o qual se encarrega indistintamente de todas as funções publicas, sem querer confiar nada a ninguém, insinuando-se em tudo

No entanto, a sua potência permanece no homem sob a forma de providência, que é origem de todo o bem e não tem outro fim senão gerá-lo[457].

Deus é o primeiro e o maior amigo do homem[458], é o pai de todo o bem, não física nem biologicamente, mas sim como potência que fecunda a matéria, a transforma e a aproxima da natureza divina. Nada é impossível a Deus; recorda Plutarco: já os egípcios criam que um sopro divino na mulher gerasse um princípio de fecundidade[459].

O autor articula a providência – capacidade divina de intervir no evoluir das coisas permitindo que por graça dela as coisas possam ocorrer de outro modo –, o destino – sequência lógica das causas e dos efeitos no normal curso dos eventos – e o livre-arbítrio – capacidade humana de escolher justa ou injustamente.

Contudo, para Plutarco, o destino não determina o mundo, pois o princípio superior prevalece sobre esse e esse é condicionado pela liberdade de o homem escolher[460]. A providência corrige o mecanismo das leis naturais e subordina-as aos princípios superiores divinos, não determinando ou anulando a liberdade do homem, mas sim harmonizando as leis da natureza e facultando a razão ao homem.

Se as leis naturais não bastam para assegurar a harmonia do cosmos, pois isoladas só conduzem à desordem, o justo encontro entre o homem (livre-arbítrio), o mundo (leis da natureza) e a providência (princípio divino) possibilita a harmonia[461].

b) *Alma do mundo*

O autor refere-se a dois estados sucessivos da alma: pré-cósmica e cósmica. A primeira, não sendo uma entidade má, é definida pelo estado de total sujeição ao princípio da desordem, ainda que desperta para o bem.

---

e misturando-se em tudo, apenas pela insaciável fome de glória e recusa de partilhar a honra e a potência que detém na cidade; cf. PLUTARCO, *Ad princ. inerud.* 793 C-D.

[457] Cf. PLUTARCO, *Aud. poet.* 34 A; *Adulat.* 63 E.

[458] Cf. PLUTARCO, *Coniug. praec.* 140 C.

[459] A natureza de Deus está para lá da natureza e das leis humanas; cf. PLUTARCO, *Fat.* 572 F. 573 B. 574 D; *Lyc.-Num.* 6.

[460] Cf. PLUTARCO, *Fac. lun.* 928 C; *Quaest. Conv.* 740 D. O autor, seguindo Platão, apresenta em *Questioni conviviali* três tipos de causas: ordem da necessidade, ordem da causalidade e ordem do livre-arbítrio. Estas misturam-se, cabendo ao livre-arbítrio a escolha nas opções. Cf. PLUTARCO, *Quaest. conv.* 740 C.

[461] Cf. PLUTARCO, *Nic.-Crass.* 23,4. A harmonia alcança-se no domínio da providência sobre a desordem, sem que esta nunca desapareça, pois é radicada no mundo em combate obstinado contra a melhor; cf. PLUTARCO, *Is et Os.* 369 C. 371 A.

A alma pré-cósmica, simbolizada por Ísis[462], é irracional e sujeita à má influência da indefinida díade, simbolizada por Tífon. Ísis é o receptáculo, o princípio feminino na natureza que recebe toda a procriação. O encontro entre a alma pré-cósmica e o primeiro princípio de tudo, o bem, criou a alma cósmica, racional, que persiste e prossegue nesse bem.

O logos divino é o ordenador da alma pré-cósmica. A criação e a ordenação do mundo, segundo Plutarco, não surgiram do nada, mas do caos, ou seja, da desordem, da instabilidade e da irracionalidade. O logos informou a alma pré-cósmica e, ao conferir-lhe ordem e harmonia, criou a alma do mundo, passando-se da situação de desordem a estado de ordem[463].

O logos, sem acrescentar nada ao que já existia[464], como intermediário primeiro da inteligência (νοῦς), da essência indivisível, ou de Deus, ordenou a alma do mundo, as suas paixões e movimentos dispersivos[465].

Assim, a alma cósmica ao deixar-se guiar pelo logos, representado por Osíris, cresce no bem e, ao mesmo tempo, evita o princípio do mal e da desordem dos membros divinos de Osíris que Ísis tenta reunir[466].

Desse modo, a potência vivente e divina, vinda e dada por Deus, manifesta-se na alma do homem, a qual, unida ao corpo, o forma. Assim, o corpo recebeu de Deus a harmonia, e a alma é obra e parte do próprio ser de Deus[467].

A alma do mundo é assim constituída por dois princípios: o da não-razão, da instabilidade, da dispersão, do chamado outro, que produz a pluralidade e a distinção; e o da razão, da imobilidade, da pureza, do mesmo, que produz a unidade da pluralidade numa só forma e poder[468].

---

[462] Cf. PLUTARCO, *Is et Os*. 351-382.

[463] Cf. PLUTARCO, *Plat. quaest.* 1003.

[464] Cf. PLUTARCO, *Plat. quaest.* 1012 B. 1014 A.

[465] Passagem da situação de desordem à de ordem. Deus presidiu a esse nascimento temporal do mundo sem acrescentar nada ao que já existia, mas ordenando através do logos a matéria pré-cósmica, que não era senão desordem e ausência de harmonia, e que procurava, contra o logos ordenador, aprofundar a indeterminação que a caracterizava como substância divisível ou alma hostil; cf. PLUTARCO, *Quaest. conv.* 719 E.

[466] Cf. PLUTARCO, *Is et Os*. 372 E.

[467] A alma cósmica evita e rejeita o mal, e inclina-se sempre para o melhor ao oferecer-se a si mesma como seio e, consequentemente, geração na matéria da imagem do ser de Deus; cf. PLUTARCO, *Is et Os*. 372.

[468] Cf. PLUTARCO, *An. procr.* 1012-1030. A ordem acontece quando o mesmo intervém sobre o outro (processo de identificação e unificação), e a desordem quando o

CAP. II: UNIDADE JUDAICA E GRECO-ROMANA

A alma, não sendo inteiramente obra de Deus, pois suporta também o mal, é unificada na medida em que participa na unidade divina e na sua inteligência e nela realiza a harmonia entre a ordem e a desordem[469].

Portanto a inteligência divina surge do princípio superior que Plutarco apresenta como o um, o bem transcendente, fonte da inteligência e de todo o ser. A inteligência (νοῦς) domina e transforma a alma. Deus assiste providencialmente o homem e partilha com ele as suas próprias propriedades. Deus envia a sua inteligência para que a alma do mundo se torne semelhante a ele. A alma, ao participar da inteligência, ordena os seus próprios movimentos e insere-se nos movimentos da inteligência.

Assim, dominado o princípio da desordem no mundo, o princípio melhor reorienta o movimento do mundo para a unidade[470]. Nesse movimento, encontram-se o envio da razão dada por Deus e o desejo dos homens de a alcançarem. Se do encontro entre a alma e o corpo resultou a parte irracional, do encontro entre a alma e a inteligência resultou a racionalidade da alma[471].

Plutarco concebe o conhecer num devir, distinguindo o conhecimento inteligível, fundado na essência imutável, do sensível, em contacto com a matéria dispersa[472]. A alma cósmica, ao participar da inteligência e da sua harmonia, abraça necessariamente a alma de tudo da qual é parte.

O conhecimento de Deus, mais que uma teoria, é observância religiosa daquele que é o primeiro, o senhor de tudo, o objecto do inteligível[473]. O homem conhece Deus na medida em que se torna como ele. A meta do homem é identificar-se com Deus, tornar-se uno e não muitos, possível, quando impassível ao mundo físico, ao corpo e aos sentidos, e alcançar na mente a unidade com Deus[474].

Desse modo, conhecer Deus é um exercício da mente mediado por práticas ascéticas e cultuais, pois apenas a parte mais pura da alma – o

---

outro intervém sobre o mesmo (processo de diferenciação). O mesmo é o princípio de identidade e de semelhança e procede do um. O outro é o princípio da diferença e da dissemelhança e procede da díade. Cf. D. BABUT, *Plutarco*, 411ss.

[469] Cf. PLUTARCO, *An. procr.* 1016 D; *Nic-.Crass.* 23,4.
[470] Cf. PLUTARCO, *An. procr.* 1024. 1026 F.
[471] Cf. PLUTARCO, *Fac. lun.* 943 A.
[472] Cf. PLUTARCO, *An. procr.* 1024 A.
[473] Cf. PLUTARCO, *Is et Os.* 352 A.
[474] Cf. J. WHITTAKER, «Plutarch», 50-63.

νοῦς liberto o mais possível de qualquer vínculo corpóreo – está capacitada para entrar em contacto com a divindade[475].

O movimento do conhecimento une-se assim à autêntica prática religiosa destinada a transformar e aproximar o homem de Deus. O culto deve ser racional, interior e virtuoso e pedir a paz, a concórdia e a inspiração para as obras justas. O verdadeiro culto vive do espírito mais do que da letra.

Efectivamente, os deuses não têm necessidade das obras e das petições dos homens; importante é essas transformarem o coração e as disposições daquele que honra a divindade. O homem é chamado a subir até Deus, pois Deus não pode descer até ao homem.

Nesse sentido, a verdadeira oração une-se ao esforço do homem[476], pois nem Deus substitui o homem, nem este pode recolher se antes não semeou em terra boa[477]. Diz Plutarco: o homem, vendo alguém afogar-se, só se aproxima quando aquele se avizinha da terra; assim Deus deixa o homem enfrentar as suas dificuldades para depois o ajudar[478]. Não existem formas mágicas para chegar a Deus, que socorre e coopera com os virtuosos como a seus filhos adoptivos[479].

c) *Homem virtuoso*

O progresso moral é uma lenta conquista, onde o hábito, agindo sobre a irracionalidade da alma, é decisivo. Os bons distinguem-se dos maus pela independência face às suas paixões.

As paixões, entendidas como forças moralmente neutras, ou seja, expressões espontâneas do dinamismo irracional da alma, podem orientar-se para o bem ou para o mal, segundo a acção da razão[480]. As paixões, deixando de ser um simples conflito com a razão, ao serem racionalmente orientadas, possibilitam, por exemplo, que a cólera se transforme em coragem, o ódio em justiça, a compaixão em amizade[481].

---

[475] O autor rejeita antropomorfismos e esclarece que é próprio dos supersticiosos prostrarem-se diante das imagens numa total incompreensão da divindade; cf. PLUTARCO, *Superst.* 167 D.

[476] Cf. PLUTARCO, *Per.-Fab.* 4,4.

[477] Cf. PLUTARCO, *Aem.-Tim.* 36,4; *Superst.* 169 C.

[478] Cf. PLUTARCO, *Gen. Socr.* 593 Dss.

[479] Cf. PLUTARCO, *Def. orac.* 417 A; *Per.-Fab.* 6,1.

[480] Os impulsos, os medos, não vêm de fora, pelo contrário, nascem de dentro e expressam essa tensão entre a ordem e a desordem. Cf. PLUTARCO, *Aud.* 38 C; D. BABUT, *Plutarco*, 334. A razão não apenas se opõe aos impulsos das paixões como equilibra os seus excessos e defeitos. Cf. PLUTARCO, *Virt. mor.* 443 D. 444C.

[481] Cf. PLUTARCO, *Virt. mor.* 451 E.

Por isso, a autêntica virtude é um estado de equilíbrio no qual a ordem sucede ao conflito entre as potências da alma. O autor serve-se do exemplo do fogo e do modo como esse é governado, para sublinhar o modo como na alma não deve permanecer senão uma luz brilhante acompanhada de calor[482].

Na realidade, o dualismo de Plutarco manifesta-se entre a tendência ascética de uma fuga do mundo e a tendência mais moderada e realista de um equilíbrio entre alma e corpo como parte do todo humano[483].

Nesse contexto, a filosofia de Plutarco é uma arte de viver chamada a aproximar as doutrinas à praxis quotidiana[484]. A filosofia ensina racionalmente tudo aquilo que é bom e útil. O autêntico espírito filosófico é aquele de Sócrates, caracterizado pela simplicidade, natureza e procura exclusiva da verdade. Plutarco, consciente de que nem tudo é explicável, procura o equilíbrio entre a razão e o prodigioso das coisas[485]; ou seja, valoriza simultaneamente a razão e a fé[486].

Segundo o autor, a crença religiosa ajuda o conhecimento, e o anular do prodigioso corresponde ao anular da filosofia[487]. O esforço sóbrio, real e constante da procura da verdade deve estar unido às coisas divinas, pois os deuses esclarecem a ciência que concerne ao homem[488].

Por isso o autor critica a superstição ingénua[489] e o excessivo racionalismo[490]. O justo conhecimento situa-se entre a ingénua crença, que acredita no mínimo sinal, e a angústia racionalista, que nega tudo que não consegue explicar[491].

As possíveis incompreensões entre a fé e a razão são provisórias e aparentes, pois se a impotência humana as vê, em Deus elas não exis-

---

[482] Cf. PLUTARCO, *Quaest. conv.* 765 B.
[483] Cf. A. DIES, *Introduction,* cvi.
[484] Cf. PLUTARCO, *Prof. virt.* 75F. 76 A-B; *Aud.* 43 A-B.
[485] Cf. PLUTARCO, *Pyth. Or.* 402 E; *Is et Os.* 359 F.
[486] Cf. PLUTARCO, *Col.* 1120 F. 1124 B.
[487] Cf. PLUTARCO, *Quaest. conv.* 680 C-D.
[488] Cf. PLUTARCO, *Is et Os.* 351 C.
[489] O autor associa a superstição e a paixão que a envolve à ignorância, face à qual não há outro remédio senão a razão, dissolvendo o terror próprio da superstição, envolta nos sinais naturais estranhos; Cf. PLUTARCO, *Per.-Fab.* 6,1; *Quaest. conv.* 680 C. A superstição, apesar da sua nocividade, pode concorrer para fins honestos no governo dos políticos. Cf. PLUTARCO, *Lys.-Sull.* 25,2ss; *Sert.-Eum.* 13,4ss.
[490] Cf. PLUTARCO, *Quaest. conv.* 680.
[491] Cf. PLUTARCO, *Alex.-Caes.* 68ss. Plutarco refere-se à fragilidade humana como espaço onde o homem facilmente se perde na fé cega ou na excessiva descrença, onde se perde na cegueira da superstição ou no desprezo das coisas divinas. Cf. PLUTARCO, *Gen. Socr.* 579 F. 580 B-C.

tem. A fé não elimina a razão, supera-a e integra-a, pois a omnipotência divina, afirma Plutarco, pode tornar o impossível possível[492].

d) *Unidade do mundo*

No projecto de harmonia, profundamente racional, Plutarco integrou a sua comunidade local, provincial e imperial[493]. À morte de Domiciano, o império retomou o crescimento demográfico e económico, consolidou a política nas diversas províncias e entres estas, e incrementou a competição, o empenho e a convicção pela unidade imperial.

Face a esse cenário de paz e de prosperidade imperial, Plutarco uniu e inseriu o seu ideal de harmonia, a ponto de considerar o santuário de Delfos, onde exerce o seu ministério sacerdotal[494], o centro do mundo.

Efectivamente, Plutarco assumiu-se como depositário de uma religião chamada a salvaguardar a unidade imperial através da unificação e universalização da sua ideologia.

Desse modo, o sentimento e o ideal de unidade imperial, cada vez mais racionais e enraizados no espírito das elites, consolidavam-se como a unidade do mundo, fundada nos valores morais tipicamente greco-latinos em contraposição aos bárbaros, tidos como adversários naturais e excluídos da unidade[495].

Nesse contexto, o ideal mais alto da virtude política, como espelho do próprio agir de Deus no governo do cosmos, é conduzir os homens pela persuasão da razão a esse sentimento e ideal de unidade[496]. A bondade, mais do que a justiça, é a melhor mediação para a concretização desse propósito.

Segundo Plutarco, a justa moral imperial equilibra o excessivo idealismo e a rigorosa justiça. Nessa relação de verdade, o homem virtuoso é elevado a herói, de herói a sua alma eleva-se a demónio, e finalmente, perfeitamente purificado e santificado, deixando qualquer elemento mortal e sensível e em plena verdade segundo uma lógica natural, é elevado à condição dos deuses, onde atinge a plenitude da beatitude[497].

Assim, a divinização do homem não é uma elevação de corpo e alma à morada dos deuses, mas a ascensão progressiva da sua alma à natureza divina.

---

[492] Cf. PLUTARCO, *Pyth. or.* 408 D. 409 C-D.
[493] Cf. PLUTARCO, *Dem.-Cic.* 2,2.
[494] Cf. J. SIRINELLI, *Plutarque*, 201ss.
[495] Cf. PLUTARCO, *Cim.-Luc.* 18,1.
[496] Cf. PLUTARCO, *Phoc.-Cat. Mi.* 2,7ss.
[497] Cf. PLUTARCO, *Thes.-Rom.* 10.

2.3 Unidade segundo Jo e unidade greco-romana

Sem perder de vista a inserção da unidade joanina na história do seu povo, a sua relação com a cultura grega e com as suas noções de unidade contemporâneas permite-nos valorizar a própria originalidade joânica.

É clara a presença da cultura grega e helenista no testemunho joanino, antes de tudo, comprovada pelo idioma koiné no qual é escrito e o qual, necessariamente, traz consigo o peso de uma tradição presente nas suas próprias palavras.

Ao mesmo tempo, a presença da tradição helénica em Jo não é uma particularidade própria sua, pois ele integra a natural influência que o judaísmo mais ou menos recebia da cultura grega, como Filão demonstra.

Naturalmente, antes como hoje, é impossível precisar a influência que Jo ou qualquer outro autor recebe do seu meio; igualmente seria incorrecto separar absolutamente duas tradições que se tocam.

Jo serve-se dos principais vocábulos usados pelos pensadores gregos como *logos* (λόγος), *um* (ἕν), *deus* (θεός), *cosmos* (κόσμος), *alma* (ψυχή), *princípio* (ἀρχή), *lei* (νόμος), *pena* (αἰτία), *essência* (εἶδος), *conhecer* (γινώσκω), *múltiplo* (πολύς), *tudo* (πᾶς), *todo* (ὅλος), *outro* (ἕτερος), *parte* (μέρος), *mónade* (μόνος), *eterno* (αἰώνιος), *fim* (τέλος), *verdade* (ἀλήθεια), *paz* (εἰρήνη), *felicidade* (μακάριος), *justiça* (δικαιοσύνη), *poder* (δυνατός), *espírito* (πνευμα) e outros.

Ao mesmo tempo, Jo partilha com os pensadores gregos muita imagética, como a filiação divina, o bom pastor, a porta, a iluminação, a videira, a água, o banquete, o reino de Deus e, inclusive, como nenhum outro Evangelho canónico, refere-se explicitamente, primeiro, à diáspora: *"Irá à diáspora dos gregos e ensinar os gregos?"* (μὴ εἰς τὴν διασπορὰν τῶν Ἑλλήνων μέλλει πορεύεσθαι καὶ διδάσκειν τοὺς Ἕλληνας; – 7,35b), e, depois, sem mais especificar, à vinda de alguns gregos para a festa da Páscoa, concretamente, com o desejo de ver Jesus (cf. 12,20-21).

O autor joanino partilha ainda com muitos dos pensadores gregos e romanos do seu tempo o desejo de conhecer e dar a conhecer a razão que o movia, ao mundo e aos homens. Jo avista também, como a maior parte dos pensadores de então, por exemplo, Dio, Séneca, Plutarco, e o próprio Filão, uma solução universal onde o mundo inteiro era incluído e nela tomava parte.

Nesse sentido, como nenhum outro escrito no Novo Testamento, Jo interessa-se pela decisiva questão da unidade de Deus, do mundo e dos homens, então particularmente privilegiada no mundo grego e romano, como manifestam, cada um segundo a sua perspectiva, Dio Crisóstomo, Séneca e Plutarco.

De facto, nesse sentido, Jo serve-se, como outros autores judaicos anteriores e posteriores, não só da sua tradição judaica como da tradição helenista, alguma já integrada no seu pensar e escrever, para realizar a sua meta, concretamente, o desejo de a comunicar seja ao *mundo* hebraico seja ao grego[498].

Porém, ao mesmo tempo, o modo como Jo entende o seu testemunho e a meta que lhe destina distingue-se claramente da matriz de pensamento grego e helenista. Aliás, se a imensa tradição grega em si é altamente distintiva, a tradição joanina, incomparável na sua dimensão, mais se distingue. Jo distancia-se radicalmente da semântica grega e helénica, não especula projecções e testemunha o encontro do único Deus com os seus.

A transcendência divina joanina distingue-se da imanência grega; o interesse joanino da unidade e da dispersão na relação entre o único Deus e o seu único povo distancia-se do interesse grego da tensão entre o uno e o múltiplo no desejo de compreensão do mundo; a oposição joanina entre o reino deste mundo e o reino de Deus afasta-se da cosmovisão grega. De facto, Jo vem da tradição hebraica, que na sua origem se distingue radicalmente da grega[499].

A noção do logos é uma das que mais claramente evidencia o modo como a cultura grega e helénica toca Jo, como este a olhou e dela se serviu. Porém, a noção de logos, central no pensamento grego e no testemunho joanino, manifesta a radical diferença de perspectiva e de entendimento entre a imensa corrente de pensamento grego e a específica joanina.

De facto, se para o grego, na sua ampla reflexão, o logos permitia conhecer a unidade do uno e do múltiplo, da harmonia e da desarmonia, da razão e da não razão, da mónade e da díade, para Jo, é pelo poder do Logos encarnado glorificado em Deus que os homens podem passar da dispersão à unidade, de si ou da morte à relação ou à vida de Deus.

3. Conclusão do capítulo

A unidade no quarto Evangelho compreende-se no seio da noção de unidade do judaísmo no I CE e das influências que recebeu do mundo grego e romano.

---

[498] Cf. J. COLEMAN – C. WALZ, *Greeks*, 32ss.
[499] Cf. J. J. COLLINS, *Between Athens*, 67ss.

Jesus joanino dá-se a conhecer como o lugar perfeito de encontro do seu povo com o seu Deus, ou seja, como a autêntica morada onde o seu povo se reúne na unidade em Deus, seu Pai, aquele que o enviou, e a quem pertence e é o seu povo. Jo vê a unidade do povo como a sua realidade vital, o fruto da hora do Evangelho.

A unidade do povo de Deus era a justa resposta a Deus vivida em relação pessoal do povo com ele. A unidade é o desejo vital do povo, a sua autêntica resposta a Deus, a sua própria realização como seu povo. O único Deus, aquele que é, chama o seu povo a ser nele e a ser como ele.

No seio dessa relação pessoal vivificante do único povo com o único Deus, Jo faz do seu testemunho morada de unidade para aqueles que verdadeiramente desejam viver de Deus como seu povo.

Desse modo, a unidade joanina não só é no seio do povo como assim é por ser vitalmente no seio de Deus, que Jo vê como a perfeita unidade pessoal compreensiva, unificadora, vivificante entre Israel e Deus.

Assim, o autor joanino integrado no seio do seu povo vê na unidade ou no amar recíproco a vocação e o ser próprio do seu povo como resposta justa a Deus segundo a dinâmica una e única do evento fundacional em relação de escuta com aquele que é o seu Senhor único (cf. Dt 6,4).

Nesse desejo vital e para ele, Jo serviu-se e tomou parte também da cultura grega e romana que o envolvia para dar a conhecer aos seus e àquela o seu testemunho. Sendo o Evangelho escrito em grego e sendo o testemunho de uma história vivida num contexto também helenístico e romano, naturalmente, que deste contexto recebeu influências e, sobretudo, a partir dele também avistou o próprio mundo helenístico e romano.

O evangelista joanino, tal como Filão de Alexandria a seu modo, mesmo se os seus objectivos e dimensões diferem, serviu-se de conceitos gregos e romanos para augurar a sua comunicação, partilhando com a cultura helenística e romana particularmente o desejo da unidade como realidade fundamental.

Jo partilha com pensadores do seu tempo, concretamente com Séneca, Dio e Plutarco, o desejo de conhecer e dar a conhecer a sua razão, a potencialidade da retórica, a vitalidade imagética, a importância da noção de unidade, a abertura universal dessa própria noção.

Sendo verdade que Jo se entende no seio de Israel, ao mesmo tempo, mesmo diferindo dos objectivos do pensamento grego e romano, toma alguns dos seus conceitos e termos para concretizar o seu objectivo: a perfeita unidade de Deus como lugar da unidade do povo de Deus.

Com efeito, face à sua imensa e rica herança judaica, especialmente marcada pelo evento e pelo encontro fundacional de Deus com o seu povo, para o testemunhar perfeitamente, o autor joanino serve-se também a seu modo da cultura helénica e romana envolvente.

Não obstante a influência e o contacto joanino com o ambiente grego e romano, é evidente a originalidade joanina. O autor testemunha o real, vivo, perfeito, contínuo encontro do Deus de Israel com o seu povo em Jesus e nos seus.

Como vimos, a noção do logos, tipicamente grega, serviu ao quarto evangelista para se concentrar em Jesus e a partir dele dar a conhecer melhor o perfeito lugar, a morada onde os seus encontram Deus. Desse modo, mesmo muito distante da ampla tradição grega, o poder comunicante e expressivo desta integrou a composição do seu testemunho e o avistar da sua meta.

Assim, contemporaneamente, é óbvio que o testemunho joanino é no seio do seu povo e, ao mesmo tempo, esse é tocado e toca não só a terminologia como o pensar grego e romano.

Porém, importa sempre advertir que, se esse encontro de tradições, muito anterior ao tempo do quarto Evangelho, permitiu a Jo de certo modo apurar o seu testemunho da noção de unidade judaica, de modo nenhum pode transportar para domínios e caminhos que não são os joaninos. Nesse sentido, então, finalmente, detemo-nos na original compreensão joanina da unidade.

Capítulo III

A unidade joanina

1. Logos-Jesus e a unidade dos filhos de Deus

A unidade joanina brota da compreensão, da unidade, da vida de Jesus glorificado no Pai. Por isso, Jo começa por apresentar no seu Evangelho o significado do ser e da acção do Logos em Jesus e, concretamente, o sentido do seu ser e da sua missão no seio da revelação de Deus a Israel.

Com efeito, da compreensão da decisiva e poderosa acção do Logos em Jesus glorificado, resulta a valorização do encontro de Jesus com os discípulos, com o seu povo, com o mundo inteiro, como o âmago do testemunho joanino e, ao mesmo tempo, como o fundamento da unidade dos filhos de Deus (cf. 11,51-53).

1.1 *Logos segundo o autor joanino*

A necessidade de entender o Logos para perceber Jo é clara em todo o seu testemunho. Na verdade, o Logos encarnado glorificado é o grande protagonista do quarto Evangelho. Nesse sentido, fazendo uma releitura nuclear do Evangelho joanino, o autor apresenta, no seu prólogo poético, o Logos no seu dinamismo em Deus dirigido aos homens, à treva, ao mundo, aos seus discípulos, aos filhos de Deus, à carne, ao *nós*.

Assim sendo, o protagonismo do Logos realiza-se e manifesta-se perfeitamente ao atrair os seres humanos à sua unidade no Pai como filhos de Deus. Nesse sentido, para melhor compreender a vitalidade do Logos, importa perceber o modo como Jo o apresenta no prólogo.

1.1.1 No princípio o Logos era em Deus e era Deus

Jo começa o caminho da meta – a vida em Deus (cf. 1,13; 20,31) –, partindo não de uma das suas personagens nem de uma das suas tradições, nem sequer de Jesus, mas sim da vida do Logos em Deus[1]. De facto, o Evangelho não se percebe fora do Logos e de outro modo não se realiza[2]. O Logos é o princípio, o dinamismo e a meta de Jo, como as suas primeiras palavras revelam (v.1):

- *No princípio era o Logos* (Ἐν ἀρχῇ ἦν ὁ λόγος – 1,1): tomando as primeiras palavras da torah (cf. Gn 1,1), com todo o valor que elas assumem e projectam[3], Jo insere o seu testemunho na história de Deus com os homens e com o seu povo. Na realidade, é no ser eterno de Deus anterior à criação, que Jo testemunha a unidade da vida em Deus.

- *O Logos estava com Deus* (ὁ λόγος ἦν πρὸς τὸν θεόν – 1,1): o Logos era diante de Deus; a construção, *estava com Deus* (ἦν πρὸς τὸν θεόν – 1,1.2), evidencia a realidade una, dinâmica, relacional, vital do Logos em Deus. O Logos não se identifica com Deus; era e é nele em perfeita relação de vida[4].

- *O Logos era Deus* (θεὸς ἦν ὁ λόγος – 1,1)[5]: na terceira vez que *o Logos* (ὁ λόγος) aparece como sujeito, Jo declara que ele era Deus. O Logos não era distante nem separado de Deus, nem sequer era um outro deus ou um simples ser divino[6]; o Logos era e é o sujeito perfeito sujeito no seu ser em Deus, era o outro em si perfeitamente sujeito.

Jo assenta assim o seu testemunho no ser do Logos, fazendo depender a sua compreensão das palavras que o abrem, que o sintetizam e que o orientam[7]. Portanto, o testemunho joanino não reflecte nem teoriza sobre o Logos[8]; fala na sua perfeita relação em Deus, na qual é comunicação de si (da vida de Deus – cf. 20,30-31), como é confirmado em

---

[1] Cf. J. ZUMSTEIN, «Prologue», 217-239.
[2] Cf. 10,30; 14,11.20ss; 17,2.10.24; M. L. APPOLD, *Oneness*, 34.
[3] Cf. R. VIGNOLO, «Logos», 38-47.
[4] Cf. G. LAFON, «Une foi», 217-229.
[5] A forma verbal *era* (ἦν) reenvia para o infinito. Cf. S. PANCARO, «People», 114-129.
[6] No final do prólogo, Jo reafirma a unidade vital do Logos em Deus, pois é ele sempre em Deus; o homem provém da unidade, nela existe e a ela se destina. Cf. A.E. JASPER, «Communicating», 29-44.
[7] Jo entende a unidade dos seus discípulos na unidade ao Logos-Jesus, não só como expressão da sabedoria ou iluminação da torah, ou como experiência mística individual, mas como sendo na glória de Jesus verdadeiramente homem 'um' com Deus (cf. 1,1-3; 10,30; 17,11ss), que possibilita ser na vida de Deus e nela permanecer unido na fidelidade do Espírito.
[8] Cf. E. L. MILLER, «Johannine», 445-457.

todo o Evangelho, de um modo particular, no último sinal (cf. 11,1ss) e, por excelência, na cruz (cf. 19,30)[9].

Desse modo, em vista da sua meta, Jo encontra na compreensão e na unidade ao Logos o caminho que provém e revela, que existe e reúne, que atrai e vivifica em Deus (cf. 9,1ss). De facto, o Logos é o eterno, o sujeito em pura relação com Deus, o 'um' em Deus, a vida comunicada aos humanos, a luz e o domínio sobre a treva[10].

Nesse sentido, unido ao Logos, Jo concebe o seu testemunho como sendo autêntico (cf. 19,35; 21,24), na medida em que chama a ser pelo Logos *original* e *eterno*, ou seja, chama ao dinamismo e à vida em Deus.

Com efeito, a resistência e a oposição levantadas contra Jesus em Jo surgem da ignorância, da injusta compreensão, da não-unidade, do afastamento do Logos[11]. Contrariamente, Jo parte do princípio de que só entendendo e permanecendo no Logos se vive verdadeiramente segundo a vontade (ou unidade) de Deus, de tal modo que viver na unidade de Deus é o desejo vital do testemunho joanino (cf. 11,52).

Sendo o Logos sempre existente em Deus, sem que nada o tome senão a sua perfeita relação em Deus, ele quer ser a unidade nos seus discípulos[12]. Por isso, o testemunho do discípulo amado é e brota nos olhos de quem o recebe como o domínio que chama a ser e que chama a ser gerado por Deus e para Deus, de tal modo que quem acolhe o testemunho toma parte na verdade e na unidade próprias do Logos.

1.1.2 Logos criou todas as coisas

Jo testemunha: *Tudo foi feito por ele e sem ele nada foi feito* (πάντα δι'αὐτοῦ ἐγένετο, καὶ χωρὶς αὐτοῦ ἐγένετο οὐδὲ ἕν – 1,3)[13]. A primeira utilização do verbo γίνομαι (que pode significar *tornar-se, ser feito, nascer*) no Evangelho joanino introduz o agir do Logos na esfera da criação, querida por Deus como boa (cf. Gn 1,10ss)[14].

Com efeito, da perfeita relação em Deus (cf. 1,1-2), o autor joanino *passa* à diversidade imensa da sua criação sem determinar de que modo

---

[9] Cf. T.E. POLLARD, *Johannine*, 12ss.
[10] Analogamente, tal como num diálogo a palavra manifesta o que são os sujeitos comunicantes unindo-os em comunicação, assim num diálogo perfeito Deus revela-se manifestando-se nos seus discípulos como é. Cf. D. J. MACLEOD, «Eternality», 48-64.
[11] Cf. 6,1-15.60-66; 12,1-11; 13,18-30.
[12] Cf. Pr 6,23; Sl 119(118),105; Is 26,9.
[13] Cf. B.M. METZGER, *Textual*, 167-168.
[14] Cf. R. BROWN, *Gospel*, I, 24-26.

o Logos tomou parte na criação[15]; a intenção do autor é apresentar a acção universal e absoluta do Logos sobre todas as coisas[16] e sobre todos os seres.

Para Jo, no ser do Logos era e é a totalidade da vida relacional de Deus, sem a qual nada há, nada existe, nada é, nada é 'um'[17]. O Logos era e é o único vivente absolutamente vivo e vivificante de todo o ser em Deus[18].

Perante a plenitude de vida dada pelo Logos a todo o criado, Jo destaca, no plural e sem qualquer distinção, os homens[19]. O homem distingue-se na criação, essencialmente, por ser imagem e semelhança de Deus (cf. Gn 1,26-28), ou seja, por ser relação de vida com Deus. O *homem joanino* realiza-se em unidade com o ser de Deus e em unidade com os humanos e com os demais seres criados[20].

Assim, partindo da unidade no ser de Deus, expressa pelo verbo *ser* (εἰμί – cf. 1,1-2) no imperfeito, através do verbo *fazer-se, tornar-se* (γίνομαι), também no imperfeito (*foi feito*; ἐγένετο – v.3), Jo manifesta a acção criativa do Logos onde os humanos são chamados a ser (*era*; ἦν – 1,4) em relação com o 'ser' de Deus. Sendo a inesgotável vida em Deus, o Logos é a vida dos homens[21], é o comunicante de Deus, que realiza o ser humano na sua compreensão, na sua unidade e na sua vida em Deus.

---

[15] Segundo Schnackenburg, o Logos joanino poderia ser: um colaborador de Deus equipado com o seu poder criativo; um demiurgo; a causa exemplar; o protótipo a partir do qual todas as coisas foram criadas na sua multiplicidade; o criador; cf. R. SCHNACKENBURG, *Johannesevangelium*, I, 236-237. Na realidade, Jo não se detém nem se interessa propriamente por estas reflexões.

[16] Miller entende os primeiros cinco versículos à luz do interesse joanino de apresentar o Evangelho na perspectiva de salvação histórica e fá-lo partindo da vida histórica de Jesus como centro da acção reveladora de Deus, da relação entre a vida de Jesus e o período presente dos seus discípulos, da relação da vida de Jesus com os eventos divinos passados e da relação de Jesus com a futura e progressiva consumação do processo salvífico; cf. E. L. MILLER, «Johannine», 445-457.

[17] Cf. 1Cor 8,5-6; Cl 1,15-17; I. DE LA POTTERIE, «Parole», 170-201.

[18] Cf. Sl 36(35),10.

[19] Cf. E. DURAND, «Lógos», 93-103. O Logos joanino é radicalmente ausente de qualquer tipo de violência como a do Logos heraclitiano. O Logos joanino reúne na unidade pelo único domínio de salvação possível: a interrupção da violência graças à verdade transcendente em Jesus, a unidade perfeita, que liberta das cadeias que aprisionam o ser como cria, por exemplo, Parménides. O absoluto do Logos joanino está para lá do ser criado, é a sua fonte que chama os homens a si. Cf. G. FORNARI, *Dionisio*, 641-642; A. JASPER, «Communicating», 29-44.

[20] Cf. K. WENGST, *Johannesevangelium*, I, 109ss.

[21] Cf. Y. M. BLANCHARD, *Signes*, 78ss.

A imagem joanina da luz revela como o Logos é o domínio perfeito sobre a treva, e é o poder das realidades disponíveis a si. Como a tomada da luz sobre a treva sugere, Jo esclarece que o Logos *brilha* (φαίνει – 1,5) sempre (no presente) na treva (cf. 1,4-5), mesmo se esta não o *aprendeu* (κατέλαβεν – 1,5), ou seja, não o compreendeu, não o acolheu, nem o venceu[22].

Desse modo, Jo refere-se à possibilidade de o mundo acolher, ou não acolher, o Logos, mesmo sabendo que a Luz do mundo venceu a treva[23]. Assim sendo, Jo é no seu âmago o encontro vital de Deus com os homens; e, por isso, começa o seu texto com o confronto entre a luz e a treva. De facto, é no espaço da treva que a luz realiza a sua missão.

Nesse sentido, Jo concebe o seu Evangelho na vida do Logos, destacando a sua acção sobre a treva. O Logos, na sua vital unidade em Deus, sendo, vindo e levando a Deus, é absoluta, universal e eternamente a vida dos homens *na treva* (ἐν τῇ σκοτίᾳ – 1,5). O Logos nunca perde de vista nenhum ser humano, atraindo-o sempre da treva à luz[24].

Efectivamente, da primeira 'oposição' joanina, entendem-se as restantes, que não são propriamente oposições, pois a meta do Logos, como manifesta o foco constante e enérgico da luz, é a treva.

Na verdade, privilegiando oposições a meios tons, Jo coloca os homens face à totalidade do Logos; e, assim, marca o ritmo da unidade do mundo a Deus na certeza da vitória da luz sobre a treva e no poder de esta atrair a Deus, levando a ignorância à verdade, a dispersão à unidade, a morte à vida em Deus[25].

1.1.3 Logos veio ao mundo

À contínua acção da luz, *Surgiu um homem enviado por Deus: seu nome era João* (ἐγένετο ἄνθρωπος, ἀπεσταλμένος παρὰ θεοῦ, ὄνομα αὐτῷ Ἰωάννης – 1,6), para dar testemunho acerca da luz para que todos acreditassem. No quarto Evangelho, João nunca é chamado de Baptista, mas, várias vezes, é caracterizado pela acção expressa pelo verbo *testemunhar* (μαρτυρέω)[26].

---

[22] Cf. 3,19ss; 5,35; 8,12ss; 9,1ss; 11,9-10; 12,35ss; X. LÉON-DUFOUR, *Lecture*, I, 82.
[23] Cf. R. A. CULPEPPER, «Pivot», 1-31.
[24] Cf. 9,1-41; 16,22; 18,5; L.M. NUTU, «Seduction», 79-97.
[25] Cf. R. BULTMANN, *Evangelium*, 23ss.
[26] João é um homem; é enviado por Deus e não é a luz. A acção expressa pelo verbo *testemunhar* (μαρτυρέω), aqui presente três vezes, revela a realidade divina (cf. 10,25) anunciada por João (cf. 1,32-34; 3,26ss), feita carne em Jesus (cf. 5,31ss; 8,13ss) e dada aos discípulos (cf. 4,39; 15,26). O verbo *testemunhar*

Nos versículos 6-8, o testemunho de João é envolvido pela certeza de que o Logos brilha na treva (cf. 1,5) e ilumina todos os homens (cf. 1,9). Jo declara: o Logos, ao vir ao mundo, ilumina todo o homem (cf. 1,9-10) como luz autêntica (cf. 1,9-10). Em Deus, o Logos era sempre no tempo da história, e era no mundo dirigindo-se realmente, continuamente e concretamente a ele sem se confundir com as realidades criadas.

O Logos é absolutamente imprescindível e *verdadeiro* (ἀληθινός – 1,9) e, por isso, Jo insiste em referir-se à sua direcção (*ao*; εἰς – 1,9) e à sua morada (*no*; ἐν – 1,10): *ao mundo* → *todo o homem* (κόσμος → πάντα ἄνθρωπον – 1,9). Por tudo isto, o Logos revela-se e manifesta-se no mundo como a comunicação da vida, da luz em todo o humano[27].

Porém, Jo acrescenta: o mundo não o conheceu (cf. 1,10). Note-se que a não-compreensão do mundo resulta da sua indisposição, da sua ignorância, do seu afastamento em relação ao caminho, à verdade e à vida (cf. 14,5; 15,22).

Portanto, desde o início, o autor esclarece que o primeiro e necessário passo para viver de Deus é a justa compreensão (cf. 3,1ss). Como revelam os encontros de Jesus com os discípulos, é tão vital dispor-se a acolhê-lo quanto a entendê-lo justamente[28].

Nesse sentido, Jo insiste na necessidade de entender o Logos como ele é e como ele se revela – como na necessidade de ser 'unidade' como ele é 'unidade' em Deus –, pois só nele se entende autenticamente Deus. Por isso, Jo confirma sempre no seu testemunho como a compreensão (ou a visão) a que se refere não é a da mente nem a dos olhos deste mundo. Aliás, como Jesus não via o Pai, assim ninguém o verá.

Jo deseja os discípulos na compreensão (na visão) do Logos em Deus, não a sua desconfiguração. Como vimos, a missão de Jesus é a de dar a ver e a de dar a conhecer Deus como só ele o vê e conhece (cf. 1,18); por isso, o testemunho joanino realiza-se na bem-aventurança:

(μαρτυρέω) surge sempre unido a Jesus, seja no testemunho de João, seja no de outros; cf. 3,11; 4,39; 10,25; 12,17; 15,26-27; 18,23; 19,35; 21,24. Cf. J. BEUTLER, *Martyria*, 237ss.

[27] Cf. J.W. PRYOR, «John», 15-26. Notar abertura universal: *Tudo foi feito por ele* (πάντα δι' αὐτοῦ ἐγένετο – v.3); *e a vida era a luz dos homens* (καὶ ἡ ζωὴ ἦν τὸ φῶς τῶν ἀνθρώπων – v.4); *para que todos acreditassem por meio dele* (ἵνα πάντες πιστεύσωσιν δι'αὐτοῦ – v.7); *todo o homem* (πάντα ἄνθρωπον – v.9); *ao vir ao mundo* (ἐρχόμενον εἰς τὸν κόσμον – v.9); *veio para os seus* (εἰς τὰ ἴδια ἦλθεν – v.11); *o Logos fez-se carne* (ὁ λόγος σὰρξ ἐγένετο – v.14).

[28] Cf. E. NOORT, «Creation», 3-20.

Felizes os que não viram e acreditaram (μακάριοι οἱ μὴ ἰδόντες καὶ πιστεύσαντες – 20,29).

Desse modo, o Logos não se pode ver, não se pode ler, nem se pode compreender senão como relação que se revela, que se percebe, que reúne, sem nunca contrariar, desfazer nem dividir o já criado por si. Os seus discípulos compreendem o Logos tomando parte nele, e assim o manifestam como seu fruto, sua compreensão, sua unidade em Deus.

Nesse sentido, a compreensão do Logos pode variar naqueles que o acolhem, mas não varia nem se contradiz em si; a sua unidade é o sujeito esclarecedor, congregador e vivificante no quarto Evangelho.

1.1.4 Logos veio para os seus discípulos

Jo continua dizendo que o Logos *veio para os seus, e os seus não o receberam* (εἰς τὰ ἴδια ἦλθεν, καὶ οἱ ἴδιοι αὐτὸν οὐ παρέλαβον (1,12). Dessa maneira, o autor confirma a realidade da treva e o poder de os seus acolherem, ou não, o Logos.

Os seus (οἱ ἴδιοι – 1,12) são os que pertencem ao domínio do Logos, ou seja, o mundo inteiro e, de um modo particular, o seu povo, especial pertença de relação do Logos, que o criou e ordena[29] como seu[30].

Ao dom total do Logos, como confirmam os verbos *receber* e *acolher* (λαμβάνω e παραλαμβάνω – cf. 1,11.12) e a passagem do não acolhimento ao acolhimento do Logos (cf. 1,11-12), é necessária sempre a resposta dos discípulos, que brota neles pela acção criativa, iluminante, reveladora do Logos em perfeita unidade em Deus[31].

Portanto no seu prólogo poético, como em todo o Evangelho, Jo torna claro que a sua relação com o judaísmo não é pontual nem é só temática nem apenas histórica.

De facto, a estrutura de Jo reflecte a liturgia hebraica e a sua mensagem só se entende e só se realiza no seio do povo de Deus. Por isso, Jo quis começar explicitamente o seu Evangelho com o testemunho de João, anunciando que o Logos encarnou no seu único povo.

Nesse sentido, representando as esperanças de Israel (cf. 1,21-34), e a dos seus discípulos (cf. 1,35-39), João, a alta voz, *clama* (κέκραγεν – 1,15), como só Jesus fará em Jo (cf. 7,28.37; 12,44), para que todos e todos os tempos oiçam: Jesus era o que ele tinha dito que era antes dele, pois desde sempre era em Deus (cf. 1,15).

---

[29] Cf. R. SCHNACKENBURG, *Johannesevangelium*, I, 235ss.
[30] Cf. W. PAROSCHI, *Incarnation*, 67ss.
[31] Cf. J. BEUTLER, *L'Ebraismo*, 7.

Desse modo, é evidente desde o início do Evangelho que Jo não só não coloca o Logos em oposição ao seu povo, como, pelo contrário, a ele se dirige, o assume como seu e nele encarna[32].

Na realidade, sendo o Logos a Água viva (cf. 4,1ss), analogamente, não elimina poços, rios e outros canais dos quais provém, nos quais antes, agora e sempre era e se revela, e sem os quais ninguém poderia beber nem dar a beber a Água viva que é[33].

O Logos manifestou-se e manifesta-se nesses *canais*, e estes fazem parte da sua plena revelação; sem eles o Logos seria anulado e os que o desejam não o conheceriam. De facto, o Logos no mundo é anterior à sua encarnação e nunca deixou de operar como operava antes da encarnação do Logos, mesmo se o seu poder comunicativo é perfeito em Jesus[34].

Porquanto, se Jesus e os seus discípulos, por diversas vezes, aparecem em contraposição com os judeus (cf. 12,37-43) e com as suas autoridades (cf. 11,47-53), se Jesus surge, por diversas vezes, em contraposição com os seus discípulos (cf. 6,60-66) e com os seus irmãos (cf. 7,1-13), tal não significa desejo de oposição, de dispersão nem sequer de separação de Jesus joanino em relação a Israel.

Pelo contrário, essas situações revelam o desejo vital de Jesus de que o seu único povo viva autenticamente em unidade ao seu único Deus, manifestando-o na sua única unidade[35]. De facto, fora desse caminho, que é o de Jo, temos um Jesus diverso do joanino.

Assim, como João, todos os judeus são chamados a ir ao encontro de Jesus e a conduzir até ele, unindo-se a ele para serem unidade na sua vida no Pai. Em suma, Jo é claro quanto à necessária e à única centralidade do Logos como elo de unidade do seu povo em Deus.

---

[32] Entre a epifania do Logos na torah e a sua epifania na carne, não há oposição, mas diferença. No lugar de estabelecer uma oposição entre o AT e o NT, devemos antes perceber a insuperabilidade da promessa e do seu cumprimento. Devemos falar da aliança renovada, de uma única aliança que se experimenta na diversidade das alianças; cf. J. RATZINGER, *Vielfalt*, 112-115.

[33] Jo não combate nem anula a lei, antes fala no cumprimento dos mandamentos (cf. 14,15.21; 15,10.12), especialmente, do mandamento novo (cf. 13,34). Jo usa o termo *lei* (νόμος) para se referir à Escritura como fonte de revelação (cf. 1,45; 8,17; 10,34; 12,34; 15,25); cf. A. J. KÖSTENBERGER, *John,* 176ss.

[34] Cf. M. GAWLICK, «Mose», 29ss.

[35] Os escritos joaninos e hebraicos, mesmo que os seus autores na sua fragilidade e no seu facciosismo o possam sugerir, não se podem separar ou distanciar da unidade desejada pelo único e mesmo Deus, como o seu Logos-Jesus manifesta ao seu povo. Cf. J. D. G. DUNN, *Jesus*, 78ss; U. C. VON WAHLDE, «Johannine», 33-60.

CAP. III: A UNIDADE JOANINA

De tal modo que o testemunho de João (cf. 1,15), nos versículos 17-18, unir-se-á ao de Jo e ao do *nós* num único: *Porque a lei foi dada por meio de Moisés, a graça e a verdade vieram por Jesus Cristo. O Unigénito de Deus, que é no seio do Pai, o revelou* (ὅτι ὁ νόμος διὰ Μωϋσέως ἐδόθη, ἡ χάρις καὶ ἡ ἀλήθεια διὰ Ἰησοῦ Χριστοῦ ἐγένετο. μονογενὴς θεὸς ὁ ὢν εἰς τὸν κόλπον τοῦ πατρὸς ἐκεῖνος ἐξηγήσατο – 1,18).

Em síntese, no seio de Deus, a missão de Jesus e do testemunho joanino é a de dar a conhecer e a de gerar os seus discípulos como autênticos filhos de Deus.

1.1.5 Logos gerou os filhos de Deus

Na sua revelação no mundo, concretamente, nos homens e nos seus discípulos, Jesus joanino detém-se especialmente na acção do seu Logos naqueles que o recebem e em quem brilha continuamente como *poder* (ἐξουσία). Portanto, o poder do Logos nos discípulos é o evento vital joanino sem o qual ninguém pode ser em Deus (cf. 3,27), ninguém pode ser atraído a ser seu filho, ninguém pode permanecer na sua verdade nem viver verdadeiramente nele[36].

O poder do Logos nos discípulos é o poder de ser filho de Deus. No seu ser em Deus, na sua potência criativa, no seu ser a luz nos homens, o Logos gera aqueles que o acolhem, de tal modo que, antes de se referir a Jesus como o Filho de Deus, Jo apresenta *os filhos de Deus* (os τέκνα θεοῦ – 1,12), construção que nos Evangelhos só ocorre em 11,52, precisamente quando o sumo-sacerdote declara profeticamente que Jesus morria para reunir na unidade os filhos de Deus dispersos.

Efectivamente, então, como em todo o testemunho, Jo não está a pensar sobre Deus, mas sim a manifestar o desejo do encontro dos homens com Deus, só perfeitamente possível no acolhimento do poder do Logos. Daí que, nas quatro repetições da preposição *de* (ἐκ) em 1,13, Jo saliente como só do Logos em Deus, da sua origem, da sua proveniência, da sua morada, os seus discípulos podem compreender, unir-se e viver em Deus.

Tal como o discípulo amado, definido pelo amor que recebe de Jesus e por viver do seu lado, sendo por isso testemunha qualificada, também os que recebem, acolhem e vivem o Logos podem viver como ele em Deus (cf. 13,23)[37].

---

[36] Cf. 1,18; 5,37; 6,46; 14,9.
[37] Cf. A. WUCHERPFENNIG, «Tora», 486-494.

Assim, os filhos de Deus são *ditos* como sendo os gerados de Deus pelo Logos, que vem a todos os homens. O verbo *nascer, ser gerado* (γεννάω – cf. 1,13) revela como Jo concebe o seu testemunho e o acolhimento deste no ser e no dinamismo geracional, relacional, vital do Logos nos seus discípulos para Deus.

Porque o autor joanino deseja que os discípulos de Jesus tenham *a vida no seu nome* (ἐν τῷ ὀνόματι αὐτοῦ – 20,31), ele manifesta o princípio, o dinamismo e a meta da geração dos filhos de Deus (*os que acreditaram no seu nome*; τοῖς πιστεύουσιν εἰς τὸ ὄνομα αὐτοῦ – 1,12), de tal modo que os discípulos (o *nós*), em seguida (cf. 1,14-18), dão testemunho da sua pertença ao Logos.

1.1.6 Logos fez-se carne

O que era e é o dinamismo criativo de Deus, o que brilha na treva, o que era e é a Luz nos homens, o que encarnou em Jesus, o Logos, na última referência personalizada a si, é *no nós* (ἐν ἡμῖν): *O Logos fez-se carne e habitou entre nós* (ὁ λόγος σὰρξ ἐγένετο καὶ ἐσκήνωσεν ἐν ἡμῖν* – 1,14).

Assim, sendo gerados, não *da vontade da carne* (ἐκ θελήματος σαρκός – 1,14), mas de Deus (cf. 1,13), num único testemunho, os filhos de Deus anunciam dois eventos vitais: o Logos fez-se carne em Jesus; e o Logos tornou-se presente e habitou naqueles que o acolheram[38].

Em Jesus, o Logos uniu-se perfeitamente à carne[39]. A palavra, a relação, a compreensão de Deus é perfeitamente humana, atraindo-a perfeitamente a si[40]. O autor joanino recorda, ao longo de todo o seu testemunho, que, por si mesmos, os homens não podem ir a Deus; por isso, no início, define o poder vital do Logos encarnado em Jesus[41] como a primeira e a vital realidade que torna pleno o ser humano.

Desse facto, entende-se em Jesus Cristo a realização das demais mediações de Israel[42], pois Jesus glorificado cedeu perfeitamente ao ser

---

[38] Cf. D. TOVEY, «Narrative», 138-152; J. BEUTLER, «Méthodes», 30ss

[39] Cf. 3,6ss; 6,51ss; 8,15; 12,32; 17,2. Jo assegura a proveniência de Jesus e prepara os seus discípulos, que só dela e a partir dela o podem compreender; cf. M. THEOBALD, «Prologue», 193ss.

[40] O "Eu sou" jesuano não se coloca no 'eu' Pai; envia ao Pai. Sendo o Filho, Jesus pronuncia a auto-apresentação do Pai (cf. 14,9). Ratzinger destaca que se fala essencialmente da unidade entre o Pai e o Filho. Jesus é inteiramente relação; cf. J. RATZINGER, *Jesus*, 395-401.

[41] Cf. G. THEISSEN, «Waters», 155-160.

[42] Cf. R. A. CULPEPPER, *Gospel*, 17.

humano o poder de ser filho de Deus na sua perfeita unidade em Deus, como lugar perfeito da aliança[43]. O Filho de Deus revela e manifesta a plenitude do ser humano: unidade em Deus. Na sua hora, todos são atraídos à escatologia final, onde são 'um' como o Filho é 'um' em Deus, onde são perfeitos na unidade de filhos de Deus[44].

Nesse sentido, antes de chamar o Filho de Deus de Jesus e de o apresentar por outro título, Jo qualifica-o na *glória como o Unigénito do Pai* (δόξαν ὡς μονογενοῦς παρὰ πατρός – 1,14).

Como tinha anunciado, o Logos encarnado não vem nem vive senão na sua compreensão e unidade em Deus; a sua glória é a glória do Pai, a sua condição é a de ser o Unigénito do Pai[45]; e é nessa vital realidade de unidade que os seus discípulos o podem ver e, assim, entendê-lo e nele viver[46].

Com efeito, Jo é claro: não há outro poder para ver Jesus glorificado senão no seio da sua condição de Unigénito do Pai, pleno de graça e verdade, comunicando por si a vida de Deus[47]. Assim, o Unigénito e o modo como ele se revela é o modo e o lugar no qual os seus discípulos são chamados a ser e a ser atraídos, ou seja, uma só unidade na sua unidade em Deus.

Desse modo, Jo conduz os seus ouvintes, os seus leitores e, de um modo particular, o seu povo, a uma decisão de fé em Jesus Cristo como ser gerador e comunicante da vida de Deus (cf. 1,17).

1.1.7 Logos habitou no *nós*

Tendo sido gerado por Deus ao acolher o Logos feito carne, o *nós* completa a confissão (cf. 1.14), pois o Logos morou nele. Em uníssono, reconhece-se tomado pelo Logos que continuamente jorrava e jorra nos que o acolhem[48].

Os que são gerados pelo Logos (aqueles que vêem a glória do Unigénito, cheia de graça e de verdade – cf. 1,14) unem-se no movimento

---

[43] Alguns textos judaicos falam da descida de Deus ao nível humano para realizar os seus decretos e, nesse contexto, usam circunlocuções antropomórficas para descrever Deus. Cf. 1QM XII 10; C. S. KEENER, *Gospel*, II, 408.

[44] Cf. 17,22-24. A missão do Logos é ser vida dos homens. O Logos deseja ser recebido mesmo se os seus discípulos não o desejem; a palavra dita deseja ser escutada, mesmo não sendo acolhida. Cf. F. J. MOLONEY, «God Known», 463-489.

[45] Cf. 1,14.18; 3,16.18.
[46] Cf. 5,24; 6,40; 14,20-21.
[47] Cf. Ex 33.
[48] Cf. 1,16; 3,34; 4,14; 6,57; 7,38ss; 10,10.

de graça em graça que não cessa, pois, se a lei foi dada por Deus a Moisés[49], a graça e a verdade que essa continha e contém foram perfeitamente comunicadas em Jesus morto e ressuscitado.

Assim, o movimento do Logos ao mundo une-se ao seu movimento para Deus, atraindo a si todos os homens na medida em que o acolhem[50], de tal modo que neles é a sua morada no mundo[51]. Por conseguinte, Jo integra no único testemunho dos filhos de Deus a visão da sua glória: *e vimos a sua glória* (καὶ ἐθεασάμεθα τήν δόξαν – 1,14).

O verbo *ver* (θεάομαι – 1,32; 11,45) introduz no quarto Evangelho a noção vital do 'ver' (cf. 20,29), que, não sendo uma capacidade física nem dependendo de sinais nem de imagens deste mundo[52], é o poder de ver como Jesus vê o Pai, de entender como Jesus entende o Pai, de entrar na vida de Deus e nela ser atraído[53].

Efectivamente, a compreensão do Logos feito carne em Jesus e a sua presença nos discípulos são um binómio único perfeito[54]: humanamente falando, o Logos feito carne em Jesus e presente nos discípulos completa a possibilidade da sua mediação comunicativa, como comunicação divina infinita.

Portanto, a revelação do Pai realiza-se perfeitamente; e esta realidade consumada marca o completar do tempo a partir do qual o povo recebeu toda a revelação de modo a consumá-la na sua recepção. Pela morte e ressurreição de Jesus, todos os filhos de Deus dispersos têm o poder de ser reunidos na unidade do Logos na medida em que o acolhem[55].

Na verdade, a confissão de Jesus como o Logos feito carne tem também a ver com a resposta de cada um e do único povo ao Logos. Nesse sentido, assim termina o Evangelho joanino: o Logos-Jesus glorificado age na unidade dos seus discípulos, levando o mundo à 'única' unidade do 'único' Deus do 'único' povo de Deus (cf. 21,1ss).

Concluindo, no encontro com o Senhor glorificado, os seus discípulos reconhecem e manifestam em si (na sua humanidade e na sua uni-

---

[49] Cf. Ex 40,1ss; M. GAWLICK, «Mose», 26ss.
[50] Cf. 3,16; K. WENGST, *Johannesevangelium*, I, 62.
[51] Cf. J. DENKER, *Das Wort*, 89ss.
[52] Cf. 3,6; 5,39; 7,48; 17,16.
[53] Cf. 6,44; 14,20-21; 15,1ss.
[54] Cf. R. BROWN, *Gospel*, I, 31.
[55] Analogamente à sua encarnação, o Logos morou nos seus discípulos mas não propriamente como uma realidade final, pois a sua morada e a morada dos seus discípulos é em Deus, onde é e torna, onde esses são e são atraídos. A realidade de Jesus não é parcial, temporária, nem aparente; cf. P. SIMICK, *That They May All*, 66ss.

dade), a morada de Deus no mundo ao participar na experiência da encarnação do Logos[56]. Os filhos de Deus vencendo os limites da carne unem-se na vida de Deus, o lugar nuclear de Jo.

1.2 Presença do Logos no testemunho do discípulo amado

Ao longo do seu testemunho, Jo serve-se de diversas realidades para revelar o poder do Logos: o pão, o vinho, a água, a luz, as ovelhas, o nardo; as instituições, os símbolos, os grupos e as pessoas de Israel; as palavras da multidão, as palavras da guarda romana e judaica, as palavras das autoridades, as palavras dos discípulos de João e dos discípulos de Jesus; os sinais, os gestos e as palavras de Jesus.

Entre essas e outras mediações do Logos, nenhuma se iguala ao facto de o Logos se tornar carne em Jesus. Porém, o protagonismo e o poder de Jesus não realizam isoladamente o núcleo vital de Jo.

À luz da divisão temporal joanina (a da *hora* – cf. 19,28), o âmago do quarto Evangelho é e realiza-se no encontro do Logos com aqueles que escutam a sua palavra.

Importa distinguir que no testemunho joanino há personagens que correspondem plenamente à palavra de Jesus, outras que correspondem positivamente, outras parcialmente, outras indiferentemente, outras negativamente e outras ainda opondo-se à palavra do Senhor.

Com efeito, o conteúdo do quarto Evangelho é a história do encontro, ou não, da humanidade com o Logos-Jesus, que está em Deus. Se a qualidade desses encontros varia, todos eles integram o desejo de Jesus levar todos a Deus. Aliás, esse é o núcleo do Evangelho.

Jo é certo da vitória de Jesus, de tal modo que, mesmo àqueles que a ele se opõem, como Caifás, a guarda, Judas, Pilatos, a multidão, Pedro, o Logos fala e neles se revela.

Jo completa-se quando a compreensão dos seus leitores e dos seus ouvintes for em unidade de acção a Jesus glorificado[57]. Não obstante os sinais, os gestos e os movimentos do Filho de Deus, o modo por excelência do Senhor de se revelar, que potencia os seus sinais, os seus gestos e os seus movimentos, é o próprio Logos em si, o poder da sua própria palavra, a qual revela aos discípulos a vida de Deus, que comunica e unifica em si.

---

[56] Cf. M.L. COLOE, *God*, 119ss.
[57] Sublinha Schneiders, o quarto Evangelho brota da concreta experiência de união com Deus na glorificação de Jesus pelo dom do Espírito nos seus discípulos; cf. S. SCHNEIDERS, *Written that*, 47ss.

1.2.1 Logos em Jesus

O poder do Logos-Jesus é a realidade vital no testemunho do discípulo amado. A palavra de Jesus é portadora em si de comunicação viva, realizando em quem o acolhe o que diz, e o que diz é vida de Deus. Sendo a plena comunicação de Deus, ela é o elo de comunicação, de compreensão, de unidade e de vida entre Deus e os seus discípulos e entre estes, que supera o tempo, o espaço e a materialidade.

Para um típico judeu, ser fiel a Deus é acolher a sua palavra; e Jo encontra a palavra de Deus em todo o seu esplendor no poder do Logos-Jesus glorificado. Nesse sentido, em Jo persiste sempre a fundamental linha divisória atraente entre os que acolhem o poder do Logos feito carne ressuscitado e os que não o acolhem[58]. Na verdade, Deus, o totalmente outro, mas não isolado nem fechado sobre si, o Deus da aliança, assim se comunica perfeitamente pelo seu Logos.

O Logos em Jesus (e presente na unidade dos seus discípulos) assume o sentido que a sabedoria e, por excelência, a torah tinham no seio do povo de Deus, como lugar de encontro e de resposta do povo ao seu Deus. O Logos fez-se carne falando a linguagem humana para que os homens participem no seu ser e manifestem a vocação verdadeira do homem.

Desse modo, de acordo com o autor joanino, entre o alto e o baixo, entre o céu e a terra, Jesus é a *escada*, a *comunicação*, a *revelação*, o *caminho* que leva o homem a Deus[59]. A sua revelação não é só acerca de Deus, ele mesmo é de Deus, a sua palavra é comunicação no ser de Deus[60].

Nesse sentido, Jesus assume em si declarada e absolutamente ser o *Eu sou* (ἐγώ εἰμι – 4,26; 6,20)[61] e une essa revelação a imagens repletas de vida, como por exemplo: *"Eu sou o Pão da vida"* (ἐγώ εἰμι ὁ ἄρτος τῆς ζωῆς – 6,35; cf. 6,22-59); *"Eu sou a Luz do mundo"* (ἐγώ εἰμι τὸ

---

[58] Cf. X. LÉON-DUFOUR, *Lecture*, I, 103ss.
[59] Cf. R. SCHNACKENBURG, *Johannesevangelium*, I, 234ss.
[60] Cf. K. SCHOLTISSEK, *In ihm sein*, 88ss
[61] Jo manifesta a perfeição da unidade de Jesus em Deus distinguindo o seu ser eterno e a sua existência transitória; o primeiro sobre a forma do verbo *ser* (εἰμί – m1,1-2) e a segunda através do verbo *ser, tornar-se, fazer* (γίνομαι – 1,3.14). Distinção semelhante entre o ser e o tornar-se é testemunhada na LXX, onde o inefável nome de Deus é escondido a Moisés no Sinai, sendo dito como o *"Eu sou aquele que sou"* (ἐγώ εἰμι ὁ ὤν – Ex 3,14). Jo é original ao apresentar Jesus perfeitamente unido ao Pai mesmo nas suas contingências e limitações próprias da encarnação, as quais não se opõem a essa unidade, antes, são realidade integrante dela; cf. F.-M. BRAUN, *Jean*, II, 220ss.

φῶς τοῦ κόσμου – 8,12; cf. 8,12-58); *"Eu sou a Porta das ovelhas"* (ἐγώ εἰμι ἡ θύρα τῶν προβάτων – 10,7); *"Eu sou o Bom Pastor"* (ἐγώ εἰμι ὁ ποιμὴν ὁ καλός – 10,10; cf. 10,7-30); *"Eu sou a Videira verdadeira"* (ἐγώ εἰμι ἡ ἄμπελος ἡ ἀληθινὴ – 15,1; cf. 15,1-17).

Estas afirmações de Jesus, juntamente com outras duas declarações – *"Eu sou a Ressurreição e a Vida"* (ἐγώ εἰμι ἡ ἀνάστασις καὶ ἡ ζωή – 11,25; cf. 11,1-46) e *"Eu sou o Caminho a Verdade e a Vida"* (ἐγώ εἰμι ἡ ὁδὸς καὶ ἡ ἀλήθεια καὶ ἡ ζωή – 14,6; cf. 13-17) –, formam o conjunto perfeito das sete autodeclarações do Mestre, as quais concentram em si o 'ser' comunicante de Deus, e manifestam-no na relação daqueles que o acolhem fielmente.

Urge notar como esse poder comunicativo absoluto de Jesus contrasta com a condição de outras personagens: João (*"Eu não sou o Cristo"*; ἐγώ οὐκ εἰμὶ ὁ χριστός → *"Não sou"*; οὐκ εἰμὶ → *"Não"*; οὔ – 1,20-21); Pedro (*"Não sou"*; οὐκ εἰμί → *"Não sou"*; οὐκ εἰμί – 18,17.25. 26); o cego de nascença (*"Sou eu";* ἐγώ εἰμι – 9,9).

Jesus, ao declarar-se como o *Eu sou* (ἐγώ εἰμι – 8,58), integra a história de Deus com o seu povo e assume ser a sua perfeita comunicação (cf. 8,25-28)[62]. Na sua exaltação, Jesus é e está à altura de Deus, que é amor, e os seus discípulos podem entendê-lo e nele permanecer, de tal modo que confia a sua mãe como mãe do discípulo amado, que assim é gerado como testemunha autêntica da sua palavra.

Desse modo, o ser Logos-Jesus não é um conceito nem um título, mas sim a realidade que define o seu ser e a sua missão[63]. O Logos-Jesus 'é' por excelência e por definição, e assim 'é' em Jo como a razão que permite entendê-lo, entender o ser humano e perceber o mundo. A acção salvífica de Deus é comunicada em Jesus como manifestação excelente das verdades supremas, a vida de Deus[64].

O facto de o Logos encarnar em Jesus e de morar nos seus discípulos revela a excelência do Logos em Jo e como ele realiza a relação de Deus com a humanidade[65]. Assim, por um lado, Jo manifesta como o acolher o Logos é decisivo para que os seus discípulos vivam (cf. 1,10-13); e, por outro, estende o seu testemunho em *canal* aberto e perfeitamente acessível à relação com Deus, para que aqueles que o acolhem

---

[62] Cf. J. RATZINGER, *Jesus*, 399.
[63] Cf. G. BORGONOVO, «Incarnaziones», 43-75.
[64] Cf. W. BINDEMANN, «Johannesprolog», 335ss.
[65] Segundo Martini, o Logos é: a razão ôntica da realidade; a palavra criadora; a palavra sábia que dispõe; a palavra que gera luz e vida; a palavra reveladora. Cf. C. M. MARTINI, *Frieden*, 29.

sejam gerados como filhos de Deus[66]. Desse modo, segundo Jo, Jesus e os filhos de Deus realizam a obra da criação.

Ao ter encarnado, o Logos introduziu na sua morada o ser humano, de tal modo que, tidos verdadeiramente como filhos de Deus, estes testemunham: o Logos *habitou entre nós* (ἐσκήνωσεν ἐν ἡμῖν – 1,14). O desejo do Logos-Jesus (Jesus joanino) é ser nos seus discípulos e no seu povo, de forma que esses sejam verdadeiramente filhos de Deus e, assim, este os reúna na unidade para a salvação do mundo.

1.2.2 Logos nos discípulos de Jesus

Na compreensão do Logos-Jesus, então, se apreende o âmago do quarto Evangelho: o encontro de Deus com os seus discípulos por meio do seu Logos-Jesus glorificado. Olhando o testemunho joanino, Jesus deseja continuamente levar todo o mundo, todo o seu povo, todos os seus discípulos à sua vida no Pai, fazendo-os tomar parte da sua compreensão e da sua unidade em Deus, como poder de ser e como poder de permanecer na compreensão e na unidade a si e entre si.

a) *Jesus chama a si para salvar o mundo (2,1-4,54)*

Inicialmente através do testemunho de João (cf. 1,19ss) e depois através da sua palavra e da sua acção (cf. 2,1ss), Jesus começa por revelar o seu desejo fundamental: a consumação da aliança de Deus com o seu povo na unidade dos seus discípulos a si. Por isso, percorre o território do seu povo para o atrair à sua unidade em Deus e para salvar o mundo.

Nesse contexto, o testemunho de João conduz e une-se à palavra do Logos-Jesus (cf. 1,6-8.19-42; 3,22-30), a qual, logo, atrai a si, fazendo partir o processo dos seus discípulos: seguimento → entendimento → unidade a si (cf. 1,39.43.46); de tal modo que Filipe encontra no Cordeiro de Deus, que tira o pecado do mundo, aquele que Moisés escreveu na lei, e de que os profetas falaram (cf. 1,45).

A acção pública de Jesus inicia-se com o pedido feito pela mãe: *"Fazei o que ele vos disser"* (ὅ τι ἂν λέγῃ ὑμῖν ποιήσατε – 2,5). Na verdade, nas bodas em Caná, a palavra do Mestre encontra correspondência no agir dos diáconos (cf. 2,7-8).

É claro, desde o início, que acolher a palavra de Jesus é realizar a aliança (cf. 2,1-12), de tal modo que, no templo de Jerusalém, a sua palavra passa pelas autoridades e dessas vem a ser acolhida pelos seus dis-

---

[66] Cf. F.F. Segovia, «Journeys», 23ss.

cípulos, aquando da sua hora, como seu santuário, seu corpo reerguido, sua morada no mundo (cf. 2,13-25).

Com efeito, Jesus recorda que o seu testemunho e o testemunho dos discípulos brotam do 'ver', do 'compreender' aquilo que testemunham (cf. 3,11); por isso, João alegra-se com a sua voz (cf. 3,29). De facto, Jesus é palavra e fala a palavra de Deus[67], que chega aos fariseus e que atravessa toda a terra do seu povo (cf. 4,1ss).

Nesse sentido, Jesus assume ser a Água viva e o lugar do verdadeiro culto pelo Espírito da palavra que leva ao Pai (cf. 4,14ss). Então, da primeira declaração *"Eu sou"* (ἐγώ εἰμι – 4,26) feita pelo Mestre, brotam três movimentos: os discípulos vêm a si espantados; a samaritana leva a palavra à sua cidade; e esta cidade vem ao encontro de Jesus (cf. 4,26ss).

Portanto, a palavra da samaritana unida à palavra de Jesus atrai toda a cidade ao Senhor, de quem proclamam em coro: *"É verdadeiramente o Salvador do mundo"* (οὗτός ἐστιν ἀληθῶς ὁ σωτὴρ τοῦ κόσμου – 4,42). Assim sendo, a palavra que unira o seu povo (cf. 4,1-42) realiza-se como a salvação do mundo (cf. 4,42).

Após recordar que se revela nos discípulos, não só através dos seus sinais, mas, essencialmente, através da sua palavra (cf. 4,43-45), finalmente, o Senhor cura um jovem, filho de um funcionário real, à distância (cf. 4,46-54), avistando e desejando a salvação do mundo inteiro, possível na medida em que acolhe a sua palavra de vida eterna.

b) *Jesus revela-se (5,1-8,59)*

No seguimento do início da sua acção pública (cf. 2,1ss), a um sábado, manifestando agir em perfeita unidade criativa com o Pai (cf. 5,19-30), Jesus realiza a sua palavra num doente de 38 anos, que representa o povo errante e necessitado do seu Deus (cf. 5,1-9; Dt 2,14).

Do seu sinal, Jesus insiste que escutar a sua palavra é ter a vida eterna e encontrar-se com Deus (cf. 5,24ss). Depois, no mar de Tiberíades, confirmando que é o *"Eu Sou"* (ἐγώ εἰμι – 6,20), o Mestre exorta os seus discípulos a não temer, ao mesmo tempo que domina com a sua palavra as forças desordenadas e que conduz os seus discípulos na barca para a outra margem do lago (cf. 6,16-21).

Em plena sinagoga, o Filho assume ser: *"Eu sou o Pão descido do céu"* (ἐγώ εἰμι ὁ ἄρτος ὁ καταβὰς ἐκ τοῦ οὐρανοῦ – 6,41; cf 6,22-59). Se, entretanto, muitos o abandonam por acharem a sua palavra demasiado dura, o Mestre anuncia que ela é Espírito e Vida (cf. 6,60-66).

---

[67] Cf. 3,31-36; 5,31-47; 8,55; 14,10; 17,14.

Pedro reconhece-as como sendo palavras de vida eterna (cf. 6,68), e Jesus recorda que escolheu (ἐκλέγω – 6,70) os Doze pela sua palavra (cf. 6,67-71). Em seguida, os próprios irmãos de Jesus, que não acreditavam nele, anunciam o caminho do Mestre (cf. 7,1-13).

Em pleno templo de Jerusalém, Jesus é reconhecido por conhecer as Escrituras sem as ter estudado (cf. 7,15-16). No seguimento da sua revelação no templo, brotam dois movimentos: muitos chegam à fé; os fariseus movem-se contra ele (cf. 7,25-31).

Entretanto, a palavra nos judeus anuncia a ida da palavra à diáspora dos gregos para os ensinar (cf. 7,35).

No auge da festa das Tendas, Jesus declara ser a plenitude da vida (cf. 7,37ss) e os judeus sucessivamente dividem-se ao ouvirem a sua palavra (cf. 7,37-43; 9,8-12; 10,19-21; 11,45-46), a qual através da guarda judaica penetra o seio das autoridades, que anunciam que nunca um homem falou assim (cf. 7,46-53).

Com todo o povo e os líderes em seu redor, primeiro confrontado com a lei e com o poder dos líderes, Jesus inscreve na terra a sua palavra (cf. 7,53-8,11); depois, no tesouro do templo, insiste em assumir que é o *Eu sou*: *"Eu sou a Luz do mundo"* (ἐγώ εἰμι τὸ φῶς τοῦ κόσμου – 8,12); *"Quando tiverdes elevado o Filho do homem, então reconhecereis que Eu sou"* (ὅταν ὑψώσητε τὸν υἱὸν τοῦ ἀνθρώπου, τότε γνώσεσθε ὅτι ἐγώ εἰμι – 8,28). Por isso, diz ainda: *"Se permanecerdes na minha palavra, sereis verdadeiramente meus discípulos"* (ἐὰν ὑμεῖς μείνητε ἐν τῷ λόγῳ τῷ ἐμῷ, ἀληθῶς μαθηταί μού ἐστε – 8,31).

Em oposição ao movimento iluminador e unificador da sua palavra, Jesus recorda que o queriam matar, porque a sua palavra não encontrava lugar neles (cf. 8,37). Na realidade, não o podiam escutar, pois tinham por pai o diabo (cf. 8,43).

Em total oposição ao diabo, como conclusão da sua grande revelação no templo, o Senhor declara diante de todos e com todos em seu redor: *"Em verdade, em verdade vos digo: antes que Abraão existisse, Eu sou"* (ἀμὴν ἀμὴν λέγω ὑμῖν, πρὶν Ἀβραὰμ γενέσθαι ἐγὼ εἰμί – 8,58).

c) *Jesus manifesta-se (9,1-12,50)*

No seguimento da sua revelação no templo, depois de curar o cego de nascença com a sua palavra, aquele que antes não via começa a falar livremente (cf. 9,21), ensina as autoridades (cf. 9,34) e acredita no Filho do homem, quando este lhe diz: *"É aquele que fala contigo"* (ὁ λαλῶν μετὰ σοῦ – 9,37).

Efectivamente, Jesus define os discípulos e a unidade desses, precisamente pela relação de escuta com a sua palavra (cf. 10,1ss). Entretanto, muitos reconhecem que tudo o que João disse acerca de Jesus era verdade (cf. 10,41). Sempre através da sua palavra, Jesus termina a sua acção pública ressuscitando um dos seus amigos e dando-lhes o poder de, através da sua palavra, libertarem e fazerem outros andar (cf. 11,20ss).

Então, finalmente, antes do seu último encontro com os discípulos, Jesus recorda a palavra do profeta – *"Quem acreditou na sua mensagem?"* (τίς ἐπίστευσεν τῇ ἀκοῇ ἡμῶν; – 12,38) – e anuncia: *"Se alguém ouve as minhas palavras e não as guarda... A palavra que disse, essa o julgará no último dia; pois não falei de mim, mas o Pai, que me enviou, deu-me um mandato do que dizer e anunciar... O que eu digo, portanto, digo-o como o Pai me disse"* (ἐάν τίς μου ἀκούσῃ τῶν ῥημάτων καὶ μὴ φυλάξῃ,... ὁ λόγος ὃν ἐλάλησα ἐκεῖνος κρινεῖ αὐτὸν ἐν τῇ ἐσχάτῃ ἡμέρᾳ ὅτι ἐγὼ ἐξ ἐμαυτοῦ οὐκ ἐλάλησα, ἀλλ' ὁ πέμψας με πατὴρ αὐτός μοι ἐντολὴν δέδωκεν τί εἴπω καὶ τί λαλήσω... ἃ οὖν ἐγὼ λαλῶ, καθὼς εἴρηκέν μοι ὁ πατήρ, οὕτως λαλῶ – 12,47-50). Assim sendo, o Logos-Jesus glorificado é a realidade vital que une os seus discípulos a Deus.

d) *Jesus comunica a unidade (13,1-17,26)*

Na Última Ceia, Jesus começa por acolher os seus discípulos no domínio da sua palavra. Diante dela, surgem três atitudes: o discípulo amado, reclinado, vive atraído por ela; Judas afasta-se dela; Pedro encontra-se disposto a escutá-la e entendê-la.

Perante este cenário comunitário, da acção (cf. 13,1-35) à oração (cf. 17,1-26), em dois discursos (cf. 13,36-14,31; 15-16), Jesus deseja que os discípulos tomem parte de si, da sua vida em Deus[68].

O Mestre começa por declarar que é o caminho, que é a relação de vida nos seus discípulos. Jesus quer levá-los à compreensão, à unidade, à vida em Deus; por isso, evoca a oração, o lugar onde vivem nele e o manifestam na unidade do seu amor (cf. 13,35). Sem o Logos-Jesus, não podem gerar unidade. Nesse sentido, anuncia que o Espírito ensinar-lhes-á tudo e lembrar-lhes-á tudo o que disse (cf. 14,21ss).

No segundo discurso, o Mestre e Senhor fala da unidade dos seus discípulos na sua unidade, na qual compreende o mandamento único: o amor recíproco (cf. 15,1ss). Na verdade, recorda Jesus, só através da

---

[68] Cf. E. C. HOSKYNS, *Gospel*, 451.

sua palavra eles serão purificados e, permanecendo nela, tudo o que pedirem ser-lhes-á dado (cf. 15,3-4)[69].

O Filho de Deus lembra-lhes que os chamou pela palavra para que fossem seus discípulos, para que dessem fruto e para que pedissem o que quisessem, pois, se o mundo vive de si, eles vivem do Logos; se alguém o ama, guardará a sua palavra, o Pai o amará e o Filho e o Pai farão nele morada (cf. 15,10ss). Efectivamente, diz ainda o Senhor, assim como os discípulos guardaram a palavra do Senhor, também o mundo guardará a palavra deles (cf. 15,20-22), que é 'una', 'uma' e 'a mesma'.

Não podendo então suportar a sua palavra, anima-os, pois o Espírito os guiará a toda a verdade, lhes dirá tudo e, assim, serão unidos nele, que dirá o que escuta do Pai (cf. 16,12-13). Assim, no Paráclito encontrarão o verdadeiro culto que leva à unidade e à vida, em oposição ao falso culto que leva à morte e à dispersão.

Efectivamente, a partir de então, o Filho não falará por comparações, mas sim claramente do Pai, de tal modo que, passando da comunicação aberta à directa no Pai, volta a falar da manifestação do amor de Deus neles através do seu Logos (cf. 16,25), que lhes dará a paz e a coragem na participação da sua vitória.

Entrando em oração no Pai, ou seja, em relação perfeita entre o falar e o escutar a vontade de Deus, o Unigénito recorda que lhes deu as palavras do Pai e que eles as receberam, reconhecendo verdadeiramente que o Filho saiu do Pai (cf. 17,7-8).

Assim lhes fala para que tenham a alegria completa neles, para que os santifique na verdade, para que pela sua palavra outros acreditem, para que sejam perfeitos na unidade, para que o mundo reconheça que Deus os enviou e os amou como enviou e amou o seu Filho, naquela que é a última passagem aos seus discípulos, antes do desejo final que sejam onde ele é ou vivam no seu amor (cf. 17,11-26).

e) *Hora de Jesus (18,1-19,42)*

Tendo chegado a guarda para prender o Mestre, este disse-lhes: *"Eu sou", recuaram e caíram por terra* (ἐγώ εἰμι, ἀπῆλθον εἰς τὰ ὀπίσω καὶ ἔπεσαν χαμαί – 18,6). Então, depois de libertar os discípulos, Jo recorda, que assim agira para que se cumprisse a palavra: *"Daqueles que me destes, não perdi nenhum"* (οὓς δέδωκάς μοι οὐκ ἀπώλεσα ἐξ αὐτῶν οὐδένα – 18,9).

---

[69] Cf. J. ASHTON, «Transformation», 161-186.

Em seguida, diante de Anás, Jesus confirma que sempre falou na sinagoga e no templo, interpela os líderes a testemunhar acerca da sua palavra e convida-os a ouvir a palavra dos seus discípulos (cf. 18,19-24). Paradoxalmente, entretanto, Pedro nega ser um dos discípulos de Jesus[70].

Diante de Pilatos, Jo lembra que os judeus se moviam de tal modo que a palavra de Jesus acerca do modo como morreria se iria cumprir (cf. 18,32). De facto, já Jo recordara que Caifás tinha profetizado que convinha que um homem morresse pelo povo (cf. 18,14).

O próprio Jesus interpela Pilatos: *"Dizes isso por ti mesmo ou outros to disseram de mim?"* (σὺ τοῦτο λέγεις ἢ ἄλλοι σοι εἶπόν περὶ ἐμοῦ; – 18,34). Depois, o Rei dos judeus diz a Pilatos que testemunha a verdade e que todo o que é da verdade vive em relação de escuta vivificante (cf. 18,37).

A palavra, mandada inscrever na cruz por Pilatos, confirma o poder universal do Logos-Jesus glorificado (cf. 19,20-22); os próprios soldados na cruz cumprem a Escritura (cf. 19,24.36-37). Finalmente, Jesus, do alto da sua glória, dá ao discípulo amado e à sua mãe a última (e a primeira) e eterna palavra comunicante da sua vida em Deus (cf. 19,26-27).

Nesse sentido, em torno do evento central e vital da sua elevação, as quatro referências ao cumprimento da palavra (cf. 19,24.28.36.37) confirmam a perfeição da sua comunicação presentemente manifestada nos seus frutos: 'água' e 'sangue' (cf. 19,34-37).

f) *Epílogo (20,1-21,25)*

O Evangelho joanino conclui-se com o fruto da palavra recebida pelos discípulos e pelo mundo. De facto, inicialmente, à chamada do ressuscitado, *Maria Madalena foi e anunciou aos discípulos: "Vi o Senhor!", e o que ele lhe tinha dito* (ἔρχεται Μαριὰμ ἡ Μαγδαληνὴ ἀγγέλλουσα τοῖς μαθηταῖς ὅτι ἑώρακα τὸν κύριον, καὶ ταῦτα εἶπεν αὐτῇ – 20,18).

Em seguida, no meio dos discípulos, o glorificado identifica-se e identifica-os na paz e dá-lhes o Espírito da sua palavra, que se cumpre perfeitamente neles. Ao tocarem o poder comunicativo da sua glória, os Doze, representados por Tomé, vêem Deus, unindo-se a Jesus.

Finalmente, Jo recorda que escrevera o seu livro *para que acrediteis que Jesus é o Cristo, o Filho de Deus, e para que, acreditando, tenhais a*

---

[70] Cf. W. BINDEMANN, «Johannesprolog», 330-354.

vida em seu nome (ἵνα πιστεύητε ὅτι Ἰησοῦς ἐστιν ὁ χριστὸς ὁ υἱὸς τοῦ θεοῦ, καὶ ἵνα πιστεύοντες ζωὴν ἔχητε ἐν τῷ ὀνόματι αὐτοῦ - 20,31)[71].

Como fruto da compreensão e da unidade dos discípulos a Jesus glorificado, agindo segundo a sua palavra, sete discípulos manifestam Jesus na pesca imensa de peixes (cf. 21,1-14). À voz do discípulo amado, ouvindo que era o Senhor, Pedro lançou-se, de imediato, ao seu encontro (cf. 21,6-7); depois, à palavra do glorificado, Pedro levou-lhe a rede cheia de 153 peixes; tudo se completa quando o Senhor glorificado convida os sete a comer o seu peixe e o peixe pescado por eles (cf. 21,10-12).

Nas suas derradeiras palavras, o glorificado pergunta: *"Simão Pedro, gostas de mim?"* (Σίμων Ἰωάννου, φιλεῖς με; – 21,17) Ele responde: *"Senhor, tu sabes tudo; tu sabes que gosto de ti!"* (κύριε, πάντα σὺ οἶδας, σὺ γινώσκεις ὅτι φιλῶ σε – 21,17). Desse modo, o Senhor confia a Pedro a guarda das suas ovelhas (cf. 21,17).

Assim, tendo Pedro realizado modelarmente o processo que leva os discípulos ao seu Senhor, então, finalmente, o glorificado anuncia que o discípulo amado devia permanecer e ele segui-lo. Quando o Mestre diz a Pedro, *"Segue-me"* (ἀκολούθει μοι – 21,19.22), Jo conclui que o seu testemunho é verdadeiro e que tantas outras coisas fez Jesus, que nem o mundo todo as poderia conter se fossem escritas (cf. 21,24-25).

1.3 *Logos-Jesus e a unidade*

Jo insere o seu testemunho no ser único de unidade do Logos em Deus, do qual se entendem todas as suas acções e todos os seus frutos. Assim sendo, o quarto Evangelho é a revelação e a manifestação no ser do Logos-Jesus, que deseja os seus discípulos a si e em si.

O desejo (e a meta) de Jo é o encontro dos discípulos de Jesus com Deus. *A Deus nunca ninguém viu* (Θεὸν οὐδεὶς ἑώρακεν πώποτε – 1,18); a missão de Jesus joanino, como manifesta o verbo ἐξηγέομαι (*levar fora, explicar, interpretar, descrever* – cf. 1,18), que nos Evangelhos só ocorre em Lc 24,35, é precisamente dar a conhecer aos seus discípulos o próprio ser vital de Deus.

Nesse sentido, o Logos-Jesus leva à consumação a unidade radical e a perfeita atracção do género humano à realidade de Deus. O homem, ao acolher o Logos-Jesus glorificado, que assumiu a condição humana e nela venceu as trevas que a dominavam, é gerado como filho de Deus.

---

[71] Cf. S. GRASSO, *Vangelo*, 45.

Assim, o Unigénito Filho de Deus não se entende nem se faz entender senão no seio do desígnio criativo divino e, especificamente, no seio de Israel. De facto, do mesmo modo que a missão de Jesus joanino não se entende senão na sua condição de Logos, também ela não se percebe senão no seio do único povo, por ele criado e em eterna relação consigo[72].

Portanto, a contínua e a progressiva revelação do Logos em nada anula nem se separa da sua revelação anterior. O Logos nunca deixa de se revelar; aliás, revelar-se é a sua realidade. 'Desligar' o Logos do seu povo e servir-se dele para o dividir seria tentar contrariar o objectivo joanino e a própria revelação do Logos na história da aliança com o seu povo[73].

Jesus joanino integra a história e a tradição do seu povo, e a sua missão é a realização da unidade de Israel. À luz do evento fundante e fundacional do povo de Deus, Jo entende em Jesus glorificado a realização do tempo no qual todas as nações poderão chegar ao único e verdadeiro Deus por meio dos seus filhos, onde ele mora neste mundo.

O Filho de Deus nunca deixou de se inserir no povo de Deus nem nunca o procurou dividir; pelo contrário, só o seu poder pode realizar a unidade do seu povo. Sendo Jesus o Logos-Jesus, para Jo, aqueles que acolhem o Logos na sua humanidade a ele se unem como resposta excelente do seu povo a Deus.

Desse modo, o testemunho joanino é dado a quem o lê como revelação contínua de Deus pelo seu Logos-Jesus e como resposta contínua a essa revelação da parte do *nós*, que Jo deseja que seja todo o seu povo, gerado pelo poder do Logos como comunidade dos filhos de Deus. Por isso, no centro de todo o Evangelho, está a dinâmica de encontro do Logos com os discípulos de Jesus, pois o testemunho joanino foi construído, desenvolvido e destinado no encontro de Deus com o ser humano criado.

---

[72] Nenhum olhar joanino pode desligar-se dessa influência vital. As noções de substituição e de cumprimento têm o mérito de destacar o contínuo e o progressivo revelar do Logos nos seus discípulos; porém, de modo nenhum se pode menosprezar ou desconsiderar o Logos como estando no seio do único Deus; ele revelou-se e revela-se no único povo, pois, de outro modo, estaria em oposição à própria meta do testemunho joanino.

[73] Como recorda Beutler, não há outro caminho, como metodologicamente o Logos faz ao longo da história e, de um modo particular, como é descrito em Jo, senão olhar o texto como ele é: se o Logos veio para os seus discípulos e se se revelou neles, não se pode usar uma gramática que se distancie ou se oponha a si mesma; cf. J. BEUTLER, *L'Ebraismo*, 136ss. De facto, para os judeus e, entre estes, igualmente, para Jo, a compreensão e a manifestação de Deus eram necessariamente em fidelidade a Deus.

Nessa dinâmica, ao longo do Evangelho joanino, algumas das suas personagens acolhem Jesus perfeitamente, por exemplo: a sua mãe (cf. 2,1-12); a samaritana e a sua cidade (cf. 4,1-42); o funcionário real e toda a sua casa (cf. 4,46-54); o cego de nascença (cf. 9,1-41); a família de Betânia (cf. 12,1-11); o discípulo amado (cf. 19,25-28).

Algumas personagens acolhem-no parcialmente (os seus discípulos – cf. 6,60-66), outras simplesmente o ignoram (o doente paralisado há 38 anos – cf. 5,1-18), e outras ainda até o perseguem (o sinédrio – cf. 11,47-53; a multidão – cf. 12,44-50; Judas Iscariotes – cf. 13,30; 18,1-11; Pilatos – cf. 18,28-19,16). Nesse processo, entre o Logos-Jesus e a necessária resposta à sua palavra, surge outra noção vital para compreender a unidade joanina: a hora da atracção a Deus.

2. Hora de Jesus e a unidade dos filhos de Deus

À vital importância do Logos-Jesus em Jo, une-se a noção fundamental da *hora* no quarto Evangelho. Desde o primeiro momento, Jo parte, insere e orienta o seu testemunho para a hora de Jesus.

Assim, a compreensão desse evento, no qual o Logos-Jesus glorificado vem ao encontro dos seus discípulos, é essencial para que esses realizem a meta joanina de viverem em unidade atraídos por ele.

2.1 *Referências explícitas à hora*

A hora de Jesus é o evento original, transversal e final de Jo, do qual parte, se dirige e se resolve o Evangelho joanino. Isso Jesus esclarece na primeira referência à hora no testemunho joanino: *"Que há entre mim e ti, mulher? Ainda não chegou a minha hora"* (τί ἐμοὶ καὶ σοί, γύναι; οὔπω ἥκει ἡ ὥρα μου – 2,4).

Em vista da perfeita aliança de Deus com o seu povo, a *mulher* e *mãe de Jesus* gera o Unigénito para a hora e para a realização da nova e eterna aliança: *"Fazei o que ele vos disser"* (ὅ τι ἂν λέγῃ ὑμῖν ποιήσατε – 2,5).

Desse modo, Jo temporiza e diz a hora decisiva do seu testemunho no seio da perfeita comunicação de Jesus glorificado em Deus aos seus discípulos, ou seja, como sendo a perfeita possibilidade de esses serem gerados por ele como filhos de Deus.

A hora é o tempo, o evento onde se realiza perfeitamente a aliança de Deus com o único povo; é o lugar (o domínio) onde os filhos de Deus dispersos são reunidos na unidade na sua acção movida pela palavra de Jesus glorificado.

Por isso, olhando o seu povo disperso, e em vista da sua compreensão, da sua unidade e da sua vida em Deus, para a salvação de Israel e do mundo inteiro, Jesus orienta os discípulos para a hora onde adorarão o Pai em Espírito e Verdade (*"vem uma hora"*; ἔρχεται ὥρα – 4,21); ou seja, na qual compreenderão, permanecerão e viverão no lugar, no templo da justa compreensão, da perfeita unidade e da vida eterna em Deus como modo próprio de ser nele (*"vem uma hora"*; ἔρχεται ὥρα – 4,23).

Desse maneira, a hora de Jesus é o dom eterno da vida de Deus dado aos seus discípulos, ao seu povo, ao mundo inteiro, o qual lhes permite *nascer* e *ser* de Deus (cf. 4,17).

Nesse sentido, no decorrer da sua revelação no templo, Jesus declara que age em unidade em Deus e que nessa unidade se revela aos seus discípulos; ou seja, na relação entre o Logos-Jesus e o que o escuta é o lugar, o domínio, o seio, onde é a unidade, de tal modo que, na sua hora, nascer e viver como filho de Deus é escutá-lo, sendo em relação a si (*"vem uma hora"*; ἔρχεται ὥρα – 5,25.28).

Em 7,30 e 8,20 (*ainda não tinha chegado a sua hora*; οὔπω ἐληλύθει ἡ ὥρα αὐτοῦ), a hora de Jesus encontra-se em realização[74] e é entendida no seu ser (e no seu agir) em total unidade ao Pai, de onde brota o seu total domínio de chamar a ser unidade em Deus.

Assim sendo, a constante e a total unidade de Jesus em Deus impossibilita os judeus de o prenderem (cf. 7,31) e, ao mesmo tempo, assinala o desenrolar do Evangelho em vista da chegada da hora[75].

Em 12,23 (*"é chegada a hora"*; ἐλήλυθεν ἡ ὥρα), Jesus fala da chegada da hora coincidindo nela a sua morte e a sua glorificação, como o evento escatológico messiânico universal[76]. Por isso, refere-se à necessidade da chegada da hora e declara, precisamente, que veio para a cumprir (*"salva-me desta hora? Mas, por isto, vim a esta hora!"*; σῶσόν με ἐκ τῆς ὥρας ταύτης; ἀλλὰ διὰ τοῦτο ἦλθον εἰς τὴν ὥραν ταύτην – 12,27).

Na verdade, aquando da sua hora, o Senhor expulsa o príncipe do mundo e atrai em si o mundo inteiro a Deus, precisamente porque não vive só, mas em unidade gloriosa no Pai, da qual provém o fruto de unidade nos seus discípulos. Assim sendo, a consumação da unidade dos discípulos, do povo de Deus e do mundo passa a depender também da resposta que esses dão à gloriosa hora do Senhor.

---

[74] Cf. G. FERRARO, *L'ora*, 113ss.
[75] Cf. H. J. LEE, *Signore*, 96ss.
[76] Cf. S. V. TILBORG, «Cosmological», 485ss.

Nesse domínio perfeito de Jesus, o momento da sua morte é necessário para que os seus discípulos vivam, nasçam, não permaneçam sós, como ele não é só, mas sim sempre em unidade ao Pai (cf. 12,24ss)[77].

Jesus reúne-se pela última vez com os seus discípulos para a perfeita unidade desses a si, aquando da sua hora (*tinha chegado a sua hora*; ἦλθεν αὐτοῦ ἡ ὥρα – 13,1). No desenrolar da Ceia, no seu segundo discurso, refere-se à hora, distinguindo o tempo em que está fisicamente com eles e o tempo em que passará a estar através do seu Espírito (*"vem uma hora"*; ἔρχεται ὥρα – 16,2; *"quando chegar a hora;"* ἔλθῃ ἡ ὥρα – 16,4).

Então, ao precisar a chegada da sua hora, une-a à hora dos seus discípulos e à hora do mundo. Nesse sentido, insiste em apresentar a sua partida como benéfica, pois retorna ao Pai e envia-lhes o Paráclito. De facto, se lhes falara em imagens, também chegará a hora (*"vem uma hora"*; ἔρχεται ὥρα – 16,25) em que lhes falará abertamente do Pai.

Depois, Jesus opõe, aquando da chegada da hora, a sua unidade em Deus à dispersão dos seus discípulos cada um por si (*"vem uma hora – e já chegou;"* ἔρχεται ὥρα καὶ ἐλήλυθεν – 16,32) para os animar a vencer na unidade como ele. No início da sua oração final, o Mestre volta a unir a sua hora (*"chegou a hora"*; ἐλήλυθεν ἡ ὥρα – 17,1) à sua glorificação, em que dará a sua vida aos seus discípulos.

A última referência à hora no quarto Evangelho surge no evento da exaltação do Senhor (*desde aquela hora*; ἀπ' ἐκείνης τῆς ὥρας – 19,27). Então, nas suas palavras finais (primeiras palavras gloriosas), Jesus dá a sua mãe ao discípulo amado, que a acolhe como sua própria mãe, tornando-se seu filho, a testemunha autêntica de Jesus glorificado no mundo.

O discípulo amado é atraído pelo evento da cruz, vivendo da (e na) hora, dando testemunho do Logos-Jesus glorificado, como a mulher e mãe de Jesus que fielmente o acolheu e o gerou (cf. 2,1ss).

Com efeito, o autor joanino confirma a hora como o perfeito dom comunicante de Deus dado aos seus discípulos e como o perfeito poder de esses o receberem e dele serem gerados[78].

2.2 *Hora: o princípio e o fim*

Olhando o percurso de Jo, facilmente se aprende e se confirma como a hora de Jesus, directa e indirectamente referida, é o seu evento pri-

---

[77] Cf. P. ENSOR, «Glorification», 229-252.

[78] O uso da hora serve também a Jo para narrar toda a acção de Jesus do ponto de vista da sua glorificação; cf. H. J. LEE, *Signore*, 96. O conteúdo da hora é o próprio Jesus ressuscitado; cf. C. TRAETS, *Voir*, 150ss.

meiro, sempre presente e final. O autor, não só faz depender a autenticidade do seu testemunho da hora, como esta o ilumina e para ela o orienta. Os filhos de Deus só podem ser e ser gerados em Deus pelo fruto da hora[79].

Logo no início do Evangelho, João encontra em Jesus o Cordeiro de Deus que tira o pecado do mundo, o Filho de Deus, aquele em que desceu e permanece no Espírito, e o próprio Jesus confirma que seria o lugar de encontro para e com Deus (cf. 1,51).

Nas núpcias em Caná e no templo em Jerusalém, o Unigénito anuncia o fruto da sua hora (cf. 2,1-25)[80] e, por isso, fala da necessidade de o homem nascer do alto e de ser atraído à sua exaltação (cf. 3,7.14.21). Tendo em vista a vida dos discípulos e a salvação do mundo, o Senhor orienta-os para a autêntica adoração na sua hora (cf. 4,23).

A centralidade da hora passa a evidenciar-se nas tentativas das autoridades de o prenderem e de o matarem e nas alusões cada vez mais directas à sua morte (cf. 5,16ss). O Filho de Deus orienta os discípulos para as obras maiores que realizarão, pois aproxima-se a sua hora, então entendida como a hora do juízo (cf. 5,27-30)[81].

Entretanto, o Mestre fala do retorno ao lugar onde estivera, da incredulidade dos seus discípulos, da palavra descida do céu e da acção de Judas o entregar (cf. 6,62ss). Jesus adverte que o seu tempo depende do seu domínio e o tempo dos seus irmãos de qualquer tempo (cf. 7,1ss). Enquanto os seus irmãos e os líderes revelam ignorar a sua morada, Jesus anuncia nela o dom do Espírito na sua glorificação.

Na verdade, quando o exaltassem, saberiam que ele era o *Eu sou* (ἐγώ εἰμι – 8,12) e que agia em unidade no Pai (cf. 8,28), e seriam assim diante a necessidade de acolher, ou não acolher, o seu poder atraente (cf. 9,39-41). Crescendo a tensão (cf. 11,8), Jesus insiste que veio ao mundo para dar a vida como o Bom Pastor, que deseja ser nos discípulos em perfeita relação comunicante e que, por isso, vai ao encontro do seu povo para o libertar da morte e lhe comunicar a vida de Deus (cf. 10,1ss).

Por conseguinte, importa destacar que os primeiros onze capítulos do Evangelho decorrem num período de três anos, e os restantes dez capítulos, em contagem decrescente para a sua hora, resolvem-se em duas semanas: a semana da paixão, da morte e da glorificação de Jesus (cf.

---

[79] Cf. M.-É. BOISMARD, «Jésus», 33-37.
[80] Cf. U. SCHNELLE, «Tempelreinigung, 359-373.
[81] Cf. U. C. VON WAHLDE, «Has Given», 409-412.

12,1–19,42); e a semana onde se manifestam os frutos dessa vitória gloriosa nos discípulos e no mundo inteiro (cf. 20,1-21,25)[82].

Efectivamente, da decisão (profética) do sinédrio (cf. 11,47-53), decorrem três eventos em torno à hora de Jesus: Maria reconhece-o como Rei agindo no amor recíproco (cf. 12,1-11); Jesus é acolhido em Jerusalém como Rei dos judeus, assumindo a sua lógica de amor universal (cf. 12,12-19); os gregos e o mundo inteiro vão na direcção de Jesus, que então declara chegada a hora de o Filho do homem ser glorificado (cf. 12,20-26).

Nesse sentido, no último encontro com os discípulos (cf. 13,1ss), o Unigénito deseja comunicar-lhes os frutos da sua hora. Quando Judas se afasta de Jesus e dos seus discípulos para o entregar, o Mestre anuncia que ele e o Pai foram glorificados (cf. 13,30-31).

Diante da incompreensão dos discípulos, o Senhor anima-os a acreditar, pois o seu desejo é levá-los à compreensão, à unidade, à vida em Deus, ao domínio perfeito da sua hora. De facto, vai preparar-lhes um lugar onde serão (cf. 13,36ss).

Nos seus discursos finais, o Senhor e Mestre convida-os a ser no amar recíproco como seu modo de ser e modo de ser dos seus discípulos. Na verdade, quando da sua hora, o seu amor no Pai virá e habitará nos que o amam (cf. 14,22-31), o seu Paráclito será neles (cf. 14,1-2.27) e os seus discípulos passarão da tristeza à alegria, da dispersão à unidade (cf. 16,16ss).

Assim sendo, o Senhor termina a sua oração e o seu último encontro com os discípulos, pedindo ao Pai que aqueles que lhe deu sejam onde ele é para que vejam a sua glória no Pai, de tal modo que, unidos no seu amor, os possa conduzir à perfeita unidade para assim salvar o mundo[83].

O próprio testemunho da prisão de Jesus prepara e anuncia a sua vitória gloriosa na sua hora (cf. 18,1-11). Em todo o processo judicial (cf. 18,19ss), a sua fidelidade no Pai é total e em vista da unidade dos seus discípulos e da salvação do mundo inteiro, de tal modo que Jesus insiste na necessidade de ser elevado e de os seus nascerem de novo.

---

[82] Em 12,1 inicia-se, com mais pormenor que nunca, a contagem decrescente para a Páscoa de Jesus. Jo refere-se à Páscoa (πάσχα) dez vezes: na primeira (cf. 2,13.23), na segunda (cf. 6,4) e na terceira Páscoa (cf. 11,55; 12,1; 13,1; 18,28.39; 19,14). Destaca a última pelo número de ocorrências e pela sua progressiva precisão: seis dias antes (cf. 12,1) → antes da festa (cf. 13,1) → ocasião da Páscoa (cf. 18,39) → hora sexta (cf. 19,14).

[83] Cf. D. GIBSON, «Johannine», 50-60.

Entretanto, Pilatos confirma, por três vezes, a inocência de Jesus (cf. 18,38; 19,4.6), mesmo se a guarda romana o ultraja com os seus símbolos e os líderes judeus evocam César para eliminar o Unigénito de Deus.

Como corolário, na hora sexta (ὥρα ἦν ὡς ἕκτη – 19,14), Pilatos declara: *"Eis o Rei dos judeus"* (ἴδε ὁ βασιλεὺς ὑμῶν – 19,14). De facto, em seguida, elevado na hora da cruz, Jesus comunica-se total e livremente diante dos olhos de todo o mundo e das suas autoridades como Rei dos judeus em perfeita fidelidade no Pai (cf. 19,16-22).

Nesse momento nuclear (a hora de Jesus), Jo confirma a missão do Senhor: a salvação do mundo inteiro na sua unidade no Pai (cf. 19,23-24). Tanto assim que, tudo consumado, o Filho deseja ser no Pai, comunicando a sua vida aos seus discípulos (cf. 19,28-37).

Nesse sentido, dois eminentes judeus, abertamente, sepultam-no como Rei, assegurando a sua palavra e preparando a sua presença no amor recíproco nos seus discípulos (cf. 19,38-42).

Os capítulos 20-21 manifestam o fruto da hora nos discípulos. O ressuscitado sobe ao Pai e envia Maria aos discípulos, ainda dispersos e sem saber da sua glorificação (cf. 20,1-2.11-18). O glorificado vai ao encontro dos discípulos, dando-lhes a sua paz, pois venceu, retorna ao Pai e é neles. Eles vêem-no nas suas palavras e confirmam a sua identidade e missão nos frutos da sua glória, de tal modo que são enviados por ele para a perfeita unidade no Espírito completada na unidade dos Doze ao seu Deus e seu Senhor (cf. 20,28)[84].

Assim sendo, em total unidade ao glorificado em Deus, os discípulos dão os primeiros passos no mundo, agindo pelo fogo da palavra do Senhor. A hora realiza-os na unidade com toda a humanidade que abraça a lei na perfeição da unidade em Deus.

Desse modo, completa-se o processo dos seus discípulos no encontro amoroso pessoal e atractivo de Pedro com o Senhor glorificado. Simão Pedro cumpre a meta de Jo, ou seja, o fruto da hora: entende o seu Senhor como o caminho de unidade, no qual acolhe a guarda da unidade dos discípulos dando a vida por ela, seguindo o testemunho autêntico do discípulo amado.

2.3 *Significado da hora*

Face ao valor original, central e culminante da hora de Jesus, importa aprender o seu significado. O autor joanino entende a hora no domínio

---

[84] Cf. U. Vanni, «Crocifisso», 753-775.

da perfeita relação de Jesus em Deus comunicada aos seus discípulos e ao mundo inteiro.

A hora de Jesus, perfeitamente consumada na sua unidade relacional significante, é o seu retorno a Deus, como se de um movimento ascendente se tratasse, e é a sua perfeita revelação aos discípulos, como se um movimento descendente fosse.

2.3.1 Jesus retorna a Deus

A morte, a exaltação, a elevação, a glorificação de Jesus é vitalmente o evento do retorno do Unigénito ao seio de Deus, onde era antes da criação, antes da história dos homens e antes da sua própria encarnação.

Assim sendo, Jo compreende a morte de Jesus como a plena manifestação do seu domínio e do seu Reinado em Deus, onde é perfeitamente Logos-Jesus 'um' em Deus. Nesse perfeito domínio de compreensão, de unidade e de vida, brota a compreensão da revelação completa, unificante e vital do Senhor glorificado nos seus discípulos[85].

a) *Rei dos judeus*

Jo apresenta a morte de Jesus na cruz como a sua vitória, pois a sua crucificação é a sua exaltação e coroação[86]. Ao longo do Evangelho e, de um modo particular, no seu processo judicial, Jesus é apresentado como o Senhor e o Rei; contudo, é na cruz que ele é exposto como o Rei dos judeus, conforme testemunha o seu título mandado inscrever por Pilatos em três línguas e colocado à vista de todos (cf. 19,19-20).

O caminho de Jesus, especialmente desde a sua prisão até à sua crucificação, é uma contínua manifestação da sua realeza. Quando da sua prisão, o Logos-Jesus faz cair e recuar a guarda, liberta os seus discípulos e deseja beber o cálice do Pai (cf. 18,1-11). Depois, o próprio evangelista lembra a vital condição de liberdade de Jesus e a finalidade do seu Reino: reunir na unidade os filhos de Deus dispersos (cf. 18,12-14).

Em contraste com o vazio petrino e com a ignorância e a violência dos líderes judeus, Jesus guia o mundo inteiro para a sua palavra (ou

---

[85] Cf. R. J. BAUCKHAM, *Testimony*, 201ss

[86] Em Jo, o verbo *elevar* (ὑψόω) aplica-se apenas a Jesus e, concretamente, à exaltação do Filho do homem na sua hora (cf. 3,14; 8,28; 12,34), que, em Jo, cumpre a essencial missão de, na sua relação com o céu (cf. 1,51; 3,13; 6,62), na qual se compreende a sua exaltação e glorificação (cf. 3,14; 12,34; 13,31), de atrair todos os homens à vida do Pai (cf. 6,27.53; 12,32). Cf. G. R. BEASLEY-MURRAY, «John», 70-81.

obra – cf. 18,19-24); entretanto, enfrenta o poder do mundo (cf. 18,25-32) e, por isso, mesmo manietado pelos homens, mas serenamente seguro nas mãos do Pai, anuncia que o seu Reino não é deste mundo e que veio para dar testemunho da verdade, de tal modo que é Pilatos quem permanece em suspenso (cf. 18,33-38a). Diante da acção do poder do mundo, o Bom Pastor prepara-se para dar a vida aos seus discípulos, vencendo o poder das trevas (cf. 18,38-40).

Portanto, a própria simbologia do mundo, ironicamente, serve a Jo para anunciar o poder do Reino de Jesus na sua exaltação na cruz (cf. 19,1-3). Contudo, mesmo se Pilatos insiste na inocência de Jesus e na realidade do seu Reinado, os líderes judaicos pedem a sua crucificação e evocam o reino de César para tal (cf. 19,4-7).

As autoridades aludem ao facto de Jesus ser o Filho de Deus, enquanto Pilatos, de novo em suspenso, procura saber a origem de Jesus. Na realidade, Pilatos e as autoridades religiosas dependiam do poder de César (o poder do mundo), mas Jesus vivia do poder do Pai (cf. 19,8-12).

Com efeito, final e oficialmente, na hora sexta, Jesus é apresentado como o Rei dos judeus (cf. 19,13-16). Nesse dinamismo a caminho da cruz[87], a sua morte (a sua exaltação) é entendida como o contínuo dom de si em Deus dado aos que o acolhem.

b) *Glorificação do Rei*

Ao longo do quarto Evangelho, Jesus fala da sua morte sem nunca se lhe referir directamente como 'a sua morte' nem como 'o seu acto de morrer', como apenas fazem as autoridades[88]. Sem negar a morte real na cruz, a qual é evidente, fundamental e necessária, Jesus interessa-se em defini-la na perspectiva da sua vital relação de unidade em Deus.

Efectivamente, o duplo sentido joanino, sempre presente no seu texto e no seu pensar, da cruz é por excelência evidente e significante: o autor

---

[87] O título de rei reaparece doze vezes em Jo: seis explicitamente na expressão 'rei dos judeus', três no processo romano e três na cruz. Em Jo recorre por diversas vezes a semântica da realeza: cf. 1,49; 3,18ss; 4,46ss; 6,15; 7,26ss; 9,22; 10,24; 12,1-8.13.15.34. Cf. D. MARZOTTO, «L'unità», 47-48.

[88] A noção joanina de morte está relacionada com a vida eterna e não se opõe simplesmente à morte física. Segundo Jo, a morte é a privação da salvação (cf. 3,36). Para aquele que crê, a morte física é como um sono (cf. 11,11). A verdadeira vida não termina com a morte. A verdadeira morte é a perda da vida eterna. Aquele que crê não experimentará a morte, pois passa à vida (cf. 5,24). Cf. V. MANNUCCI, *Giovanni*, 38ss.

não atende tanto à realidade material e momentânea da morte do Filho de Deus, como ao modo como o evento da sua morte é a pura manifestação do ser e do agir de Jesus em Deus e dos frutos que dessa unidade brotam[89]. Assim, como nos seus sinais, na morte de Jesus, Jo foca-se na sua razão e origem vital e no ser e no agir que dela brotam.

Nesse sentido, Jesus joanino prefere apresentar o evento da sua morte como a hora, a acção, o dinamismo, o evento em que: 'é elevado' (cf. 3,14), 'sobe' (cf. 6,62; 12,34; 20,17), 'deixa o mundo e vai para o Pai'[90], 'é glorificado'[91], 'é' (cf. 7,34; 8,23; 14,11.20), 'dá a vida' (cf. 10,17-18; 15,13), 'passa' (cf. 13,1), 'retorna' (cf. 13,3), 'vai preparar um lugar' (cf. 14,3), 'ama' (cf. 14,31), 'convence' (cf. 16,8), 'é *um* no Pai' (cf. 16,32), 'glorifica' (cf. 17,4), 'cumpre a obra' (cf. 17,5), 'santifica' (cf. 17,19), 'bebe o cálice' (cf. 18,11; 19,28), 'testemunha a verdade' (cf. 18,37).

De facto, estas e outras acções que surgem ao longo do quarto Evangelho para descrever o evento da cruz confirmam a morte de Jesus como a perfeita manifestação a todo o mundo da sua perfeita unidade de Unigénito no Pai na forma de total amor, elevação, doação, testemunho, acção, compreensão, comunicação, unidade, glória, santidade, fidelidade.

Na realidade, a sua hora é por excelência o evento onde se revela no mundo em Deus. Sendo Jesus a perfeita comunicação humana de Deus, essa é perfeitamente revelada na sua hora, pois é em Deus e em Deus revela o seu desejo de o glorificar na terra na unidade de vida dos seus filhos a si (cf. 8,50; 12,28; 17,1).

Nesse sentido, na hora de Jesus, o autor não se detém propriamente num só título, pois, uma vez mais, interessa-se, sobretudo, em focar-se nas esperanças do povo de Deus realizadas por Jesus, precisamente na sua hora, em vista da realização da vocação vital do seu único povo: a unidade para a sua salvação e a salvação do mundo[92].

---

[89] Ellis destaca quatro dimensões do relato joanino da paixão, morte e sepultura de Jesus: a eliminação da agonia; a repetição por três vezes do *Eu sou* (cf. 18,1-12); a ênfase na natureza real de Jesus (cf. 18,33-38); o duplo sentido das expressões *é cumprido* (cf. 19,30) e *entregou o seu espírito* (cf. 19,30). Não obstante, como justamente recorda o autor, Jo toma por garantida a historicidade do evento, como se pode demonstrar na sua relação com os Evangelhos sinópticos. Na realidade, o seu nível histórico serve ao quarto evangelista para o nível dramático, e este para o nível teológico. Cf. P. F. ELLIS, *Genius*, 248. D. BOYARIN, «What Kind», 115ss.
[90] Cf. 7,33; 8,21; 13,33.36; 14,28; 16,5.7.28; 17,11.13.
[91] Cf. 7,39; 8,54; 12,16.23.28; 13,31-32; 17,1.5.
[92] Cf. M. STARE, «Vollendet», 77-92.

Com efeito, Jo concentra na morte de Jesus (na pura fidelidade do Filho a Deus) a perfeita vitalização das promessas, das esperanças, das instituições e das mediações do povo de Deus para a unidade de Israel.

Daí se entende o destaque dado, quando da consumação da sua hora, à condição de Jesus ser o Rei dos judeus (cf. 19,19); e, junto a esse título, indirectamente, outros como: o Cordeiro de Deus dado à morte na hora sexta sem que lhe fosse quebrado nenhum dos seus ossos (cf. 19,33); o Filho de Deus como sugerem os líderes (cf. 19,7); o Bom Pastor que conduz as suas ovelhas, que as liberta do dispersor, sem perder nenhuma delas; que enfrenta e domina o ladrão e que reúne todas as ovelhas dispersas (cf. 18,1ss); o Servo justo, sofredor, maltratado inocentemente, a quem dividiram a túnica e tiraram sortes; aquele que cumpre até ao fim a sua missão confiante em Deus (cf. 19,23-24)[93].

Assim, Jo compreende e vê no evento da hora de Jesus, a pura, a perfeita, a genuína, a total, a una, a manifestação da relação de Jesus em Deus, de tal modo que nela, superando a própria morte e vencendo a própria treva, é sempre o uno, o amor, a relação, a intimidade, o sujeito, a comunicação de Deus.

A morte (ou a hora) do Senhor é o sigilo da sua vital relação de unidade (o amor recíproco) em Deus, de tal modo que nela, para Jo, coincidem a ressurreição e a ascensão de Jesus, e o seu envio do Espírito aos discípulos, como um autêntico evento escatológico.

De facto, a manifestação e o poder da hora do Senhor não é nem se revela de outro modo senão no seu perfeito dinamismo de reciprocidade do Unigénito em Deus, conforme o seu desejo final na cruz confirma: *"Tenho sede"* (διψῶ – 19,28).

A sua sede é o desejo de ser no Pai para se comunicar plenamente[94]; e o seu desejo é o desejo do Pai; por isso, então, consuma a sua missão no mundo ao entregar o Espírito ao Pai, dando-o ao mundo (cf. 19,30). Diante da morte, do pecado, da treva, do poder do mundo, Jesus inclina-se fiel e totalmente para o Pai, de onde veio, onde é e para onde vai.

No evento da sua morte, Jesus cumpre tudo no seio da sua unidade em Deus como oferta obediente de si a Deus e aos seus discípulos. O dom dado ao mundo por Deus ao enviar o seu Logos-Jesus, o seu

---

[93] Os títulos apresentados não esgotam os que Jesus assume na cruz, como, por exemplo, o título de Filho do homem definido pelo seu próprio ser ou pela missão de comunicar a vida de Deus unindo o céu (cf. 1,51; 3,13; 6,62), onde é glorificado (cf. 3,14; 12,34; 13,31), à unidade dos homens (cf. 6,27.53; 12,32). Cf. J. ZUMSTEIN, «Geschichte», 418-428; J. C. O'NEILL, «Son», 373-381.

[94] Cf. C. H. GIBLIN, «Was Everything», 148-152.

Unigénito, é o dom deste a Deus perfeitamente realizado na sua exaltação na cruz[95].

Como em toda a sua acção pública, na cruz, Jesus cumpre a obra do seu Pai, ou seja, manifestar a vida do Pai aos homens. Se Jesus anunciara que chegaria a hora em que cada um dos seus discípulos se dispersaria, na realidade, ele nunca é só, pois ele e o Pai são 'um' (cf. 16,32).

Na verdade, conforme o evangelista anunciara no início, Jesus é o Unigénito no seio de Deus (cf. 1,18). Nesse sentido, a hora de Jesus é confirmada como sendo a plena manifestação da obra divina. Superando a morte e o poder da treva, na sua plena unidade em Deus, Jesus assim se revela perfeitamente nos seus discípulos e neles ao mundo inteiro.

c) *Poder do Reino*

A plena comunicação consumada por Jesus na sua hora não contraria nem anula a condição humana do Mestre. Porque se fez carne, o Filho de Deus exaltado na cruz é a total realização da obra de Deus no mundo.

O homem de Nazaré chamado Jesus, como ironicamente a guarda (cf. 18,5.7.17), as autoridades judaicas (cf. 19,21) e Pilatos (cf. 18,29; 19,5.19) insistem em recordar no final do seu processo, supera a morte e o poder da treva, sendo plenamente 'um' em Deus. Conforme é descrito no prólogo poético (cf. 1,1-18), Jesus glorificado cumpre o perfeito poder comunicativo da sua criação.

Com efeito, se o momento da morte de Jesus joanino assinala o eterno da sua ressurreição, da sua ascensão e do envio do seu Espírito aos discípulos, esse evento, naqueles que o acolhem, depende precisamente da perfeita, da total, da iluminante, da energética, da vivificante unidade do Logos-Jesus em Deus, a qual não só vence o mal, a treva, o pecado, o demónio, satanás, o príncipe do mundo, como também comunica, a quem o acolher, o seu poder de ser como é.

Como revelara ao dar um bocado de si a Judas (cf. 13,26-27), o Logos-Jesus sabia que, na sua vitória sobre o príncipe e sobre a sua treva, dava ao mundo inteiro (a todo o ser humano) o poder de nascer e de viver em Deus como seus filhos[96].

Assim, se o domínio de Jesus no decorrer do seu processo judicial, como em todo o Evangelho, anunciava a sua vitória e a sua presença

---

[95] Cf. P. BEAUCHAMP, «Lecture», 230ss.
[96] Cf. R. GÜNTER, «Sondersprache», 93-102.

vivificante nos discípulos, essas realidades são evidentes e perfeitamente consumadas no eterno momento da hora.

Então, o poder do mundo, que se serve a si, que depende de si numa lógica de autodestruição e que é incapaz de assumir a verdade, é vencido pelo poder do Reino de Jesus.

Efectivamente, o poder de Jesus, que não é deste mundo, está ao serviço da salvação da humanidade inteira, porque é de Deus, porque é justa verdade e perfeita unidade e porque é oferecido ao mundo totalmente para ser em si totalmente dom. O poder de Jesus glorificado é o domínio e a vitória do mundo.

Desse modo, o príncipe deste mundo, que se opõe ao desígnio salvífico de Deus, foi definitivamente vencido, condenado, julgado na hora de Jesus (cf. 12,31)[97]. O príncipe perdeu definitivamente o poder sobre os que vivem do Logos encarnado glorificado[98].

A hora de Jesus é assim o completar-se da sua palavra, da sua perfeita e contínua comunicação aos seus discípulos no mundo, como última e eterna palavra que lhes dá vida (cf. 6,68; 10,11) e que os reúne em Deus (cf. 12,32), precisamente porque nela se revela e se manifesta perfeitamente 'um' em Deus.

Como prometera, *"Quando tiverdes elevado o Filho do homem, então reconhecereis que Eu sou"* (ὅταν ὑψώσητε τὸν υἱὸν τοῦ ἀνθρώπου, τότε γνώσεσθε ὅτι ἐγώ εἰμι – 8,28), na sua hora, essas palavras cumprem-se[99]. Jesus glorificado revela a sua realidade vital em Deus, de tal modo que a partir de então poderão reconhecer nele o *Eu sou* (ἐγώ εἰμι) absoluto de Deus, a sua perfeita comunicação, a sua vida, o seu caminho, o seu Bom Pastor (cf. 8,58ss).

Jesus dá a conhecer Deus no seu nome e identidade, dá a reconhecer que não faz nada de si mesmo[100], que diz aquilo que o Pai lhe ensinou, que o Pai é com ele e nunca o deixa só e que ele faz sempre aquilo que

---

[97] A expressão *príncipe deste mundo* ocorre só em 12,31; 14,30; 16,11 no NT. A oposição do mundo a Deus resulta e é representada pelo poder do príncipe, satanás (cf. 13,27), o diabo (cf. 6,70; 8,44; 13,2), aquele que entrou no coração de Judas e o conduziu à traição (13,2.27-30). Cf. C. DIETZFELBINGER, «Größeren Werke», 27-47.

[98] Cf. X. LÉON-DUFOUR, *Lecture*, I, 228ss.

[99] Cf. R. BROWN, *Gospel*, I, 865ss.

[100] O verbo *conhecer* (γινώσκω) em Jo expressa quatro principais realidades: o reconhecer (cf. 4,53) ou não Jesus (cf. 1,10); a capacidade de Jesus reconhecer o íntimo das pessoas (cf. 4,1); o reconhecer fruto da comunhão entre o Pai e o Filho (cf. 7,17); e o reconhecer fruto da comunhão entre Jesus e aqueles que nele acreditam (cf. 10,14). O reconhecimento tem como sujeito a verdade relevada pelo próprio Jesus; Cf. R. BULTMANN, «γινώσκω», *ThWNT*, I, 689ss.

é a vontade do Pai[101]. A sua morte é o fim, o princípio, o *jorrar* do seu glorioso caminho, exposto directamente aos olhos do mundo inteiro, do poder romano, do poder religioso, da sua mãe, do discípulo amado, de Nicodemos e de José de Arimateia, dos seus leitores e ouvintes.

Dessa maneira, Jesus glorificado passa a falar perfeitamente aos discípulos no seu Reino em Deus[102], superando o mundo e unindo-o a partir da sua exaltação. Através da sua morte, Jesus domina como Senhor, conforme confirmam as palavras de João: *"Eis o Cordeiro de Deus que tira o pecado do mundo"* (ἴδε ὁ ἀμνὸς τοῦ θεοῦ ὁ αἴρων τὴν ἁμαρτίαν τοῦ κόσμου – 1,29; cf. 1,36; 19,34).

A partir de então, os seus discípulos, no seu percurso histórico, unidos e atraídos à hora do Senhor, são chamados a completar definitivamente a vitória na história do mundo. Em síntese, a morte de Jesus não só marcou o seu regresso a Deus e a sua vitória, como, vital e unificadamente, abriu aos seu discípulos, ao seu povo, ao mundo inteiro a possibilidade de serem atraídos e tomados por Jesus glorificado no Pai.

2.3.2 Jesus glorificado atrai a si

A glorificação de Jesus, ou seja, o seu comunicante retorno ao Pai e a sua perfeita comunicação aos seus discípulos, é e faz brotar em si a noção joanina vital da atracção à unidade em Deus de todos os seus filhos (cf. 11,52; 12,32; 17,1-5).

Desde o início do testemunho joanino, a sua primeira e última meta é atrair todo o povo de Deus à compreensão, à unidade, à vida do Unigénito glorificado em Deus (cf. 20,31). O desejo de Jo é gerar e reunir os membros do povo de Deus como filhos deste; e essa geração e unidade, na qual se move o seu testemunho, é e brota da necessária atracção a Deus.

a) *Jesus chama a si para salvar o mundo (2,1-4,54)*

Como João manifesta no seu testemunho, ser gerado (viver do Logos) é unir-se a ele deixando-se atrair e, nele, levando a ele. O Logos, ao dar-se e ao ser recebido, é sempre em si, é sempre chamada a si e é sempre do alto (cf. 1,19-42; 3,22-36); por isso, Jo é o testemunho dos *filhos de Deus* (τέκνα θεοῦ – 1,12) e, contemporaneamente, o seu fruto são os *filhos de Deus* (τέκνα θεοῦ – 11,52).

Nesse domínio comunicativo perfeito, só sendo gerado de Deus a ele se pode ser atraído e atraído levar a si; tanto assim que a primeira e a

---

[101] Cf. L. CILIA, *Morte*, 105-106.
[102] Cf. J.F. O'GRADY, «Good», 86-89.

última intervenções de Jesus em Jo são chamamentos a si em vista do caminho e da morada dos seus discípulos na sua vida no Pai: *"Vinde e vede"* (ἔρχεσθε καὶ ὄψεσθε – 1,39) → *"Segue-me"* (ἀκολούθει μοι – 1,43) → *"Segue-me"* (ἀκολούθει μοι – 21,22).

No início do testemunho joanino, em atracção perfeita, Filipe confirma o poder por si e a *vocação* do Logos-Jesus a si quando acolhido totalmente (cf. 1,43-45); mais tarde, a samaritana serve-se de uma expressão semelhante à usada por Jesus: *"Vinde ver"* (δεῦτε ἴδετε – 4,29), na qual manifesta o poder de o Logos-Jesus atrair à sua vida em Deus (cf. 4,28-42); finalmente, após assumir a sua pertença e a sua unidade a Jesus, no final do Evangelho (cf. 21,15-19), Pedro recebe do Logos-Jesus glorificado a sua última e primeira palavra: *"Segue-me"* (ἀκολούθει μοι – 21,22).

Desse modo, ir ao encontro de Jesus é seguir o seu caminho. Por outras palavras, na sua perfeita unidade comunicativa em Deus, escutá-lo é ser atraído por ele à sua perfeita unidade em Deus.

Nesse sentido, são vitais e programáticas as únicas palavras da mãe de Jesus ao longo de todo o Evangelho: *"Não têm vinho"* (οἶνον οὐκ ἔχουσιν – 2,4) → *"Fazei o que ele vos disser"* (ὅ τι ἂν λέγῃ ὑμῖν ποιήσατε – 2,5). Na realidade, a alegria, a festa, o sabor, a aliança, realizam-se no *lugar* de encontro entre Deus e os seus discípulos por meio do seu Logos, no qual e pelo qual a água passa a vinho[103].

Efectivamente, o ser e a missão dos discípulos é agir de modo a tomarem parte do Logos-Jesus e, na medida que nele vivem, assim se tornarem presença de Deus no mundo (cf. 2,13-25)[104]; por isso, Jesus insiste na necessidade de o homem nascer ou viver do alto para ser em Deus (cf. 3,1-21)[105].

A locução adverbial *do alto* (ἄνωθεν – 3,3.7) revela o necessário movimento atractivo a si, e o verbo *nascer* (γεννάω – em Jo sempre na voz passiva)[106] manifesta o único poder capaz de levar os seus discípulos a ser em Deus: *"que as suas obras são feitas em Deus"* (ἐν θεῷ ἐστιν

---

[103] Cf. M. A. MATSON, «Contribution», 489-506.
[104] Cf. F. J. MOLONEY, «God Known», 463-489.
[105] Cf. M. MORGEN, «Perdre sa vie», 29-46.
[106] Importa atender ao uso joanino do verbo *nascer, ser gerado* (γεννάω): no prólogo, todos os que receberam Jesus tornam-se filhos de Deus, pois nasceram de Deus (cf. 1,13); em Nicodemos, há a necessidade de nascer do alto (cf. 3,3-8); as autoridades afirmam não ter nascido da prostituição (cf. 8,41); no cego de nascença, o verbo ocorre cinco vezes (cf. 9,1ss); na mulher que dá à luz, manifesta-se a passagem da tristeza à alegria (cf. 16,21); Jesus foi gerado para revelar a verdade ao mundo (cf. 18,37). Cf. M. M. PAZDAN, «Nicodemus», 145-148.

εἰργασμένα – 3,21). Assim, mais claramente se apreende como o Logos-Jesus é a contínua e total atracção dos seus discípulos a Deus totalmente para lá deles e totalmente neles na medida em que o acolhem.

Então, por isso, Jesus recorda que ele mesmo é *dom de Deus* (δωρεά τοῦ θεοῦ – 4,10) e que deseja ser desejado como tal para ser nos seus discípulos fonte de *água viva* (cf. 4,1ss).

Com efeito, ser atraído é viver, permanecer no Espírito de Jesus, que vem do Pai (*"o Espírito da verdade que procede do Pai"*; τὸ πνεῦμα τῆς ἀληθείας ὃ παρὰ τοῦ πατρός ἐκπορέυεται – 15,26) e que leva ao Pai (*"adorarão o Pai"*; προσκυνήσουσιν τῷ πατρὶ – 4,23). Para Jo, esse é o autêntico lugar de culto que atrai a Deus, é o genuíno lugar de adoração, é aquele que atrai e une Deus.

Nesse domínio autenticamente comunicante onde os seus discípulos são atraídos a Deus, compreendem-se os diversos imperativos de Jesus joanino: *"Vai, o teu filho vive"* (πορεύου, ὁ υἱός σου ζῇ – 4,50); *"Levanta-te, toma o teu leito e caminha"* (ἔγειρε ἆρον τὸν κράβαττόν σου καὶ περιπάτει (5,8); *"Vai e, de agora em diante, não peques mais"* (πορεύου, ἀπὸ τοῦ νῦν μηκέτι ἁμάρτανε – 8,11); *"Vai, lava-te na piscina de Siloé"* (ὕπαγε νίψαι εἰς τὴν κολυμβήθραν τοῦ Σιλωάμ – 9,7); *"Lázaro, vem para fora"* (Λάζαρε, δεῦρο ἔξω – 11,43); *"Libertai-o e deixai-o andar"* (λύσατε αυτὸν καὶ ἄφετε αὐτὸν ὑπάγειν – 11,44); *"Deixai estes ir"* (ἄφετε τούτους ὑπάγειν – 18,8).

Esses imperativos integram e manifestam o dinamismo vital, universal, necessário, único, intemporal e constante de Jesus para atrair os seus discípulos a ser na sua unidade de vida em Deus.

b) *Jesus revela-se (5,1-8,59)*

Sempre em vista da atracção universal e total a Deus, o dinamismo atraente a Jesus glorificado em Jo é particularmente destacado pelo poder que a esse se opõe: não ser atraído é viver na murmuração (cf. 6,60-66), na dispersão (cf. 6,70), no pecado (cf. 7,53-8,11), na mentira (cf. 8,55), na violência (cf. 18,10), na ofensa (cf. 18,28-32), na ambiguidade (cf. 18,33ss), na ignorância (cf. 19,8-12).

Enfim, não ser atraído é estar morto, é viver julgado, é ser controlado e dominado pelo príncipe do mundo (cf. 5,19-30), que é o mentiroso e o dispersor[107]. Na realidade, as oposições joaninas estendidas no seu testemunho manifestam a decisão vital de os seus discípulos optarem por ser, ou não ser, de Jesus glorificado.

---

[107] Cf. 5,39-47; 6,37-47; 8,23.43-47; 9,39ss; 10,25; 13,37-43; 15,22ss.

Diante dessa necessária opção fundamental, sabendo da sua e da vitória dos seus discípulos, o Logos criador feito carne dá-se sempre e continuamente ao mundo como seu alimento, pois é o Pão da vida, o único que dá a vida e, simultaneamente, a gera; ao dá-la, ao comunicar-se e ao ser escutado gera a sua comunicação, a sua relação, a sua atracção (cf. 6,1ss; 21,1-14); nesse sentido, Jesus recorda: *"ninguém pode vir a mim, se não lhe for dado pelo Pai"* (οὐδεὶς δύναται ἐλθεῖν πρός με ἐὰν μὴ ᾖ δεδομένον αὐτῷ ἐκ τοῦ πατρός – 6,65).

Entretanto, contemporaneamente, os que não vivem do alto não suportam as suas palavras, e os que vivem do alto reconhecem-nas como as únicas palavras de vida eterna. Nesse sentido, a unidade dos Doze é o desejo perfeito da compreensão joanina da atracção a Jesus glorificado em Deus, o qual atrai à sua unidade o seu único povo, as suas doze tribos.

Na realidade, então, os Doze, representados por Pedro, deixam-se atrair por Jesus, sendo o que ele é: uma 'una' e 'única' unidade em Deus. O verbo *escolher* (ἐκλέγω) (*"Não vos escolhi eu a vós, os Doze?"*; οὐκ ἐγὼ ὑμᾶς τοὺς δώδεκα ἐξελεξάμην; – 6,70) manifesta o contínuo movimento atractivo, e como esse é e gera unidade nos seus discípulos, na medida em que acolhem e reconhecem no Logos-Jesus a única palavra de vida eterna: *"Senhor, a quem iremos? Tens palavras de vida eterna, e nós acreditamos e reconhecemos que tu és o Santo de Deus"* (κύριε, πρὸς τίνα ἀπελευσόμεθα; ῥήματα ζωῆς αἰωνίου ἔχεις, καὶ ἡμεῖς πεπιστεύκαμεν καὶ ἐγνώκαμεν ὅτι σὺ εἶ ὁ ἅγιος τοῦ θεοῦ – 6,68-69).

Os seus discípulos, os Doze, o povo de Deus, são e realizam-se na vida em Deus, que os faz ser como Deus é. Porém, se Jesus os escolheu da sua unidade, na sua unidade e para a sua unidade no Pai, também recorda que, como anuncia em Judas, não sendo os seus discípulos atraídos a si, mas sendo atraídos pelo príncipe do mundo, eles dispersam.

A partir de então, no seio dos Doze, Pedro surge como modelo no processo de atracção a Jesus e Judas como modelo em oposição a este. O desejo de Jesus é o de que todos os Doze sejam na sua unidade, ou seja, que, como Pedro, sejam alcançados pelo amor de Deus para a sua unidade de Filho e para a unidade dos filhos de Deus, e que, em oposição a Judas, não sejam tomados pelo príncipe do mundo, mas sim vivam da vida que o Logos lhes comunica.

Os Doze, e a única e total unidade do povo de Deus, poderão assim viver em unidade só pelo poder de Jesus glorificado. À luz desse processo, em plena festa das Tendas, no interior do templo de Jerusalém, o

Mestre insiste (cf. 1,19ss; 19,9) em apresentar-se a partir da sua origem no Pai, a qual é vital para o entender e nele encontrar a plenitude de vida (cf. 7,37-52).

De facto, Jesus inscreveu no ser humano a única palavra capaz de vencer o pecado e de o chamar a Deus (cf. 7,53-8,11), de tal modo que na sua elevação todos o podem reconhecer, pois é no Pai e no Pai deseja ser neles (cf. 8,28).

Nesse sentido, no centro religioso e litúrgico da fé judaica, com o povo em seu redor, na primeira pessoa, assumindo-se como o *Eu sou* (ἐγώ εἰμι) absoluto divino, mesmo diante da contradição dos discípulos que se deixam tomar pelo diabo, o Senhor chama a si (atrai a si) o mundo, esperando que esse, na primeira pessoa, a ele se deixe atrair (cf. 8,58).

c) *Jesus manifesta-se (9,1–12,50)*

O cego de nascença, expressão do povo de Deus que deseja ver o seu Senhor, ao deixar-se atrair pelo Logos é por ele enviado para ver, de tal modo que no Espírito do Filho vê a vida de Deus quando reconhece e se une a Jesus (cf. 9,1ss). Então, o Senhor é peremptório: só vendo Deus se vê, e quem não o vê anda nas trevas (cf. 9,39-41).

A comunhão atraente confirma-se na relação do Bom Pastor com as suas ovelhas, precisamente por ser definida como a relação vital de escuta que atrai ao Pai (cf. 10,1-42)[108]. Os discípulos são 'seus discípulos' na medida em que se deixam atrair à sua palavra, não como um simples seguimento, mas sim, sobretudo, na unidade de vida, no amor incondicional dado e recebido, de tal maneira que haverá um só rebanho e um só pastor (cf. 10,16). Assim sendo, a unidade do único rebanho brota precisamente da atracção ao único Pastor, ao seu desejo de que todos sejam 'um' como ele e o Pai são 'um' (cf. 17,21.23)[109].

Jesus esclarece que o seu poder atractivo é, dá-se e recebe-se na sua perfeita relação de dom no Pai e nos seus discípulos; e, por isso, ninguém arrebata os discípulos de si (*"não as arrebatará"*; οὐχ ἁρπάσει – 10,28). O poder de Jesus glorificado em si e em Deus é ser atracção: *"Eu e o Pai somos um"* (ἐγὼ καὶ ὁ πατὴρ ἕν ἐσμεν – 10,30; cf. 10,38)[110].

Nesse dinamismo, a chamada a si e a Deus, a atracção a si e a Deus, é especialmente revelada na chamada de Jesus mais fortemente anunciada ao longo do Evangelho joanino: ... *bradou em alta voz: "Láza-*

---

[108] Cf. R. KYSAR, *John*, 59ss.
[109] Cf. U. BUSSE, «Offene Fragen», 516-531.
[110] Cf. G. MORUJÃO, «Unidade», 47-64.

ro, vem para fora" (... φωνῇ μεγάλῃ ἐκραύγασεν: Λάζαρε, δεῦρο ἔξω – 11,43).

Depois dessa potente chamada, o Senhor diz ainda aos discípulos: *"Libertai-o e deixai-o ir"* (λύσατε αυτὸν καὶ ἄφετε αὐτὸν ὑπάγειν – 11,44). Desse modo, Jesus joanino não apenas revela como o seu poder atraente em Deus e para Deus age por si e age nos seus discípulos e pelos seus discípulos, como, ao mesmo tempo, revela como o seu poder é total e universal e visa vitalmente a vida dos homens e mulheres de todos os tempos e as suas vidas plenamente[111].

Com a chegada da hora de Jesus, o poder universal e total de o Logos atrair a si e a Deus (cf. 12,31-33) é cada vez mais evidente: nas palavras de Caifás (cf. 11,50-52); na unidade de acção de Maria a Jesus; no tomar parte de Lázaro no destino de Jesus (cf. 12,1-11); no acolhimento que a multidão em Jerusalém oferece a Jesus, recebendo-o como o Rei vitorioso que traz o seu domínio de paz a toda a terra (cf. 12,12-18); nas palavras dos fariseus: *"Eis que o mundo foi atrás dele"* (ἴδε ὁ κόσμος ὀπίσω αὐτοῦ ἀπῆλθεν – 12,19); na vinda dos gregos a Jesus com o desejo de o verem (cf. 12,20-36).

Na realidade, como conclui Jesus, a atracção dos seus discípulos a Deus passa a depender também de o escutarem, de o acolherem e de nele permanecerem (cf. 12,44-50)[112].

d) *Jesus comunica a unidade (13,1–17,26)*

Os capítulos 13-17 confirmam o desejo vital de o Logos-Jesus atrair e chamar os seus discípulos a si, concretamente, ao seu amor, ao seu agir, à sua vontade, à sua alegria, à sua missão, à sua unidade, à sua morada, essencialmente, à sua vida em Deus. Nesse sentido, o lava-pés inicia e introduz os seus discípulos no seu domínio, chamando-os a ser e a agir como ele (cf. 13,1ss)[113].

O gesto de o Senhor e Mestre lavar os pés aos discípulos manifesta o seu desejo de os ter na casa do Pai, na reciprocidade que os constitui, no amor em que serão, e no qual serão reconhecidos e o darão a conhecer.

---

[111] Cf. J. F. COAKLEY, «Jesus Messianic», 461-482.
[112] Cf. M. L. COLOE, «Welcome», 400-415.
[113] Num mundo profundamente hierarquizado e excludente, marcado pela oposição entre servos e senhores, Jesus joanino diz o modo de ser dos seus discípulos o seu dinamismo de comunhão ou influência que o move e une ao Pai; por isso, funda-o em dois alicerces vitais: no reconhecimento de si como Mestre e Senhor e no acolhimento, inserção ou elevação dos seus discípulos à sua mestria e senhoria. Cf. K. SCHOLTISSEK, «Abschied», 332-358.

Ao dar um bocado de si (do seu Pão vivo) a Judas, Jesus toma-o e a todos os seus discípulos a si, pois, sem temer, enfrenta o príncipe do mundo; a este, Jesus domina-o e vence-o, e aos seus discípulos nunca os perde. Se antes da sua hora, o mundo, e nele particularmente um dos seus discípulos, Judas, estava incapacitado para o seguir e a ele se opunha, depois, a ele e a todos os seus discípulos é dado o poder de o seguirem.

Em vista da unidade de todos a si, no início do último encontro, Jesus destaca paradigmaticamente a qualidade da relação, da atracção, da influência a si de três dos seus discípulos: Pedro; Judas; e, pela primeira vez participando directamente em cena, o discípulo amado:

– Judas é o antidiscípulo no estado puro[114]: vive atraído pelo mundo, não entende Jesus e, consequentemente, não se deixa atrair pelo Mestre; estando tomado pelo diabo, divide, abandona o grupo dos discípulos, contraria o seu movimento de unidade e acaba por entregar Jesus e os discípulos à guarda[115]; de facto, originalmente em relação aos Evangelhos sinópticos, Jo não só coloca o abandono de Judas no início do último encontro, como todas as suas acções são, contemporaneamente, contra Jesus e contra a unidade dos discípulos[116]; ao mesmo tempo, ele representa o mundo que Jesus nunca perde, que vence e que toma como seu no desejo de o atrair ao Pai;

– Pedro é o modelo do discípulo em processo de atracção: começa por reconhecer nas palavras de Jesus as únicas que têm vida, e deseja segui-lo; porém, não o entende[117]; com violência protege Jesus e os discípulos (cf. 18,10-11) e nega três vezes ser um dos deles (cf. 13,36-38; 18,12-27); após a sua glorificação, guiado pela palavra do discípulo amado, chega ao glorificado e, ao unir-se a este, é na sua missão de levar o mundo a si (cf. 21,1-14); finalmente, responde-lhe directamente três vezes com o seu amor, e três vezes do glorificado recebe a missão de guardar os discípulos (cf. 21,15-19); assim, passando do pensar do mundo dispersivo ao pensar de Deus unidade, na

---

[114] Cf. A. MARCHADOUR, *Personnages*, 180.

[115] Cf. 6,70; 8,44; 14,30; 1 Jo 3,8. Diferentemente de Mt, que descreve o suicídio de Judas (cf. Mt 27,1-10), a última acção de Judas joanino é levar os soldados e guardas para prenderem Jesus. A esses Jesus diz: *"... deixai estes ir."* Assim se cumpria a palavra que tinha dito: *"Daqueles que me deste, não perdi nenhum"* (... ἄφετε τούτους ὑπάγειν ἵνα πληρωθῇ ὁ λόγος ὃν εἶπεν ὅτι οὓς δέδωκάς μοι οὐκ ἀπώλεσα ἐξ αὐτῶν οὐδένα – 18,8-9).

[116] Cf. Mt 23,4ss; Lc 6,16.

[117] Cf. 13,6-11.28-30; 36-38.

sua pura relação atractiva ao glorificado, mediado pelo testemunho do discípulo amado, realiza o seu processo dispondo-se a dar a sua vida pela unidade dos discípulos;

- o discípulo amado é o modelo perfeito do discípulo; surge pela primeira em acção precisamente reclinado sobre o *peito* (κόλπος)[118] de Jesus, pois vive filial e confiadamente atraído a ele, como o Filho no Pai[119]; é o único dos discípulos junto à cruz (cf. 19,26), onde recebe de Jesus a mãe deste como sua própria mãe, pois nele gera-se a sua palavra; quando da glorificação de Jesus, basta-lhe ver para acreditar (cf. 20,8); não sendo senão definido pelo amor e pela atracção a Jesus, na sua palavra guia Pedro a Jesus; de facto, ele é a testemunha qualificada que permanece (cf. 21,24); ao ser definido pelo amor que recebe de Jesus, revela precisamente ser pura reciprocidade atractiva como modo de ser unidade daqueles que vivem atraídos a Jesus.

A partir destes três discípulos, definidos pela qualidade da sua relação com Jesus e pelos frutos dessa relação nos seus discípulos, Jo procura revelar, ao longo do último encontro, o amor eterno do Pai. O Mestre deseja levar os seus discípulos à efectiva e afectiva comunhão com o amor em Deus e, necessariamente, ao amor entre eles como modo de ser vital e autêntica resposta de unidade a Deus[120].

Tendo feito corresponder a aparição do discípulo amado com o abandono de Judas, Jesus anuncia a sua glorificação no Pai e a sua presença no amor nos discípulos.

Na verdade, Jesus é o caminho que conduz à vida definido na relação atraente à verdade e concebido na vida da oração no Espírito (cf. 14,6ss). O exaltado oferece aos discípulos o Espírito, que é neles o dinamismo de atracção ao Pai. Jesus é a Videira, na qual o Pai opera e na qual os discípulos são na vitalidade do seu Espírito.

Como revelam as sucessivas repetições do verbo *permanecer* (μένω), na medida em que os seus discípulos são nele, assim dão fruto de vida e de unidade na unidade da única videira com os seus múltiplos ramos (cf. 15,1ss). Noutras palavras, o seu povo não dá fruto e não é unidade senão quando vive unido a Jesus glorificado.

Jesus funda, situa e mora a atracção a si no amor do Pai, no qual é e no qual brota o único mandamento dos seus discípulos como realidade

---

[118] 1,18; 13,23.
[119] Cf. 19,25-27; 20,2; 21,7.20-23.24. R.E. Brown, *Introduction*, 89ss.
[120] Cf. J. C. Stube, *Graeco-Roman*, 47ss.

própria e vital: o amor recíproco (cf. 15,12). O amor recíproco é o espaço de atracção, de influência, de domínio da salvação, no qual Jesus dá a conhecer tudo aos seus discípulos, os constitui e os destina.

De facto, ao seu amor, Jesus opõe o ódio do mundo, à sua unidade, opõe a dispersão do mundo, confirmando que só atraídos a si podem viver de Deus e no seu amor; por isso, sempre à luz da sua hora[121], insiste no envio do Espírito aos discípulos (cf. 16,1ss), distinguindo:

– a 'hora dos seus discípulos': é o *tempo* (καιρός), é o evento, é a corrida, é a fonte, é o toque da adoração dos seus discípulos em Espírito e em Verdade (cf. 4,23), onde verão, acreditarão (cf. 9,21), viverão em Deus (cf. 11,27); então, os discípulos tomarão parte da sua morada e da sua unidade de vida em Deus (cf. 13,36; 21,10) e assim serão a sua presença no mundo (cf. 2,1-12), acolhendo as suas promessas (cf. 16,5.22; 17,13) num tempo e evento eterno (cf. 21,1ss);

– 'hora do mundo': é o tempo no qual, sendo o seu príncipe vencido, expulso pelo poder do Logos (cf. 12,32), o Paráclito mostrará ao mundo: o pecado de não acreditar nele; a justiça de ele ser no Pai; e o juízo de o mundo optar, ou não optar, por deixar-se atrair a ele (cf. 16,4-15); assim, na sua hora, o mundo é chamado a responder a Deus que o destina completa e universalmente a ser em si (cf. 21,1-14).

As palavras de Jesus movem-se para o encontro das *três horas* através do poder da sua hora decisiva, na qual os seus discípulos e o mundo são atraídos a ser nele e a decidirem, de facto, ser nele[122]. Assim sendo, no desenrolar da história da criação, a hora de Jesus confirma-se como o ponto final, central e original da salvação dos homens, onde estes reconhecerão o seu caminho pleno no ser no amor (na unidade) do Logos criador em Deus[123].

Nesse sentido, na sua oração final (cf. 17,1ss), Jesus começa por fazer corresponder a sua glorificação no dar a vida aos seus discípulos[124]. Olhos nos olhos com o Pai, como se a ele já tivesse retornado,

---

[121] Cf. G. ROSSÉ, *L'última*, 35-37.

[122] O verbo *cumprir-se* (πληρόω) ocorre quinze vezes em Jo, referindo o cumprimento do tempo de Jesus (cf. 7,8), da palavra ou da Escritura (cf. 12,38; 18,32; 19,24.36), da alegria (3,29; 15,11; 16,24; 17,13), da casa cheia do perfume de Maria (cf. 12,3); cf. G. FERRARO, *Gioia*, 101ss; J. BEUTLER, «Scripture», 147-162.

[123] Cf. G. FERRARO, *L'ora*, 206ss.

[124] Jo compreende no seu testemunho o tempo do discurso, no qual os discípulos escutam as palavras de Jesus (cf. 13,12-16; 14,5-11), e o tempo onde essas são perfei-

nessa oração, Jesus revela o dinamismo de atracção de o Pai chamar a si; Jesus, depois do seu retorno definitivo ao Pai, é presente no seu Paráclito.

O desejo e fruto da oração de Jesus é que todo o ser humano possa ser nele e ser em relação com o único e verdadeiro Deus como plenitude e fim do ser criado; por isso confirma que os seus discípulos são do Pai, guardam a sua palavra, vivem na sua relação de unidade.

Jesus deseja que os seus discípulos sejam no seu domínio de unidade em Deus (cf. 17,11-16). O dinamismo de atracção chama aqueles que o Pai lhe deu a ser 'um' assim como o Pai e o Filho são 'um' (cf. 17,21). Com efeito, a atracção dos discípulos a Deus por si é definida no movimento, no dinamismo (ἵνα – 17,21) para a 'unidade' (ἕν – 17,21) de Deus, na medida em que os discípulos são 'unidade' como Deus é 'unidade' (*"como nós"*; καθὼς ἡμεῖς – 17,11.22).

Dessa maneira, após as passagens da palavra, do agir e do mandamento de Jesus à palavra, ao agir, ao mandamento daqueles que o Pai lhe deu (cf. 13,1ss), Jesus deseja que sejam 'um' assim como ele e o Pai são 'um' (cf. 17,11b); e, por isso, em oposição a esse seu desejo, refere-se ao filho da perdição, ou seja, àquele que nunca perdeu, mas que se perdeu. A atracção deseja-o, bem como a todos os seus discípulos no ser em Deus.

De facto, o Logos-Jesus deseja santificar todos na verdade e tê-los no seu domínio, e assim envia-os no mundo para serem perfeitos na unidade (cf. 17,17-23). Nesse sentido, o movimento do encontro completa-se com o desejo do Filho: *"desejo que, onde eu estou, também eles estejam comigo, para que vejam a glória que tu me deste"* (θέλω ἵνα ὅπου εἰμὶ ἐγὼ κἀκεῖνοι ὦσιν μετ' ἐμοῦ, ἵνα θεωρῶσιν τὴν δόξαν τὴν ἐμήν, ἣν δέδωκάς μοι – 17,24)[125].

Este seu desejo final funda-o no amor que recebe do Pai, ou seja, no seu dinamismo e influência de atracção a si, no qual os seus discípulos o verão, irão a si, serão autenticamente, serão reconhecidos e manifestá-lo-ao no mundo (cf. 17,25-26).

---

tamente realizadas neles pelo poder do Espírito da verdade (cf. 13,19; 14,20). Cf. J. J. MOLONEY, «God Known», 463-489.

[125] O autêntico ver joanino, sem perder de vista a humanidade de Jesus, participa na sua glória, na qual resplende a glória do Pai. O discípulo amado é, por excelência, na perfeição desse ver, ou seja, aquele que vê em Jesus o Pai (cf. 12,45; 14,7-9), aquele que na cruz percebe (cf. 19,26-27) e no sepulcro vê a sua glória (cf. 20,8). Cf. J. SWETNAM, «Bestowal», 556-576; S. SABUGAL, «Resurrección», 649-667.

e) *Hora de Jesus (18,1-19,42)*

A partir do último encontro até à sua hora, o dinamismo de atracção de Jesus começa por manifestar-se no modo como ele enfrenta as autoridades judaicas e romanas e no modo como caminha para a cruz.

O seu percurso é, por um lado, acompanhado pela entrega de Judas, pela dispersão dos seus discípulos e pelas negações de Pedro, dependentes do príncipe do mundo. Por outro lado, esse percurso é uma contínua confirmação da sua atracção à vontade do Pai, diante da mentira, da violência, da ambiguidade, da dispersão, da cegueira, da injustiça, da contradição, do medo, da cobardia, do uso humano e divino, do poder deste mundo e de outros dinamismos próprios do príncipe do mundo (cf. 18,1ss).

Seja na contraposição entre o movimento de Jesus com os seus discípulos e o movimento de Judas com a guarda para o jardim; seja no poder do Logos feito carne de falar, que coloca a guarda a seus pés e que liberta os seus discípulos; seja no seu desejo de beber o cálice do Pai; seja na certeza de que todo aquele que é *da verdade* (ἐκ τῆς ἀληθείας – 18,37) escuta a sua voz; seja no facto de o seu Reino não ser deste mundo; seja finalmente na clareza de que o alto lhe assiste continuamente e domina todo o seu percurso, Jesus é sempre, e revela-se sempre, na sua perfeita unidade atraente em Deus[126].

O fim e o princípio do caminhar para a cruz são a gloriosa atracção do Senhor a Deus. Chegado ao alto da cruz, aí, como Rei dos judeus, dá universalmente ao mundo o seu poder de atracção ao Pai, como manifestam: o repartir das suas vestes e o dom da túnica tecida *do alto* (ἐκ τῶν ἄνωθεν – 19,23)[127]; as suas palavras dadas à mãe e ao discípulo amado; o dom do Espírito e da sua vida dados; o seu corpo descido e sepultado no sepulcro novo como Rei.

Na verdade, joanicamente, importa recordar que a exaltação de Jesus é a plena exposição comunicante de Deus ao mundo (cf. 19,28. 30)[128]. No alto da cruz e na sua glorificação em Deus, Jesus confirma a

---

[126] Cf. J. T. FORESTELL, *Word*, 67ss.
[127] Cf. I. DE LA POTTERIE, «Témoin», 343-359.
[128] Cf. 13,18; 17,12; 19,24.36; confirmada na sucessão *estava consumado* (τετέλεσται – 19,28) → *para que se cumprisse* (τελειωθῇ – 19,28) → *"Está consumado"* (τετέλεσται – 19,30). Se o verbo *consumar-se* (τελέω) em Jo ocorre apenas neste momento, o verbo *consumar-se* (τελειόω) surge cinco vezes em Jo e sempre no falar de Jesus: três vezes para se referir ao cumprimento da obra recebida do Pai (cf. 4,34; 5,36; 17,4); uma referida ao desejo de que os seus discípulos sejam perfeitos na unidade para que o mundo reconheça que o Pai enviou Jesus e que ama os seus como

atracção dos seus discípulos no dom contínuo de tudo o que prometera, vitalmente, a sua vida atraente no seio e para o seio do único e verdadeiro Deus.

Na sua experiência atraída (*visiva*), o discípulo amado, junto à cruz, confirma a realidade comunicante da elevação do Senhor e, desse modo, a revela autenticamente no seu testemunho (cf. 19,35).

f) *Epílogo (20,1-21,25)*

O dinamismo de atracção anunciado em Jo realiza-se e manifesta-se nos seus últimos dois capítulos. Em perfeita unidade ao evento da cruz, onde atrai a si o mundo, no capítulo 20 Jo revela como a atracção a Jesus constitui os seus discípulos e como estes o tornam visível no meio deles na medida em que o conhecem[129].

Começando e terminando a manifestação de si nos seus discípulos na dinâmica do ver a vida de Deus (cf. 20,1.29), o princípio e o fim do testemunho joanino, Maria de Madalena, uma das quatro mulheres que estavam na cruz, manifesta-se atraída ao glorificado na relação pessoal amorosa atraente a si e aos seus irmãos (cf. 20,17; 21,3).

Nesse jorrar (o dinamismo do Espírito do glorificado), Jesus glorificado atrai os discípulos ao Espírito e envia-os ao mundo como ele foi enviado pelo Pai. Nas três vezes que os saúda com o dom da sua Paz (cf. 20,19.21.26), deseja-os na sua Paz, como lhes prometera, de tal modo que, escutando a sua palavra, confirmam a sua identidade e entendem o seu ser e a sua missão[130].

A realização dos seus discípulos na atracção ao evento eterno da sua glorificação culmina no encontro do Senhor com Tomé, pela voz de quem a comunidade dos discípulos abraça finalmente a fé: *"Meu Senhor e meu Deus"* (ὁ κύριός μου καὶ ὁ θεός μου – 20,28).

Desse modo, na unidade dos que vêem o glorificado, os discípulos reconhecem-se perfeitamente como pertença de Deus e manifestam-na plenamente na unidade que os constitui e os torna presença visível do glorificado no mundo, precisamente na medida em que a ele se unem e o tocam. O glorificado tinha enviado Maria aos seus irmãos, estes reconhecem-no como seu Senhor em unidade perfeita com Deus[131].

---

ama Jesus (cf. 17,23); e, por fim, relativa às palavras de Jesus na cruz quando, estando tudo cumprido, diz ter sede (cf. 19,28).

[129] O conhecimento de que Jesus fala une-se vitalmente à fé amadurecida e sendo na própria inteligência divina. Cf. B. LINDARS, *Gospel*, 198ss.
[130] Cf. J. WILSON, «Integrity», 4-41.
[131] Cf. A. D. CALLAHAN, *Love*, 78.

No capítulo 21, a acção atraente ao glorificado realizadora do seu povo manifesta-se num tempo definido pela realidade eterna da sua consumação (cf. 21,1ss). Entre a iniciativa própria dos discípulos de agirem e de serem unidos e a acção atraente e unificadora da palavra do Senhor, os discípulos lançam a rede *"e já não eram capazes de a puxar, devido à grande quantidade de peixes"* (οὐκέτι αὐτὸ ἑλκύσαι ἴσχυον ἀπὸ τοῦ πλήθους τῶν ἰχθύων (21,6).

Efectivamente, só atraídos ao Senhor glorificado podem realizar a sua missão com o seu empenho. Assim sendo, Pedro reconhece o Senhor e a ele é atraído pelo testemunho do discípulo amado (cf. 21,7).

Sempre *atirado* pela palavra do Senhor, *"Trazei alguns dos peixes que apanhastes agora"* (ἐνέγκατε ἀπὸ τῶν ὀψαρίων ὧν ἐπιάσατε νῦν – 21,10), Pedro tira a rede cheia de grandes peixes, de tal modo que os sete discípulos tomam parte na refeição com Jesus glorificado, composta pelos 153 peixes pescados e por aqueles tidos pelo ressuscitado. Dessa maneira, os seus discípulos realizam-se atraídos nesse ambiente e no fogo da perfeita unidade.

Da treva à luz, do si mesmo ao Logos, do mar à terra, da infertilidade à fertilidade, atraídos a Jesus glorificado, os seus discípulos levam o mundo inteiro a ser unidade em Deus.

Assim, o conclusivo diálogo do glorificado com Pedro confirma o ser e a missão dos discípulos no encontro pessoal amoroso e atraente desses com o Senhor. Pedro compreende e finaliza o seu processo no ser e no guardar a unidade em Deus, seguindo o testemunho fiel daquele que vive totalmente atraído por Jesus glorificado.

2.4 *Hora de Jesus e a unidade*

O dinamismo de atracção descrito em Jo é a relação atraente entre dois sujeitos: o que atrai a si e o que é atraído. O atraído é o ser de todo o ser humano que se dispõe a escutar o Filho, a adorar em Espírito e a ser do Pai; é todo aquele que deseja viver verdadeiramente de Deus.

O que atrai a si é o Pai (cf. 6,44) e Jesus (cf. 12,32); ou seja, é a atracção do Pai e do Filho como ser e vida própria de Deus[132], que Jo testemunha como ser unidade, amor recíproco, justa relação de compreensão, perfeita comunicação de reciprocidade, vivificante atração entre sujeitos: o Pai e o Filho. A unidade não é só uma questão joanina importante; é, de facto, o próprio ser de Deus, o seu ser de comu-

---

[132] Ao longo de todo o Evangelho, Jo é claro quanto ao primado vital absoluto de Deus. Cf. J. ZUMSTEIN, «Point de vue», 59-69.

nicação, e, nesse sentido, a própria autenticidade do testemunho evangélico.

Assim, o testemunho joanino é a comunicação e a atracção à relação em Deus, entre Jesus, o Filho e o Pai, ou seja, o próprio ser de Deus comunicado[133]. A atracção (a comunicação) de Deus aos seus discípulos é e brota nestes a partir da perfeita unidade de Deus em Jesus de Nazaré, como manifesta Jo ao estender e ao unir o seu testemunho e o de João no testemunho de Jesus, o lugar de encontro entre Deus e os seus discípulos, entre o Pai e os seus filhos (cf. 1,19-51).

O Pai e o Filho são em perfeito dinamismo de unidade e, assim, realizam a sua comunicação e atracção como unidade entre si e a si: o Filho, ao atrair a si, atrai ao Pai; e à sua unidade perfeita no Pai, o Pai atrai a si atraindo (ou dando) ao Filho.

Desse modo, o autor joanino define a atracção como a perfeita manifestação e o poder total de ser unidade, e define-a no ser de Deus como a raiz, a fonte, o ser, a relação perfeita de sujeitos, a unidade perfeita que atrai a si. A acção do Pai, do Filho e do Espírito é sempre 'una' no ser de Deus e em vista da sua perfeita unidade[134].

Nesse constante dinamismo, uno e unificador, Jesus é a pura comunicação divina humana; por isso, é também a contínua revelação e atracção a si e ao Pai; essa contínua revelação é finalizada e humanamente perfeita na sua glorificação em Deus. Aí, na condição de Logos-Jesus glorificado, assume no limite (completamente) a perfeita unidade humana no ser de Deus, atraindo o ser humano à plenitude do seu ser em Deus sem que outro poder o possa superar.

Assim, Jesus não apenas revela e atrai ao Pai, como, revelando-se, atrai a si[135]. De facto, não há maior manifestação de amor que dar a vida (cf. 15,13) em perfeita liberdade (cf. 10,17-18), e Jesus dá-a e comunica-a como Unigénito de Deus (cf. 1,14.18; 3,16.18; 1 Jo 4,9).

A revelação de Jesus é a sua unidade e vida no único e verdadeiro Deus[136], na qual não se limita a existir, pois faz dessa unidade também sujeito da sua comunicação[137]. Nesse sentido, a sua morte é o seu cumprimento, pois, então, o seu agir é em absoluta unidade ao agir de Deus, tornando perfeitamente transparente e visível o amor uno e relacional (cf. 12,28).

---

[133] Cf. L. CILIA, *Morte*, 116.
[134] Cf. É. DELEBECQUE, «Mission», 335-342.
[135] Cf. I. DE LA POTTERIE, *Verité*, I, 241.
[136] Cf. D. MOLLAT, *Jean*, 46ss.
[137] Cf. G. THEISSEN, *Religion*, 224ss.

Como insiste, Jesus joanino expõe aos olhos de todo o mundo a total atracção de Deus ao mundo; o mundo, desejando ser atraído à perfeita atracção de Jesus glorificado em Deus, toma parte da sua unidade. Desse modo, o Deus criador completa a sua obra criativa (comunicativa), pois o ser humano finalmente é capacitado a ser perfeitamente unidade em si e entre si. Assim, tomando e completando a sua iniciativa criativa, Deus chama o ser humano a ser em perfeita relação a si[138].

Concluindo, a atracção joanina, ou seja, o fruto da glorificação de Jesus, é o movimento de unidade de todos os filhos de Deus ao Pai, como anuncia Jo na voz do sumo-sacerdote (cf. 11,52; 18,14)[139]. Jesus glorificado dá à humanidade a vida eterna (cf. 3,15; 5,26), cumpre a obra confiada pelo Pai (cf. 4,34; 10,37ss), transmite ao ser humano a palavra do Pai (cf. 12,48; 14,24ss) e leva os que nele acreditam à sua intimidade no Pai (cf. 12,26ss).

Jo compreende a fé no dinamismo de aproximação e de sempre mais comunhão com Deus. Nesse dinamismo, no seu sétimo e derradeiro sinal (cf. 11,1ss), Jesus dá a vida a um dos seus discípulos e deseja que todos os discípulos sejam na sua unidade de vida. Se nesse dinamismo, na glorificação de Jesus, o ser humano ficou perfeitamente atraído em Deus, este deseja que todos os homens se deixem tomar pela sua atracção.

3. Unidade dos filhos de Deus

No seguimento da compreensão do Logos-Jesus e da sua atracção a si, a unidade, segundo o testemunho do discípulo amado, brota do encontro de Deus e dos seus discípulos pelo poder do seu Logos.

Segundo Jo, a unidade dos discípulos de Jesus é chamada a ser na unidade do povo de Deus. O quarto evangelista entende a unidade como a resposta dada a Deus como princípio, meta e fim próprios de ser dos discípulos de Jesus.

3.1 *Unidade brota de Deus pelo seu Logos*

O testemunho da unidade desejado por Jo é na vital unidade de Deus, a mesma e a única do Logos em Deus, a mesma e a única do Logos-Jesus de Nazaré, a mesma e a única que cria o mundo, a mesma e a

---

[138] Cf. I. DE LA POTTERIE, «Témoin», 343-359.

[139] A imagem da atracção descreve a acção de Deus trazer a si, à terra de Israel, ao monte Sião, o povo que se encontrava distante em exílio, disperso nas extremidades da terra. Deus restabelece a unidade do povo, ou seja, atrai a si, revelando o seu rosto de Pai, manifestado no seu amor eterno e na sua misericórdia; cf. L. CILIA, *Morte*, 116.

única que fala aos seus discípulos, a mesma e a única que dá a ser nos seus filhos (cf. 1,1-18).

Para Jo, na glorificação de Jesus, a perfeita unidade comunicante em Deus chamou a si perfeitamente o ser do humano (cf. 12,32). Então, toda a humanidade passou a poder perfeitamente tomar parte na unidade em Deus e a ser totalmente atraída a essa[140].

O Filho Unigénito vivificou em si total e perfeitamente as mediações salvíficas, chamando o ser humano na sua perfeita unidade em Deus e para a sua perfeita unidade em Deus.

Desse modo, a unidade joanina era, é e será na perfeita unidade em Deus e manifesta-se no mundo nessa unidade como sua morada, na medida em que o seu único povo nela toma parte. A unidade torna-se realmente presente no mundo pelos seus frutos de unidade nos seus discípulos, em todos aqueles que acolham a palavra do Senhor[141].

A vida de Deus, ela mesma, é a realidade de unidade sem limites e plenamente una e única, na qual brotam, são e se unem as autênticas respostas do seu povo pela atracção do seu Filho glorificado, que não gera senão unidade entre os seus filhos.

A acção de Jesus joanino quer exactamente a manifestação da sua perfeita unidade de vida em Deus nos seus discípulos, a qual, a partir da sua glorificação, passa a depender também da necessária correspondência dos discípulos a essa unidade de vida em Deus.

Assim sendo, a unidade dos discípulos é a resposta ao constante, vital, universal e total poder de o glorificado comunicar-se totalmente neles.

Nesse sentido, como é notório no seu Evangelho, Jo não se detém nem descreve uma realidade histórica, social, antropológica própria da unidade dos discípulos de Jesus, mas sim, sobretudo, a sua realidade vital fundante: a perfeita unidade deles ao Logos em Deus.

Na realidade, por não ser definível nem configurável a uma realidade humana exacta e limitada em si mesma, a unidade joanina é dita e atraída a ser no domínio da própria unidade de Deus e não avista nem se entende senão no seio do seu único povo.

3.2 *A unidade é inserida no povo de Deus*

A compreensão joanina da unidade é e brota do dinamismo do Logos ao mundo, o qual se insere no seio do único povo de Deus. Por-

---

[140] Cf. 13,8; H.-J. KLAUCK, «Jesu», 236-250.
[141] Cf. 13,34-35; 15,17; A.M. CASTAÑO FONSECA, «Análisis», 537-550.

tanto, a realidade da unidade joanina não se pode entender sem a realidade de que é proveniente nem separada dessa, ou seja, o único povo de Deus[142].

O Logos dirige-se sempre ao seu povo. Na sua perfeita unidade comunicante, Jesus é sempre o protagonista de Jo e o seu desejo é sempre a unidade do povo. Por isso, Jo começa com o testemunho de João dirigido ao povo (cf. 1,31), unindo os seus discípulos e as esperanças do povo ao único testemunho de Jesus (cf. 1,19-51)[143].

Segundo Jo, não só a salvação vem dos judeus (cf. 4,22) como, desde o primeiro momento (seguindo a tradição de Jacob, o pai das doze tribos de Israel, e apoiado pelo testemunho de um israelita sem engano), Jesus declara ser a escada entre Deus e os seus discípulos (cf. 1,51).

Nesse contexto, anunciada a celebração da aliança no encontro com os discípulos em núpcias judaicas e partindo do templo de Jerusalém, lugar de encontro e de unidade de Deus com o seu único povo, Jesus atravessa todo o povo para a unidade de Israel e a salvação do mundo (cf. 2,1-4,54).

Por isso, em seguida, no interior do templo de Jerusalém, Jesus assume, no seu encontro com os discípulos, as mais importantes mediações do povo e, concluindo, declara: *"... antes que Abraão existisse, eu sou"* (... πρὶν Ἀβραὰμ γενέσθαι ἐγώ εἰμί – 8,58)[144].

Entretanto, na Galileia, o Salvador do mundo revela o seu desejo de unidade das doze tribos para salvar o mundo, como manifesta no sinal dos pães e dos peixes, no andar sobre as águas, nas palavras na sinagoga e na constituição dos Doze (cf. 6,1-71).

Na verdade, João, Natanael, Nicodemos, a samaritana, o paralítico, a mulher adúltera, o cego de nascença, Lázaro, os Doze, os discípulos, o povo e os líderes de Israel representam, cada um na sua situação, o povo de Deus que Jesus deseja que o reconheça como o *Eu Sou* (ἐγώ εἰμι – 8,28)[145].

Nesse dinamismo vital, através da lei (cf. 1,17; 7,19ss), Jesus revela a contradição de alguns judeus (cf. 7,49-51; 8,5); e através de Moisés, sua testemunha (cf. 1,45) e profecia (cf. 3,14; 6,32), o Mestre denuncia a oposição que lhe fazem (cf. 5,45; cf. 9,28-29)[146]. De facto, diz Jesus,

---

[142] Cf. J. PAINTER, «Scripture», 429-458.
[143] Cf. S. VAN TILBORG, «Ideology», 259-270; R.T. ETCHEVERRÍA, *Orígenes*, 77ss.
[144] Cf. J. H. NEYREY, «I Said», 647-663.
[145] Cf. K. SCHOLTISSEK, *In ihm sein*, 67ss.
[146] Cf. M.-E. BOISMARD, «Pourquoi», 615ss.

sem acreditar em Moisés e nos seus escritos não podem acreditar no Enviado de Deus (cf. 5,46-47).

Em suma, a missão de Jesus e a missão dos seus discípulos e do seu povo é ser e conduzir a ser o único e uno povo de Deus na compreensão, na unidade e na vida em Deus para a salvação do mundo. Jesus deseja vitalizar perfeitamente, e nunca menosprezar nem contrariar, as realidades mediadoras da aliança, como revela no seu encontro com o sinédrio, com o templo, com a sinagoga e com o testemunho joanino.

3.2.1 Sinédrio

O sinédrio era o conselho judaico competente em questões judiciais, administrativas e na compreensão da lei. Com sede em Jerusalém, o sinédrio agia como tribunal autónomo com a concessão dos romanos, que podiam intervir sobretudo em casos de suspeitas de agitação política (cf. At 22,30).

Não obstante, o sinédrio assumia uma considerável autonomia; por exemplo, possuía guarda independente e o poder de prender e julgar. O sinédrio, formado por sacerdotes nobres e famílias aristocráticas, surgiu no período pós-exílio como órgão interpretativo da lei[147].

O sumo-sacerdote presidia ao sinédrio com um notável posicionamento social, religioso e económico, representando o povo judeu diante dos romanos e assegurando a sua convivência interna[148]. Nesse cenário, Caifás viu em Jesus um adversário[149], devido ao modo como este lidava com a lei, à sua atitude profética no templo e à novidade da sua mensagem, sobretudo, o anúncio do Reino e a sua pretensão messiânica.

Efectivamente, Caifás veio a confirmar a insegurança do sinédrio (*"Vós não percebeis nada. Não compreendeis..."*; οὐκ οἴδατε οὐδέν, οὐδὲ λογίζεσθε... – 11,49-50) e a dimensão política da decisão de matarem Jesus: a conveniência[150] da morte de um homem pelo povo.

---

[147] Após a destruição do templo, constitui-se o centro judicial em Jâmnia, sem vertente política e no âmbito judeu. Cf. E. SCHÜRER, *History*, I, 261-278.

[148] Cf. G. JOSSA, *Giudei*, 55.

[149] O crescente conflito histórico decorreu no seio da complexa conjuntura do tempo: a tensão entre Jesus e a elite urbana, entre a renovação do judaísmo e os romanos, entre a novidade de Jesus e o *status quo*, entre o anúncio de Jesus e a sua incompreensão. Cf. G. THEISSEN, *Die Religion*, 67ss.

[150] O verbo συμφέρω ocorre três vezes em Jo significando *ser útil* ou *vantajoso* sempre em relação com a morte de Jesus: segundo Caifás, para salvaguardar os interesses do sinédrio (cf. 11,50); segundo o evangelista, para congregar na unidade os filhos de Deus dispersos (cf. 11,51-52). Mais tarde Jesus revela a vantagem da sua

Jo coloca intencionalmente a decisão da morte do Filho de Deus na *boca* da máxima autoridade do seu povo (o sumo-sacerdote em exercício), a única autorizada a tais veredictos e a decretar a oferta substitutiva no dia da Expiação (*yom kippur*)[151].

Desse modo central e paradigmático, Jo confirma o sentido da morte de Jesus[152], advertindo para o seu valor profético[153]: a unidade dos filhos de Deus dispersos (cf. 11,52-53).

Jo não estabelece uma nova nação nem um novo povo, abre a possibilidade a todos de serem filhos de Deus pela acção de Jesus glorificado: o sujeito que morre em favor dos filhos de Deus dispersos para os reunir na unidade[154]. A missão de Jesus realiza-se e completa-se no seu povo e não resulta nem da eliminação, nem da oposição, nem da dispersão do seu povo, mas da sua morte[155].

Assim sendo, o *reunir na unidade* (συναγάγῃ εἰς ἕν – 11,52) é o reunir numa única realidade[156], no modo de ser 'uno' do Pai e do Filho

---

morte para o envio do Espírito (cf. 16,7). Cf. J.-L. D'ARAGON, «Notion johannique», 11-119.

[151] No pensamento de Jo e do leitor.

[152] Esta é uma das mais significativas ironias joaninas, pois, se as autoridades judaicas decidem eliminar Jesus, como resultado terão exactamente aquilo que procuram evitar: perderão a posição e a jurisdição, muitos mais judeus seguirão Jesus e o próprio templo será destruído. Cf. C. K. BARRETT, *Gospel,* 404ss. A ironia serve a Jo para esclarecer os leitores do interesse das autoridades na posição e no objecto do seu poder. Cf. M.-É. BOISMARD, «Pourquoi», 606ss.

[153] Cf. J. C. VANDERKAM, *From Joshua*, 427; I. BROER, «Knowledge», 86ss.

[154] Cf. J. BEUTLER, «Two Ways», 403. A expressão ἀποθνῄσκω + ὑπέρ expressa no AT as razões pelas quais um homem devia entregar-se à morte: a torah, a nação, a virtude e a recta conduta (não se incluía a morte por outro homem). Cf. Dt 24,16; 2Rs 14,6. Josephus associa-a às grandes personagens do AT movidas pela liberdade (JOSEPHUS, *BJ* 7 § 341), pela torah (JOSEPHUS, *BJ* 1 § 650) e pela religião (JOSEPHUS, *Ant.* 13 § 198). Esta atitude de *morrer por* era benéfica como exemplo e correctivo dos justos castigos divinos antecipando a sua misericórdia; cf. 2Mac 6,28.31; L. CILIA, *Morte*, 38ss.

[155] A dispersão decorria sobretudo da sanção de Deus aos inimigos deste e do seu povo (cf. Nm 10,35) ou ao povo (cf. Jr 13,14) – unida à promessa da reunião (cf. Tb 13,5). Pelo contrário, a reunião dos dispersos dependeria da acção de Deus: a constituição do povo [cf. Jr 31(38),3], a posse da terra (cf. Ez 11,17) e a configuração do santuário (cf. Is 56,3-8). Cf. L. CILIA, *Morte*, 63ss. A dispersão/reunião mede-se pela relação entre Deus e o povo, na qual a sanção divina é motivo de dispersão como possibilidade pedagógica de nova reunião (cf. Ez 11,14-19). Cf. C. UMOH, *Plot*, 102ss.

[156] A expressão συνάγω + εἰς + εἷς não reaparece no NT nem na LXX, mas é atestada em escritos gregos extrabíblicos com dois principais significados: *reunir* num

dado aos seus filhos dispersos como vida nessa *unidade* (εἰς ἕν – 11,52); não se trata tanto de uma continuação histórica nem estrutural, mas sim, sobretudo, da sua dimensão escatológica completada por Jesus e dada como vida aos que nele acreditam.

3.2.2 Templo de Jerusalém

O templo de Jerusalém era e é (mesmo se dele apenas persistem ruínas) uma importante realidade do judaísmo. O destaque dado por Jesus às instituições e às mediações do seu povo manifesta-se particularmente na sua relação com o templo de Jerusalém.

Jesus joanino começa a sua acção no templo de Jerusalém e em relação com o templo; nele passa grande parte da sua acção, aí declara ser o *Eu sou* (ἐγώ εἰμι – 8,12.58) e, mais tarde, aí assume ser o Bom Pastor que reúne o povo (cf. 10,1ss); no templo, o Filho de Deus completa a sua acção pública sendo acolhido como Rei (cf. 12,12ss).

O templo de Jerusalém era para Jesus uma importante mediação do encontro de Deus com o seu povo e com o mundo; era a casa do seu Pai (neste mundo – cf. 2,16) e expressão da aliança com o seu povo, que Jesus orienta para a sua perfeita realização na cruz, onde o santifica reunindo-o a si.

A profanação do templo é fortemente denunciada por Jesus (cf. 2,13ss)[157]. Sendo o templo uma significativa manifestação da presença de Deus junto do seu povo, em vista da unidade dos filhos de Deus, como mostra a colocação joanina do evento de Jesus no templo (cf. 2,13-22), Jo integra o templo perfeitamente no seu desejo de unidade de Israel[158].

A destruição do templo, segundo Jesus, resultaria do abuso de alguns dos seus líderes (cf. 2,19). Para a qualificação do templo, Jesus insiste no seu fundamento[159]; por isso, distingue o *templo* (ἱερός – 2,14.15), a *casa do Pai* (τὸν οἶκον τοῦ πατρός – 2,16.17), o *santuário* (νάος – 2,19.20.21), e o *seu corpo* (τοῦ σώματος αὐτοῦ – 2,21), visando a sua ressurreição como o lugar por excelência do encontro do povo com Deus.

único lugar; cf. F. ZORELL, *Lexicon Graecum*, 381-382; e *reunir* um conjunto plural numa unidade; cf. W. ARNDT – W. GINGRICH, *Greek-English*, 231.

[157] Uma das mais fortes denúncias de Jesus joanino. Cf. D. BOYARIN, «Semantic», 65ss.

[158] Cf. A. J. KÖSTENBERGER, «Destruction», 205ss.

[159] A crítica ao abuso de poder e à corrupção no templo era uma das principais críticas dentro do próprio judaísmo. Cf. G. THEISSEN, *Die Religion*, 230ss; R. A. KRAFT, «Weighing of the Parts», 87-94.

O autor joanino assume que, só acolhendo o poder comunicante de Jesus glorificado, Israel poderia ser autenticamente de Deus; noutras palavras, só assim poderia ser reunido na unidade, concretamente, ter o templo como uma realidade significativa e celebrativa da sua existência como povo de Deus.

Na verdade, o lugar excelente e fundante do encontro de Deus com o seu povo é a relação autêntica de escuta com o seu Filho. Por isso, a importância do templo será tanto mais visível quanto mais realmente o povo viver a sua razão de ser vital, ou seja, a sua unidade de vida com Deus, o verdadeiro sentido da existência, da celebração e do fim do templo de Jerusalém (cf. 4,23-24)[160].

3.2.3 Sinagoga

Tendo a palavra de Jesus chegado ao templo, às autoridades e ao sinédrio, naturalmente, chegou à sinagoga onde conviveu. A sinagoga era o espaço propício onde surgiam disputas entre os seus membros (cf. 6,26ss). Jesus teve adeptos e seguidores, adversários e opositores no seio da sua família e da sua sinagoga, o que não significou então, de modo nenhum, ruptura com o judaísmo nem oposição a este[161].

Jesus e os seus discípulos conviveram sempre no seio do judaísmo, beneficiando da tolerância e da diversidade próprias da época[162]. Diversamente de outras comunidades e escolas místicas e filosóficas, o movimento de Jesus integrou a sinagoga judaica[163].

De facto, o próprio Jesus, quando o sumo-sacerdote o interrogou acerca dos seus discípulos e da sua doutrina, respondeu que tinha falado abertamente ao mundo, precisamente na sinagoga e no templo, sublinhando serem estes lugares onde todos os judeus se reuniam (cf. 18,20).

---

[160] Cf. C. UMOH, «Temple», 314ss.

[161] Cf. A. F. SEGAL, *Rebecca*, 161ss. O qual não significou uma ruptura automática entre o que veio a ser o *cristianismo* e o *judaísmo* de então, nem surgiu da reorganização do judaísmo nem da *birkat ha-minim* (cf. 9,22; 12,42; 16,2). Cf. C. S. KEENER, *Gospel*, I, 196-198; B. HOLMBERG, «Life» 141-143; P. A. HARLAND, *Associations*, 33ss.

[162] Cf. D. D. BINDER, «The Origins», 119ss.

[163] Cf. W. A. MEEKS, «Equal to God», 91-205. O conhecimento histórico sobre o grupo dos que seguiram Jesus é reduzido. As influências culturais e temáticas que se deslumbram em Jo não são claras nem unitárias e indiciam que esse grupo provinha de distintas realidades, progressivamente ampliadas cultural e tematicamente. Para algumas tentativas de traçar o seu perfil, cf. R. BROWN, *Community*; J. MARTYN, *History*; J. PAINTER, *Quest*; R. CULPEPPER, *Johannine*.

Efectivamente, como evidencia ainda Jo, foi na sinagoga de Cafarnaum (cf. 6,59) que Jesus completou a revelação na Galileia, declarando que a sua obra era ser 'um' nos seus discípulos. Em plena sinagoga judaica (ou diante da importância dessa como lugar de encontro do povo com a palavra de Deus), o Mestre revelou o poder que congrega os filhos de Deus[164].

Nesse desejo, Jo manifesta no capítulo sexto como entende o movimento de unidade: do movimento da grande multidão a Jesus, que o quer coroar como seu Rei (cf. 6,15), e depois de muitos o abandonarem, a acção termina só com os Doze e com a divisão desses (cf. 6,71). Desse modo, Jo confirma que só atraído ao poder do glorificado o povo é unidade e que o seu desejo é a unidade de todo o Israel.

Jo serve-se do movimento do capítulo sexto para traçar o caminho que o seu povo é chamado a percorrer a partir da glorificação de Jesus: os Doze são chamados à unidade; os seus discípulos são chamados à unidade; os judeus são chamados à unidade; a multidão é chamada à unidade; o mundo é chamado à unidade.

De facto, na hora da exaltação do Senhor, na qual só a sua mãe e o discípulo amado tomam realmente parte, pelo testemunho autêntico do discípulo amado, Jesus glorificado manifesta e projecta a unidade dos seus discípulos para a salvação do mundo.

3.2.4 Testemunho do discípulo amado

Jo foi um autor inspirado que nos deixou o seu testemunho para que tivéssemos a vida de Deus. O seu testemunho é no seio do seu povo, a quem se dirige, apropriando-se da sua herança judia e formulando a sua resposta a Deus em vista da unidade dele. Nesse sentido, o autor joanino confessa que Jesus é aquele em quem se cumpre a verdade da torah, como autocomunicação da vida de Deus (cf. 1,1-18).

Desse modo, a unidade do povo brota do acolher a acção salvífica de Jesus[165]. A vida de Deus é oferecida ao mundo inteiro e, segundo Jo,

---

[164] Cf. R. A. WHITACRE, *John*, 67ss. Jesus joanino compreende a unidade dos filhos de Deus no mundo judaico, nomeadamente na sua relação fundante e conflituosa, num movimento de unidade, que, juntamente com aqueles que o seguiam, é uma força mobilizadora comunitária aberta a todos aqueles que vivessem de Deus; cf. G. THEISSEN, *Die Religion*, 200s; J. M. LIEU, *Neither Jew*, 192ss.

[165] Uma relação para dar a vida realizada quando é vida. Um domínio consumado no mandamento do amor oferecido aos homens, no dinamismo próprio da familiaridade de Jesus com o Pai. Por isso Jesus não se limita a existir na unidade com Deus,

esse dom é comunicado ao mundo na necessária e vital manifestação de unidade dos judeus e do seu povo[166].

Segundo Jo, a unidade do povo só é possível pela participação na vida de Deus dada perfeitamente no evento da morte de Jesus[167]. Nesse encontro de Deus com os discípulos do seu Filho, o autor joanino recorda que há muitos modos de ser na perfeita unidade em Deus (cf. 14,2).

Com efeito, Jo não se detém num único modo de perceber Deus nem de configurar a unidade do povo. O seu interesse é fundamentar a vida do povo e os diversos modos de perceber Deus na sua realidade essencial: o ser e a realidade atraente de Jesus glorificado em Deus[168].

Jo encontra na qualidade da relação dos seus discípulos com a unidade comunicante em Deus o critério e o mandamento que define Israel. Para o autor do testemunho joanino, não há outra realidade vital e distintiva do povo senão o amor recíproco e a unidade entre esses pelo poder glorificado neles[169]. A única realidade excluída do dinamismo de unidade joanino é o não viver de Deus[170].

Assim, Jo fundamenta e faz depender o seu testemunho da relação vital entre Deus e os seus discípulos. O valor do seu testemunho, como

---

mas faz dessa unidade objecto da sua mensagem. Cf. G. THEISSEN, *Die Religion*, 185ss; T. NICKLAS, «Die Prophetie», 589-594.

[166] Cf. 4,43-54; 21,1ss; V. MANNUCCI, *Giovanni*, 272. A exaltação de Jesus na cruz é o ponto vital que une a sua vida terrena em Deus e a vida dos seus discípulos. A partir esta o evangelista constrói o seu relato, em fidelidade à história de Jesus e, simultaneamente, em vista à consolidação dos discípulos no mistério salvífico de Jesus glorificado. Cf. J.-O. TUÑI – X. ALEGRE, *Escritos*, 132-133. Assim como o Pai enviou Jesus, assim os discípulos são enviados (cf. 8,21) pela força do Espírito para assumirem na sua hora a sua missão; cf. 10,16; 11,52; 17,22. R. SCHNACKENBURG, *Das Johannesevangelium*, III, 340-341.

[167] Jesus é a verdade na sua profunda relação com o Pai (cf. 10,30), por isso o autor apresenta o conhecimento de Deus a partir da fé em Jesus (cf. 14,7.17) no Pai (cf. 7,28-29; 8,19) em relação com o Espírito de verdade (cf. 15,13-15; 16,13-15). A unidade joanina, expressa em imagens, discursos e gestos (cf. 6,12-13; 11,47-52; 19,23-24; 21,1-11) encontra em Jesus – habitação de Deus – o centro daqueles que se reúnem por ele. Cf. F. M. BRAUN, «Signes», 147ss.

[168] Cf. J. BRIEND, «Signification du lavement», 9-28.

[169] Cf. 10,22-39; A. GARCÍA-MORENO, «Vid verdadera», 289-302.

[170] Cf. G. SEGALLA, «Logos», 73ss. Algumas das suas autoridades são apresentadas por Jo como figuras narrativas tipológicas que, fundadas nos seus interesses, eliminam Jesus e os seus discípulos. Na realidade, Jesus joanino, o qual é apresentado como a Luz e a Vida, encontra nas trevas e na morte, especialmente associadas às autoridades, que não acreditam nele nem o reconhecem, a principal força de oposição (cf. 8,12; 11,26; 12,34ss; 14,6ss); cf. L. B. RICHEY, *Roman*, 22ss.

o templo, o sinédrio e a sinagoga, depende do autêntico encontro dos discípulos com Deus. O desejo de Jo é inserir o seu povo na vitalidade que é a vida de Deus sem a qual não existe e tudo tende para a dispersão. Portanto, Jo entende-se no domínio da perfeita comunicação de Deus ao seu povo e na resposta deste a essa comunicação divina[171].

3.2.5 Quarto Evangelho e Israel

Jo nunca fala de ruptura nem sequer propriamente de continuidade entre o povo de Deus e os que seguem Jesus, pois não entende o povo de Deus e a missão de Jesus como realidades separadas, e a sua meta é a unidade do povo de Deus.

Na verdade, a missão de Jesus é realizada na unidade do seu povo à unidade do seu Deus, na qual insere os seus discípulos. Jesus joanino não assume nem tem em missão reformar, dividir, recriar ou separar o seu povo. A sua missão, que corresponde ao único envio e mandato feito aos seus discípulos, é ser unidade para a unidade dos filhos de Deus.

Jo sublinha que a missão de Jesus, como a de cada um dos membros do povo e a do povo comunitariamente, só se entende à luz da vocação de Israel ser 'o povo único de Deus'. Só em oposição ao movimento de unidade de Jesus se entendem as divisões de então e outras subsequentes que levaram à divisão do único povo de Deus, concretamente, no seio dos discípulos de Jesus, da sinagoga e do templo.

De facto, Jo nunca apresenta nem acena a nenhuma realidade cultual, religiosa, revelada, nem separada do seu povo; pelo contrário, é sempre claro que a unidade brota no seio do único povo de Deus[172], mais, é na medida em que Jesus vitaliza e assume as suas principais mediações religiosas que a sua missão se consuma, de modo particular, no alto da cruz, onde o Rei dos judeus reúne os filhos de Deus em Deus.

Ao vitalizar em si perfeitamente as principais instituições judaicas, Jesus nunca fala de superação nem de desvalorização daquelas. Pelo contrário, são a importância e o significado das diversas instituições,

---

[171] Cf. J. BEUTLER, «Identity», 229-238; M. DE JONGE, «Conflict» 341-355.
[172] Cf. K. FUGLSETH, *Johannine*, 353-374. Falar de anti-semitismo ou de uma tendência joanina antijudaica só se pode explicar através dos efeitos de incorrectas interpretações e usos abusivos do texto joanino. Os primeiros discípulos, todos os Doze e, de um modo particular, Jesus e a sua mãe, eram judeus; mais ainda, o desejo ou a missão de Jesus não apenas provém do seio do povo de Deus e das tradições judaicas, como visa primeira e vitalmente a unidade de todos esses e nunca qualquer caminho ou proposta anti-esses ou anti-si mesmo.

personagens e festas de Israel, que levam Jesus a destacá-las e a potenciá-las em vista da perfeita realização do seu significado essencial.

Assim, o entendimento joanino da unidade, por um lado, surge mais ou menos próximo de outros modos de entender Deus e de configurar a unidade do seu povo como se manifesta no seu testemunho; e, por outro, assume a originalidade de a definir no ser que a cria, a constitui e a destina a ser em si.

Com efeito, originalmente, Jo faz depender, brotar e ser o seu testemunho no lugar de unidade entre Deus e os seus filhos. A unidade do único povo é a condição, a missão e a meta do seu testemunho, assim como é a de Jesus. Deste princípio vital, Jo parte e orienta o seu testemunho, pois a unidade é a autêntica resposta do único povo de Deus ao seu Logos[173].

3.3 *A unidade é a resposta a Deus*

O quarto Evangelho foi composto sobre o fundamento do encontro de Jesus glorificado com os seus discípulos. Em todo o seu testemunho, é evidente que o autor destaca o domínio universal e absoluto do Logos, por quem Deus cria todas as coisas, dando a vida continuamente aos homens e atraindo-os à sua unidade (cf. 1,1-18); ao mesmo tempo, insiste que, a partir da glorificação de Jesus, o caminho e a unidade dos seus discípulos ficam a depender essencialmente também da resposta desses a si (cf. 19,16-42).

Assim, desejando conduzir o seu povo à autêntica resposta, Jo funda o seu Evangelho no único lugar que possibilita ser a perfeita unidade dos seus discípulos em Deus: a vida de unidade no próprio ser em Deus[174].

Nesse sentido, Jo é atravessado pela contínua e perfeita relação de unidade de Deus e de Jesus, concretamente no seu uno desejo de que a sua unidade seja nos seus discípulos; e, ao mesmo tempo, por contínuas respostas perfeitas e outras mais ou menos próximas desse desejo de unidade de Deus nos seus discípulos. Se os primeiros percorrem o caminho até à perfeita unidade em Jesus, aos segundos, Jesus destina-lhes o caminho dos primeiros, que é a sua relação atraente a si (ou à sua unidade em Deus), o único caminho na perfeita unidade e para a perfeita unidade comunicante de Deus nos seus discípulos[175].

---

[173] Cf. J. DANIÉLOU, *Theology*, 67ss.
[174] Cf. R. CHENNATTU, «Becoming Disciples», 479ss.
[175] Cf. J. A. STEIGER, «Nathanael», 50-73.

O testemunho joanino quer gerar a resposta do seu povo a Jesus glorificado. Na realidade, todos os encontros de Jesus com os seus discípulos desejam corresponder à essencial relação de vida em Deus.

Todas as personagens joaninas são judeus, de certo modo, representam o povo de Deus, excepto Pilatos (e a sua guarda)[176], que é imagem do poder do mundo e que, paradoxalmente, apresenta Jesus como o Rei dos judeus e se detém aos pés da cruz vendo os seus frutos. Em suma, todas as personagens joaninas são chamadas a ser na unidade do único povo[177].

Dessa maneira, Jo define a unidade dos filhos de Deus, não num modelo social, antropológico ou ideológico, mas sim na unidade desses à comunicação do Logos-Jesus. Como desejam todos os encontros com Jesus e como este revela, o amor recíproco e a unidade perfeita são a resposta justa e necessária na comunicação e no dar-se a conhecer de Deus aos seus discípulos.

Assim sendo, o discípulo amado é a resposta-modelo, pois corresponde o seu ser, a sua identidade, o seu nome ao amor que acolhe de Jesus, vive da intimidade, do seio, do amor de Deus e, por isso, permanece no mundo com a testemunha autêntica (cf. 21,20-25); e, desse modo, permite aos discípulos chegar à justa resposta, ou seja, serem como ele amados (cf. 13,23), serem como ele testemunhas autênticas (cf. 19,35), serem lugar onde a palavra é gerada (cf. 19,26-27), serem motivo para que outros cheguem a Deus (cf. 20,3-10; 21,20-25).

Jo faz depender o seu Evangelho, a realização dos seus discípulos e a unidade destes, da qualidade da resposta ao poder do Logos-Jesus glorificado e à correspondência deles ao amor recíproco em Deus e entre si[178]; por isso, Jo estende o seu testemunho a um caminho que é e que leva ao testemunho no Logos e à sua unidade em Deus (cf. 1,19-51; 21,24-25)[179].

De facto, um verdadeiro israelita sem engano, segundo o juízo do próprio Jesus, no início do Evangelho, resume e programa o autêntico testemunho na autêntica resposta: acolher o lugar, o atraente, a escada entre o céu e a terra, o Filho de Deus, a vida de Deus em si (cf. 1,43-51)[180].

À luz da perfeita comunicação do único e uno Deus ao seu único e uno povo, e da compreensão da unidade como a justa, a autêntica e a

---

[176] Cf. 4,46.
[177] Cf. M. C. DE BOER, *Johannine*, 99ss.
[178] Cf. F. NEIRYNCK, «John 21», 322ss.
[179] Cf. T. STRAMARE, «Risposta», 179ss.
[180] Cf. R. SCHREINER, *New Testament*, 133ss.

vital resposta do povo à perfeita comunicação de Deus, Jo concebe a unidade como o princípio, o fim e o caminho atraente do povo à vida de Deus.

3.3.1 Unidade é o princípio

Na tradição profética de Israel[181], os profetas Isaías, Jeremias, Zacarias e outros profetas entenderam a unidade das doze tribos como o marco messiânico da presença de Deus no meio do povo e das nações; então, os povos da terra subiriam unidos com suas orações a Jerusalém (cf. Is 2,2-4; Jr 19,1-15; Zc 8,1-23). Segundo o autor do quarto Evangelho, esse evento realiza-se na hora de Jesus.

De facto, a revelação e manifestação joanina do ressuscitado (cf. 20,1-29), diversamente do modo como é descrito nos Evangelhos sinópticos[182], apresenta a confissão de fé dos seus discípulos quando refere que os Doze, e não só alguns deles nem mesmo só os onze, estão reunidos em redor do seu Senhor e do seu Deus.

Portanto, é na única e na total unidade dos discípulos ao glorificado que Jo entende a fé e, só então, completa o seu primeiro epílogo[183], em que o Jesus ressuscitado é autenticamente reconhecido e manifestado nos seus discípulos, quando eles formam uma 'única' e 'una' unidade no Senhor como princípio de ser.

Para Jo não basta o envio dos seus discípulos, a palavra, o Espírito de Deus, ou a presença de Deus em alguns dos seus seguidores para realizar o modo de ser desses; é igualmente vital, como princípio de ser dos discípulos, a unidade real dos Doze (e do seu povo) à sua vida no Pai.

Na verdade, como Jo destaca, os seus discípulos só serão reconhecidos e darão fruto na medida da sua unidade (o seu amor recíproco – cf. 13,35; 15,1-2)[184]; por isso, sem excluir outros mandamentos ou a lei dada ao seu povo (cf. 14,15.21; 15,10), pelo contrário, levando-os à sua perfeita compreensão, Jesus fala do mandamento único – *"amai-vos*

---

[181] Cf. Is 2,2-4; Ez 43,2-7.

[182] Cf. Mt 28,1-20; Mc 16,1-20; Lc 24,1-53.

[183] Nesse dinamismo de 'ser', antes de serem em missão (cf. 21,1ss), o glorificado deseja-os em unidade: Maria vai ao encontro de Pedro e do discípulo amado (cf. 20,2); os dois vão ao encontro dos discípulos (cf. 20,10); Maria é enviada aos discípulos (cf. 20,17-18); os discípulos anunciam a Tomé (cf. 20,25). O envio só é autêntico, completo e fecundo na unidade e para a unidade dos Doze e do povo. A unidade é o ser dos discípulos. Nesse desejo, os discípulos de Jesus são em missão uma única e eterna vez, e o *timbre* dessa missão é a unidade deles a si (cf. 20,1ss).

[184] W. A. MEEKS, *Moral*, 56ss.

uns aos outros" (ἀγαπᾶτε ἀλλήλους – 13,34; 15,12) como realidade vital e primária daqueles que são de Deus.

A compreensão e a valorização do amor recíproco como a realidade vital e primária dos seus discípulos estão na base de todo o dinamismo de Jo[185]. Segundo o autor, o amor recíproco é a perfeita unidade comunicante entre dois sujeitos; é a autêntica relação em Deus; é a autêntica relação entre Deus, por meio do seu Logos, e os seus discípulos, que o acolhem; o amor recíproco ou, melhor ainda, a acção de amar reciprocamente (*"amai-vos uns aos outros"*; ἀγαπᾶτε ἀλλήλους – 13,34) é o domínio vivificante dos sujeitos que permanecem em Deus.

Jo dá-nos a conhecer Jesus, desde o início, como *o Unigénito de Deus no seio do Pai* (μονογενὴς θεὸς ὁ ὢν εἰς τὸν κόλπον τοῦ πατρός – 1,18), e, igualmente, o discípulo amado como *um dos discípulos dele que estava reclinado no seio de Jesus* (ἦν ἀνακείμενος εἷς ἐκ τῶν μαθητῶν αὐτοῦ ἐν τῷ κόλπῳ τοῦ Ἰησοῦ – 13,23).

Jesus e, unido a ele, o discípulo amado são e vivem do lado, da intimidade, da relação pura, do toque comunicante, do desejo vivificante, do amor recíproco, da perfeita unidade comunicante de Deus[186].

Nessa relação perfeitamente realizadora, Jo entende e projecta o seu testemunho, como revela o encontro de Jesus com João (cf. 1,29-34), com a samaritana (cf. 4,1-28), com Maria (cf. 20,1-2.11-16), com Pedro (cf. 21,7.15-17); e, nesse desejo, integra a unidade do mundo a si e aos seus discípulos, como manifesta o encontro de João com os seus discípulos (cf. 1,35-42), da samaritana com a sua cidade (cf. 4,39-42), de Maria com os Doze (cf. 20,17-18), e de Pedro com o mundo (cf. 21,11ss).

Assim, após a decisão do sinédrio (cf. 11,47-53) e o relato da sua glória e da sua manifestação nos seus discípulos (cf. 19,16ss), Jo confirma, nos dois últimos capítulos do seu Evangelho, que a unidade é o modo de ser dos discípulos.

a) *Unidade como modo de ser*

Após o derradeiro sinal em Betânia (cf. 11,1-46) e o anúncio profético de Caifás (cf. 11,47-53), imediatamente, através do ser e do agir dos irmãos de Betânia, Jo manifesta *antecipadamente*, pela qualidade da relação de Maria, de Lázaro e de Marta com Jesus, o modo de ser dos discípulos (cf. 12,1-11):

---

[185] Cf. J. BEUTLER, *Die Johannesbriefe*, 95.
[186] Cf. A. C. MITCHELL, «Greet the Friends», 258-260.

– Maria é apresentada a partir da sua relação com Jesus e com os seus irmãos. De poucos movimentos e palavras, vitalmente, ela é testemunha dos movimentos e das palavras de Jesus, manifestando-o no seu amor por si e pelos seus discípulos. Maria entrega-se total, autêntica e preciosamente a Jesus. Ela vive na sua plena reciprocidade e, assim, enche a casa do amor que a toma e move. Maria cumpre perfeitamente o mandado do amor recíproco que gera amor como modo fundamental de ser de Jesus e dos seus discípulos[187].

– Lázaro está e é sempre em relação de vida com Jesus. O seu silêncio e a sua unidade a Jesus definem a sua condição. Nesse sentido, é destacado pela forte amizade que o une àquele. Lázaro é o único a ser ressuscitado por Jesus e esse facto é a sua principal condição: *aquele que Jesus tinha ressuscitado dos mortos* (ὃν ἤγειρεν ἐκ νεκρῶν Ἰησοῦς – 12,1.9.17). Por ter dado a vida a Lázaro, os líderes judaicos decidem matar Jesus; depois, devido ao movimento de muitos judeus a Jesus e Lázaro, os mesmos líderes decidem também matar Lázaro, o único dos seus discípulos explicitamente com esse mesmo fim. Assim, Lázaro, vitalmente, é aquele que recebe e dá vida, ou seja, aquele que vive em plena relação de vida em Deus.

– Marta é outra das irmãs de Lázaro. Ela é definida pela sua contínua relação de amor recíproco com Jesus e com os seus discípulos (*Marta servia*; ἡ Μάρθα διηκόνει – 12,2.26), a qual depende da sua total confiança em Jesus, em quem reconhece a Ressurreição e a Vida (cf. 11,21.25). A sua atitude identifica-se com a atitude dos diáconos nas bodas de Caná, ou seja, age de acordo com a palavra de Jesus como realização da aliança (cf. 2,5). Marta move-se na intimidade amorosa a Jesus, a qual lhe permite permanecer na unidade em Deus conforme o Logos encarnado revelou aos seus discípulos (cf. 13,1ss).

Assim, a partir do encontro e da relação de cada um dos irmãos com Jesus, o autor joanino define o modo de vida dos seus discípulos na relação entre estes e destes com Jesus[188]. Na verdade, o modo de vida dos discípulos depende da qualidade da relação que mantêm com Jesus e, como fruto dessa experiência, depende ainda da relação mútua entre si.

A unidade é em torno a Jesus, concretamente, no ambiente da casa, da família, da refeição. A centralidade de Jesus é percebida na relação afectiva e efectiva de cada um dos discípulos a si e deles entre si.

---

[187] Cf. J. M. FORD, «Jesus as Sovereign», 110-117.
[188] Cf. C. H. GIBLIN, «Was Everything», 148-152.

Desse modo, os seus discípulos, como Jesus, são chamados a ser reciprocidade no receber e no dar. Nessa relação de doação se entende o papel de cada deles com o Senhor e entre si. Os seus discípulos são o lugar onde se vive e celebra a fé como um contínuo modo de ser e de agir em amor que os faz ser e leva a ser[189]. O amor é entre eles a maior preciosidade; só ele os cria e cria-os para se manifestar neles ao mundo.

Com efeito, pelo amor os discípulos vivem e por ele fazem viver o mundo como modo excelente de falar, pois não há outra palavra fundante e fundadora senão essa que Jesus glorificado manifesta, de tal modo que ser de Deus é ser irmão do Unigénito e irmão dos seus discípulos. De facto, a partir da unidade dos discípulos, não só a multidão como, depois, os gregos, querem ver o Rei e Senhor (cf. 12,12ss; 20,29).

Em oposição ao dinamismo de unidade e para a unidade dos irmãos de Betânia, como Jo destaca, pensando a si e para si, surge a acção de Judas, que o tenta contrariar. Como sucede no último encontro com os seus discípulos (cf. 18,1ss), Judas surge integrado no movimento dispersivo, fechado em si, não comunicativo, não amor recíproco, não unidade. Judas mostra a sua duplicidade em oposição ao autêntico amor recíproco.

Tendo vivido junto de Jesus, Judas representa a máxima dureza dos discípulos em não acolher a sua palavra: não mantém nenhuma relação com Jesus, vive em relação consigo mesmo e com os seus interesses. Como esclarecerá Jo, é tomado por satanás (cf. 13,27).

b) *Unidade como a última e primeira acção*

A primeira e última acção dos discípulos de Jesus, descrita em Jo, manifesta a vitalidade da acção dos discípulos em unidade atraída a Logos-Jesus glorificado (cf. 21,1ss). A acção e a missão dos discípulos, naquele que é o segundo epílogo joanino, decorrem do evento da cruz (a revelação e a manifestação dos seus frutos nos discípulos), conforme tinha sido anteriormente testemunhado ao longo do quarto Evangelho.

A confissão de fé dos discípulos é na unidade dos Doze reunidos por Jesus glorificado em Deus (cf. 20,1ss)[190]. Assim sendo, os seus discípulos são a morada de Jesus glorificado ao reconhecerem e ao manifestarem a sua 'única' e 'una' unidade. Assim, da real e da vital unidade dos seus discípulos em Deus por meio do seu Logos-Jesus brota a acção daqueles.

---

[189] Cf. R. BULTMANN, «πιστεύω», *ThWNT*, VI, 174-228.
[190] Cf. R. HAKOLA, *Identity*, 107ss.

A acção dos discípulos, resumo e programa do modo de ser 'discípulo' de Jesus, não é já só na Judeia, mas no mar de Tiberíades, ou seja, para lá da Judeia. Jo descreve a acção de sete discípulos agindo numa única unidade à palavra de Jesus glorificado. Na realidade, intencionalmente os discípulos são enviados em 'unidade' na 'unidade' do glorificado[191].

Jo fala da acção única dos sete discípulos: Pedro, a quem Jesus glorificado modelarmente confia a unidade dos discípulos (cf. 21,15-19); dois discípulos – Natanael e Tomé – intervenientes em Jo e que nunca aparecem nos Evangelhos sinópticos; outros dois – filhos de Zebedeu – não nomeados em Jo e com grande destaque nos Evangelhos sinópticos; finalmente, outros dois discípulos não nomeados (cf. 21,1-3)[192].

Dessa maneira, Jo confirma a acção universal na unidade e para a unidade daqueles que vivem de Jesus glorificado, na qual são chamadas todas as tradições, primeira e claramente também as tradições judaicas, e todo o mundo a ser e a agir nessa mesma e única unidade atraente como resposta autêntica a Deus, o Senhor do mundo inteiro.

Portanto, como a pesca e a refeição em Tiberíades assim evidenciam, o dinamismo original e universal de unidade dos seus discípulos e do seu povo depende vitalmente da atracção à unidade própria do ser perfeita comunicação de Deus e não de nenhuma outra realidade nem motivação fundamental pessoal ou comunitária[193].

Na realidade, a unidade dos seus discípulos é o modo no qual estes, unidos a Jesus, manifestam Deus ao mundo; contemporaneamente, essa mesma unidade é a meta dos seus e do mundo inteiro.

3.3.2 Unidade é o fim

Sendo a unidade o modo de ser daqueles que vivem do Logos, necessariamente, é também a sua morada e o seu fim. A unidade (o amor recíproco) realiza-se na perfeição do domínio unitivo amoroso, ou seja, segundo Jo, no ser e no agir de Jesus glorificado em Deus. Para Jo, a unidade é destinada a ser 'una', 'a unir', a 'ter por fim a própria unidade'.

a) *Jesus chama a si para salvar o mundo (2,1-4,54)*

Desde o início do Evangelho, Jo define a unidade como o seu fim último e para este orienta o seu escrito. Seja na passagem de testemunho

---

[191] Cf. M. L. COLOE, *Dwelling*, 101ss.
[192] Cf. P. E. SPENCER, «Narrative», 49-68.
[193] Cf. T. WIARDA, «John 21,1-23», 53-71.

de João a Jesus (cf. 1,19-51; 3,22-36), no sentido do evento inaugural em Caná (cf. 2,1-12), seja na cena no templo de Jerusalém (cf. 2,13-25), como nos encontros com Nicodemos (cf. 3,1-21) e com a samaritana (cf. 4,1-44), em vista da consumação da unidade do seu único povo em Deus, Jesus joanino chama os seus discípulos para a verdadeira adoração, possível perfeitamente quando da sua hora.

Segundo o autor joanino, apenas da autêntica adoração brota a perfeita unidade comunicante em Deus, que se realiza nos seus discípulos como salvação destes, de Israel e do mundo (cf. 4,46-54), pois nela é e nela se deseja o autêntico lugar de culto: a unidade do Logos encarnado glorificado em Deus.

b) *Jesus revela-se (5,1-8,59)*

Ao encontrar o doente há já 38 anos (cf. 5,1ss), o mesmo período de tempo que o povo de Deus caminhou errante no deserto a caminho da terra prometida (cf. Dt 2,14), jazendo junto à porta das ovelhas, Jesus fá-lo andar, insere-o no templo e aí vai ao seu encontro no desejo de que o seu povo entre no definitivo êxodo, ou seja, chegue finalmente a encontrar o seu Deus (cf. 5,1-18).

No discurso que segue o sinal realizado naquele doente e que explica o sentido do mesmo, em dia de sábado, o Unigénito Filho de Deus define a relação de escuta consigo como o lugar onde se realiza finalmente a unidade em Deus (cf. 5,25-30)[194].

Na Galileia, o Senhor chama os discípulos à acção de ser e de reunir na unidade no seu único povo (cf. 6,1-15). Nesse sentido, ao declarar ser, em pleno templo com todo o povo em redor, o *Eu sou* (ἐγώ εἰμι – 8,58) e ao referir-se à alegria do Patriarca Abraão pela chegada do seu dia (cf. 8,56-58), Jesus evidencia a meta: ser unidade em Deus.

c) *Jesus manifesta-se (9,1-12,50)*

Em oposição à ignorância, à divisão e à exclusão desses que se distanciam de Jesus, um homem que era cego de nascença encontra Deus, na medida em que se une a Jesus (cf. 9,1ss).

No discurso do Bom Pastor, Jesus chama os discípulos a ser 'um' só povo (cf. 10,16), pois a unidade vital deles depende da única vida do Logos, a quem todos os discípulos e a humanidade inteira pertencem e os quais ninguém pode arrebatar de si (cf. 10,28-29). O próprio sumo-

---

[194] Cf. A. T. HANSON, *Prophetic*, 56ss.

sacerdote sentencia a unidade com o fim último e essencial da acção de Jesus (cf. 11,49-52).

A acção dos irmãos de Betânia, a contraposição de Judas, o movimento e a acção da multidão quando da subida de Jesus a Jerusalém, a vinda dos gregos a si, servem a Jo para orientar todos para a sua unidade em Deus como fim último do seu testemunho (cf. 12,12ss)[195].

d) *Jesus comunica a unidade (13,1-17,26)*

No último encontro com os discípulos, ao lavar-lhes os pés, Jesus chama e insere-os na sua morada, ou seja, no tomar parte de si, do seu lugar, da sua vida em Deus (cf. 13,1ss).

Igualmente, ao dar um bocado de si a Judas, atrai-o, bem como a todos os homens e mulheres mais ou menos próximos de si, à sua vida em Deus, à sua morada de unidade no Pai (cf. 13,26-27).

Se então Judas abandona o Mestre e os discípulos, Jesus quer Judas e os discípulos no seu ser e no seu agir em perfeita unidade de compreensão e vida em Deus. Nesse sentido, nos seus dois discursos dirigidos aos discípulos (cf. 13,36ss), deseja passar-lhes a sua palavra perfeitamente vivificante.

Na oração final, Jesus chama aqueles que o Pai lhe deu e todos os que nele acreditarão por meio da palavra dos seus discípulos à sua perfeita na unidade em Deus (cf. 17,23)[196].

e) *Hora de Jesus (18,1-19,42)*

A maneira como Jo testemunha a cena da cruz confirma a unidade como sendo a chamada e a morada próprias e definitivas dos discípulos. Jo começa por destacar a centralidade e a universalidade do evento da cruz, dado a todo o mundo pelo Rei dos judeus. Depois, confirma que a salvação é o tomar parte da unidade de Jesus glorificado em Deus como fim da sua missão[197].

Nesse desejo vital, o Senhor consuma a sua acção dando-a aos seus discípulos na unidade destes à sua palavra do alto da cruz; por isso, inclina-se no Pai e entrega o seu Espírito aos discípulos; de tal modo que dois judeus o reconhecem como o Rei dos judeus (cf. 19,16-42).

Para isso, o autor apresenta ao redor do Senhor glorificado e dos frutos daí gerados, a mãe, o discípulo amado, as mulheres que viveram

---

[195] Cf. G. ZEVINI, «Vogliamo», 111ss
[196] Cf. J. C. THOMAS, *Footwashing*, 77ss; P. A. HOLLOWAY, «Left Behind», 1-34.
[197] Cf. M. HENGEL, «Die Schriftauslegung», 249-288

CAP. III: A UNIDADE JOANINA

mais perto de Jesus, a multidão, os líderes religiosos e romanos, Pilatos, enfim, o mundo, pois Jesus quer levar ao cumprimento o fim da sua exaltação: a unidade do mundo inteiro em Deus através do seu poder glorificado.

f) *Epílogo (20,1-21,25)*

Jo conclui o seu Evangelho confirmando a unidade em Deus como o seu fim: Estes [sinais] foram escritos para que acrediteis que Jesus é o Cristo, o Filho de Deus, e para que, acreditando, tenhais a vida em seu nome (ταῦτα δὲ γέγραπται ἵνα πιστεύ[σ]ητε ὅτι Ἰησοῦς ἐστιν ὁ χριστὸς ὁ υἱὸς τοῦ θεοῦ, καὶ ἵνα πιστεύοντες ζωὴν ἔχητε ἐν τῷ ὀνόματι αὐτοῦ – 20,31).

Sendo a unidade dos seus discípulos o fruto de Jesus, necessariamente, esse é o fruto de Jo e o fruto dos discípulos. A unidade é a realidade final dos discípulos[198]. Os que são do Logos-Jesus são chamados sempre a ter como ponto de partida o fim da unidade em Deus e em si[199].

Nesse desejo, o glorificado manifesta como os seus discípulos são chamados a ser na sua unidade (cf. 21,9-14). Por isso, a derradeira manifestação do Senhor resolve-se quando os sete discípulos numa barca chegam a terra e tomam parte, com todos os seus 153 peixes, numa única refeição na margem do lago com o glorificado.

Assim, toda a acção do Evangelho se encaminha para a sua hora, e dessa e nessa brota o seu fim de unidade. De facto, esse é o fim perfeito manifestado por Pedro e é partir dele que este Apóstolo inicia o verdadeiro seguimento do Senhor e entende a finalidade da sua missão, ou seja, guardar a unidade dos discípulos pelo poder da palavra do Bom Pastor.

3.3.3 A unidade é o caminho

Sendo a única e una unidade joanina o princípio e o fim dos seus discípulos, esse é também o seu caminho; é o caminho atraente percorrido pelos discípulos até à vida comunicante em Deus, ela mesma *estrada* de unidade comunicante. Na realidade, segundo Jo, o princípio, a meta e o caminho nunca se separam.

O seu testemunho, o dar-se a conhecer do Logos-Jesus, é contínuo e uno como dinamismo anterior, actual e futuro, totalmente para lá dos seus discípulos e totalmente acessível a ser neles.

---

[198] Cf. D. LEE, «Partnership», 37-49.
[199] Cf. J. D. M. DERETT, «Not Seeing»,183-194.

Nesse caminho, os discípulos realizam-se, revelando-o ao mundo na medida em que são unidos a ele (ou nele permanecem). De facto, se Jesus inicialmente declara ser *o Caminho, a Verdade e a Vida* (14,6), depois, anuncia que na sua glorificação pelo Espírito os seus discípulos serão no Caminho, na Verdade e na Vida (cf. 16,13-15).

Na verdade, todos os encontros de Jesus em Jo ocorrem no caminho e dirigem-se para a sua vida no Pai e, segundo a qualidade desses encontros, assim mais se aproximam e são caminho para Deus. A unidade comovente é o caminho, o lugar, a escada dos que se dispõem a ser atraídos pelo poder do Logos-Jesus glorificado[200].

a) *Ser perfeito na unidade*

O último encontro com os discípulos revela o desejo de Jesus de os ter no caminho para a unidade e na unidade perfeita, de tal modo que esse encontro começa com o rito do lava-pés e é concebido como uma autêntica passagem (ou caminho) do Senhor e Mestre aos seus discípulos: do seu fazer ao fazer maior dos discípulos (cf. 13,15; 14,12); do seu testemunho de amor ao testemunho de amor dos discípulos (cf. 13,35); do seu caminho ao caminho dos discípulos (cf. 13,36); do lugar preparado por ele ao lugar dos discípulos (cf. 14,1-4); da sua paz à paz dos discípulos (cf. 14,27); da sua alegria à alegria dos discípulos (cf. 15,11); do ódio e da perseguição a ele ao ódio e à perseguição aos discípulos (cf. 15,18.20); do seu escutar ao escutar dos discípulos (cf. 15,21); do seu Espírito ao Espírito nos discípulos (cf. 15,25-26); da sua dor à dor dos discípulos (cf. 16,22); da sua oração à oração dos discípulos (cf. 16,23-27); da sua unidade à unidade dos discípulos (cf. 17,22); do seu amor ao amor dos discípulos (cf. 17,26)[201].

Conforme completa na oração ao Pai pelos seus discípulos, o desejo e o caminho dados àqueles que o Pai lhe deu são a unidade – *"para que sejam um, como nós somos um"* (ἵνα ὦσιν ἓν καθὼς ἡμεῖς ἕν – 17,22) – com um fim concreto: *"para que sejam perfeitos na unidade"* (ἵνα ὦσιν τετελειωμένοι εἰς ἕν – 17,23).

Jo define a 'unidade' – ἕν – como o caminho dos seus discípulos a percorrer e a ser; nesse sentido se entende o pedido de Jesus feito ao Pai: *"desejo que, onde eu estou, também eles estejam comigo"* (θέλω ἵνα ὅπου εἰμὶ ἐγὼ κἀκεῖνοι ὦσιν μετ' ἐμοῦ – 17,24).

---

[200] Cf. M. Wyschogrod, *Gott*, 23.
[201] Cf. J. Beutler, *Martyria*, 254ss.

A forma verbal *sejam* (ὦσιν)²⁰² e a construção *onde eu estou* (ὅπου εἰμὶ ἐγώ – 17,24) manifestam o caminho dado aos discípulos de ser e permanecer onde Jesus é. Nesse caminho movido pelo ser em Deus, os discípulos são continuamente *gerados* como filhos de Deus²⁰³.

Assim, Jo é o testemunho da revelação, da abertura, do caminho daqueles que acreditam no Senhor para Deus (cf. 14,3-4)²⁰⁴; e esse testemunho e caminho é a unidade que permite aos seus discípulos verem a glória de Deus (*"vejam a glória que tu me deste"*; θεωρῶσιν τὴν δόξαν τὴν ἐμήν, ἣν δέδωκάς μοι – cf. 17,24).

Nesse caminho, Jo une a partida de Jesus, na sua profunda unidade com o Pai, e a sua presença atraente dos seus discípulos a Deus, em vista da unidade dos seus filhos, na qual serão atraídos como caminho para o Pai, verão o seu Espírito e manifestá-lo-ão ao mundo (cf. 14,1-24).

b) *Manifestação do glorificado*

A hora dos discípulos é o caminho daqueles que vivem atraídos pela Palavra do Senhor até à unidade perfeita. Nesse sentido, Jo descreve a compreensão e a manifestação do glorificado neles num arco perfeito de sete dias como o início, o caminho e a realização da unidade dos discípulos (cf. 20,1-29).

No desvelar desse único processo, o ressuscitado é reconhecido e manifesta-se na unidade dos discípulos num caminho coroado com a confissão feita por Tomé: *"Meu Senhor e meu Deus"* (ὁ κύριός μου καὶ ὁ θεός μου – 20,28).

Com efeito, Jo realiza o caminho do seu Evangelho, que, nos Doze, é consumado na passagem do escuro à luz, da dispersão à unidade, da correria à serenidade, do medo à confiança, da incapacidade ao poder, da incompreensão à compreensão, do em si mesmo ao amor recíproco. Eles realizam-se e caminham na medida em que vêem, ouvem e tocam o Logos-Jesus glorificado, que se manifesta neles (cf. 20,1ss).

---

²⁰² Esta forma verbal em Jo ocorre só no capítulo 17, mas sete vezes: 17,11.19. 21.22.23.24.
²⁰³ Cf. J. BEUTLER, «Die Ehre Gottes», 83-91.
²⁰⁴ Cf. B. WITHERINGTON, *John*, 270-271. A revelação desse lugar em Jo é notória: a primeira pergunta dos discípulos a Jesus é *"onde moras?"* (ποῦ μένεις; – 1,38); Pedro, o discípulo amado, e Maria Madalena não sabem onde estava Jesus (cf. 20,3.13.15). O último encontro de Jesus com os discípulos é uma autêntica revelação desse lugar: nas palavras a Pedro (cf. 13,36ss); na questão de Tomé (cf. 14,5-6); na questão de Jesus (cf. 16,5); no coro final dos discípulos (cf. 16,31).

Nesse caminho, o glorificado recria os seus discípulos, fá-los nascer de novo (cf. 3,1.10), leva-os a ultrapassar as insuficiências do mundo (cf. 5,39; 7,48), gera-os como filhos de Deus (cf. 1,12) e, nesse autêntico culto e caminho de relação vivificante (cf. 4,23), faz brotar neles a felicidade, a alegria, a paz, a unidade (cf. 14,27; 16,22; 20,20)[205]; e, assim, sendo neles, leva o mundo a caminhar para a unidade e na unidade, como a história do cego de nascença testemunha (cf. 9,1ss).

O caminho feito pelo cego e todas as histórias, imagens e oposições joaninas servem a Jo para fazer do caminho de unidade dos seus discípulos o lugar onde esses se realizam e são chamados a ser.

Nesse domínio, como visto, Pedro é o modelo excelente. O caminho amoroso e atraente que leva Pedro a Jesus glorificado é o único e o mesmo no qual caminha na unidade do Senhor, para a sua unidade e para a unidade dos seus discípulos em Deus (cf. 15,13)[206].

O caminho de unidade (a hora dos seus discípulos) até à unidade e na unidade perfeita é em claro confronto com a dispersão (a hora do mundo). Na realidade, Jesus insiste que os seus discípulos vencerão o príncipe do mundo sendo no seu caminho, na sua verdade e na sua vida (cf. 20,31).

No último capítulo do seu testemunho, Jo confirma, sem limite de tempo, o caminho dos discípulos pelo poder de Jesus glorificado a Deus (cf. 21,1-14) que leva à unidade todos aqueles que vivem do Logos-Jesus; de tal modo que o mundo inteiro é chamado a ser em caminho para a margem, para a morada, para a ceia, onde Deus mora e quer os seus filhos. De facto, assim, é concluído, ou melhor, é o caminho joanino.

3.4 Unidade e os filhos de Deus

Da vitalidade da glorificação de Jesus, entende-se a geração dos filhos de Deus. De facto, não é demais recordar que Jo escreveu o testemunho para que os discípulos, acreditando em Jesus, o Filho de Deus e o Messias, tenham a vida eterna no seu nome, ou seja, sejam gerados como filhos de Deus (cf. 20,31).

O Logos-Jesus é concedido aos seus discípulos para que possam ser *filhos de Deus* (τέκνα θεοῦ – 1,12); assim iniciara e assim confirma o fruto da sua morte: reunir na unidade os filhos de Deus (τέκνα τοῦ θεοῦ – 11,52).

---

[205] Cf. R. A. WHITACRE, *Johannine*, 80ss.
[206] Cf. D. MARZOTTO, «L'unità», 47-48.

Desse modo, nas duas referências explícitas aos filhos de Deus (cf. 1,12; 11,52), Jo destaca que eles são gerados de Deus e gerados pela glorificação de Jesus para a unidade. Atendendo à intenção do autor joanino, importa conhecer os filhos de Deus e, então, finalmente conhecer a sua vital noção de unidade, que é a unidade dos filhos na unidade perfeita em Deus.

Jo não apresenta nem procura uma definição conceptual sobre os filhos de Deus, nem limita nem explica a sua geração numa parte do livro ou num momento da vida daqueles.

Na verdade, Jo concebeu o seu testemunho como o domínio onde são gerados os filhos de Deus pelo poder do seu protagonista glorificado; e o seu poder é o de ser *o Filho de Deus* (ὁ υἱὸς τοῦ θεοῦ – 20,31). Conhecer os filhos de Deus é conhecer a vida, a geração, a relação, a influência, a presença deles no Pai dada a conhecer pelo Filho Unigénito (cf. 1,18).

Nesse desejo vital, no contexto do quarto Evangelho, Jo faz dos capítulos 13-17 uma autêntica passagem de Jesus aos seus discípulos, coroada no desejo de que aqueles que o Pai lhe deu sejam como ele é: unidade no Pai e unidade entre si.

Assim sendo, sem usar a expressão *discípulos*, Jo insiste em designá-los como aqueles que o Pai lhe deu (cf. 17,2.6.9.11.12.24) para serem seus filhos em unidade a si (cf. 17,2ss). Para o efeito, antes de revelar o desejo da unidade dos discípulos na sua unidade em Deus, Jesus apresenta-os como aqueles que o Pai lhe deu, os chamados a ser seus filhos, os filhos de Deus (cf. 17,6-8).

3.4.1 Filhos de Deus são gerados sendo atraídos pelo Senhor

Como manifestam as dezassete sucessivas repetições do verbo *dar* (δίδωμι) na sua oração, os discípulos são chamados (ou *tirados*) do mundo (ἐκ τοῦ κόσμου – 17,6) para a perfeita relação em Deus; a preposição *de* (ἐκ) e a construção *do mundo* (τοῦ κόσμου) em 17,6, confirmam os seus discípulos como sendo na passagem do domínio do mundo para o dom perfeito de Deus (ἐκ θεοῦ – 1,13; τοῦ θεοῦ – 11,52).

Sendo o mundo joanino a totalidade da criação[207] amada por Deus[208] sujeita ao seu príncipe[209] expulso pela glorificação de Jesus, neste mundo todos recebem já perfeitamente o poder de ser de Deus[210]. Na

---

[207] Cf. 1,9; 11,9; 17,5.24; 21,25.
[208] Cf. 1,29; 3,16; 4,42; 6,51; 8,12; 9,5; 10,36.
[209] Cf. 1,10; 7,7; 14,17-30; 15,18-19; 16,8-33; 17,6-16.
[210] Cf. 12,31; 14,30; 16,11.33. H.-J. KLAUCK, «Jesu», 238ss.

tensão e na dispersão próprias da treva presente no mundo, os discípulos são filhos de Deus na medida em que são de Deus.

Em oposição ao pensar, ao ser e ao agir próprios do mundo, os discípulos pensam, são e agem em Deus. Os Doze representam o modo como Jo concebe a chamada dos seus discípulos à unidade de filhos de Deus[211].

Da realidade do mundo e do poder da dispersão, Jesus chama-os à sua unidade (cf. 6,70ss). Sendo um dos seus discípulos dominado pelo diabo, conhecendo cada um deles, e tendo vindo para dar a vida a todos eles, sem nunca perder nenhum, Jesus dá-lhes perfeitamente o poder de serem filhos de Deus em unidade.

3.4.2 Filhos de Deus são do Pai e dados ao Filho

Jesus confirma o ser dos seus discípulos na sua perfeita relação recíproca em Deus: *"Eram teus e tu mos deste"* (σοὶ ἦσαν κἀμοὶ αὐτοὺς ἔδωκας – 17,6); na relação de absoluta e de pura unidade e reciprocidade do Pai e do Filho, os discípulos são na ordem do ser tomando parte do ser de Deus que os define.

Sendo por excelência a comunhão de vida do Pai e do Filho, conforme é manifestado nas famílias de Caná (cf. 2,1-12; 4,46-54), na família do cego de nascença curado (cf. 9,18-23) e na família de Betânia (cf. 12,1-12), Jesus joanino introduz os seus discípulos na sua perfeita relação de unidade em Deus. Os discípulos são chamados à sua intimidade de Filho, ao seu Pai, à sua relação, à sua vida, à sua origem.

Assim, o autor joanino situa os discípulos no domínio da sua perfeita unidade dialogal em Deus, onde verdadeiramente são os filhos de Deus. Jesus glorificado realiza-os na medida em que se lhes dá no seu ser e em que estes o acolhem como seu, ou seja, na medida em que o seu dom os realiza fazendo-os verdadeiramente ser[212].

Os discípulos são no domínio do dom recíproco de vida que gera vida[213]. A última ocorrência do verbo *dar* (δίδωμι) em Jo descreve corolariamente a doação de si aos discípulos na outra margem numa refeição com eles (cf. 21,13), ou seja, na sua perfeita atracção donificante de si aos filhos de Deus em Deus.

---

[211] 15,16: *"Eu escolhi-vos"* (ἐγὼ ἐξελεξάμην ὑμᾶς – cf. 6,60; 13,18; 15,19).

[212] Cf. T. THATCHER, «Riddles», 263-277.

[213] Nesse domínio e influência se entende o sentido vital do verbo *dar* (δίδωμι) em Jo: na relação entre o Pai e o Filho, o Pai entrega tudo nas mãos deste (cf. 3,35); na relação entre o Filho e os seus discípulos, o Filho dá-lhes a sua vida (cf. 4,7ss; 6,31ss; 10,28; 13,15.34).

3.4.3 Filhos de Deus guardam o Logos

Sendo o Logos sempre perfeita comunicação em Deus, os discípulos são acolhendo-o: *"guardaram a tua palavra"* (τὸν λόγον σου τετήρηκαν – 17,6). Tal como Jesus é perfeitamente unidade em Deus, não obstante as suas contingências e limitações próprias da encarnação, assim são os seus discípulos ao tomarem parte de si[214].

Na verdade, o protagonismo e a missão de Jesus em Jo manifestam-se e confirmam-se na resposta dos discípulos a si e entre si. Os seus discípulos são em Deus no observar, no acolher, no permanecer, no morar ou no guardar o seu Logos (cf. 1,14).

O Filho Unigénito pede ao Pai para *guardar* (τηρέω) aqueles que lhe deu (cf. 17,11.15)[215]. À luz dessa acção vital, une-se a importância de os discípulos guardarem a palavra de Jesus, os mandamentos (cf. 14,15.21; 15,10) e o mandamento, que define num único e vital: o amor recíproco, a vida eterna (cf. 10,18; 12,50; 13,34; 15,12). Para Jo, guardar os mandamentos e as palavras de Deus corresponde à acção vital de ser unidade em Deus e nos seus discípulos (cf. 17, 11b-12)[216].

3.4.4 Filhos de Deus reconhecem a unidade do Pai e do Filho

Sendo na unidade comunicante em Deus, os seus *"sabem que tudo quanto me deste, vem de ti"* (ἔγνωκαν ὅτι πάντα ὅσα δέδωκάς μοι παρὰ σοῦ εἰσιν – 17,7). O verbo *conhecer* (γινώσκω) expressa o reconhecer fruto da relação entre Jesus e os seus discípulos (cf. 10,14)[217], concretamente, o reconhecer dos discípulos da perfeita relação de doação em Jesus e no Pai.

Desse modo, Jesus joanino confirma que eles são 'seus discípulos' ao reconhecerem a sua unidade na unidade do Logos-Jesus glorificado. Os discípulos tornam-se sujeitos na compreensão da própria comunicação perfeita de Deus, a qual os gera como seus discípulos precisamente nessa comunicação; são gerados como filhos de Deus na medida em que se reconhecem perfeitamente nessa relação em Deus.

---

[214] Cf. F.-M. BRAUN, *Jean*, II, 222-225.

[215] Em Jo, a acção expressa pelo verbo *guardar* (τηρέω) aparece quase sempre no falar de Jesus em relação à sua palavra e à palavra do Pai (cf. 8,51-55; 15,20; 17,6), ao perfume guardado (cf. 12,7), aos seus discípulos e aos mandamentos do Pai (cf. 14,15.21; 15,20) e aos que o Pai lhe deu (cf. 17,11-15).

[216] Cf. J. BEUTLER, «Heilsbedeutung», 43ss.

[217] Cf. R. BULTMANN, «γινώσκω», *ThWNT*, I, 689ss.

Assim, se ver Deus era impossível, Jesus dá-o a conhecer aos seus discípulos na sua unidade de vida de Deus (cf. 1,18). Compreender Deus é unir-se a Jesus (cf. 9,1ss), que conhece todos os discípulos e tudo o que há neles; estes reconhecendo-o, são seus discípulos. Assim sendo, a relação dos discípulos com Jesus glorificado e deles entre si é o lugar vital de compreensão de Deus e deles próprios (cf. 10,1ss)[218].

3.4.5 Filhos de Deus vivem da unidade comunicante de Deus

Jesus insiste no ser dom comunicante em Deus e no ser dos seus discípulos nesse dom único e total: *"as palavras que me deste eu lhas dei"* (τὰ ῥήματα ἃ ἔδωκάς μοι δέδωκα αὐτοῖς – 17,8). Jesus *vê* os seus discípulos no seu dinamismo atraente. Eles são na 'única' e 'una' unidade de Jesus no Pai.

Nesse sentido, as palavras de Deus vividas e anunciadas por Jesus são as palavras de Deus dadas para serem vividas e anunciadas pelos seus discípulos. Para Jo, a autêntica adoração é o encontro no ser humano no Espírito das palavras de Jesus glorificado que leva ao Pai (cf. 4,14ss).

Na cruz só o discípulo amado e a mãe de Jesus estão unidos a ele, fazendo da palavra do Senhor as suas palavras (cf. 19,26-27); longe da cruz, os discípulos são chamados a ser nessa unidade às suas palavras, chamados a ser nas palavras de Deus dadas por Jesus glorificado e a nelas permanecerem.

Assim sendo, os discípulos compreenderão todas as palavras do Pai, pois o Espírito falará o que escuta de Jesus e esse será o falar daqueles que o Pai lhe deu; o Filho glorificado falará na sua unidade no Pai e nos seus discípulos (cf. 16,4ss). Assim, os discípulos não vivem de si nem das suas próprias palavras, passam das suas palavras à palavra de Deus.

3.4.6 Filhos de Deus reconhecem que o Filho veio do Pai

Jesus insiste na necessidade da unidade compreensiva nos seus discípulos a partir do evento vital e da origem de Jesus: *"sabem verdadeiramente que eu saí de junto de ti"* (ἔγνωσαν ἀληθῶς ὅτι παρὰ σοῦ ἐξῆλθον – 17,8)[219].

Tal como iniciara o seu testemunho (cf. 1,1ss), Jo confirma que os discípulos são 'seus discípulos' reconhecendo Jesus vindo de Deus. Jesus é o único que pode dar a vida (*"que recebi de meu Pai"*; ἔλαβον παρὰ τοῦ

---

[218] Cf. B. WITHERINGTON, *John*, 270-271.
[219] Cf. 1,47-51; 3,1ss; 4,1ss; 14,11; 19,9; 20,28.

πατρός μου – 10,18), pois foi enviado do Pai (*"eu saí de junto de ti"*; ἐγὼ παρὰ θεοῦ ἐξῆλθον – 16,27-28; 17,8), é no Pai (εἶναι παρὰ σοί – 17,5) e manifesta-se como tal (*"e sabem verdadeiramente que eu saí de junto de ti"*; ἔγνωσαν ἀληθῶς ὅτι παρὰ σοῦ ἐξῆλθον – 17,8)[220].

Nesse sentido, como nenhum outro escrito do NT, Jo serve-se da noção de verdade (ἀλήθεια, ἀληθής, ἀληθινός, e ἀληθῶς) para a dizer em Jesus[221]. Aos que seguem Jesus, é prometida a verdade, que é o seu próprio caminho (cf. 8,31ss) e que se opõe ao demónio que divide (cf. 3,19-21; 16,8ss).

De facto, essa é a verdade joanina vital: em Jesus o ser humano pode autenticamente ser filho em relação com Deus, fonte e ser de toda a verdade (cf. 15,1).

3.4.7 Filhos de Deus acreditam que o Pai enviou o Filho

Como corolário, Jesus anuncia que *"acreditaram que tu me enviaste"* (ἐπίστευσαν ὅτι σύ με ἀπέστειλας – 17,8)[222]. Os seus discípulos realizam a sua condição, acreditando naquele que o Pai o enviou.

As palavras de Jesus não só revelam a intenção do Unigénito de Deus de inserir os seus discípulos no seu ser e agir, como completam o sentido das anteriores declarações do Senhor. A obra de Deus é o acreditar no seu Enviado; a sua obra é dar a vida ao mundo por meio da sua palavra, que é acolhida só na unidade a essa.

Com efeito, Jesus joanino deseja os seus discípulos no domínio da atracção amorosa que fala, vem e é nos que acreditam em Jesus[223]. Acreditar implica a recriação, o nascer do alto (cf. 3,1ss), o passar das insuficiências deste mundo (cf. 5,39) à condição de filho de Deus (cf. 1,12), e, desse autêntico culto (cf. 4,23), brota a felicidade, a alegria, a paz (cf. 14,27).

Acreditar é receber a vida de Jesus, é unir-se ao Pai; é a resposta perfeita ao amor perfeito, pois nele os seus discípulos vivem íntima e pes-

---

[220] Cf. K. FUGLSETH, *Johannine*, 353-374.
[221] Cf. 1,14ss; 4,42; 8,26.40; 14,6; 18,37. R. CULPEPPER, *Gospel*, 97-100.
[222] A inclusão entre a primeira e a última ocorrências do verbo *acreditar* (πιστεύω) no encontro confirma a intenção de Jo de inserir os discípulos de Jesus na unidade do Filho com o Pai e, assim, manifestar-se ao mundo: *"para que, quando acontecer, acrediteis que Eu Sou"* (ἵνα πιστεύσητε ὅταν γένηται ὅτι ἐγώ εἰμι – 13,19); → *"que todos sejam um, como tu, Pai, és em mim e eu em ti; que eles também sejam em nós e assim o mundo acredite que tu me enviaste"* (ἵνα πάντες ἓν ὦσιν, καθὼς σύ, πάτερ, ἐν ἐμοὶ κἀγὼ ἐν σοί, ἵνα καὶ αὐτοὶ ἐν ἡμῖν ὦσιν, ἵνα ὁ κόσμος πιστεύῃ ὅτι σύ με ἀπέστειλας – 17,21).
[223] Cf. 15,1ss; D. M. SMITH, *Theology*, 87ss.

soalmente da relação de escuta com Jesus. Acreditar é compreender, permanecer e viver no amor recíproco do Pai pelo Filho.

3.5 *Unidade dos filhos de Deus*

No seguimento do culminante 'dar a conhecer-se' (ou 'dar a conhecer') aos filhos de Deus, na sua oração, Jesus não apenas fala deles, como também se refere à sua unidade no Pai e à unidade deles, que se entende na sua unidade, a unidade testemunhada por Jo.

Assim sendo, nas próprias palavras de Jesus em 17,20-21, Jo concebe a unidade dos filhos de Deus como o desejo de Jesus de unidade dos seus discípulos na sua relação no Pai, na unidade dos seus discípulos em si e no devir no nós e ao nós divino, chamando o mundo a essa única unidade.

3.5.1 Unidade é no desejo de Jesus e na unidade dos seus

A unidade testemunhada por Jo é vitalmente na ordem do ser e do encontro do desejo de Jesus na unidade dos seus discípulos (*"rogo... por aqueles que, pela sua palavra, acreditarão em mim"*; ἐρωτῶ... περὶ τῶν πιστευόντων διὰ τοῦ λόγου αὐτῶν εἰς ἐμέ – 17,20).

Assim, o quarto evangelista vê a unidade daqueles que o Pai lhe deu no domínio, na morada, na influência de Jesus glorificado em Deus, onde é a resposta ao desejo de acreditar dos seus discípulos nesse único domínio de unidade (cf. 4,1ss)[224].

Para Jo, só o desejo atraente e influente do Logos move e move a ser unidade (o amor recíproco). Jesus dá a conhecer e comunica vitalmente aos discípulos o seu próprio desejo de ser e de vida em unidade em Deus, onde chama a ser e a desejar ser. Sendo aqueles que o Pai lhe deu no seu desejo de unidade, a unidade neles torna-se unidade presente no mundo manifestando-a ao mundo como tal; de tal modo que acreditar em Jesus e acreditar na palavra dos seus discípulos são realidades constitutivas e constituintes da única unidade daqueles que o Pai lhe deu.

Assim como Jesus revela o Pai e é revelação do Pai, assim os seus discípulos são chamados a revelar o Pai e a ser revelação do Pai. Jesus sabe da vitória daqueles que o Pai lhe deu em si e apresenta-os como sua morada, sua presença no mundo, pois neles realiza-se e é a sua promessa vivente: os filhos de Deus dispersos serão reunidos na unidade (cf. 10,16; 11,52)[225].

---

[224] Cf. M. W. G. STIBBE, «Elusive», 231-247.
[225] Cf. J. RATZINGER, *Weggemeinschaft*.

Jesus joanino manifesta assim a unidade do seu povo (o povo de Deus) como sendo possível e autenticamente unidade em unidade ao perfeito desejo de unidade do Logos-Jesus, perfeitamente comunicado na sua unidade no Pai. Desse modo, Jesus joanino não apenas faz brotar a unidade de Israel da sua perfeita unidade no Pai, como a faz depender da unidade daqueles que o Pai lhe deu ao próprio desejo de serem e de viverem na unidade de Deus[226].

O real e contínuo desejo de unidade de Jesus joanino, intemporal e sem espaço limitado, é precisamente nessa unidade e para essa unidade que se compreende; é para ela que se move e é nela que permanece o seu poder de ser e de chamar a ser unidade em Deus[227].

Assim, a unidade joanina é e brota no ser, no domínio, na atracção, na influência, no lugar, na morada onde os seus discípulos são chamados a ser, são, e chamam a ser no seio da sua unidade em Deus.

Nesse sentido, como noutras imagens e expressões, Jesus joanino chama os discípulos de amigos (cf. 15,12ss), ou seja, reconhece-os na esfera, na relação, na comunhão, na família, no lado de Deus, onde são chamados e chamam, são atraídos e atraem, são tocados e dão a tocar, são amados e amam Deus, como modelarmente Lázaro (cf. 11,5.11; 12,10) e Pedro (cf. 21,15-18) assim revelam e manifestam.

3.5.2 Unidade é na relação entre o Pai e o Filho

A unidade dada a conhecer por Jesus joanino é fundada (*como*; καθώς – 17,21) na relação filial entre o Pai e o Filho (*"tu, Pai, és em mim e eu em ti"*; σύ, πάτερ, ἐν ἐμοὶ κἀγὼ ἐν σοί – 17,21). Confirma-se que a unidade joanina não depende nem se modela senão na perfeita relação de ser e de agir do Pai e do Filho. A unidade dos filhos de Deus, segundo Jo, é na unidade e no perfeito e total amor recíproco do Pai e do Filho.

Segundo Jo, a compreensão e unidade dos discípulos é no amor e na unidade Pai-Filho. Jesus não descreve nem propõe nenhum outro modelo de unidade senão a sua própria vida em Deus. Qualquer outro fundamento e influência não poderá senão motivar a dispersão dos seus discípulos, afastar-se de Deus e contrapor-se ao único fundamento de unidade realizante dos que vivem do Logos[228].

---

[226] Desse modo, Jo distancia-se claramente de visões gnósticas, filosóficas e esotéricas presentes no tempo, soluções de unidade em ruptura com o povo de Deus e edificação de comunidades separadas do testemunho autêntico do discípulo amado.
[227] Cf. J.-O. TUÑI – X. ALEGRE, *Escritos*, 129.
[228] Cf. J. LUZARRAGA, «Eternal», 24-34.

Assim, a unidade joanina não se fundamenta nem decorre de uma interpretação ou de um conceito de alguns dos seus discípulos acerca da unidade ou sequer acerca de Deus, mas na participação e na resposta destes à real, existencial, única, universal, compreensiva, vivificante, corrente e influente unidade em Deus que os faz ser unidade (*"que todos sejam um"*; ἵνα πάντες ἓν ὦσιν – 17,21)[229].

Nesse sentido, como a tripla repetição da preposição *em* (ἐν) em 17,21 evidencia, a unidade dos discípulos é e participa na atraente unidade em Deus, ou seja, na perfeita e total relação entre 'um' (Deus) e a relação em si (Pai, Filho, discípulos).

Como o Pai e o Filho não se confundem, os seus discípulos não se confundem, mesmo sendo 'um' unidos em Deus, a perfeita unidade de relação. Como Jesus joanino diz, na medida em que aqueles que o Pai lhe deu permanecem nele, assim darão fruto e serão o seu fruto (cf. 15,1ss)[230], como autenticamente o discípulo amado e Tomé (cf. 20,28) testemunham.

3.5.3 Unidade é na unidade dos seus discípulos em si

A unidade joanina é na unidade dos seus discípulos em si (*"que eles também sejam em nós"*; ἵνα καὶ αὐτοὶ ἐν ἡμῖν ὦσιν – 17,21). De acordo com Jo, para que os filhos de Deus conheçam e sejam em unidade, é vital e necessário, que acreditem no Senhor, no seu nome, na sua unidade no Pai, pois só nele acedem perfeitamente à unidade.

Nesse sentido, a unidade joanina (e a unidade do povo de Deus) é uma realidade única que vive de Jesus glorificado em Deus. Segundo Jo, só o Logos-Jesus glorificado chama todos a ser unidade, chamando a ser em Deus e nos seus discípulos e não a ser em si mesmo, em outros deuses ou em dispersão.

Sendo a unidade joanina na ordem do ser, não é nem se realiza senão na realidade única do amor recíproco em Deus, que deseja e atrai todos

---

[229] Cf. 10,4.12.14.27.30; 17,7.10.24. O modo como o adjectivo *todo* (πᾶς) ocorre nos capítulos 13-17 sugere que a totalidade a que Jesus se refere é a totalidade que o Pai lhe deu (cf. 13,3; 16,15) e que Jesus entregou na totalidade aos seus discípulos (cf. 15,15; 16,15); nessa totalidade, apenas Judas, representativamente, se auto-excluiu (cf. 13,10.11.18) tomado por aquele que dispersa, e isso para que se cumprisse a Escritura (cf. 17,12). Os discípulos de Jesus reconhecem que todas as coisas que o Filho recebeu vieram do Pai e que eles as receberam de Jesus (cf. 14,26; 15,2.15; 16,30; 17,7.10); assim, nessa mesma totalidade, os discípulos serão como o Pai e o Filho 'um' e, nessa unidade, conduzirão o mundo (cf. 13,35), todos aqueles que estão dispersos (cf. 15,21; 16,2), à unidade do Pai e do Filho (cf. 17,21).

[230] Cf. R. F. COLLINS, *John*, 78ss.

os homens e todas as mulheres a ser em Deus, dado perfeitamente a conhecer pelo seu Filho como verdade, unidade e vida[231].

A unidade (*o amor recíproco*; ἀγαπᾶτε ἀλλήλους – 15,12) é a realidade própria dos seus discípulos e é nela que eles são reconhecidos e só ela faz ser ou deseja unidade. A unidade joanina é na medida, na atracção, no dinamismo do fruto de Jesus nos seus discípulos.

Assim, a unidade joanina só é na unidade e só faz ser unidade, pois não tem outro princípio, meio ou fim senão a própria unidade perfeita em Deus dada a conhecer pelo seu Filho Jesus.

3.5.4 Unidade é em atracção no e ao nós divino chamando o mundo

Segundo as palavras de Jesus joanino, a unidade é em devir (*sejam*; ὦσιν – 17,21) no 'nós um' e ao 'nós um' divino (*"sejam em nós"*; ἐν ἡμῖν ὦσιν – 17,21), atraindo neste mundo todo o mundo a si (*"assim o mundo acredite que tu me enviaste"*; ἵνα ὁ κόσμος πιστεύῃ ὅτι σύ με ἀπέστειλας – 17,21). Nesse caminho, ou melhor, nesse dinamismo para a unidade e na unidade, os seus discípulos são nesse dinamismo e revelam-na ao mundo e no mundo na medida em que nele permanecem.

Assim, a unidade joanina pode ser compreendida como o movimento atraente para os que a vivem e para aqueles que se dispõem a ser atraídos pelo poder do Logos-Jesus glorificado. Portanto, segundo o autor joanino, a 'unidade' – ἕν – é o ser próprio dos discípulos, é o caminho a percorrer e, contemporaneamente, é a morada a permanecer e a ser.

Como Jo faz ver no seu testemunho, é o facto de a sua compreensão e de a sua visão da unidade serem na vital realidade de Deus e dos seus discípulos que leva a que ela não seja tanto objecto de dizer ou de reflexão, quanto vitalmente sujeito de testemunho e de tomar parte na unidade como modo de ser, correr, permanecer, viver (cf. 20,1ss).

O desejo de Jo é dar a conhecer e dar a viver a total e perfeita unidade de reciprocidade de Deus aos discípulos, a qual só é compreensível, visível e dizível, precisamente, nessa total e perfeita unidade, como Jesus continuamente a dá a conhecer aos seus discípulos.

Na realidade, esse é o último pedido de Jesus ao Pai no encontro: *"desejo que, onde eu estou, também eles estejam comigo"* (θέλω ἵνα ὅπου εἰμὶ ἐγὼ κἀκεῖνοι ὦσιν μετ' ἐμοῦ – 17,24). A forma verbal *sejam* (ὦσιν) e a construção *onde eu estou* (ὅπου εἰμὶ ἐγώ) manifestam o desejo e a morada dada por Jesus àqueles que o Pai deseja que sejam e permaneçam onde ele é.

---

[231] Cf. S. S. SMALLEY, *John*, 89ss.

Assim sendo, a hora dos discípulos é o contínuo dinamismo atraente desses à unidade e para a unidade em Deus; esse dinamismo está em claro confronto com o poder da dispersão. Os discípulos verão vencido o príncipe do mundo, na medida em que são na 'unidade', vivendo no princípio, no domínio e na meta vital: a unidade de vida em Deus e entre si (cf. 20,31).

4. Conclusão do capítulo

Prosseguindo com as derradeiras palavras de Jesus comunicadas (dadas a conhecer) aos seus discípulos no último encontro com eles e insistindo no desejo vital da unidade, o Filho de Deus anuncia que lhes dera a glória que tinha recebido do Pai e, por isso, declara: *"para que sejam um como nós"* (ἵνα ὦσιν ἓν καθὼς ἡμεῖς ἕν – 17,22). A glória do Unigénito manifesta o Pai[232]; recebendo-a, os seus discípulos manifestam no mundo o modo de ser unidade próprio de Deus[233].

A glória dada por Jesus aos seus discípulos é a glória da sua exaltação, na qual ele é glorificado e glorifica aqueles que o Pai lhe deu enviando-os no mundo[234]. A glória dada manifesta-se na relação vital dos discípulos com Jesus glorificado em Deus.

Desse modo, depois da sua morte, no ressurgir do novo templo no mundo, a morada do Logos-Jesus entre os homens é presente naqueles que nele acreditam por meio da palavra daqueles que o Pai deu a Jesus (cf. 2,13-22)[235].

Então, finalmente, sempre nas palavras de Jesus, depois de dizer e de situar a sua compreensão da unidade dos discípulos na sua relação filial com o Pai (cf. 17,21), em 17,23, Jesus joanino coloca, de um modo perfeitamente original, aqueles que vivem de si no lugar e no domínio no Pai, ou seja, deseja-os na realidade de Deus: *"que sejam perfeitos na unidade"* (ἵνα ὦσιν τετελειωμένοι εἰς ἕν – 17,23). O desejo de Jesus, a unidade joanina, é a vida dos seus discípulos na vida de Deus, é o poder de os seus terem a vida de Deus por Jesus.

Assim, a 'unidade' – ἕν – confirma-se como a realidade vital dada aos discípulos do Senhor, de tal modo que Jesus joanino conclui com o desejo: na perfeita unidade dos seus discípulos em si, o mundo reconhecerá que ele é o Enviado de Deus e que Deus os ama assim como

---

[232] Cf. 1,14; 2,11; 17,1-5.
[233] Cf. R. Hakola, *Identity*, 109ss.
[234] Cf. G. R. O'Day, «Overcome», 153-166.
[235] Cf. B. Lindars, *Gospel*, 102ss.

ele o ama. Esta é a última passagem (o último desejo) dada aos discípulos por Jesus na Última Ceia: *"e que os amaste como a mim"* (καὶ ἠγάπησας αὐτοὺς καθὼς ἐμὲ ἠγάπησας – 17,23)[236].

Por isso, como concluirá (e como começara o seu testemunho evangélico), para Jo, o discípulo amado é por excelência o paradigma dos discípulos e dos filhos de Deus, pois é definido pelo amor que recebe de Jesus e pela sua unidade; desta unidade se entende a sua missão e a missão de todos os discípulos: amar como se é amado por Jesus; gerar unidade a Jesus como se é unidade nele. Em verdade, o amor recíproco, a unidade, é o modo de ser daqueles que são de Jesus.

Concluindo, então, tendo Jesus dado a conhecer aos seus discípulos (e dando-nos continuamente a conhecer) o seu nome, a sua perfeita e total unidade em Deus para que o amor de Deus que amou Jesus seja o amor nos seus discípulos (cf. 17,26), a unidade joanina, conforme se afirma no testemunho joanino, é o tomar parte interpessoalmente na total, contínua, perfeita comunicação de reciprocidade do Pai e do Filho.

---

[236] Cf. C. A. EVANS, *Word*, 77ss.

CONCLUSÃO

1. O Deus único

O testemunho joanino começa, mora e finda na morada do seu protagonista: o Logos feito carne glorificado. Para Jo, Deus (Θεός) é o único e verdadeiro Deus (cf. 3,33; 17,3), perfeitamente comunicante, compreensivo, vivificante, e dado a conhecer pelo seu Unigénito para a vida dos seus filhos (cf. 1,1-18).

Sendo Jo fruto do encontro com o seu único Deus, a resposta do discípulo amado ao Senhor Deus, só à luz desse fruto se entende e se realiza autenticamente o testemunho joanino. Com efeito, o âmago de Jo é o encontro com o Deus único, do qual é e gera o que é.

Jo não testemunha outro Deus senão o Deus de Israel, o Deus único, que ele escuta, de quem fala e a quem tudo de seu pertence. Jo é sempre claro: de Deus são os filhos (cf. 1,12), de Deus é o Cordeiro (cf. 1,29), de Deus é o Filho (cf. 1,49), de Deus são os anjos (cf. 1,51), de Deus é o reino (cf. 3,3), de Deus são as palavras do seu Filho (cf. 3,34), de Deus é o dom (cf. 4,10), de Deus é o amor (cf. 5,42), de Deus são as obras (cf. 6,28), de Deus é o alimento (cf. 6,33), por Deus todos serão ensinados (cf. 6,45), de Deus é a doutrina (cf. 7,17), de Deus é o Santo (cf. 6,69).

Na verdade, foi Deus quem enviou o seu Filho (cf. 3,17). Deus é o sujeito que ama o mundo (cf. 3,16), é o Espírito (cf. 4,24), é o Pai (cf. 6,27), é nele que o seu Filho e os seus filhos são, agem (cf. 3,21), glorificam (cf. 17,4.10; 21,19); perfeito e vital é aquele que o seu Filho deu e dá a conhecer aos seus discípulos (cf. 1,18; 17,26).

É de Deus que toda a acção de Jesus brota, se desenrola e para ele se orienta, bem como a acção dos filhos por si gerados. É a Deus que os seus discípulos prestam culto (*"oferece culto a Deus"*; λατρείαν προσφέρειν τῷ θεῷ – 16,2), de tal modo que, no culminar da acção no templo e da resistência dos discípulos, Jesus os convida, mesmo que não acreditem nele, a acreditarem nas suas obras para que reconheçam que o Pai é nele e ele é no Pai (cf. 10,38; 14,11).

Em síntese, Jo quer levar os discípulos e o mundo inteiro a Deus e concebe o seu testemunho como lugar que possibilita encontrar o Senhor Deus (cf. 20,30-31). Para Jo, como para o seu povo, o encontro com o seu Deus é a morada vital do seu acreditar. Jo tem sempre diante do olhar o Deus único. Portanto, o encontro, a compreensão, o testemunho da unicidade de Deus (cf. 5,44; 8,41), que nunca é discutida nem objecto de justificação, é o lugar vital no qual brota, mora e finda Jo.

O Deus único, que alguns dos judeus reivindicavam como o seu – *"temos só um pai: Deus";* ἕνα πατέρα ἔχομεν τὸν θεόν (8,41) –, é o mesmo e único de quem Jesus joanino fala e tem por Pai: *"É o meu Pai que me glorifica, aquele de quem vós dizeis: 'É o nosso Deus'"* (ἔστιν ὁ πατήρ μου ὁ δοξάζων με, ὃν ὑμεῖς λέγετε ὅτι θεὸς ἡμῶν ἐστιν – 8,54); o mesmo e único Deus, que na lei, chama o seu povo: *Eu disse: sois deuses?* (ἐγὼ εἶπα, θεοί ἐστε; – 10,34).

Para Jo e para o seu povo o seu Deus é o único, pois só a ele devem a sua existência e com ele vivem uma relação única que os criou e os recria sempre. No seio dessa relação única e vivificante, brota e é a compreensão joanina da unidade: Deus é a perfeita relação comunicativa em si e essa perfeita unidade de vida comunica (e unifica) como vida aqueles que nele acreditam.

Assim sendo, a originalidade do testemunho joanino é ser ele mesmo na vital compreensão da unicidade de Deus como a perfeita unidade comunicante de vida.

2. Jesus: o Unigénito de Deus

Partindo do seu domínio vital, para Jo, Jesus é a perfeita comunicação da vida de Deus dada ao mundo, ou seja, é a perfeita possibilidade de os homens serem filhos de Deus e de o serem perfeitamente na sua unidade.

Jo começa por chamar Jesus *o Logos feito carne* (ὁ λόγος σὰρξ ἐγένετο – 1,14) e *o Unigénito do Pai* (μονογενοῦς παρὰ πατρός – 1,14), pois Jesus vem e vive de Deus; e vem e vive de Deus comunicando o que é: a sua perfeita unidade de vida em Deus.

O Senhor Jesus dá a conhecer a sua unidade a Deus único, sendo perfeitamente a sua vital unidade comunicante. Ele é autenticamente Filho de Deus; nunca é só, age sempre em Deus: *"Não me deixou só, porque eu faço sempre o que lhe agrada"* (οὐκ ἀφῆκέν με μόνον, ὅτι ἐγὼ τὰ ἀρεστὰ αὐτῷ ποιῶ πάντοτε – 8,29).

Na verdade, Jesus responde perfeitamente a Deus, manifestando em si a plenitude do ser humano – viver em unidade a Deus –; a partir da sua hora, todos aqueles que acolhem a sua palavra são atraídos a ser como ele em Deus: ser 'um', serem perfeitos da unidade de seus filhos.

Jo insiste sempre e de diversos modos que quem vê o Filho vê o Pai, que as obras do Filho são as obras do Pai, que as palavras do Filho são as palavras do Pai, que a glória do Filho é a glória do Pai; para que nessa sua perfeita relação de unidade em Deus sejam os seus discípulos, sejam a sua palavra, sejam as suas obras, sejam o que vêem, sejam os seus filhos, sejam na unidade.

Assim sendo, o Logos-Jesus, a sua glorificação e a presença do Logos nos discípulos compreendem-se e realizam-se no seio dessa relação única do Deus único com o seu único povo; e só essa relação permite aos seus discípulos ser em Deus como seus autênticos filhos.

Moisés recebeu o dom da lei revelada por Deus ao povo, a qual se fez carne em Jesus e assim em Deus atraiu todos a si. Nesse lugar e morada, Jesus insere os seus discípulos perfeitamente na sua filiação, na sua relação, na sua intimidade, no seu domínio em Deus; o Unigénito é 'um' com o Pai (cf. 10,30) e deseja que os seus discípulos assim o sejam. De facto, a missão de Jesus é comunicar ao seu povo a vida de Deus e, desse modo, reuni-los na sua unidade em Deus (cf. 10,22-39).

3. O povo de Deus

O testemunho joanino só se compreende no seio do seu único povo, criado, desejado e real na sua relação vivificante com o seu Deus único: o Deus criador; o Deus de Abraão e da sua descendência, o Deus de David, dos profetas e dos sábios; o Deus do judaísmo do primeiro século; o Deus de Jesus.

Segundo Jo, a lei e os profetas falaram de Jesus (cf. 1,45), Abraão alegrou-se com a sua vinda (cf. 8,56-58), a tradição de Jacob orientou a sua missão (cf. 1,51), Moisés testemunhou acerca dele (cf. 4,46) e João chamou todo o Israel a si (cf. 1,19ss).

Portanto, o Deus de Jesus é o único e o mesmo Deus do seu povo, que enviou o seu Filho precisamente aos seus filhos. Assim sendo, a unidade joanina não se entende fora do seu único povo.

Efectivamente, a meta de Jo é a vida do seu povo. Nesse sentido, o autor joanino concentra em Jesus diversas respostas à manifestação da vontade de Deus e da realização das suas promessas: o Cristo (cf. 1,17), o Cordeiro de Deus (cf. 1,29), o Filho de Deus (cf. 1,49), o

Filho do homem (cf. 1,51), o Salvador do mundo (cf. 4,42), o Enviado (cf. 6,44), o Profeta (cf. 7,40), o Bom Pastor (cf. 10,1ss), o Senhor (cf. 20,28).

Na verdade, Jesus comunica perfeitamente o que as instituições e personagens judaicas celebram: o sábado, o templo, a Escritura, a lei, os Patriarcas, as tribos de Israel, Moisés, os profetas, a sabedoria, o servo. Jo entende a vida do povo na perfeita unidade de vida ao seu único Deus, ou seja, na sua autêntica condição de seus filhos, e a missão de Jesus joanino é comunicá-la plenamente à humanidade.

A missão de Jesus e o testemunho joanino encontram-se na história e são no seu tempo histórico. De facto, Jo inclui no seu testemunho eventos do tempo de Jesus, do tempo dos primeiros seguidores de Jesus e do tempo do autor do Evangelho, como por exemplo: o processo de Jesus e o dos seus discípulos, a incompreensão dos líderes, as diversas respostas do povo a Deus, os interesses de poder, as crises entre seguidores de Jesus, a realidade imperial, a destruição do templo.

Não obstante esses eventos e outros acontecimentos, a meta joanina é sempre a vida do seu único povo em Deus e em unidade com o Senhor, que Jo entende como modo de ser do povo de Deus. A compreensão da unidade joanina nunca é contra o seu povo nem de ruptura com Israel; pelo contrário, a unidade joanina é a unidade de Israel e só se compreende no seu seio.

4. Os gregos e os romanos

Sem perder de vista a inserção da unidade joanina na história do seu povo, a sua relação com a cultura greco-romana e com as suas noções de unidade destaca a sua própria originalidade.

É clara a presença da cultura grega, helenista e também romana no testemunho joanino, comprovada, antes de tudo, pelo idioma da *koiné* no qual foi escrito e que, necessariamente, trouxe consigo o peso da tradição presente nas suas palavras.

Contudo, a presença da tradição helénica em Jo não é propriamente uma particularidade joanina, pois a cultura grega exerceu influência no judaísmo, como, por exemplo, Filão de Alexandria demonstra.

Naturalmente, antes, como hoje, é impossível medir com precisão a influência que Jo e qualquer outro autor receberam do seu meio; igualmente seria injusto separar completamente duas tradições que se tocaram.

Jo serve-se de alguns dos principais conceitos usados pelos pensadores gregos como *logos* (λόγος), *um* (ἕν), *deus* (θεός), *mundo* (κόσμος), *alma*

CONCLUSÃO

(ψυχή), *princípio* (ἀρχή), *lei* (νόμος), *causa* (αἰτία), *conhecer* (γινώσκω), *muito* (πολύς), *todo* (πᾶς), *completo* (ὅλος), *outro* (ἕτερος), *parte* (μέρος), *único* (μόνος), *eterno* (αἰώνιος), *sendo* (ὤν), *fim* (τέλος), *verdade* (ἀλήθεια), *paz* (εἰρήνη), *feliz* (μακάριος), *justiça* (δικαιοσύνη), *poderoso* (δυνατός), *espírito* (πνεῦμα), entre outros.

Ao mesmo tempo, o autor joanino partilha com os pensadores gregos a simbologia e a imagética universais como a filiação divina, o bom pastor, a porta, a iluminação, a videira, a água, o banquete; além disso, como nenhum outro Evangelho canónico, Jo sugere explicitamente, primeiro, que Jesus *"Irá à diáspora dos gregos e ensinar os gregos?"* (μὴ εἰς τὴν διασπορὰν τῶν Ἑλλήνων μέλλει πορεύεσθαι καὶ διδάσκειν τοὺς Ἕλληνας; – 7,35), e, depois, sem mais especificar, que alguns gregos virão para a festa da Páscoa, concretamente, com o desejo de ver Jesus (cf. 12,20-21).

Na realidade, é a perfeita comunicação de Jesus que deseja levar ao Pai os gregos e os romanos e não, propriamente, a cultura grega e romana que influencia o autor joanino.

Não obstante, Jo, precisamente para dar testemunho ao mundo inteiro, partilha ainda com muitos dos pensadores gregos do seu tempo o desejo de conhecer e dar a conhecer a razão que o move a ele, ao mundo e aos homens.

O autor joanino avista também, como a maior parte dos pensadores de então (por exemplo, Dio Crisóstomo, Séneca, Plutarco e o próprio Filão de Alexandria), uma solução universal onde o mundo inteiro é incluído e nela toma parte.

Nesse sentido, como nenhum outro escrito neotestamentário, Jo interessa-se pela decisiva questão da unidade de Deus, do mundo e dos homens, então particularmente privilegiada no mundo grego e romano, como manifestam, cada um a seu modo, Dio Crisóstomo, Séneca e Plutarco.

De facto, nesse sentido, Jo serviu-se particularmente, como outros autores judaicos anteriores e posteriores, não só da sua tradição como da tradição helenista, alguma já integrada no seu pensar e no seu escrever, para realizar a sua meta, concretamente, o desejo de comunicar a unidade a judeus, a gregos e ao mundo inteiro (cf. 19,20).

Porém, ao mesmo tempo, o modo como Jo entende o seu testemunho e a meta que lhe coloca distingue-se claramente do pensamento grego, helenista e romano. Aliás, se a imensa tradição greco-romana em si era altamente distinta, a tradição joanina, incomparavelmente menor na sua dimensão, mais se distanciava.

Efectivamente, Jo não faz especulações nem projecções, é o testemunho autêntico do discípulo amado, é o encontro do único Deus vivente com os seus filhos.

A transcendência divina joanina distingue-se da imanência grega; o interesse joanino pela unidade e a não-dispersão na relação entre o único Deus e o seu único povo distancia-se do interesse grego entre o uno e o múltiplo no desejo de compreensão do mundo; a oposição joanina entre o reino deste mundo e o Reino de Deus afasta-se da cosmogonia grega. De facto, Jo é um judeu e vem da sua tradição hebraica, que na sua origem se distingue da greco-romana.

A noção do Logos é uma das que mais claramente evidencia o modo como o contexto greco-romano toca Jo, a forma como o olhou e dele se serviu para comunicar. Porém, a própria noção do Logos, central no pensamento greco-romano e no testemunho joanino, manifesta a diferente perspectiva e entendimento entre a imensa corrente de pensamento grego e romano e a específica corrente joanina.

Na verdade, se para os pensadores gregos e romanos do I CE, na sua ampla reflexão, o Logos permitia conhecer a unidade do uno e do múltiplo, da harmonia e da desarmonia, da razão e da não-razão, da mónade e da díade, para Jo, é pelo poder do Logos-Jesus glorificado em Deus e presente nos seus discípulos que os homens podem passar da ignorância à compreensão, da dispersão à unidade, da morte à vida.

5. A hora de Jesus

A glorificação de Jesus em Deus e nos seus discípulos é a hora de onde parte, é e se finda a unidade joanina. Nessa hora, segundo Jo, Jesus realizou perfeitamente e tornou perfeitamente possível a unidade dos homens em Deus, a unidade do seu único povo no seu único Deus.

De facto, a perfeita unidade de Jesus em Deus é o poder testemunhado e dado de Jo, o único, segundo o autor, capaz de realizar a unidade do seu povo em Deus.

Assim, a perfeita unidade interpessoal em Deus, a sua palavra, a sua relação, a sua filiação e a sua compreensão tomaram perfeitamente o humano e atraíram-no perfeitamente à vida em Deus. Na verdade, o Logos, que veio de Deus e era Deus, fez-se carne e retornou a Deus em todo o ser humano, onde acampa ou mora, atraindo-o a si.

Nesse domínio vital de desejo e de atracção é e é gerada a unidade dos seus discípulos e do seu povo; esse é o domínio onde os seus discípulos encontram Deus e por ele são gerados como seus filhos em vista da unidade em si e nos seu filhos. Com efeito, segundo o quarto

Evangelho, a unidade é vida de Deus, é tomar parte como autênticos sujeitos e verdadeiros filhos na perfeita relação vivificante interpessoal de Deus.

Nesse sentido, Jo insiste sempre que só por si, pela carne, pelo sangue, pela sua vontade, pela sua compreensão e desejo, os seus discípulos não podem viver de Deus, o seu povo não pode ser unidade. Na realidade, para Jo, o único poder pelo qual os seus discípulos perfeitamente vivem de Deus e perfeitamente são reunidos na unidade é o dinamismo do Logos comunicado, chegado, feito carne e presente nos seus.

Em suma, da geração recreadora que brotou da glorificação de Jesus em Deus, se entendem e dependem real e vitalmente a presença, a morada, a unidade, o encontro dos seus discípulos em Deus, concretamente na sua vida de perfeita unidade comunicativa em Deus e entre os próprios discípulos do Filho de Deus; e essa perfeita vitalidade é o poder atraente que move todo o testemunho do discípulo amado e o faz ser em perfeita unidade ao unigénito de Deus.

6. A perfeita comunicação de Deus

Assim, a unidade segundo o quarto Evangelho é no ser de Deus perfeitamente comunicada na glorificação de Jesus (cf. 17,21). Jesus Cristo dá a conhecer aos discípulos o seu ser relação, o seu ser Filho, o seu ser vida em Deus.

A unidade joanina é o lugar comovente e atraente, é o caminho dos que vivem de Deus; por outras palavras, é o autêntico encontro interpessoal de Deus-Pai e os seus filhos no nome do seu Filho Unigénito perfeitamente sujeito em unidade interpessoal e filial em Deus.

Efectivamente, o desejo vital de Jesus é que os seus discípulos sejam na compreensão, na unidade, na vida em Deus (cf. 20,31). Jo visa o encontro do desejo de Deus de dar (comunicar) a sua vida e o desejo de que os seus discípulos a desejem como sua.

Jo testemunha a vida de Deus para que a vida dos seus discípulos seja a vida de Deus. De facto, o próprio Jesus insiste: *"Quem é de Deus ouve as palavras de Deus. Por isso, não ouvis, porque não sois de Deus"* (ὁ ὢν ἐκ τοῦ θεοῦ τὰ ῥήματα τοῦ θεοῦ ἀκούει· διὰ τοῦτο ὑμεῖς οὐκ ἀκούετε, ὅτι ἐκ τοῦ θεοῦ οὐκ ἐστέ – 8,47).

Nesse sentido, Jo narra no seu testemunho as acções: ser gerado de Deus (cf. 1,13), nascer do alto (cf. 3,1ss), beber a sua água (cf. 4,1ss), adorar em Espírito (cf. 4,23), comer o seu alimento (cf. 6,1ss), caminhar na luz (cf. 8,12), escutar Jesus (cf. 9,37), seguir o Bom Pastor (cf. 10,1ss), ser atraído (cf. 12,32), tomar parte de si (cf. 13,8), permanecer nele (15,1ss), dar glória a Deus (cf. 15,8), amar como ele (cf. 15,12), ser dado do Pai (cf. 17,1ss), ver e acreditar (cf. 20,8), ser seu (cf. 20,28).

Na realidade, todas essas acções visam o ser e o tomar parte dos seus discípulos na vida de Deus, que Jo entende como a morada (a unidade) de Deus, o ser seu Filho, o ser na sua relação de intimidade, o ser de Deus.

Concluindo, o grande desejo de Jo é que os discípulos do Unigénito sejam filhos de Deus (τέκνα θεοῦ – 1,12) e que sejam gerados de Deus (ἐκ θεοῦ ἐγεννήθησαν – 1,13), onde são e são reunidos na sua unidade.

7. O testemunho do discípulo amado

Sendo Jo gerado e desejando gerar de Deus, o próprio autor concebeu o seu testemunho como um seio e um domínio no qual os seus leitores e ouvintes permanecem e são gerados na verdade (cf. 1,14ss). O autor joanino assentou e fez como sua morada o encontro do único Deus com os seus discípulos.

Na verdade, o seu primeiro testemunho anuncia em Jesus o Logos feito carne, e nos seus discípulos, a sua morada. A morada dos seus discípulos é precisamente o seu encontro e a sua visão com o Unigénito de Deus, cheio de graça e verdade, que lhes comunica o que é e lhes faz ver o que são. Jesus é um em perfeita unidade em Deus, e nessa e para essa unidade chama os discípulos a ser (cf. 1,18).

Assim, Jo nasce, é e finda nesse domínio de perfeita relação de unidade, fora da qual não se compreende e, por isso, não alcança o seu objectivo. Nesse desejo, Jo é um contínuo testemunho da unidade de Deus e de Jesus e uma contínua chamada dos seus discípulos a ser nessa unidade.

Portanto, Jo não é um espelho nem uma reflexão, é o testemunho do discípulo amado no seio do qual os discípulos do Senhor são gerados como verdadeiros filhos de Deus e gerados para a unidade.

Assim, na sua literatura, na sua história e no seu acreditar, Jo revela a sua meta: dar testemunho da vida em Deus. O caminho que encontrou para a realizar foi o de ser e o de fazer ser no seio da vida de Deus, como perfeitamente retrata na vivência e testemunho do discípulo amado. O autor diz que o seu testemunho é autêntico, por ser o testemunho daquele que vive do seio de Jesus, que vive em perfeita unidade a Deus e que a revela, de tal modo que os seus são por ele gerados como filhos de Deus.

Na realidade, o discípulo amado representa perfeitamente o modo como Jo concebe a autenticidade do seu testemunho e a vitalidade do seu fruto, sendo em perfeita unidade, em amorosa doação, em interpessoal relação.

Em síntese, a unidade joanina, partindo da unicidade de Deus e do modo como ela se revela e manifesta como perfeita relação de unidade e comunhão, é ela mesma o lugar e o domínio no qual o autor joanino a compreende e a dá a conhecer; ou seja, segundo Jo, a sua vivência de unidade brota de Deus e leva a Deus, sendo perfeitamente dada e gerada nos seus discípulos pelo poder do seu Filho Unigénito. Desse modo, Jo toma a unidade como suporte e berço do seu próprio testemunho, na qual o estende.

8. A autêntica resposta dos discípulos

Sendo gerado por Deus, Jo percebe a unidade do seu povo como o autêntico fruto dos que vivem de Deus, a resposta justa daqueles que tomam parte na perfeita unidade em Deus. Assim, o quarto Evangelho concebe a unidade como o princípio, a morada e a meta vital e interpessoal daqueles que vivem em Deus.

Os discípulos de Jesus são reconhecidos na medida da sua unidade, na qual se realizam. De facto, Jo é a contínua chamada de Jesus a Deus dirigida seus discípulos para serem a contínua resposta de unidade a si. Jo está certo do poder do Logos-Jesus glorificado dado aos seus discípulos, e a resposta que destes espera é viver na sua unidade de vida em Deus.

Assim, Jo faz depender a realização do seu testemunho nos discípulos da resposta e do encontro destes com o poder dado por Jesus glorificado. Jo entende e estende o seu testemunho num caminho que é e leva à relação pessoal e criativa de unidade de Jesus em Deus (cf. 1,19-51; 21,24-25). Segundo Jo, perante a perfeita comunicação de Deus dada aos seus discípulos, Deus não espera deles senão que o reconheçam como Pai e lhe correspondam como seus autênticos filhos assim como Jesus.

Desse modo, a unidade joanina não é um conceito nem uma ideologia, nem um projecto nem uma sociologia, nem um reino, mas sim a resposta do povo à perfeita relação de unidade com o seu Deus comunicada perfeitamente por Jesus, na qual o povo toma parte, é, caminha (cf. 17,24). Segundo o quarto Evangelho, a unidade é o modo de ser daqueles que descobrem Deus, ao encontrarem, ao tocarem e ao dialogarem interpessoalmente com o seu Filho como autênticos filhos de Deus.

Assim, a unidade é o ser próprio e a identidade dos discípulos de Jesus, o seu desejo vital e relação pessoal e criativa, a perfeita revelaçãomanifestação de Deus neles. Pedro representa perfeitamente o ser tomado nessa justa resposta a Deus e na unidade dos seus discípulos.

9. O amar recíproco

Jo fala da unidade de diversos modos, com distintos termos e servindo-se de várias acções, como manifestação do lugar e da morada vital na qual a unidade é e gera; e resume essas acções no mandamento: *"ameis uns aos outros"* (ἀγαπᾶτε ἀλλήλους – 13,34; 15,12).

Na realidade, o discípulo por excelência é definido pelo amor que recebe de Jesus, pela sua unidade, pela sua relação, pela sua reciprocidade com Deus e com os seus discípulos. Não se trata só de amar, mas de amar reciprocamente, ou seja, de entrar no domínio perfeitamente comunicante, pessoal e vivificante de Deus, do qual se entende a sua missão e a missão dos seus discípulos: amar como Deus.

Nesse domínio se compreende o amor recíproco (a unidade) como o modo de ser dos seus discípulos, o modo no qual eles são tomados por Jesus e assim são reconhecidos e manifestam Deus ao mundo. Segundo o quarto Evangelho, o mandamento único e o amar recíproco são o selo, o timbre dos seus ou do povo.

A unicidade do mandamento joanino não anula os restantes mandamentos dados por Deus ao seu povo, nem os seus importantes meios revelados, antes os potencia perfeitamente.

O mandamento único corresponde à relação única do povo com o seu único Deus. O amar recíproco é o modo de ser de Deus, por isso, é o modo de ser dos seus discípulos. É *amar recíproco* porque é relação interpessoal de Deus Pai com os seus filhos; é *amar recíproco* porque é amar que gera amor entre aqueles que autenticamente amam e são amados como elo perfeito de unidade, onde se ama porque se é no amor; na realidade, *amar recíproco* é o âmago vital de Jo.

10. A unidade joanina

Jo termina o seu testemunho com o toque de Tomé no lado de Jesus glorificado (cf. 20,27-29) seguido da universal atracção do mundo à vida de unidade em Deus (cf. 21,1ss). Segundo Jo, Tomé representa o completar do caminho de unidade dos seus discípulos e, por isso, vê Deus e vê a atracção do mundo inteiro à sua morada.

Os discípulos de Jesus glorificado realizam-se perfeitamente na unidade e no amor recíproco, no toque directo e na autêntica participação nos frutos da cruz manifestados nas suas palavras e na possibilidade de outros tocarem nos mesmos frutos.

De facto, da vitalidade do instante da cruz em Jo, concretamente, dos frutos que brotam do seu *lado* (πλευρά – 19,34), Jo faz depender o completar da unidade dos seus discípulos ao seu Deus e seu Senhor (cf. 20,28).

Por isso, com o termo usado na LXX para descrever a criação da mulher do *lado* (πλευρά – Gn 2,21-22) do homem, na terceira repetição de πλευρά (20,20.25.27 – o termo no NT só ocorre em Act 12,7), o glorificado chama Tomé a tocá-lo, a tocar os frutos da sua glória em Deus para ser de Deus, para ser em perfeita relação de pertença ao seu único Deus e Senhor, para ser perfeitamente homem na medida em que vive do seu lado, na sua companhia, na sua morada, na sua relação filial, no seu seio.

Desse modo, Jo completa a sua meta, pois os discípulos correspondem perfeitamente a Deus como seu Senhor na relação perfeita, tocante, atraente, real, pessoal ao seu Unigénito.

Efectivamente, desde o início, o Unigénito de Deus é no seio do Pai (*O Unigénito de Deus, que é no seio do Pai*; μονογενὴς θεὸς ὁ ὢν εἰς τὸν κόλπον τοῦ πατρὸς – 1,18) um dos seus discípulos, aquele que Jesus amava, estava reclinado no seio de Jesus (*aquele que Jesus amava, estava reclinado no seio de Jesus*; ἦν ἀνακείμενος εἷς ἐκ τῶν μαθητῶν αὐτοῦ ἐν τῷ κόλπῳ τοῦ Ἰησοῦ, ὃν ἠγάπα ὁ Ἰησοῦς – 13,23; *Aquele que viu dá testemunho e o seu testemunho é verdadeiro* (καὶ ὁ ἑωρακὼς μεμαρτύρηκεν, καὶ ἀληθινὴ αὐτοῦ ἐστιν ἡ μαρτυρία – 19,35).

Portanto, Jesus e o discípulo amado vivem do lado, na intimidade, na relação pura, no toque comunicante, no desejo vivificante, no encontro pessoal, no amar recíproco, na perfeita unidade; assim, em Tomé, no seu protagonismo joanino único, os seus discípulos tomam parte perfeitamente da sua relação com Deus sendo autenticamente seus filhos.

Assim, finalmente, o amar recíproco (a unidade joanina) é a autêntica relação interpessoal que gera filhos de Deus; é a relação entre Deus, a perfeita unidade, Pai-Filho, o sujeito por excelência, e os seus chamados à sua relação, à sua unidade perfeita, ao seu amar recíproco.

Segundo o quarto Evangelho, a unidade é sempre uma relação de sujeitos, que são em perfeita comunicação em si, gerando e sendo gerados sempre como sujeitos mais sujeitos, filhos sempre mais filhos, sempre mais unidade entre si. A unidade joanina é a morada onde os seus discípulos são perfeitamente imagem e semelhança de Deus e, segundo Jo, onde são autenticamente filhos de Deus.

SIGLAS E ABREVIATURAS

1. Livros da Bíblia

1.1 AT *(Antigo Testamento)*

Gn	Génesis
Ex	Êxodo
Lv	Levítico
Nm	Número
Dt	Deuteronómio
1Sm	1º Samuel
2Sm	2º Samuel
1Rs	1º Reis
2Rs	2º Reis
1Cr	1º Crónicas
2Cr	2º Crónicas
Esd	Esdras
Ne	Neemias
1Mac	1º Macabeus
2Mac	2º Macabeus
Tb	Tobite
Est	Ester
Sl	Salmos
Pr	Provérbios
Jb	Job
Ct	Cântico dos cânticos
Sb	Sabedoria
Sir	Ben Sira
Is	Isaías
Jr	Jeremias
Br	Baruc
Ez	Ezequiel
Dn	Daniel
Os	Oseias
Jl	Joel
Am	Amós
Mq	Miqueias
Hab	Habacuc
Sf	Sofonias
Zc	Zacarias
Ml	Malaquias

1.2 NT *(Novo Testamento)*

Mt	Mateus
Mc	Marcos
Lc	Lucas
Jo	João
Act	Actos dos Apóstolos
Rm	Romanos
1Cor	1ª Coríntios
2Cor	2ª Coríntios
Ef	Efésios
Col	Colossenses
1Jo	1ª João
2Jo	2ª João
3Jo	3ª João
Ap	Apocalipse

2. Literatura rabínica

b	Talmud Babilonês
m	Misná

Midr	Midrás
t	Tosefta

2.1 *Tratados*

Ber	Berakot
ket	Ketoubot
RhSh	Rosh ha-shaná
Sanh	Sanhedrin
Shab	Shabbat
Taan	Taanit

2.2 *Midrás*

Ecl	Eclesiastes
Mek	Mekilta
Teh	Tehillim

3. **Rótulos do mar morto**

1QM	Rótulo da Guerra
1QS	Regra da Comunidade / Manual de Disciplina
1QSa	Regra da Comunidade
CD	Código de Damasco

4. **Filão de Alessandria**

Abr.	*De Abrahamo*
Agric.	*De agricultura*
Cher.	*De cherubim*
Confus.	*De confusione linguarum*
Congr.	*De congressu eruditionis gratia*
Decal.	*De decalogo*
Deter.	*Quod deterius potiori insidiari soleat*
Deus	*Quod Deus sit immutabilis*
Ebr.	*De ebrietate*
Fug.	*De fuga et inventione*
Gig.	*De gigantibus*
Her.	*Quis rerum divinarum heres sit*
Ios.	*De Josepho*
LA	*Legum allegoriae*
Legat.	*Legatio ad Gaium*
Migrat.	*De migratione Abrahami*
Mos.	*De vita Mosis*
Mut.	*De mutatione nominum*
Omn. Prob. Lib.	*Quod omnis probus liber sit*

Opif.	*De opificio mundi*
Plant.	*De plantatione*
Praem.	*De praemiis et poenis*
QE	*Quaestiones in Exodum*
QG	*Quaestiones in Genesin*
Sacr.	*De sacrificiis Abelis et Caini*
Sobr.	*De sobrietate*
Somn.	*De somniis*
Spec.	*De specialibus legibus*
Virt.	*De virtutibus*

5. Flavius Josephus

AgAp	*Contra Apionem*
Ant.	*Antiquities of the Jews*
BJ	*De Bello Judaico*

6. Literatura grega e romana

6.1 *Aristóteles*

De an.	*De anima*
EE	*Ethica Eudemea*
EN	*Ethica Nicomachea*
Metaph.	*Metaphysica*
Phys.	*Physica*
Pol.	*Politica*

6.2 *Cícero*

De Nat. Deor.	*De natura deorum*
finibus	*De finibus bonorum et malorum*
legibus	*De legibus*
officiis	*De officiis*

6.3 *Hesíodo*

Op.	*Opera et dies*

6.4 *Homero*

Od.	*Odyssea*

6.5 *Platão*

Alc. ma.	*Alcibiades maior*

Apol. *Apologia Socratis*
Gorg. *Gorgias*
Leg. *Leges*
Phaedr. *Phaedrus*
Phil. *Philebus*
Polit. *Politicus*
Protag. *Protagoras*
Resp. *Respublica*
Theaet. *Theaetetus*

6.6 *Plutarco*

Ad princ. inerud. *Ad principem ineruditum*
Adulat. *De adulatore et amico*
Aem.-Tim. *Aemilius Paulus et Timoleon*
Alex.-Caes. *Alexander et Caesar*
An. procr. *De anime procreatione in Timaeo*
Aud. *De audiendo*
Aud. poet. *De audientis poetis*
Cim.-Luc. *Cimon et Lucullus*
Col. *Adversus Colotem*
Coniug. praec. *Coniugalia praecepta*
Def. orac. *De defectu oraculorum*
Dem.-Cic. *Demetrius et Antonius*
E ap. Delph. *De E apud Delphos*
Fac. lun. *De facie in orbe lunae*
Fat. *De fato*
Gen. Socr. *De genio Socratis*
Is et Os. *De Iside et Osiride*
Lyc.-Num. *Lycurgus et Numa*
Lys.-Sull. *Lysander et Sulla*
Nic.-Crass. *Nicias et Crassus*
Per.-Fab. *Pericles et Fabius Maximus*
Phoc.-Cat. Mi. *Phocion et Cato minor*
Plat. quaest. *Platonicae quaestiones*
Prof. virt. *De profectibus in virtude*
Pyth. or. *De Pythiae oraculis*
Quaest. conv. *Quaestiones convivales*
Sert.-Eum. *Sertorius et Eumenes*
Stoic. rep. *De Stoicorum repugnatiis*
Superst. *De superstitione*
Thes.-Rom. *Theseus et Romulus*
Virt. mor. *De virtute morali*

6.7 Séneca

Benef.	*De beneficiis*
Brev.	*De breviate vitae*
Clem.	*De clementia*
Epist.	*Ad Lucilium Epistulae morales*
Helv.	*Ad Helviam matrem de consolatione*
Ira	*De ira*
Nat. quest. (prol.)	*Quaestiones naturales (prólogo)*
Prov.	*De providentia*
Vita	*De vita beata*

STOB. *Ecl.*   Stobaeus, *Eclogae physicae*

7. Revistas e outros

§	Parágrafo
ABR	*Australian Biblical Review*
AJJS	*Australian Journal of Jewish Studies*
al.	Outros
ANRW	Aufstieg und Niedergang der römischen Welt
Anton.	*Antonianum*
AT	Antigo Testamento
BCE	Antes da era comum
BeO	*Bibbia e oriente*
Bib.	*Biblica*
BibInt	*Biblical Interpretation*
BiRe	*Bible Review*
BN	*Biblische Notizen*
BTB	*Biblical Theology Bulletin*
BThZ	*Berliner theologische Zeitschrift*
BZ	*Biblische Zeitschrift*
CBQ	*Catholic Biblical Quarterly*
CE	Era comum
Cf. (cf.)	Conferir
Communio	*Commentarii internationales de ecclesia et theologia*
DeltBibMel	Delton Biblikon Meleton
Did	Didaque
Did(L)	Disdakalia. Lisboa
Diels – Kranz	DIELS, H. – KRANZ, W., *Die Fragmente der Vorsokratiker*, Berlin 1951[6]
ed.	Editor
EstB	*Estudios bíblicos*
EThL	*Ephemerides theologicae Lovanienses*
ETR	*Études théologiques et religieuses*

EvQ	*Evangelical Quarterly*
ExpTim	*Expository Times*
FilTeo	*Filosofia e Teologia*
Fs.	Festschrift
FV	*Foi et vie*
Gr.	*Gregorianum*
GuL	*Geist und Leben*
Helm.	*Helmantica*
IBSt	*Irish Biblical Studies*
Id.	Idem
IEJ	*Israel Exploration Journal*
Int	*Interpretation*
JBL	*Journal of Biblical Literature*
JBTh	*Jahrbuch für biblische Theologie*
JerPer	*Jerusalem Perspective*
JJL	*Journal of Jewish Studies*
JQR	*Jewish Quarterly Review*
JSNT	*Journal for the Study of the New Testament*
JTS	*Journal of Tamil Studies*
Lat.	*Lateranum*
MoBi	*Monde de la bible*
n.	Número
Neotest.	*Neotestamentica*
NRTh	*Nouvelle revue théologique. Louvain*
NT	*Novum Testamentum*
NTS	*New Testament Studies*
Numen	*Numen. International review for the history of religions*
OBO	Orbis biblicus et orientalis
Pacifica	Pacifica Theological Studies Association
PaVi	*Parole di vita*
PRS	*Philosophy of Religion Series*
PSV	*Parola spirito e vita*
PzB	*Protokolle zur Bibel*
RB	*Revue biblique*
rev. ed.	Edição revista
RFil	*Rivista di filologia e di istruzione classica*
RivBib	*Rivista biblica*
RSC	*Rivista di studi classici*
RSPT	*Revue des sciences philosophiques et théologiques*
RSR	*Recherches de science religieuse*
RTL	*Revue théologique de Louvain*
Sal.	*Salesianum*
SBAB	Stuttgarter biblische Aufsatzbände
SBET	*Scottish Bulletin of Evangelical Theology*

SBL.SP	Society of Biblical Literature – Seminar papers
ScC	*Scuola cattolica*
SCI	Scripta classica Israelica
SE	Sacris erudiri
SEÅ	*Svensk exegetisk årsbok*
SNTU.A	Studien um Neuen Testament und seiner Umwelt – Serie A
ss.	Seguintes
StMiss	*Studia missionalia*
StPat	*Studia Patavina*
StZ	*Stimmen der Zeit*
SubBi	Subsidia biblica
ThLZ	*Theologische Literaturzeitung*
ThWNT	G. KITTEL – G. FRIEDRICH, ed., *Theologisches Wörterbuch zum Neuen Testament*, I-X, Stuttgart 1933-1979.
tr.	Tradução
TrinJ	*Trinity Journal*
TTK	*Tidsskrift for teologi og kirke*
TynB	*Tyndale bulletin*
v. (vv.)	Versículo (versículos)
VT	Vetus Testamentum
ZAW	*Zeitschrift für die alttstamentliche Wissenschaft*
ZNW	*Zeitschrift für die neutestamentliche Wissenschaft*

BIBLIOGRAFIA

ABBAGNANO, N., *Storia della filosofia*, I-IV, Torino 1993.

ABBOTT, E. A., *Johannine Vocabulary*, London 1905.

ADAN, D., «The "Fountain of Siloam" and "Solomon's Pool" in First-Century C. E. Jerusalem», *IEJ* 29 (1979) 92-100.

AGOSTINO, *Commento al vangelo e alla prima epistola di San Giovanni*, ed., A. Vita, Roma 1968.

AHLSTRÖM, G. W., *Who Were the Israelites?*, Winona Lake 1986.

ALEXANDER, P. S., «Rabbinic Judaism and the New Testament», *ZNW* 74 (1983) 237-245.

ALLEN, T. W., *Odyssea*, I-II, Oxford 1917-1919².

AMATO, E., *Un aspetto della polemica antiepicurea in età imperiale: Dione Crisostomo, Lucrezio e la teoria della generazione spontanea*, Salerno 1999.

APPOLD, M. L., *The Oneness Motif in the Fourth Gospel. Motif, Analysis and Exegetical Probe into the Theology of John*, Tübingen 1976.

ARNDT, W. – GINGRICH, W., *A Greek-English Lexicon of the New Testament and other Early Christian Literature*, Chicago 1957⁴.

AROWELE, P. J., «The Scattered Children of God (John 11,52): A Johannine Ecclesial Clichè», in W. AMEWOWO – et al., ed., *Johannine Communities*, Kinshasa 1991, 181-201.

ASHTON, J., «The Transformation of Wisdom», *NTS* 32 (1986) 161-186.

———, *Understanding the Fourth Gospel*, Oxford – New York 2007².

ASSMANN, J., *Politische Theologie zwischen Ägypten und Israel*, München 1992.

BABUT, D., *Plutarco e lo stoicismo*, Milano 2003.

BACHILLER, A. R., «El problema de Dios en la filosofía de Séneca», *RFil* 24 (1965) 295-315.

BAGATTI, B., *Alle origini della chiesa*, I-II, Città del Vaticano 1981, 1982.

BALDI, L., *La XXXVIII Orazione di Dione di Prusa: Una traduzione umanistica*, Napoli 2001.

BALDRY, H. C., *The Unity of Mankind in Greek Thought*, Cambridge 1965.

BAMMEL, E, «The Titulus», in E. E. BAMMEL – C. F. D. MOULE, ed., *Jesus and the Politics of His Day*, Cambridge 1984, 353-364.

———, «The Trial before Pilate», in E. E. BAMMEL – C. F. D. MOULE, ed., *Jesus and the Politics of His Day*, Cambridge 1984, 415-451.

———, «Die Tempelreinigung bei den Synoptikern und im Johannesevangelium», in A. DENAUX, ed., *John and the Synoptics,* Leuven 1992, 507-513.

BARCLAY, J. M. G., *Jews in the Mediterranean Diaspora. From Alexander to Trajan (323 BCE-117 CE)*, Berkeley 1999.

BARRETT, C. K., «Lamb of God», *NTS* 1 (1954-1955) 210-218.

———, *The Gospel According to St. John. An Introduction with Commentary and Notes on the Greek Text*, London 1955, Philadelphia 1978[2].

BASSET, L., *Sainte colère*, Genève 2002.

BAUCKHAM, R. J., *God Crucified*, Grand Rapids 1988.

———, *The Testimony of the Beloved Disciple*, Grand Rapids 2007.

BAUER, W., *Der ältere Pythagoreismus*, Bern 1897.

BAUMGARTEN, A. I., *The Flourishing of Jewish Sects in the Maccabean Era*, Leiden 1997.

BEASLEY-MURRAY, G. R., «John 12,31-32: The Eschatological Significance of the Lifting up of the Son of Man», in W. SCHRAGE, ed., *Studien zum Text und zur Ethik des Neuen Testaments*, Fs. H. Greeven, Berlin – New York 1986, 70-81.

———, *John*, Nashvile 1999[2].

BEAUCHAMP, P., «Lecture et relectures du quatrième chant du servirteur: d'Isaïe à Jean», in J. VERMEYLEN, ed., *The Book of Isaiah*, Leuven 1989, 325-355.

———, *Ley; Profetas; Sabios. Lectura sincronica del Antiguo Testamento*, Madrid 1977.

BEAUJEU, J., «La religion de Plutarque», *L'Information littéraire* 11 (1959) 207-213.

BECK, D.R., *The Discipleship Paradigm*, Leiden – New York – Köln 1997.

BECKER, J., *Das Evangelium nach Johannes*, I-II, Gütersloh 1984[2].

BELLE, G. VAN, «Salvation from the Jews», in R. BIERINGER – D. POLLEFEYT – F. VANDECASTEELE-VANNEUVILLE, ed., *Anti-Judaism and the Fourth Gospel*, Assen 2001, 370-400.

BELLE, G. VAN, «The Death of Jesus and the Literary Unity of the Fourth Gospel», in ed., *The Death of Jesus in the Fourth Gospel*, New York 2007, 3-64.

BELLINCIONI, M.S., «Studi sénecani e altri scritti», in Instituto Luis Vives de Filosofia, ed, *Estudios sobre Séneca*, Madrid 1966, 39-91.

BEN-RAFAEL, E., *Jewish Identities. Fifty Intellectuals Answer Ben Gurion*, Leiden 2002.

BERGMEIER, R., «ΤΕΤΕΛΕΣΤΑΙ Joh 19:30», *ZNW* 79 (1988) 282-290.

BERNARD, J.H., *A Critical and Exegetical Commentary on the Gospel according to St. John*, Edinburgh 1929.

BETZ, O., «Probleme des Prozesses Jesus», *ANRW* II 25,1 (1982) 566-647.

BEUTLER, J., «"Ich habe gesagt: Ihr seid Götter". Zur Argumentation mit Ps 82,6 in Joh 10,34-36», in G. GÄDE, ed., *Hören – Glauben – Denken*, Fs. P. Knauer, Münster 2005, 101-113.

———, «Das Hauptgebot im Johannesevangelium», in J. BEUTLER, ed., *Studien zu den johanneischen Schriften*, Stuttgart 1998, 107-120.

———, «Der alttestamentlich-jüdische Hintergrund der Hirtenrede in Johannes 10», in J. BEUTLER – R. T FORTNA, ed., *The Shepherd Discourse of John 10 and its Context*, Cambridge 1991, 18-32.

———, «Die Ehre Gottes und die Ehre der Menschen im Johannesevangelium», *GuL* 76 (2003) 83-91.

———, «Die Heilsbedeutung des Todes Jesu im Johannesevangelium nach Joh 13,1-20», ID., *Studien zu den johanneischen Schriften*, SBAB 25, Stuttgart 1998, 43-58.

———, «El discurso del buen pastor en Juan 10», *Cuestiones Teológicas* 32, n. 78 (2005) 243-270.

———, «Faith and Confession: The Purpose of John», in J. PAINTER – R. A. CULPEPPER – F. F. SEGOVIA, ed., *Word, Theology, and Community in John*, ed., Fs. R. Kysar, St. Louis 2002, 19-31.

———, «Greeks Come to See Jesus (John 12,20f)», *Bib.* 71 (1990) 333-347.

———, «In Search of a New Synthesis», in T. THATCHER, ed., *What We Have Heard from the Beginning*, Waco 2007, 23-34.

———, «Joh 6 als christliche "relecture" des Pascharahmens im Johannesevangelium», in R. SCORALICK, ed., *Damit sie das Leben haben (Joh 10,10)*, Fs. W. Kirchschläger, Zürich 2007, 43-58.

———, «Méthodes et problèmes de la recherche johannique aujourd'hui», in J.-D. KAESTLI – J.-M. POFFET – J. ZUMSTEIN, ed., *La Communauté johannique et son histoire*, Genève 1990, 15-38.

———, «Psalm 42/43 im Johannesevangelium», *NTS* 25 (1979) 33-57.

BEUTLER, J., «The Identity of the "Jews" for the Readers of John», in R. BIERINGER – et al., ed., Anti-Judaism and the Fourth Gospel, Assen 2001, 229-238.

———, «The Use of "Scripture" in the Gospel of John», in R. A. CULPEPPER, C.C. BLACK, ed., Exploring the Gospel of John, Fs. D.M. Smith, Louisville 1996, 147-162.

———, «Two Ways of Gathering: The Plot to Kill Jesus in John 11,47-53», NTS 40 (1994) 399-406.

———, «Zur Struktur von Johannes 6», SNTU.A 16 (1991) 89-104.

———, Die Johannesbriefe, Regensburg 2000.

———, Judaism and the Jews in the Gospel of John, Roma 2006.

———, Martyria: Traditionsgeschichtliche Untersuchungen zum Zeugnisthema bei Johannes, Frankfurt am Main 1972.

———, Studien zu den johanneischen Schriften, Stuttgart 1998.

BIBLIOTHECA TEUBNERIANA, M. Tulli Ciceronis Scripta quae manserunt omnia, Leipzig 1961^{9}ss.

———, Plutarchi Chaeronensis Moralia, I-VII, Leipzig 1925-1967.

BINDEMANN, W., «Der Johannesprolog: ein Versuch, ihn zu verstehen», NT 37 (1995) 330-354.

BINDER, D. D., «The Origins of the Synagogue: An Evaluation», in B. OLSSON – M. ZETTERHOLM, ed., The Ancient Synagogue from Its Origins until 200 C.E., Stockholm 2003, 118-131.

BINIAMA, B.F., Les Missions des individus johanniques, Bern 2004.

BINNI, W., La chiesa nel quarto vangelo, Bologna 2006.

BLANCHARD, Y.-M., Des signes pour croire? Une lecture de l'évangile de Jean, Paris 1995.

BLASI, A.J., A Sociology of Johannine Christianity, Lewiston 1996.

BLENKINSOPP, J., «The Development of Jewish Sectarianism», in O. LIPSCHITS – G. N. KNOPPLES – R. ALBERTZ, ed., Judah and the Judeans in the Fourth Century BCE, Winona Lake 2007, 385-404.

———, The Pentateuch: an Introduction to the First Five Books of the Bible, New York 1992.

BLINZLER, J., The Trial of Jesus, Westminster 1959 (orig. alemão: Der Prozess Jesu, Stuttgart 1951).

BLOMBERG, C.L., The Historical Reliability of the Gospels, Nottingham 2007^2.

BLOMQVIST, J., «Languages of the Synagogue: An Introduction», in B. OLSSON – M. ZETTERHOLM, ed., The Ancient Synagogue from Its Origins until 200 CE, Stockholm 2003, 237-259.

BOER, M. C. DE, «Narrative Criticism, Historical Criticism, and the Gospel of John», *JSNT* 15 (1992) 35-48.

———, *Johannine Perspectives on the Death of Jesus*, Kampen 1996.

BOFFO, L., *Iscrizioni greche e latine per lo studio della Bibbia*, Brescia 1994.

BÖHLER, D., «Ecce Homo», *BZ* 39 (1995) 104-108.

BOISMARD, M.-É., «Jésus a-t-il usé de violence en chassant les vendeurs du temple?», *RB* 110 (2003) 33-37.

———, «Pourquoi les grands prêtres ont-ils voulu la mort de Jésus? Le témoignage de Jean 11,47-53», in E. FRANCO, ed., *Mysterium Regni, Ministerium Verbi*, Fs. V. Fusco, Bologna 2001, 605-616.

———, «Problèmes de critique textuelle concernant le quatrième évangile», *RB* 60 (1953) 347-371.

BOLYKI, J., «Christology the Gospel of John: A New Approach», in J. MRÁZEK – J. ROSKOVEC, ed., *Testimony and Interpretation*, Fs. P. Pokorný, London 2004, 191-291.

———, *Jesu Tischgemeinschaften*, Tübingen 1998.

BORGEN, P., *Bread from Heaven: an Exegetical Study of the Concept of Manna in the Gospel of John and the Writings of Philo*, Leiden 1965.

———, *Early Christianity and Hellenistic Judaism*, Edinburgh 1996.

BORGONOVO, G. «Incarnazione del logos: Il logos giovanneo alla luce della tradizione giudaica», *ScC* 130 (2002) 43-75.

BOVATI, P., *Ristabilire la giustizia. Procedure, vocabolario, orientamenti*, Roma 1997.

BOYARIN, D., «Semantic Differences; or "Judaism"/"Christianity"», in A. H. BECKER – A. Y. REED, ed., *The Ways that Never Parted. Jews and Christians in Late Antiquity and the Early Middle Ages*, Tübingen 2003, 65-86.

———, «What Kind of Jew Is an Evangelist?», in G. AICHELE – R. WALSH, ed., *Those Outside: Noncanonical Readings of Canonical Gospels*, London 2005, 109-153.

BRANCACCI, A., *Rhetorike philosophousa. Dione Crisostomo nella cultura antica e bizantina*, Roma 1985.

BRAUN, F.M., «Quatre signes johanniques de l'unité chrétienne», *NTS* 9 (1962-1963) 147-155.

———, *Jean le théologien et son evangile dans l'église ancienne*, I-IV, Paris 1959-1972.

BRÉHIER, É., *Chrysippe el l'ancient stoïcisme*, Paris 1951.

BREYTENBACH, C., «Civic Concord and Cosmic Harmony Sources of Metaphoric Mapping in 1 Clement 20.3», in J. T. FITZGERALD – T.H. OL-

BRICHT – MICHAEL L., ed., *Early Christianity and Classical Culture: Comparative Studies*, Fs. A. J. Malherbe, Leiden 2005, 259-276.

BRODIE, T.L., *The Gospel According to John. A Literary and Theological Commentary*, New York 1993.

BROER, I., «Knowledge of Palestine in the Fourth Gospel?», in R. T. FORTNA – T. THATCHER, ed., *Jesus in Johannine Tradition*, Louisville 2001, 83-90.

BROWN, R.E., «Johannine Ecclesiology. The Community's Origins», *Int* 31 (1977) 379-393.

———, «The Paraclete in the Fourth Gospel», *NTS* (1966/67) 131-132.

———, *An Introduction to the New Testament Christology*, New York 1997.

———, *The Community of the Beloved Disciple*, New York 1979.

———, *The Death of the Messiah. From Gethsemane to the Grave*, I-II, New York 1994.

———, *The Gospel of John*, I-II, Garden City 1966-1970.

BROWNING, R., «Greeks and others», in T. HARRISON, ed., *Greeks and Barbarians*, New York 2002, 257-277.

BULEMBAT, J. B. M., «Head-Waiter and Bridegroom of the Wedding at Cana: Structure and Meaning of John 2,1-12», *ABR* 55 (2007) 41-56.

BULTMANN, R., «γινώσκω», *ThWNT*, I, 689ss.

———, «πιστεύω», *ThWNT*, VI, 174-228.

———, *Das Evangelium des Johannes*, Göttingen 1968².

BURGE, G.M., *The Anointed Community. The Holy Spirit in the Johannine Tradition*, Grand Rapids 1992.

———, *Griechische Religion der archaischen und klassischen Epoche*, Stuttgart 1977.

BURNET, J., *Platonis Opera*, I-V, Oxford 1900-1907.

BUSSE, U., «Offene Fragen zu Joh 10», *NTS* 33 (1987) 516-531.

BYRNE, B., «The Faith of the Beloved Disciple and the Community in John 20», *JSNT* 23 (1985) 83-97.

CABA, J., *Cristo, pan de vida: Teología eucarística del IV Evangelio: estudio exegético de Jn 6*, Madrid 1993.

CACHIA, N., *The Image of the Good Shepherd as a Source for the Spirituality of the Ministerial Priesthood: «I Am the Good Shepherd. The Good Shepherd Lays down His Life for the Sheep» (John 10,11)*, Roma 1997.

CALABI, F., «Ordine delle città e ordine del mondo nel "De Decalogo" di Filone di Alessandria», in A. M. MAZZANTI – F. CALABI, ed., *La rivelazione in Filone di Alessandria: natura, legge, storia*, Villa Verucchio 2004, 139-158.

CALLAHAN, A.D., *A Love Supreme*, Minneapolis 2005.
CARAGOUNIS, C.C., «Vine, Vineyard, Israel, and Jesus», *SEÅ* 65 (2000) 201-204.
CARMONA, A.R., *La religión judía. Historia y teología*, Madrid 2001.
CARREIRA DAS NEVES, J., «O pronome pessoal ἡμεῖς como chave hermenêutica do IV Evangelho», *Did(L)* 20 (1990) 43-65.
CARSON, D.A. *The Farewell Discourse and Final Prayer of Jesus*, Grand Rapids 1980.
CARVALHO, J.O., *Caminho de Morte. Destino de vida*, Lisboa 1998.
CASTAÑO FONSECA, A.M., «Análisis retórico de Jn 15,1-15», *EstB* 59 (2001) 537-550.
CETRANGOLO, E., *Tito Lucrezio Caro, "Della Natura"*, Firenze 1969.
CHARLESWORTH, J.H., «The Dead Sea Scrolls and the Gospel according to John», in R.A. CULPEPPER – C. C. BLACK, ed., *Exploring the Gospel of John*, Fs. D. M. Smith, Louisville 1996, 65-97.
———, «The Gospel of John: Exclusivism caused by a Social Setting different from that of Jesus (John 11,54 and 14,6)», in R. BIERINGER – D. POLLEFEYT – F. VANDECASTEELE-VANNEUVILLE, *Anti-Judaism and the Fourth Gospel*, Assen 2001, 479-513.
———, *The Beloved Disciple. Whose Witness Validates the Gospel of John?* Valley Forge 1995.
CHENNATTU, R. M., «On Becoming Disciples (John 1:35-51) : Insights from the Fourth Gospel», *Salesianum* 63 (2001) 465-496.
———, *Johannine Discipleship as a Covenant Relationship*, Peabody 2006.
CHILDS, B. S., *Biblical Theology on the Old and New Testament*, Minneapolis 1993.
CHILTON, B., «The Hermeneutics of the Synagogue: An Evaluation», in B. OLSSON – M. ZETTERHOLM, ed., *The Ancient Synagogue from Its Origins until 200 C.E.*, Stockholm 2003, 509-517.
CILIA, L., *La morte di Gesù e l'unità degli uomini (Gv 11,47-53; 12,32). Contributo allo studio della soteriologia giovannea*, Bologna 1991.
CLAUSSEN, C., «Meeting, Community, Synagogue. Different Frameworks of Ancient Jewish Congregations in the Diaspora», in B. OLSSON – M. ZETTERHOLM, ed., *The Ancient Synagogue from Its Origins until 200 C. E.*, Stockholm 2003, 144-167.
CLIFFORD, R. J., *The Cosmic Mountain in Canaan and the Old Testament*, Cambridge 1972.
COAKLEY, J. F., «Jesus' Messianic Entry into Jerusalem (John 12,12-19)», *JTS* 46 (1995) 461-482.

COAKLEY, J. F., «The Anointing at Bethany and the Priority of John», *JBL* 107 (1988) 241-256.

COCCHIA, E., *Tito Livio e Polibio innanzi alla critica storica*, Napoli 1907.

COHN, L. – WENDLAND, P. – REITER, S., *Philonis Alexandrini Opera quae supersunt*, I-VI, Berlin 1896-1915.

COHOON, J.W. – CROSBY, H .L., *Dio Chrysostom*, London – Cambdrige 1932-1951.

COLEMAN, J. – WALZ, C., *Greeks and Barbarians: Essays on the Interactions between Greeks and Non-Greeks in Antiquity and the Consequences for Eurocentrism*, Bethesda 1997.

COLLINS, J. J., *Between Athens and Jerusalem: Jewish Identity in the Hellenistic Diaspora*, New York 1987.

COLLINS, R. F., *John and Witness*, Collegeville 1991.

COLOE, M. L., «Welcome into the Housefold of God: The Foot Washing in John 13», *CBQ* 66 (2004) 400-415.

———, *Dwelling in the Household of God: Johannine Ecclesiology and Spirituality*, Collegeville 2007.

———, *God Dwells with Us. Temple Symbolism in the Fourth Gospel*, Collegeville 2001.

COOGAN, M. D., *Stories from Ancient Canaan*, Louisville 1978.

COTHENET, E., «La nourriture du Christ et la mission», in M. QUESNEL – Y.-M. BLANCHARD – CL. TASSIN, ed., *Nourriture et repas dans les milieux juifs et chrétiens de l'antiquité*, Paris 1999, 181-191.

CRÜSEMANN, F., *Die Tora. Theologie und Sozialgeschichte des alttestamentlichen Gesetzes*, München 1992.

CULLMANN, O., *The Johannine Circle*, Philadelphia 1976.

CULPEPPER, R. A., «The Pivot of John's Prologue», *NTS* 27 (1980) 1-31.

———, *Anatomy of the Fourth Gospel: A Study in Literary Design*, Philadelphia 1983.

———, *The Gospel and Letters of John,* Nashville 1998.

———, *The Johannine School*, Missoula 1975.

DACY, M,. «Jewish Prayer in the First Century», *AJJS* 11 (1997) 6-15.

DAIBER, H., *Aetius Arabus. Die Vorsokratiker in arabischer Überlieferung*, Wiesbaden 1980.

DANIÉLOU, J., *The Theology of Jewish Christianity*, tr. J.A. Baker, Chicago 1964.

D'ARAGON, J.-L., «La notion johannique de l'unité», *SE* 11 (1959) 11-119.

DAVIES, P. R. – BROOKE, G. J. – CALLAWAY, P. R., *The Complete World of the Dead Sea Scrolls,* London 2002.

DE JONGE, M., «The Conflict between Jesus and the Jews, and the Redactional Christology of the Fourth Gospel», *PRS* 20 (1993) 341-355.

DELEBECQUE, É. «La mission de Pierre et celle de Jean: note philologique sur Jean 21», *Bib.* 67 (1986) 335-342.

DEMPSEY, C.J., *Justice: a Biblical Perspective*, St. Louis 2008.

DENNIS, J., «Restoration in John 11,47-52: Reading the Key Motifs in Their Jewish Context», *EThL* 81 (2005) 57-86.

DERRETT, J. D. M., «Not Seeing and Later Seeing (John 16:16)», *ExpTim* 109 (1998) 183-194.

———, «Τί ἐργάζῃ; (Jn 6,30)», *ZNW* 84 (1993) 142-144.

DESIDERI, P., «Tipologia e varietà della funzione comunicatica degli scritti dionei», *ANRW*, II, 33,5 (1991) 3903-3959.

———, *Dione di Prusa fra ellenismo e romanità*, *ANRW* 33 (1991) 3882-3902.

DESTRO, A. – PESCE, M., *Come nasce una religione. Antropologia ed esegesi del vangelo di Giovanni*, Bari 2000.

DEVILLERS, L., «Le sein du Père la finale du prologue de Jean», *RB* 112 (2005) 63-79.

DIELS, H. – KRANZ, W., *Die Fragmente der Vorsokratiker*, Berlin 1951[6].

DIES, A., *Introduction al Filebo*, Paris 1966.

DIETZFELBINGER, C., «Die größeren Werke (Joh 14,12f.)», *NTS* 35 (1989) 27-47.

DODD, C.H., «The Prophecy of Caiaphas: John 11,47-53», *Neotest.* (1962) 134-143.

———, *The Fourth Gospel*, Cambridge 1953.

———, *The Historical Tradition in the Fourth Gospel*, Cambridge 1963.

DUKE, P. D. *Irony in the Fourth Gospel*, Atlanta 1985.

DUNDERBERG, I., *Symbolism in the Fourth Gospel: Meaning, Mystery, Community*, Minneapolis 2003[2].

DUNN, J. D. G., *Jesus Remembered*, Grand Rapids 2003.

DURAND, E., «Lógos, Monoyenís et Iós. Quelques implications trinitaires de la Christologie johannique», *RSPT* 88 (2004) 93-103.

EGGER, W., *Methodenlehre zum Neuen Testament. Einführung in linguistische und historisch-kritische Methoden*, Freiburg 1987.

ELBOGEN, I., *Jewish Liturgy*, New York 1993[3].

ELLIS, P. F., *The Genius of John. A Compositional-Critical Commentary on the Fourth Gospel*, Collegeville 1985.

ENSOR, P. «The Glorification of the Son of Man: An Analysis of John 13,31-32», *TynB* 58 (2007) 229-252.

ETCHEVERRÍA, R. T., *Orígenes del cristianismo. El trasfondo judío del cristianesimo primitivo*, Salamanca 1995.

EVANS, C. A., *Word and Glory*, Sheffield 1993.

FABRIS, R., *Giovanni*, Roma 2003^2.

FARIAS, D., *Studi sul pensiero sociale di Filone di Alessandria*, Milano 1993.

FELTON, C. C., *The Panegyricus of Isocrates*, Charleston 2008.

FERRANTE, D., *Semantica di Logos in Dione Crisostomo*, Napoli 1982.

FERRARO, G., *La Gioia di Cristo*, Vaticano 2000.

———, *L'Ora di Cristo nel quarto vangelo*, Roma 1974.

FERREIRA, J., *Johannine Ecclesiology*, Sheffield 1998.

FLUSSER, D., *Judaism and the Origins of Christianity*, Jerusalem 1988.

FORD, J. M., «Jesus as Sovereign in the Passion according to John», *BTB* 25 (1995) 110-117.

FORESTELL, J. T., *The Word of the Cross. Salvation as Revelation in the Fourth Gospel*, Rome 1974.

FORNARI, G., *Da Dioniso a Cristo*, Milano 2006^2.

FORTNA, R. T., *The Fourth Gospel and Its Predecessor: From Narrative Source to Present Gospel*, Philadelphia 1988.

FRANÇOIS, L., *Essai sur Dion Chrysostome. Philosophe et moraliste cynique et stoïcien*, Paris 1921.

FREY, J., *Die johanneische Eschatologie*, I-III, Tübingen 1997, 1998, 2000.

FUGLSETH, K., *Johannine Sectarianism in Perspective. A Sociological, Historical, and Comparative Analysis of Temple and Social Relationships in the Gospel of John, Philo and Qumran*, Leiden 2005.

FUSCO, V., *Le prime comunità cristiane. Tradizioni e tendenze nel cristianesimo delle origini*, Bologna 1997.

GAON, A. BEN S., *Seder Rav. Amram Gaon*, I-II, Lindstedts, 1951.

GARCIA MARTINEZ, F. – TIGCHELAAR, E.J.C., *The Dead Sea Scrolls: Study Edition*, I-II, New York 1997, 1998.

GARCIA, A. P. B., *Notas sobre el tema de la concordia en Dion de Prusa*, Sevilla 1973.

GARCÍA-BORRÓN, J. C., *Moral, Séneca y los Estoicos*, Barcelona 1956.

GARCÍA-MORENO, A., «La vid Verdadera», *EstB* 57 (1999) 289-302.

———, *Jesús el Nazareno, el Rey de los Judíos*, Pamplona 2001.

———, «Manos y dedos: hacia la comprensión de los merismos en la perícopa tomasiana de Jn 20,19-31», *EstBib* 60 (2002) 523-542.

GAWLICK, M., «Mose im Johannesevangelium», *BN* 84 (1996) 29-35.

GAYO, G.M., *Hermenéutica y Filología en el Contexto de Dión de Prusa*, Madrid 1997.

GEIGER, J., «Titulus Crucis», *SCI* 15 (1996) 202-207.

GIBLIN, C. H., «What Was Everything He Told Her She Did? (John 4,17-8.29.39)», *NTS* 45 (1999) 148-152.

GIBSON, D., «The Johannine Footwashing and the Death of Jesus: a Dialogue with Scholarship», *SBET* 25 (2007) 50-60.

GILBERT, M., *Les Cinq livres des sages: Proverbes – Job – Qohélet – Ben Sira – Sagesse*, Paris 2003.

GILLMAN, N., *Traces of God*, Woodstock 2006.

GLOER, W. H., «Come and See», in R. B. SLOAN – M. A. PARSONS, ed., *Perspectives of John*, Lewiston 1993, 269-301.

GRABBE, L. L., «Synagogue and Community in the Greco-Roman Diaspora», in J. R. BARTLETT, ed., *Jews in the Hellenistic and Roman Cities*, London 2002, 22-38.

GRASSO, S., *Il vangelo di Giovanni*, Roma 2008.

GREENBERG, G., *Judas Brief*, New York 2007.

GRUEN, E.S., *Diaspora*, London 2002.

GRUNDMANN, W., «The Decision of the Supreme Court to Put Jesus to Death (John 11,47-57) in Its Context, Tradition and Redaction in the Gospel of John», in E. BAMMEL, ed., *Jesus and the Politics of His Days*, Cambridge 1984, 295-318.

GÜNTER, R., «Die Sondersprache des Evangelisten Johannes», *BZ* 49 (2005) 93-102.

HAENCHEN, E., *Das Johannesevangelium: ein Kommentar*, Tübingen 1980.

HAKOLA, R., *Identity Matters*. John, the Jews and Jewishness, Leiden 2005.

HANSON, A. T., *The Prophetic Gospel: A Study of John and the Old Testament* Edinburgh 1991.

HANSON, S., *The Unity of the Church in the New Testament*, Lexington 1963.

HARLAND, P. A., *Associations, Synagogues, and Congregations: Claiming a Place in Ancient Mediterranean Society*, Minneapolis 2003.

HARRIS, M. J., *Jesus as God*, Grand Rapids 1992.

HARTIN, P. J., «The Role of Peter in the Fourth Gospel», *Neotest.* 24 (1990) 49-61.

HAWTHORNE, G. F., *The Presence and the Power*, Dallas 1991.

HENDEL, R. S., *Remembering Abraham*, New York 2005.

HENGEL, M., «Die Schriftauslegung des 4. Evangeliums auf dem Hintergrund der urchristlichen Exegese», *JBTh* 4 (1989) 249-288.

———, *Die Zeloten*, Stuttgart 1976².

HERRMANN, S. *A History of Israel in Old Testament Times*, Philadelphia 1981².

HOBSBAWM, E., *Primitive Rebels*, Manchester 1959.

HOFIUS, O., «Die Sammlung der Heiden zur Herde Israels (Joh 10,16; 11,51f)», *ZNW* 58 (1967) 289-291.

HOLLERAN, J. W., «Seeing the Light. A Narrative Reading of John 9», *EThL* 69 (1993) 5-26.

HOLLOWAY, P. A., «Left Behind: Jesus' Consolation of His Disciples in John 13:31-17:26», *ZNW* 96 (2005) 1-34.

HOLMBERG, B., «The Life in the Diaspora Synagogues: An Introduction», in B. OLSSON – M. ZETTERHOLM, ed., *The Ancient Synagogue from Its Origins until 200 C. E.*, Stockholm 2003, 141-143.

HOMOLKA, W., *Jüdische Identität in der modernen Welt*, Gütersloh 1994.

HORBURY, W. – NOY, D., *Jewish Inscriptions of Graeco-Roman Egypt*, Cambridge 1992.

HORSLEY, G. H. R., «Name Change as an Indication of Religious Conversion in Antiquity», *Numen* 34 (1987) 1-17.

HOSKYNS, E. C., *The Fourth Gospel*, London 1947.

HULTGREN, A. J., «The Johannine Footwashing as Symbol of Eschatological Hospitality», *NTS* 28 (1982) 539-546.

ISSERLIN, B. S. J., *The Israelites*, London 1998.

JAEGER, W. W., *Paideia. The Ideals of Greek Culture*, I-III, New York 1986.

JASPER, A., «Communicating the Word of God», *JSNT* 67 (1997) 29-44.

JOHNSON, L. K., *The Real Jesus*, San Francisco 1996.

JONAS, H., *Gnosis und spätantiker Geist*, Göttingen 1993.

JONES, C. P., *The Roman World of Dio Chrysostom*, Cambridge 1978.

JOSSA, G., *Giudei o Cristiani?*, Paideia 2004.

JUDGE, E. A., *The Social Pattern of the Christian Groups in the First Century*, London 1960.

KEE, H. C., *Who Are the People of God? Early Christian Models of Community*, New Haven 1995.

KEENER, C. S., *The Gospel of John*, I-II, Peabody 2005.

KIEFFER, R., «L'arrière-fond juif du lavement des pieds», *RB* 105 (1998) 546-555.

KILEY, M. «The Geography of Famine: John 6,22-25», *RB* 102 (1995) 226-230.

KINGSBURY, J. D., «Reflection on "The Reader" of Matthew's Gospel», *NTS* 34 (1988) 442-460.

KIRK, G. S., – RAVEN, J. E. – SCHOFOELD, M., *The Presocratic Philosophers*, Cambridge 1983².

KLAUCK, H.-J., «Der Weggang Jesu: Neue Arbeiten zu Joh 13-17», *BZ* 40 (1996) 236-250.

———, «The Roman Empire», in M. M. MITCHELL – F. M. YOUNG, ed., *The Cambridge History of Christianity. Origins to Constantine*, Cambridge 2006, 69-83.

———, *Judas*, Freiburg 1987.

———, *The Religious Context of Early Christianity. A Guide to Graeco-Roman Religions*, Minneapolis 2002.

KLINGHOFFER, D., *Why the Jews Rejected Jesus*, New York 2005.

KOESTER, C. R, «Messianic Exegesis and the Call of Nathanael», *JSNT* 39 (1990) 23-24.

———, «The death of Jesus in the Gospel of John», *TTK* 75/4 (2004) 254-276.

KONINGS, J., «The Dialogue of Jesus, Philip, and Andrew in John 6,5-9», in A. DENAUX, ed., *John and the Synoptics*, Leuven 1992, 523-534.

KOPCIOWSKI, E., *Shema'*, Torino 2004.

KÖSTENBERGER, A. J, «The Destruction of the Second Temple and the Composition of the Fourth Gospel», *TrinJ* 26 (2005) 205-242.

———, *John*, Grand Rapids 2004.

———, *The Missions of Jesus and the Disciples According to the Fourth Gospel: With Implications for the Fourth Gospel's Purpose and the Mission of the Contemporary Church*, Grand Rapids 1998.

KOVACS, J. L., «"Now Shall the Ruler of This World Be Driven Out": Jesus' Death as Cosmic Battle in John 12,20-36», *JBL* 114 (1995) 228-247.

KRAFT, R. A., «The Weighing of the Parts. Pivots and Pitfalls in the Study of Early Judaism and Their Early Christian Offspring: Reconsidering Jewish-Christian Relations in Antiquity», in A. H. BECKER – A. Y. REED, ed., *The Ways that Never Parted. Jews and Christians in Late Antiquity and the Early Middle Ages*, Tübingen 2003, 87-94.

KRIEGER, K.-S., «Pontius Pilatus – ein Judenfeind?», *BN* 78 (1995) 27-32.

KUGEL, J. L., *The Ladder of Jacob*, Princeton 2006.

KYSAR, R., *John*, Minnepolis 1986.

LACHS, S. T., *A Rabbinic Commentary on the New Testament*, Hoboken 1987.

LAFON, G., «Une foi d'alliance: À propos de Jean 1,1-18», *RTL* 35 (2004) 217-229.

LAGRANGE, M.-J., *L'Évangile selon S. Jean*, Paris 1948⁷.

LAMM, N., *The Shema*, Philadelphia 1998.

LANA, I., *L. Anneo Séneca*, Torino 1955.

LANG, B. «Der monarchische Monotheismus und die Konstellation zweier Götter im Frühjudentum. Ein neuer Versuch über Menschensohn, Sophia und Christologie», in W. DIETRICH AND M. KLOPFENSTEIN (eds.) *Ein Gott allein?* (Freiburg 1994) 559-564.

LEDER, D., «Yehoshua and the Intact Covenant», in B. BRUTEAU, ed., *Jesus Through Jewish Eyes: Rabbis and Scholars Engage an Ancient Brother in a New Conversation,* Maryknoll 2001, 150-52.

LEE, D. A., *The Symbolic Narratives of the Fourth Gospel*, Sheffield 1994.

———, «Partnership in Easter Faith. The Role of Mary Magdalene and Thomas in John 20», *JSNT* 58 (1995) 37-49.

LEE, J., *Signore, vogliamo vedere Gesù*, Roma 2005.

LEIGEMANN, D., *Eratosthenes von Kyrene und die Messtechnik der alten Kulturen*, Wisbaden 2001.

LEMAIRE, A., *The Birth of Monotheism. The Rise and Disappearance of Yahwism*, I-III, New York 2007.

LENTZEN-DEIS, F., «Metodi dell'esegesi tra mito, storicità e comunicazione: Prospettive "pragma-linguistiche" e conseguenze per la teologia e la pastorale», *Gr.* 73 (1992) 731-737.

LÉON-DUFOUR, X., *Lecture de l'évangile selon Jean*, I-III, Paris 1988, 1990, 1993.

LEVENSON, J. D., *Sinai and Zion*, Minneapolis 1985.

LEVIN, C., «The "Word of Yahweh"», in M. H. FLOYD – R. D. HAAK, ed., *Prophets, Prophecy, and Prophetic Texts in Second Temple Judaism*, New York 2006, 42-62.

LEVINE, L.I., «The First Century C. E. Synagogue in Historical Perspective», in B. OLSSON – M. ZETTERHOLM, ed., *The Ancient Synagogue from Its Origins until 200 C.E.*, Stockholm 2003, 20-21.

———, *Ancient Synagogues,* New Haven 2000.

LIEU, J.M., «Temple and Synagogue in John», *NTS* 45 (1999) 51-69.

———, *Neither Jew nor Greek? Constructing Early Christianity*, London 2002.

LIGHTFOOT, R. H., *St. John's Gospel. A Commentary*, C. F. EVANS, ed., Oxford – London 1956.

LINDARS, B., *The Gospel of John*, Grand Rapids 1986.

LINDSKOG, C. – ZIEGLER, K., *Plutarchi Vitae parallelae*, I-IV, Leipzig 1969-1973.

LINGAD, C. G., *The Problems of Jewish Christians in the Johannine Community*, Roma 2001.

LOHFINK, N., *Ascolta, Israele: esegesi di testi del Deuteronomio*, Brescia 1968.

———, *Studien zum Deuteronomium und zur deuteronomistischen Literatur V*, Stuttgart 2005.

LÓPEZ, J., «"Todo el que es de la verdad escucha mi voz" (Jn 18,37). Una lectura desde el "libro de los signos"», *StMiss* 53 (2004) 71-99.

———, *La figura de la bestia entre historia y profecía: investigación teológico-bíblica de Apocalipsis 13,1-18*, Roma 1998.

LORETZ, O., *Des Gottes Einzigkeit. Ein altorientalisches Argumentationsmodell zum "Schma Jisrael"*, Darmstadt 1997.

LOURENÇO, J. D., *O Mundo Judaico em que Jesus Viveu*, Lisboa 2005.

LUZARRAGA, J., «Eternal Life in the Johannine Writings», *Communio* 18 (1991) 24-34.

MACGRATH, J. F., «Prologue as a Legitimation. Christological controversy and the Interpretation of John 1:1-18», *IBSt* 19,3 (1997) 98-120.

MACLEOD, D. J., «The Eternality and Deity of the Word: John 1:1-2», *BS* 160 (2003) 48-64.

MAIER, J., *Das Judentum: Von der biblischen Zeit bis zur Moderne*, München 1973.

MALINA, B. J. – ROHRBAUGH, R. L., *Social-Science Commentary on the Gospel of John*, Minneapolis 1998.

MALZONI, C. V., «Moi, Je suis la résurrection», *RB* 106 (1999) 421-440.

MANNUCCI, V., *Giovanni il vangelo narrante*, Bologna 1993.

MARCHADOUR, A., *Les Personnages dans l'évangile de Jean miroir pour une christologie narrative*, Paris 2004.

MARCHESELLI, M., *Avete qualcosa da mangiare? Un pasto, il risorto, la comunità*, Bologna 2006.

MARCONI, G., «La vista del cieco», *Gr.* 79 (1998) 625-643.

MARCUS, J., «Rivers of Living Water from Jesus' Belly (John 7,38)», *JBL* 117 (1998) 328-330.

MARIANNE, S., «La mère de Jésus dans le 4e évangile», *FV* 88, n.5 (1989) 33-41.

MARINELLI, C. S., «Gv 3,31-36», *RivBib* 47 (1999) 401-420.

MARTINI, C. M., *Damit ihr Frieden habt*, Freiburg 1982.

MARTYN, J. L., *History and Theology in the Fourth Gospel*, Louisville 2003³.

MARZOTTO, D., «L'unità della famiglia umana nel vangelo di Giovanni», *VH* 3 (1992) 47-48.

———, *L'unità degli uomini nel vangelo di Giovanni*, Brescia 1977.

MATSON, M. A., «The Contribution to the Temple Cleasing by the Fourth Gospel», *SBL.SP* 31 (1992) 489-506.

MAZAR, B., *Biblical Israel*, Jerusalem 1992.

MCCAFFREY, J., *The House with many Rooms. The Temple Theme of Jn 14,2-3*, Roma 1988.

MEEKS, W. A., *The Moral World of the First Christians*, Philadelphia 1986.

MEIER, J. P., *A Marginal Jew: Rethinking the Historical Jesus*, I-III, New York 1991-2001.

MENKEN, M. J. J., *Old Testament Quotations in the Fourth Gospel. Studies in Textual Form*, Kampen 1996.

MERRITT, R. L., «Jesus Barabbas and the Paschal Pardon», *JBL* 104 (1985) 57-68.

METZGER, B. M., *A Textual Commentary on the Greek New Testament*, Stuttgart 1994.

METZGER, R., «Der Geheilte von Johannes 5», *ZNW* 90 (1999) 177-193.

MILLER, E. L., «The Johannine Origins of the Johannine Logos», *JBL* 112 (1993) 445-457.

MIRJAM, V. B. H., *Verso l'Uno*, Bologna 2005.

MITCHELL, A. C., «Greet the Friends by Name», in J. T. FITZGERALD, ed., *Greco-Roman Perspectives on Friendship*, Atlanta 1997, 258-260.

MITCHELL, M. M., *Emergence of the Written Record*, Cambridge 2006.

MOLLAT, D., *Saint Jean maître spirituel*, Paris 1976.

MOLONEY, F. J., «Mary in the Fourth Gospel», *Sal.* 51 (1989) 421-440.

———, «To Make God Known. A Reading of John 17,1-26», *Sal.* 59 (1997) 463-489.

———, *The Gospel of John*, Collegeville 1998.

MORGEN, M., «Perdre sa vie. Jn 12,25: un dit traditionel?», *RSR* 69 (1995) 29-46.

MORRIS, L., *The Gospel According to John. New International Commentary on the New Testament*, rev. ed., Grand Rapids 1995.

MORUJÃO, G., «A unidade de Jesus com o Pai em Jo 10,30», *EstBíb* 47 (1989) 47-64.

MOTTO, A. L. – CLARK, J. R., *Essays on Seneca*, New York 1993.

MÜLLER, K., *Tora für die Völker: Die noachidischen Gebote und Ansätze zu ihrer Rezeption im Christentum*, Berlin 1994.

MÜLLER, M., «Have You Faith in the Son of Man (John 9,35)», *NTS* 37 (1991) 291-294.

MURPHY, F. J., *Early Judaism. The Exile to the Time of Jesus*, Peabody 2002.

NEIRYNCK, F., «John 21», *NTS* 36 (1990) 321-333.

NEUSNER, J., *Rabbinic Theology and Israelite Prophecy: Primacy of the Torah, Narrative of the World to Come, Doctrine of Repentance and Atonement, and the Systematization of Theology in the Rabbis' Reading of the Prophets*, Lanham 2008.

NEYREY, J. H., «I Said: You Are Gods», *JBL* 108 (1989) 647-663.

———, «Worship in the Fourth Gospel: A Cultural Interpretation of John 14-17», *BTB* 36/3 (2006) 155-163.

———, *Christ is Community. The Christologies of the New Testament*, Collegeville 1985.

NICHOLSON, G. C., *Death as Departure*, Chico 1983.

NICKLAS, T., «Die Prophetie des Kajaphas. Im Netz johanneischer Ironie», *NTS* 46 (2000) 589-594.

NOLLI, G., *Evangelo secondo Giovanni*, Vaticano 1986.

NOORT, E., «The Creation of Light in Gn 1,1-5», in G. H. VAN KOOTEN, ed., *The Creation of Heaven and Earth*, Leiden 2005, 3-20.

NUN, M., «What Was Simon Peter Wearing When He Plunged into the Sea?», *JerPer* 52 (1997) 18-23.

NUTU, L. M., «The Seduction of Words and Flesh and the Desire of God», *BiblInterp* 11 (2003) 79-97.

O'DAY, G. R. – HYLEN, S. E., *John*, Louisville, 2006.

———, *The Word Disclosed*, St. Louis 2002.

OGNIBENI, B., «L'ignoranza del presidente del banchetto», *Lat.* 65 (1999) 123-130.

O'GRADY, J. F, «The Good Shepherd and the Wine and the Branches», *BTB* 8 (1978) 86-89.

OLLENBURGER, B. C., *Zion the City of the Great King. A Theological Symbol of the Jerusalem Cult*, Sheffield 1987.

O'NEILL, J. C., «Son of Man, Stone of Blood (John 1,51)», *NT* 45 (1993) 373-381.

ORLINSKY, H. M., *Ancient Israel*, New York 1954.

PAINTER, J., «Scripture and Unbelief in John 12,36b-43», in E. A. EVANS – W. R. STENGER, ed., *The Gospels and the Scriptures of Israel*, Sheffield 1994, 429-458.

PAINTER, J., «The Church and Israel in the Gospel of John», *NTS* 25 (1978-1979) 103-112.

———, «Tradition, History, and Interpretation in John 10», in J. BEUTLER – R. T. FORTNA, ed., *The Shepherd Discourse of John and Its Context*, Cambridge 1991, 53-74.

———, *The Quest for the Messiah. The History, Literature and Theology of the Johannine Community*, Edinburgh 1993².

PAMMENT, M., «The Meaning of Doxa in the Fourth Gospel», *ZNW* 74 (1973) 12-16.

PANCARO, S., «People of God in John's Gospel? John 11,50-52», *NTS* 16 (1969-1970) 114-129.

PAROSCHI, W., *Incarnation and Covenant in the Prologue to the Fourth Gospel*, Frankfurt 2006.

PARSENIOS, G. L., *Departure and Consolation. The Johannine Farewell Discourses in Light of Greco-Roman Literature*, Leiden 2005.

PASQUETTO, V., *In comunione con Cristo e con i fratelli: Lessico antropologico del vangelo e delle lettere di Giovanni*, Roma 2001.

PAZDAN, M. M., «Nicodemus and the Samaritan Woman: Contrasting Models of Discipleship», *BTB* 17 (1987) 145-148.

PEEK, W., *Der Isishymnus von Andros und verwandte Texte*, Berlin 1930.

POLLARD, T. E., *Johannine Christology and the Early Church*, Cambridge 1970.

POMA, G., *Le istituzioni politiche dell Grecia in età classica*, Bologna 2003.

PONTIFICIA COMMISIONE BIBLICA, *Il popolo ebraico e le sue Sacre Scritture nella Bibbia cristiana*, Città del Vaticano 2001.

———, *L'interpretazione della Bibbia nella Chiesa*, Città del Vaticano 1993.

POPE, M. H., «Hosanna – What It Really Means», *BiRe* 4, n.2 (1988) 16-25.

POTTERIE, I. DE LA, «La tunique "non divisée" de Jésus, symbole de l'unité messianique», in W. C. WEINRICH, ed., *The New Testament Age*, I, Fs. B. Reicke, Marcer 194, 127-138.

———, «Le témoin qui demeure. Le disciple que Jésus amait», *Bib* 67 (1986) 343-359.

———, «Parole et spirit dans S. Jean», in M. DE JONGE, ed., *L'Évangile de Jean*, Leuven 1977, 177-201.

———, *La Vérité dans Saint Jean*, I-II, Rome 1977.

PRYOR, J. W., «John the Baptist and Jesus», *JSNT* 66 (1997) 15-26

QUISPEL, G., «Qumran, John, and Jewish Christianity», in J. H. CHARLESWORTH, ed., *John and Qumran*, London 1972, 137-155.

RAD, G. VON, *From Genesis to Chronicles: Explorations in Old Testament Theology*, H. C. Hanson, ed., Minneapolis 2005.

RADICE, R., "Οἰκείωσις". *Ricerche sul fondamento del pensiero stoico e sulla sua genesi*, Milano 2000.

RATZINGER, J., *Die Vielfalt der Religionen und der eine Bund*, Bad Tölz 1998.

———, *Jesus von Nazareth – Von der Taufe im Jordan bis zur Verklärung*, Freiburg 2007.

———, *Weggemeinschaft des Glaubens. Kirche als Communio*, Augsburg 2002.

REALE, G. – ANTISERI, D., *Il pensiero occidentale dalle origini ad oggi*, I-III, Brescia 1984-2004.

REALE, G., ed., *Aristotele, Metafisica. Saggio introduttivo, testo greco con traduzione a fronte e commentario*, I-III, Milano 1993, 1995².

———, *I Presocratici. Prima traduzione integrale con testi originali fronte delle testimoniannze e dei frammenti nella raccolta di H. Diels e W. Kranz*, Milano 2006.

———, ed., *Seneca. Tutte le opere. Dialoghi, trattati, lettere e opere in poesia*, Milano 2003.

———, *Storia della filosofia greca e romana*, I-X, Milano 2004.

REIMER, G., *Aristotelis Opera edidit Academia Regia Borussica*, I-V, Berlin 1960-1987.

REINHARTZ, A., *Befriending the Beloved Disciple*, New York 2001.

RENDTORFF, R., «Jakob in Bethel. Beobachtungen zum Aufbau und zur Quellenfrage in Gen 28,10-12», *ZAW* 94 (1982) 511-523

———, *The Canonical Hebrew Bible: A Theology of the Old Testament*, Leiden 2005.

RICHEY, L. B., *Roman Imperial Ideology and the Gospel of John*, Washington 2007.

RIEDWEG, C., *Pitagora*, Milano 2007.

RIESCO, J., «Dios en la moral de Séneca», *Helm.* 17 (1966) 49-75.

RIGATO, M.-L, «Maria di Betania nella redazione giovannea», *Anton.* 64 (1991) 203-226.

———, «"Era festa dei guidei" (Gv 5,1). Quale?», *RivBib* 39 (1991) 25-29.

RIVKIN, E., «Who Were the Pharisees?», in J. AVERY-PECK – J. NEUSNER – B. CHILTON, ed., *Judaism in Late Antiquity*, Boston 2001.

ROSENBERG, S., «Prayer and Jewish Thought», in G. H. COHN – H. FISCH, ed., *Prayer in Judaism*, London 1996, 69-108.

ROSSÉ, G., *L'ultima preghiera di Gesù dal vangelo di Giovanni*, Roma 1988.

ROTROFF, S. I., «The Greeks and the Other in the Age of Alexander», in J. COLEMAN – C. WALZ, ed., *Greeks and Barbarians*, Bethesda 1997, 221-253.

RUIZ, M. R., «El discurso del buen pastor (Jn 10,1-18)», *EstBib* 48 (1990) 5-45.

RUNESSON, A., *The Ancient Synagogue from Its Origins to 200 C. E.: A source Book*, Boston 2008.

RUNIA, D. T., *Exegesis and Philosophy: Studies on Philo of Alexandria*, Hampshire 1990.

———, *Philo in Early Christian Literature*, Assen 1993.

SABBE, M., *The Johannine Account of the Death of Jesus and Its Synoptic Parallels*, Leuven 1994.

SABUGAL, S., «La resurrección de Jesus en el cuarto evangelio (Jn 20,1-29; 21,1-14)», *Sal.* 53 (1991) 649-667.

SAFRAI, S., «Teaching of Pietists in Mishnaic Literature», *JJL* 16 (1965) 15-33.

SALDARINI, A. J., *Pharisees, Scribes and Sadducees in Palestinian Society*, Edinburgh 1989.

SALMERI, G., *Per una biografia di Dione di Prusa: Politica ed economia nella Bitinia imperiale*, Catania 1980.

SAMUEL, M., *Lord is My Shepherd*, Octavo 1996.

SANTE, C. DI, *La Preghiera di Israele*, Casale Monferrato 1985.

SCARPAT, G., *Il pensiero religioso di Séneca: e l'ambiente ebraico e cristiano*, Paideia 1977.

SCHENKE, L., *Johannes. Kommentar*, Düsseldorf 1998.

SCHIFFMAN, L. H., *Who Was a Jew?*, Hoboken 1985.

SCHNACKENBURG, R., *Das Johannesevangelium*, I-III, Freiburg 1965, 1971, 1975.

SCHNEIDERS, S. M., «The Raising of the New Temple: John 20.19-23 and Johannine Ecclesiology», *NTS* 52 (2006) 337-355.

———, *Written that You May Believe*, New York 1999.

SCHNELLE, U., «Die Tempelreinigung und die Christologie des Johannesevangeliums», *NTS* 42 (1996) 359-373.

———, *Das Evangelium nach Johannes*, Leipzig 2004³.

SCHOLTISSEK, K., «Abschied und neue Gegenwart: Exegetische und theologische Reflexionen zur johanneischen Abschiedsrede», *EThL* 75 (1999) 332-358.

SCHOLTISSEK, K., *In ihm sein und bleiben; Die Sprache der Immanenz in den Johanneischen Schriften*, Freiburg 2000.

SCHREINER, R., *New Testament Theology*, Grand Rapids 2008.

SCHÜRER, E., A *History of the Jewish People in the Time of Jesus Christ*, I-III, Edinburgh 1898-1905; English trans., 1973-1987.

SEGAL, A. F., *Rebecca's Children: Judaism and Christianity in the Roman World*, Cambridge 1986.

SEGALLA, G., «Il logos eracliteo e il logos giovanneo. Un dialogo culturale tra i primi lettori dei due testi», *FilTeo* 13 (1999) 73-83.

———, *La preghiera di Gesù al Padre (Gv 17)*, Brescia 1983.

SEGOVIA, F. F., «The Journeys of the Word of God», in R. A. CULPEPPER, ed., *The Fourth Gospel from a Literary Perspective*, Atlanta 1991, 23-54.

———, *Love Relationships in the Johannine Tradition*, Chico 1982.

———, *The Farewell of the Word. The Johannine Call to Abide*, Minneapolis 1991.

SENIOR, D., *The Passion of Jesus in the Gospel of John*, Wilmington 1991.

SHAW, B. D., «Der Bandit», in A. GIARDINA, ed., *Der Mensch der römischen Antike*, Frankfurt 1991, 337-381.

SHEPPARD, A. R. R., «Homonoia in the Greek Cities of the Romam Empire», *AC* 15-17 (1984-1986) 229-252.

SIEVERS, J. – LEMBI, G., ed., *Josephus and Jewish History*, Leiden 2005.

SILVA, A. DA, «Ancora Giovanni 7,37-39», *Sal.* 66 (2004) 13-30.

SIMENEL, P., «Les 2 anges de Jean», *ETR* 67 (1992) 71-76.

SIMICK, P., *That They May All Be* One. *Jesus' Prayer of Unity according to John 17,20-26*, Roma 1999.

SINODO DEI VESCOVI. XII ASSEMBLEA GENERALE ORDINARIA, *La parola di Dio nella vita e nella missione della chiesa. Instrumentum laboris*, Città del Vaticano 2008.

SIVERTSEV, A. M., *Households, Sects, and the Origins of Rabbinic Judaism*, Leiden 2005.

SKA, J.-L., «Genèse 25,19-34», *MoBi* 44 (2001) 11-21.

———, «Jésus et la Samaritaine», *NRTh* 118 (1996) 641-652.

———, «Nel segno dell'arcobaleno: il racconto biblico del diluvio (Gn 6-9)», in M. LORENZANI, ed., *La natura e l'ambiente nella biblia*, L'Aquila 1996, 41-66.

———, «*Our Fathers Have Told Us*»: *Introduction to the Analysis of Hebrew Narratives*, SubBi 13, Roma 1990.

———, *Abraham*, Brugge 2005.

———, *La strada e la casa. Itinerari biblici*, Bologna 2001.

SMALLEY, S. S., *John: Evangelist and Interpreter*, Exeter 1978.

SMITH, D. E., *From Symposium to Eucharist*, Minneapolis 2003.

SMITH, D. M., *John among the Gospels: The Relationship in Twentieth-Century Research*, Minneapolis 1992.

——, *The Theology of the Gospel of John*, Cambridge 1995.

SOLERI, G., «Politeismo e monoteismo nel vocabolario teologico della letteratura Greca da Omero a Platone», *RSC* 8 (1960) 24-56.

SPARKS, K. L., *Ethnicity and Identity in Ancient Israel*, Winona Lake 1998.

SPENCER, P. E., «Narrative Echoes in John 21. Intertextual Interpretation and Intertextual Connection», *JSNT* 75 (1999) 49-68.

STARE, M., «"Es ist vollendet" (Joh 19,30). Zeitaspekt in der johanneischen Passionsgeschichte», *PzB* 15/2 (2006) 77-92.

STAUFFER, E., *Jesus: Gestalt und Geschichte*, Bern 1957.

STEGEMANN, E. W. – STEGEMANN, W., *Urchristliche Sozialgeschichte: Die Anfänge im Judentum und die Christusgemeinden in der mediteranen Welt*, Stuttgart 1995.

STEGEMANN, W. «Zur Deutung des Urchristentums in den "Soziallehren"», in F. W. GRAF – T. RENDTORFF, ed., *Ernst Troeltschs Soziallehren*, Gütersloh 1993, 41-56.

STEIGER, J. A., «Nathanael – ein Israelit, an dem kein Falsch ist. Das hermeneutische Phänomen der Intertestamentarizität aufgezeigt an Joh 1,45-51», *BThZ* 9 (1992) 50-73.

STIBBE, M. W. G., «A Tomb with a View: John 11,1-44», *NTS* 40 (1994) 38-54.

——, «The Elusive Christ: A New Reading of the Fourth Gospel», in ID., ed., *The Gospel of John as Literature*, Leiden 1983, 231-247.

——, *John as Storyteller. Narrative Criticism and the Fourth Gospel*, Cambridge 1992.

——, *John's Gospel*, London – New York 1994.

STRAMARE, T., «La risposta de Gesù a Maria alle nozze di Cana», *BeO* 44 (2002) 179-192

STUBE, J. C., *A Graeco-Roman Rhetorical Reading of the Farewell Discourse*, New York – London 2006.

SUGGIT, J. N., «Nicodemos – the True Jew», *Neotest.* 141 (1981) 100-101.

SWETNAM, J., «Bestowal of the Spirit in the Fourth Gospel», *Bib* 74 (1993) 556-576.

TASCHL-ERBER, A., *Maria von Magdala*, Freiburg 2007.

TERMINI, C., *Le potenze di Dio: Studio su dynamis in Filone di Alessandria*, Roma 2000.

TESTA, R. E., *Il Simbolismo dei Giudeo-Cristiani*, Jerusalém 1962.

THATCHER, T., «The Riddles of Jesus in the Johannine Dialogues», in R. T. FORTNA – T. THATCHER, ed., *Jesus in Johannine Tradition*, Louisville 2001, 263-277.

THEISSEN, B., «The Waters of Birth. John 3,5 and 1 John 5,6-8», *NTS* 35 (1989) 155-160.

THEISSEN, G., *Die Religion der ersten Christen. Eine Theorie des Urchristentums*, Gütersloh 2000.

THEOBALD, M., «Le prologue johannique (Jean 1,1-18) et ses "lectures implicites". Remarques su une question toujours ouverte», *RSR* 83 (1995) 193-216.

———, *Herrenworte in Johannes-Evangelium*, Freiburg 2002.

THÉRIAULT, G., *Le Culte d'homonoia dans le cités grecques*, Lyon 1996.

THOMAS, J. C., *Footwashing in John 13 and the Johannine Community*, Sheffield 1991.

THOMPSON, M. M., *The God of the Gospel of John*, Grand Rapids 2001.

THYEN, H., «Entwicklungen innerhalb der johanneischen Theologie und Kirche im Spiegel von Joh 21 und der Lieblingsjüngertexte des Evangeliums», in M. DE LONGE, ed., *L'Évangile de Jean*, Leuven 1977, 259-299.

———, *Das Johannesevangelium*, Tübingen 2005.

TILBORG, S. VAN, «Cosmological Implications of Johannine Christology», in G. VAN BELLE – J. G. VAN DER WATT – P. MARITZ, ed., *Theology and Christology in the Fourth Gospel*, 2005 Leuven, 483-502.

———, «Ideology and Text: John 15 in the Context of the Farewell Discourse», in P.-J. HARTIN – J. H. PETZER, ed., *Text and Interpretation*, Leiden 1991, 259-270.

———, *Imaginative Love in John*, New York 1993.

TINH, V. T. T., *Le Culte des divinités orientales en Campanie en dehors de Pompéi, de Stabies et d'Herculanum*, Leiden 1972.

TOMMASO D'AQUINO, *Commento al vangelo di San Giovanni*, I-III, T.S. CENTI, ed., Roma 1992.

TORRACA, L., *Roma e l'europa nella prospettiva di un "provinciale": Dione di Prusa di fronte all'impero*, Napoli 2001.

TOVEY, D., «Narrative Strategies in the Prologue and the Metaphor of λόγος in John's Gospel», *Pacifica* 15/2 (2002) 138-152.

TRUDINGER, P., «An Israelite in Whom There Is No Guile», *EvQ* 54 (1982) 117-120.

TUÑI, J.-O. – ALEGRE, X., *Escritos joánicos y cartas católicas*, Navarra 1991.

———, *La verdad os hará libres*, Barcelona 1983.

UMOH, C., «The Temple in the Fourth Gospel», in M. LABAHN – K. SCHOLTISSEK – A. STROTMANN, ed., *Israel und seine Heilstraditionen im Johannesevangelium*, Fs. J. Beutler, Paderbon 2003, 314-333.

———, *The Plot to Kill Jesus. A Contextual Study of John 11,47-53*, Frankfurt 2000.

USENER, H., *Epicurea*, Roma 1963.

VANDERKAM, J. C., *From Joshua to Caiphas. High Priest after the Exile*, Minneapolis 2004.

VANHOYE, A., «Notre foi, oeuvre divine, d'aprés le quatrième évangile», *NRTh* 96 (1964) 353-354.

———, *Prêtres anciens, prêtre nouveau selon le Nouveau Testament*, Paris 1980.

VANNI, U., «Il Crocifisso risorto di Tommaso (Gv 20,24-29). Un'ipotesi di lavoro», *StPat* 50 (2003) 753-775.

VAUX, R. DE, *Histoire ancienne d'Israël*, I-II, Paris 1971,1973.

VEIJOLA, T., «Höre Israel!», *VT* 42 (1992) 528-541.

VELLANICKAL, M., *The Divine Sonship of Christians in the Johannine Writtings*, Rome 1977.

VERMEYLEN, J., «Le vol de la bénédiction paternelle», in ID., *Quand le voleur est béni par Dieu. Une lecture de l'historie de Jacob (Gen 25-36)*, Bruxelles 1993, 8-25.

VERSNEL, H. S., «Thrice One», in B. N. PORTER, ed., *One God or Many*, Bethesda 2000, 79-164.

VIGNOLO, R., «Il logos in principio», *PaVi* 49/6 (2004) 38-47.

———, *Personaggi del quarto vangelo*, Milano 2003[2].

WAHLDE, U. C. VON, «He Has Given to the Son To Have Life in Himself (John 5,26)», *Bib* 85 (2004) 409-412.

———, «The Johannine Jews: A Critical Survey», *NTS* 28 (1982) 33-60.

———, «The Relationships between Pharisees and Chief Priests», *NTS* 42 (1996) 506-522.

WALLACE, D. B., «Reconsidering "The Story of Jesus and the Adulteress Reconsidered"», *NTS* 39 (1993) 290-296.

WENGST, K., *Das Johannesevangelium*, I-II, Stuttgart 2000, 2001.

WÉNIN, A., *L'Homme biblique*, Paris 2004[2].

WEST, M.L., *Hesiod Works and Days. Edited with Prolegomena and Commentary*, Oxford 1978.

WHITACRE, R. A., *Johannine Polemic. The Role of Tradition and Theology*, Chico 1982.

WHITACRE, R. A., *John*, Downers Grove 1999.

WIARDA, T., «John 21:1-23: Narrative Unity and Its Implications», *JSNT* 46 (1992) 53-71.

WILCKENS, U., *Das Evangelium nach Johannes*, Göttingen 1998.

WILKINSON, J., *Jerusalem as Jesus Knew It*, London 1978.

WINTER, P., *On the Trial of Jesus*, Berlin 1961.

WITHERINGTON, B., *John's Wisdom*, Louisville 1995.

WOLFF, H. W., *Anthropologie des Alten Testaments*, München 1973.

WOLFSON, H.A., «Maimonides on the Unity and the Incorporeality of God», *JQR* 56 (1965-1966) 112-136.

———, «Saadia on the Trinity and Incarnation», M. BEN-HORIN – B. D. WEINRYB – Z. ZEITLIN, ed., *Studies and Essays in Honor of Abraham A. Neuman II*, Philadelphia 1962, 547-568.

WUCHERPFENNING, A., «Tora und Evangelium. Beobachtungen zum Johannesprolog», *StZ* 128 (2003) 486-494.

WYSCHOGROD, M., *Gott und Volk Israel. Dimensionen jüdischen Glaubens*, Stuttgart 2001.

YEE, G. A., *Jewish Feast and the Gospel of John*, Wilmington 1989.

ZARADER, J.-P., *Vocabulaire grec de la philosophie*, Paris 2002.

ZEITLIN, I. M., *Jesus and the Judaism of His Time*, Oxford 1988.

ZEVINI, G., «"Vogliamo vedere Gesù" (Gv 12,20-36). L'universalità salvifica di Gesù Cristo secondo Giovanni», *PSV* 26 (1992) 111-126.

———, «La vita di comunione tra Gesù e i suoi: la vera vite e i tralci», *PSV* 31 (1995) 93-109.

———, *Vangelo secondo Giovanni*, I-II, Roma 1994[6].

ZEVIT, Z., *The Religion of Ancient World*, London 2001.

ZORELL, F., *Lexicon graecum Novi Testamenti*, Roma 1999.

ZUMSTEIN, J., «Le point de vue de l'école johannique sur les logia de Jésus dans le premier discours d'adieu», *RSR* 69 (1995) 59-69.

———, «Le prologue, seuil du quatrième évangile», *RSR* 83 (1995) 217-239.

———, «Zur Geschichte des johanneischen Christentums», *ThLZ* 122 (1997) 418-428.

INDICE DOS AUTORES

Abbagnano: 190, 202
Abbott: 22
Adan: 66
Aécio: 190, 191
Agostino: 45, 61
Ahlström: 140
Alegre: 288, 309
Alexander: 25
Allen: 189
Amato: 215
Antífones: 195
Antiseri: 191, 205, 207
Appold: 10, 232
Aristóteles: 190, 191, 193, 198, 199
Arndt: 285
Arowele: 80
Ashton: 48, 84, 250
Assmann: 159
Babut: 201, 223, 224
Bachiller: 206
Bagatti: 45
Baldi: 216
Baldry: 196
Bammel: 31, 113, 119
Barclay: 140
Barrett: 23, 31, 100, 284
Basset: 146
Bauckham: 62, 135, 260
Bauer: 191
Baumgarten: 164
Beasley-Murray: 66, 83, 100, 120, 130, 260

Beauchamp: 155, 264
Beaujeu: 220
Beck: 110
Becker: 50
Belle: 40, 121
Bellincioni: 210
Ben-Rafael: 157
Bergmeier: 121
Bernard: 120
Betz: 120
Beutler: 9, 14, 35, 36, 46, 49, 62, 63, 64, 71, 72, 74, 77, 78, 80, 83, 86, 92-94, 97-99, 130, 135, 236, 237, 240, 253, 274, 284, 289, 293, 300, 301, 305
Bindemann: 245, 251
Binder: 286
Biniama: 126
Binni: 11
Blanchard: 70, 234
Blasi: 12
Blenkinsopp: 140, 156
Blinzler: 111, 117, 118
Blomberg: 72
Blomqvist: 165
Boer: 14, 291
Boffo: 174
Böhler: 115
Boismard: 45, 257, 282, 284
Bolyki: 67, 84
Borgen: 53, 186
Borgonovo: 245

Bovati: 152, 154
Boyarin: 262, 285
Brancacci: 211
Braun: 34, 244, 288, 305
Bréhier: 202
Breytenbach: 212
Brodie: 14, 66
Broer: 284
Brooke: 153
Brown: 11, 23, 34, 37, 39, 46, 89, 93, 104, 107, 110, 233, 242, 265, 273, 286
Browning: 200
Bulembat: 29
Bultmann: 99, 101, 235, 265, 295, 305
Burge: 10, 100, 121
Burnet: 194
Busse: 270
Byrne: 125
Caba: 11
Cachia: 11
Calabi: 185
Callahan: 87, 277
Callaway: 153
Caragounis: 95
Carmona: 152, 153, 160, 161, 165, 166, 170
Carreira das Neves: 29, 34
Carson: 94, 106
Carvalho: 180
Castaño Fonseca: 281
Cetrangolo: 200
Charlesworth: 89, 168
Chennattu: 67, 290
Childs: 14, 141
Chilton: 164
Cícero: 195, 201, 203, 204
Cilia: 10, 266, 279, 280, 284
Clark: 206
Claussen: 165
Clifford: 172
Coakley: 81, 271
Cocchia: 203

Cohn: 190
Cohoon: 196
Coleman: 228
Collins J.J: 228
Collins R.F.: 24, 310
Coloe: 74, 243, 271, 296
Coogan: 159
Cothenet: 41, 57
Crüsemann: 144, 180
Cullmann: 24
Culpepper: 11, 28, 57, 89, 235, 240, 286, 307
Dacy: 156
Daiber: 191
Daniélou: 290
D'Aragon : 284
Davies: 153
De Jonge: 289
Delebecque: 279
Dempsey: 106
Dennis: 80
Derrett: 53, 58
Desideri: 211, 214
Destro: 12, 102
Devillers: 14, 45
Diels: 190-195
Dies: 225
Dietzfelbinger: 93, 265
Dio: 17, 189, 196, 204, 211-219, 227-229, 319
Diogénes Laércio: 195, 196
Dodd: 80, 87, 96, 109, 121
Duke: 114
Dunderberg: 80
Dunn: 238
Durand: 234
Egger: 16
Elbogen: 156
Ellis: 45, 111, 262
Ensor: 256
Epicuro: 200, 201
Etcheverría: 282
Evans: 313
Fabris: 25

Farias: 184
Felton: 194
Ferrante: 211
Ferraro: 76, 255, 274
Ferreira: 11
Filão: 17, 135, 143, 149, 159, 169, 170, 172, 173, 175, 178, 181-187, 189-191, 227, 229, 318, 319
Flusser: 99
Ford: 294
Forestell: 276
Fornari: 29, 234
Fortna: 20
François: 215
Frey: 35, 54, 101
Fuglseth: 12, 289, 307
Fusco: 159
Gaon: 156
Garcia: 215
García-Borrón: 209
García-Moreno: 119, 129, 288
Gawlick: 238, 242
Gayo: 211, 215
Geiger: 119
Giblin: 51, 263, 294
Gibson: 258
Gilbert: 154
Gillman: 149
Gingrich: 285
Gloer: 24, 129
Gorgia: 194
Grabbe: 174
Grasso: 252
Greenberg: 89
Gruen: 154
Grundmann: 80
Günter: 264
Haenchen: 112
Hakola: 12, 31, 105, 295, 312
Hanson A. T.: 22, 297
Hanson S.: 72
Harland: 286
Harris: 129
Hartin: 131

Hawthorne: 127
Hendel: 144
Hengel: 170, 298
Herrmann: 141
Hesíodo: 189, 192
Hipólito: 191
Hobsbawm: 171
Hofius: 71
Holleran: 68
Holloway: 298
Holmberg: 286
Homero: 189, 192
Homolka: 159
Horbury: 174
Horsley: 24
Hoskyns: 249
Hultgren: 88
Hylen: 61, 78
Isócrates: 194
Isserlin: 148
Jaeger: 193
Jasper: 232, 234
Johnson: 115
Jonas: 35
Jones: 214, 219
Josephus: 32, 38, 40, 58, 74, 82, 119, 121, 143, 149, 159, 162-164, 166-174, 178, 181, 284
Jossa: 162, 175, 283
Judge: 116
Kee: 161, 164, 170, 177
Keener: 133, 241, 286
Kieffer: 87
Kiley: 52
Kingsbury: 14
Kirk: 191, 193
Klauck: 90, 204, 206, 207, 281, 303
Klinghoffer: 140
Koester: 26, 42
Konings: 50
Kopciowski: 158
Köstenberger: 10, 238, 285
Kraft: 285
Kranz: 190, 191, 192, 193, 194, 195

Krieger: 114
Kugel: 146
Kysar: 43, 85, 270
Lachs: 66
Lafon: 232
Lagrange: 108
Lamm: 157, 160
Lana: 205
Lang: 158
Leder: 140
Lee D. A.: 38, 299
Lee H. J.: 83, 84 255, 256
Leigemann: 203
Lemaire: 173, 175
Lembi: 164
Lentzen-Deis: 14
Léon-Dufour: 40, 93, 98, 108, 235, 244, 265
Levenson: 172
Levin: 154
Levine: 174-176
Lieu: 173, 287
Lightfoot: 70, 84, 121
Lindars: 277, 312
Lindskog: 201
Lingad: 12
Lohfink: 149, 152, 157
López: 101, 113
Loretz: 174
Lourenço: 169
Luzarraga: 309
MacGrath: 19
MacLeod: 233
Maier: 162
Malina: 12
Malzoni: 77
Mannucci: 261, 288
Marchadour: 129, 272
Marcheselli: 11, 109, 131
Marconi: 66
Marcus: 60
Marianne: 29
Marinelli: 36
Martini: 245

Martyn: 69, 286
Marzotto: 11, 153, 155, 261, 302
Matson: 267
Mazar: 141
McCaffrey: 10
Meeks: 46, 286, 292
Meier: 165, 166
Menken: 21
Merritt: 114
Metzger B. M.: 20, 60, 233
Metzger R.: 46
Miller: 232, 234
Mirjam: 147
Mitchell A.C.: 293
Mitchell M.M.: 102
Mollat: 279
Moloney: 57, 120, 241, 267, 275
Morgen: 267
Morris: 104
Morujão: 270
Motto: 206
Müller K.: 145
Müller M.: 69
Murphy: 155, 177
Neirynck: 132, 291
Neusner: 148, 160
Neyrey: 12, 74, 108, 282
Nicholson: 84
Nicklas: 288
Nolli: 101
Noort: 143, 236
Nun: 132
Nutu: 235
O'Day: 51, 61, 78, 79, 312
O'Grady: 73, 266
O'Neill: 263
Ognibeni: 30
Ollenburger: 173
Orlinsky: 148, 179
Painter: 25, 71, 106, 282
Pamment: 103
Pancaro: 232
Paroschi: 237
Parsenios: 96

ÍNDICE DOS AUTORES

Pasquetto: 12
Pazdan: 267
Peek: 193
Pesce: 12, 102
Platão: 194-198, 212, 215, 219, 221
Plutarco: 17, 87, 189, 196, 199, 201, 204, 219-229, 319
Pollard: 233
Poma: 189
Pope: 82
de la Potterie: 92, 99, 120, 135, 234, 276, 279, 280
Pryor: 36, 236
Quispel: 168
Radice: 201
Ratzinger: 96, 97, 238, 240, 245, 308
Raven: 191, 193
Reale: 190-192, 196, 198, 201-203, 205, 207
Reimer: 190
Reinhartz: 21, 98
Rendtorff: 179
Richey: 288
Riedweg: 191
Riesco: 209
Rigato: 45, 81
Rivkin: 165
Rohrbaugh: 12
Rosenberg: 145, 156
Rossé: 86, 274
Rotroff: 199
Ruiz: 71
Runesson: 173, 176
Runia: 181-183, 185
Sabbe: 109
Sabugal: 132, 275
Safrai: 164
Saldarini: 165
Salmeri: 213, 214, 217
Samuel: 72
Sante: 156
Scarpat: 206
Schenke: 56

Schiffman: 162, 164
Schnackenburg: 25, 50, 58, 74, 75, 81, 234, 237, 244, 288
Schneiders: 243
Schnelle: 125, 257
Schofoeld: 193
Scholtissek: 12, 55, 93, 96, 244, 271, 282
Schreiner: 291
Schürer: 165, 166, 167, 283
Segal: 286
Segalla: 11, 102, 288
Segovia: 11, 65, 86, 91, 246
Séneca: 17, 189, 201, 204-211, 227-229, 319
Sexto Empírico: 194, 202
Shaw: 171
Sheppard: 213
Sievers: 164
Silva: 60
Simenel: 126
Simick: 242
Sivertsev: 55, 176
Ska: 39, 144, 145, 147, 149, 150, 161
Smith D.M.: 74, 108, 307
Smith D.E.: 87
Smalley: 311
Soleri: 192
Sparks: 140
Spencer: 296
Stare: 262
Stauffer: 110
Stegemann E.W.: 165, 176
Stegemann W.: 165, 171, 176
Steiger: 290
Stibbe: 14, 78, 127, 130, 308
Stramare: 29, 291
Stube: 273
Suggit: 122
Swetnam: 275
Tácito: 173
Taschl-Erber: 126
Termini: 185

Testa: 133
Thatcher: 67, 304
Theissen G.: 75, 90, 240, 279, 283, 285, 287, 288
Theobald: 19, 64, 240
Thériault: 213
Thomas: 88, 298
Thompson: 13
Thyen: 28, 130
Tilborg: 29, 255, 282
Tinh: 193
Tommaso d'Aquino: 110
Torraca: 211, 216
Tovey: 240
Trudinger: 26
Tuñi: 288, 309
Umoh: 33, 80, 284, 286
Usener: 200
Vanderkam: 284
Vanhoye: 167
Vanni: 259
Vaux: 148, 176
Veijola: 158
Vellanickal: 104
Vermeylen: 146
Versnel: 193
Vignolo: 89, 90, 232
von Rad: 147, 151
Wahlde: 48, 166, 238, 257
Wallace: 61
Walz: 228
Wengst: 77, 234, 242
Wénin: 143
West: 189
Whitacre: 287, 302
Wiarda: 130, 296
Wilckens: 64
Wilkinson: 118
Winter: 112
Witherington: 91, 120, 301, 306
Wolff: 143
Wolfson: 159, 160
Wucherpfenning: 239
Wyschogrod: 300
Yee: 59
Zarader: 190
Zeitlin: 164, 177
Zevini: 43, 97, 298
Zevit: 141, 181
Ziegler: 201
Zorell: 285
Zumstein: 19, 53, 232, 263, 278

ÍNDICE

AGRADECIMENTOS...	7
INTRODUÇÃO...	9
1. Tema	9
2. Outros estudos..	10
3. Problemática	13
4. Método..	15
5. Organização	16
CAPÍTULO I: *Testemunho do discípulo amado*...................................	19
1. Introdução (1,1-51)	19
1.1 Prólogo poético (1,1-18)...	19
1.2 Prólogo narrativo (1,19-51)	21
1.2.1 Testemunho indirecto (1,19-28)......................................	21
1.2.2 Testemunho directo (1,29-34)	22
1.2.3 Testemunho realizado (1,35-42).....................................	23
1.2.4 Testemunho autêntico (1,43-51).....................................	24
2. Vida pública de Jesus (2,1–12,50)	27
2.1 Jesus chama a si o seu povo para salvar o mundo (2,1–4,54).........	27
2.1.1 Início da acção: o vinho nas núpcias (2,1-12)	28
2.1.2 Santuário: encontro do Pai com os seus filhos (2,13-25)	31
2.1.3 Ver e entrar no reino de Deus (3,1-21)	33
a) Necessário nascer do alto (3,1-12).................................	33
b) Necessário Jesus ser elevado (3,13-21).........................	34
2.1.4 João realiza o testemunho: os seus vão a Jesus (3,22-30)	35
2.1.5 Testemunho uno autêntico (3,31-36)...............................	36
2.1.6 Mulher samaritana (4,1-45)	37
a) Nas raízes de Israel (4,1-8)..	37
b) Dom de Deus (4,9-15)...	38
c) Unidade em espírito e verdade (4,16-26).......................	39
d) Recolher o fruto do Pai trabalhado por outros (4,27-38) ..	41

			e) Samaritanos confessam: é o Salvador do mundo (4,39-42)..	41
	2.1.7	Jesus é a vida do mundo (4,43-54)		42
	2.1.8	Jo 1,1-4,54 e a unidade em Jo		44
2.2	Jesus revela-se (5,1-8,59)			44
	2.2.1	Cura um doente à porta do templo (5,1-9c)		45
	2.2.2	Sábado (5,9d-18)		46
	2.2.3	Jesus revela-se num sábado no templo (5,19-47)		47
			a) Age em unidade ao Pai (5,19-30)	47
			b) O Pai é a sua testemunha e a ele importa acolher (5,31-47)	48
	2.2.4	Na Galileia (6,1-71)		49
			a) Sacia a multidão (6,1-15)	49
			b) Caminha sobre as águas (6,16-21)	51
			c) Multidão (6,22-59)	52
			d) Discípulos: quem pode escutá-lo? (6,60-66)	55
			e) Doze (6,67-71)	56
	2.2.5	No templo durante a festa das Tendas (7-8)		57
			a) Subida para as Tendas (7,1-13)	57
			b) Início do discurso (7,14-24)	58
			c) Povo divide-se (7,25-36)	59
			d) Último dia das Tendas (7,37-52)	59
			e) Pecado (7,53-8,11)	60
			f) Luz do mundo (8,12-20)	61
			g) Verdade e liberdade (8,21-36)	62
			h) O Pai e Abraão (8,37-47)	63
			i) Eu sou (8,48-59)	64
	2.2.6	Jo 5-8 e a unidade em Jo		64
2.3	Jesus manifesta-se (9,1-12,50)			65
	2.3.1	Ignorância e compreensão (9,1-41)		66
			a) Jesus manifesta-se num cego (9,1-7)	66
			b) Vizinhos (9,8-12)	67
			c) Fariseus questionam o que fora cego (9,13-17)	67
			d) Judeus questionam os pais (9,18-23)	68
			e) Voltam a questioná-lo (9,24-34)	68
			f) Jesus questiona-o (9,35-38)	69
			g) Jesus dirige-se aos fariseus (9,39-41)	70
	2.3.2	Dispersão e unidade (10,1-42)		70
			a) Porta (10,1-10)	71
			b) Bom Pastor (10,11-18)	72
			c) Povo de novo divide-se (10,19-21)	73
			d) Declara ser um no Pai na festa da Dedicação (10,22-39)	73
			e) Retira-se e muitos vão a ele (10,40-42)	75
	2.3.3	Morte e vida (11,1-57)		75
			a) Situação (11,1-6)	75

	b) Vai com os discípulos a Betânia (11,7-16)	76
	c) Marta (11,17-27)	77
	d) Maria leva-lhe os judeus (11,28-32)	77
	e) Diante da morte (11,33-37)	78
	f) Ressuscita Lázaro (11,38-44)	78
	g) Resultado (11,45-46)	79
	h) Decisão do sinédrio (11,47-53)	80
	i) Jesus retira-se (11,54-57)	80
2.3.4	Final da acção pública (12,1-50)	81
	a) Jesus é ungido (12,1-11)	81
	b) Jesus é aclamado como Rei (12,12-19)	82
	c) Os gregos desejam vê-lo (12,20-36)	83
	d) Comentário de Jo (12,37-43)	84
	e) Chamada à fé (12,44-50)	85
2.3.5	Jo 9-12 e a unidade em Jo	85

3. Jesus comunica a unidade (13,1-17,26) 86
   3.1 Acolhimento (13,1-35) 86
       3.1.1 Lava-pés (13,1-20) 86
       3.1.2 Anúncio da entrega e abandono de Judas (13,21-30) 88
       3.1.3 Anúncio da partida e mandamento (13,31-35) 91
   3.2 Primeiro discurso (13,36-14,31) 91
       3.2.1 Prepara o lugar onde serão (13,36-14,4) 91
       3.2.2 Caminho, Verdade e Vida (14,5-7) 92
       3.2.3 Compreender o Pai e manifestá-lo no amor (14,8-21) 93
       3.2.4 O amor habita nos que o amam (14,22-31) 94
   3.3 Segundo discurso (15,1-16,33) 95
       3.3.1 Unidade na palavra (15,1-8) 95
       3.3.2 Mandamento (15,9-17) 96
       3.3.3 Os seus e o ódio (15,18-16,4a) 98
       3.3.4 Paráclito (16,4b-15) 99
       3.3.5 Os seus verão e alegrar-se-ão (16,16-24) 100
       3.3.6 Os seus compreenderão (16,25-33) 101
   3.4 A oração (17,1-26) 102
       3.4.1 Introdução (17,1-5) 102
       3.4.2 Ora por aqueles que o Pai lhe deu (17,6-19) 103
       3.4.3 Ora pelos que acreditarão (17,20-23) 105
       3.4.4 Conclusão do encontro e da oração (17,24-26) 105
   3.5 Jo 13-17 e a unidade em Jo 106
4. Hora de Jesus (18,1-19,42) 107
   4.1 Prisão, Anás e as negações de Pedro (18,1-27) 107
       4.1.1 Jesus é preso e conduzido a Anás (18,1-14) 107
       4.1.2 Negação de Pedro (18,15-18) 109
       4.1.3 Jesus diante de Anás (18,19-24) 110

        4.1.4 Negações de Pedro (18,25-27) 111
   4.2 Processo romano (18,28-19,16) 111
        4.2.1 Autoridades entregam Jesus a Pilatos (18,28-32) 112
        4.2.2 Pilatos entra no pretório e questiona Jesus (18,33-38a) 113
        4.2.3 Pilatos dá amnistia e os judeus gritam por Barrabás
             (18,38b-40) 114
        4.2.4 Pilatos entra no pretório e manda flagelar e coroar Jesus
             (19,1-3) 114
        4.2.5 Pilatos entrega-o aos líderes, que gritam: crucifica-o
             (19,4-7) 115
        4.2.6 Pilatos entra no pretório e questiona Jesus (19,8-12) 116
        4.2.7 Apresentado e entregue para ser crucificado (19,13-16) 117
   4.3 Glorificação de Jesus (19,17-42) 117
        4.3.1 Crucificação (19,17-18) 118
        4.3.2 Título real (19,19-22) 118
        4.3.3 Divisão das vestes (19,23-24) 119
        4.3.4 Testamento (19,25-27) 120
        4.3.5 Tudo consumado (19,28-30) 121
        4.3.6 Deposição (19,31-37) 121
        4.3.7 Sepultura (19,38-42) 122
   4.4 Jo 18-19 e a unidade em Jo 123
5. Epílogo (20,1-21,25) 123
   5.1 Jesus na unidade dos seus (20,1-31) 124
        5.1.1 Sepulcro (20,1-2) 124
        5.1.2 Discípulo amado e Pedro (20,3-10) 125
        5.1.3 Maria reconhece-o (20,11-18) 125
        5.1.4 Os discípulos reconhecem-no entre eles (20,19-23) 127
        5.1.5 Tomé não acredita (20,24-25) 127
        5.1.6 Meu Senhor e meu Deus (20,26-29) 128
        5.1.7 Conclusão: na fé é a vida (20,30-31) 130
   5.2 Jesus manifesta-se ao mundo nos seus (21,1-25) 130
        5.2.1 O mundo é atraído pelo glorificado (21,1-14) 130
            a) Insucesso (21,1-3) 130
            b) Manifestação (21,4-8) 131
            c) A refeição (21,9-14) 132
        5.2.2 Seguimento de Pedro (21,15-19) 134
        5.2.3 Palavra do discípulo amado (21,20-25) 135
6. Conclusão do capítulo 135

CAPÍTULO II: *Unidade judaica e greco-romana* 139

1. Unidade judaica no I CE 139
   1.1 Evento fundacional do povo de Deus 139
   1.2 Evento fundacional na história do povo de Deus 142

	1.2.1 Criação e vocação do homem	142
	1.2.2 Abraão e a sua descendência	144
	1.2.3 Jacob e Israel	145
	a) Sonho de Jacob	146
	b) Vitória de Israel	146
	c) Doze tribos de Israel	147
	1.2.4 Moisés e o povo	148
	a) Lei	149
	b) Terra	150
	1.2.5 Monarquia do povo de Deus	150
	1.2.6 Exílio e retorno do povo	152
	a) Messias	153
	b) Sabedoria	154
	1.2.7 Judaísmo no I CE	155
	a) Shemá Israel	157
	b) Deus é um	158
1.3	Evento fundacional e a unidade judaica no I CE	161
	1.3.1 Unidade judaica no I CE	161
	1.3.2 Grupos no interior da unidade	164
	a) Fariseus	164
	b) Saduceus	166
	c) Essénios	167
	d) Zelotes	170
	1.3.3 Instituições de unidade	172
	a) Templo	172
	b) Sinagoga	174
	c) Família	176
	1.3.4 Noções de unidade	177
	a) Exogamia e não-exogamia	178
	b) Jerusalém, luz das nações	178
	c) Santificação cultual	179
	d) Purificação na lei	179
	e) Caminho da sabedoria	179
	e) Chegada do messias	180
	f) Iluminação pessoal	180
	1.3.5 Unidade em Filão de Alexandria	181
	a) Evento da criação	182
	b) Homem criado por Deus	183
	c) Os homens são irmãos entre si	184
	d) Lei dada por Deus ao povo	185
	e) Povo de Deus	186
1.4	Unidade segundo Jo e unidade judaica	188
2. Unidade greco-romana no I CE		189

2.1 Desenvolvimento do conceito 189
    2.1.1 Jónicos 190
    2.1.2 Escola de Pitágoras 191
    2.1.3 Escola eleática 192
    2.1.4 Sofistas 194
    2.1.5 Sócrates 195
    2.1.6 Platão 196
    2.1.7 Aristóteles 198
    2.1.8 Epicurismo 200
    2.1.9 Estoicismo 201
    2.1.10 Cepticismo 202
    2.1.11 Ecletismo 203
2.2 Unidade greco-romana no I CE 204
    2.2.1 Unidade segundo Séneca 204
        a) Logos: princípio orientador do homem e do mundo 205
        b) Missão do homem 207
        c) O homem realiza-se ao imitar Deus 208
        d) Unidade: conformidade com o sumo bem 210
    2.2.2 Unidade segundo Dio Crisóstomo 211
        a) Tema da concórdia 212
        b) Concórdia para Dio Crisóstomo 213
        c) Discursos de Dio sobre a concórdia 217
    2.2.3 Unidade segundo Plutarco 219
        a) Deus de Plutarco 219
        b) Alma do mundo 221
        c) Homem virtuoso 224
        d) Unidade do mundo 226
2.3 Unidade segundo Jo e unidade greco-romana 227
3. Conclusão do capítulo 228

CAPÍTULO III: *A unidade joanina* 231

1. Logos-Jesus e a unidade dos filhos de Deus 231
1.1 Logos segundo o autor joanino 231
    1.1.1 No princípio o Logos era em Deus e era Deus 231
    1.1.2 Logos criou todas as coisas 233
    1.1.3 Logos veio ao mundo 235
    1.1.4 Logos veio para os seus discípulos 237
    1.1.5 Logos gerou os filhos de Deus 239
    1.1.6 Logos fez-se carne 240
    1.1.7 Logos habitou no nós 241
1.2 Presença do Logos no testemunho do discípulo amado 243
    1.2.1 Logos em Jesus 244
    1.2.2 Logos nos discípulos de Jesus 246

        a) Jesus chama a si para salvar o mundo (2,1-4,54) 246
        b) Jesus revela-se (5,1-8,59) 247
        c) Jesus manifesta-se (9,1-12,50) 248
        d) Jesus comunica a unidade (13,1-17,26) 249
        e) Hora de Jesus (18,1-19,42) 250
        f) Epílogo (20,1-21,25) 251
  1.3 Logos-Jesus e a unidade 252
2. Hora de Jesus e a unidade dos filhos de Deus 254
  2.1 Referências explícitas à hora 254
  2.2 Hora: o príncipio e o fim 256
  2.3 Significado da hora 259
      2.3.1 Jesus retorna a Deus 260
          a) Rei dos judeus 260
          b) Glorificação do Rei 261
          c) Poder do Reino 264
      2.3.2 Jesus glorificado atrai a si 266
          a) Jesus chama a si para salvar o mundo (2,1-4,54) 266
          b) Jesus revela-se (5,1-8,59) 268
          c) Jesus manifesta-se (9,1–12,50) 270
          d) Jesus comunica a unidade (13,1–17,26) 271
          e) Hora de Jesus (18,1-19,42) 276
          f) Epílogo (20,1-21,25) 277
  2.4 Hora de Jesus e a unidade 278
3. Unidade dos filhos de Deus 280
  3.1 Unidade brota de Deus pelo seu Logos 280
  3.2 A unidade é inserida no povo de Deus 281
      3.2.1 Sinédrio 284
      3.2.2 Templo de Jerusalém 285
      3.2.3 Sinagoga 286
      3.2.4 Testemunho do discípulo amado 287
      3.2.5 Quarto Evangelho e Israel 289
  3.3 A unidade é a resposta a Deus 290
      3.3.1 Unidade é o princípio 292
          a) Unidade como modo de ser 293
          b) Unidade como a última e primeira acção 295
      3.3.2 Unidade é o fim 296
          a) Jesus chama a si para salvar o mundo (2,1-4,54) 296
          b) Jesus revela-se (5,1-8,59) 297
          c) Jesus manifesta-se (9,1-12,50) 297
          d) Jesus comunica a unidade (13,1-17,26) 298
          e) Hora de Jesus (18,1-19,42) 298
          f) Epílogo (20,1-21,25) 299
      3.3.3 A unidade é o caminho 299

   a) Ser perfeito na unidade 300
   b) Manifestação do glorificado 301
 3.4 Unidade e os filhos de Deus 302
  3.4.1 Filhos de Deus são gerados sendo atraídos pelo Senhor 303
  3.4.2 Filhos de Deus são do Pai e dados ao Filho 304
  3.4.3 Filhos de Deus guardam o Logos 305
  3.4.4 Filhos de Deus reconhecem a unidade do Pai e do Filho 305
  3.4.5 Filhos de Deus vivem da unidade comunicante de Deus....... 306
  3.4.6 Filhos de Deus reconhecem que o Filho veio do Pai 306
  3.4.7 Filhos de Deus acreditam que o Pai enviou o Filho 307
 3.5 Unidade dos filhos de Deus 308
  3.5.1 Unidade é no desejo de Jesus e na unidade dos seus 308
  3.5.2 Unidade é na relação entre o Pai e o Filho 309
  3.5.3 Unidade é na unidade dos seus discípulos em si 310
  3.5.4 Unidade é em atracção no e ao nós divino
    chamando o mundo 311
4. Conclusão do capítulo 312

CONCLUSÃO 315

1. O Deus único 315
2. Jesus: o Unigénito de Deus 315
3. O povo de Deus 317
4. Os gregos e os romanos 318
5. A hora de Jesus 320
6. A perfeita comunicação de Deus 321
7. O testemunho do discípulo amado 322
8. A autêntica resposta dos discípulos 323
9. O amar recíproco 324
10. A unidade joanina 324

SIGLAS E ABREVIATURAS 327

BIBLIOGRAFIA 335

INDICE DOS AUTORES 361

INDICE 367

TESI GREGORIANA

Desde 1995, a coleção «Tesi Gregoriana» põe à disposição do público algumas das melhores teses elaboradas na Pontifícia Universidade Gregoriana. A composição é realizada pelos próprios autores, segundo as normas tipográficas definidas e controladas pela Universidade.

Volumes publicados [Série: Teologia]

[Vol. 1-130: cfr. *www.unigre.it /TG/teologia.htm*]

131. TIBALDI, Marco, *Kerygma e atto di fede nella teologia di Hans Urs von Balthasar*, 2005, pp. 276.
132. PIQUÉ COLLADO, Jorge, *Teología y música. Una contribución dialéctico-transcendental sobre la sacramentalidad de la percepción estética del Misterio (Agustín, Balthasar, Sequeri; Victoria, Schönberg, Messiaen)*, 2006, pp. 422.
133. COSTIN, Teodor, *Il perdono di Dio nel vangelo di Matteo. Uno studio esegetico-teologico*, 2006, pp. 254.
134. BISCEGLIA, Bruno, *«In natura humana Deus Pater impressit Verbum». Dio Padre nel commento di San Tommaso al Vangelo di San Giovanni. Indagine dottrinale e verifica analitica. Analisi statistica e lessicografica*, 2006, pp. 352.
135. JONES, Michael Keenan, *Towards a Christology of Christ the High Priest*, 2006, pp. 408.
136. GUDIEL GARCÍA, Hugo Caín, *La fe según Xavier Zubiri. Una aproximación al tema desde la perspectiva del problema teologal del hombre*, 2006, pp. 380.
137. MARGARIA, Claudio, *Fede come sequela: una teologia in* via Christi *negli scritti teologici (1968-2002) di Joseph Moingt*, 2006, pp. 382.
138. BELLUSCI, Gianluca, *L'universale concretum, categoria fondamentale della Rivelazione a partire dall'analisi del ciclo natalizio*, 2006, pp. 298.
139. PELLEGRINO, Carmelo, *Paolo servo di Cristo e padre dei Corinzi. Analisi retorico-letteraria di 1Cor 4*, 2006, pp. 408.
140. MULCAHY, Eamonn, *The Cause of Our Salvation. Soteriological Causality according to some Modern British Theologians 1988-1998*, 2006, pp. 528.
141. BALČIUS, Vidas, *Virtù e opzione fondamentale. Una riflessione a partire dal contributo di S. Pinckaers e J. Fucks*, 2007, pp. 240.
142. XALXO, Prem, *Complementarity of Human Life and Other Life Forms in Nature: A Study of Human Obligations toward the Environment with Particular Reference to the Oraon Indigenous Community of Chtoanagpur, India*, 2007, pp. 240.

143. BRIGHI, Davide, *Assenso reale e scienze profane. Il contributo di John Henry Newman ad una rinnovata ragione teologica*, 2007, pp. 222.
144. PETRIGLIERI, Ignazio, *La definizione dogmatica di Calcedonia nella cristologia italiana contemporanea*, 2007, pp. 346.
145. GONZAGA, Waldecir, *«A Verdade do Evangelho» (Gl 2,5.14) e a autoridade na Igreja. Gl 2,1-21 na exegese do Vaticano II até os nossos dias. História, balanço e novas perspectivas*, 2007, pp. 504.
146. GATTI, Nicoletta, *...perché il «piccolo» diventi «fratello». La pedagogia del dialogo nel cap. 18 di Matteo*, 2007, pp. 400.
147. SZYPUŁA, Wojciech, *The Holy Spirit in the Eschatological Tension of Christian Life. An Exegetico-Theological Study of 2 Corinthians 5,1-5 and Romans 8,18-27*, 2007, pp. 436.
148. AMO USANOS, Rafael, *El principio vital del ser humano en Ireneo, Orígenes, Agustín, Tomás de Aquino y la antropología teológica española reciente*, 2007, pp. 362.
149. APRILE, Biagio, *«Passio Christi tam evidenter quasi evangelium recitatur». La passione di Cristo sulla croce: insegnamento ed esempio. Studio sul Commento II al salmo 21 di Agostino di Ippona*, 2007, pp. 310.
150. CASAZZA, Fabrizio, *Sviluppo e libertà in Amartya Sen. Provocazioni per la teologia morale*, 2007, pp. 424.
151. VARSALONA, Agnese, *Il dialogo e i suoi fondamenti. Aspetti di antropologia filosofica e teologica secondo Jörg Splett e Walter Kasper*, 2007, pp. 300.
152. GEORGE KOCHUTHARA, Shaji, *The Concept of Sexual Pleasure in the Catholic Moral Tradition*, 2007, pp. 518.
153. SCARDILLI, Pietro Damiano, *I nuclei ecclesiologici nella costituzione liturgica del Vaticano II*, 2007, pp. 418.
154. PALACHUVATTIL, Mathew, *«The One Who Does the Will of the Father». Distinguishing Character of Disciples According to Matthew. An Exegetical Theological Study*, 2007, pp. 404.
155. BARBOSA FILHO, Domingos, *A vontade salvífica e predestinante de Deus e a questão do cristocentrismo. Um estudo sobre a doutrina de João Duns Escoto e seus ecos na teologia contemporânea*, 2007, pp. 496.
156. ONWUKA, Chidolue Peter, *The Law, Redemption and Freedom in Christ. An Exegetical-Theological Study of Galatians 3,10-14 and Romans 7,1-6*, 2007, pp. 374.
157. JANÉ COCA, José M., *«Ser hallado en Él». La reciprocidad intersubjetiva entre Pablo y Cristo. Un estudio exegético-teológico de Flp 3*, 2007, pp. 608.
158. SHABANI, Louay, *Santificazione e valore salvifico del matrimonio. Studio esegetico-teologico di 1Cor 7,12-16 ed Ef 5,25-33*, 2008, pp. 325.
159. ABBATTISTA, Ester, *Origene legge Geremia. Analisi, commento e riflessioni di un biblista di oggi*, 2008, pp. 355.
160. SPRONCK, Joël, *La patience de Dieu. Justifications théologiques du délai de la Parousie*, 2008, pp. 356.
161. EDERLE, Rubén Alberto, *Discípulos y Apóstoles de Jesús. La relación entre los discípulos y los Doce según Marcos*, 2008, pp. 368.
162. CARIA, Roberto, *Lo stato nelle teorie politiche di I. Kant e J. Maritain. Una legittimazione tra razionalità e fede*, 2008, pp. 306.

163. MACALA, André, *A escatologia no livro do Apocalipse. Da sua realização no presente litúrgico à conslusão da história*, 2008, pp. 394.

164. TANTIONO, Paulus Toni, *Speaking the Truth in Christ. An Exegetico-Theological Study of Galatians 4,12-20 and Ephesians 4,12-16*, 2008, pp. 302.

165. ZICCARDI, Costantino Antonio, *The Relationship of Jesus and the Kingdom of God According to Luke-Acts*, 2008, pp. 584.

166. BRADY, Patrick J., *The Process of Sanctification in the Christian Life. An Exegetical-Theological Study of 1Thess 4,1-8 and Rom 6,15-23*, 2008, pp. 322.

167. ROCHETTE, Joël, *La rémission des péchés dans l'Apocalypse. Ébauche d'une sotériologie originale*, 2008, pp. 628.

168. SHENOSKY, Joseph T., *The Development of Late Twentieth Century Catholic Ecumenical Theology in the United States of America: A Comparison of the Contributions of Gustave Weigel, S.J., Carl J. Peter, John F. Hotchkin, and Avery Dulles, S.J.*, 2008, pp. 404.

169. IWUAMADI, Lawrence Oscar I., *«He Called unto Him the Twelve and Began to Send Them Forth». The Continuation of Jesus' Mission According to the Gospel of Mark*, 2008, pp. 308.

170. ASCENSO, Adelino, *Transcultural Theodicy in the Fiction of Shūsaku Endō*, 2009, pp. 354.

171. HODŽIĆ, Mislav, *La genesi della fede. La formazione della coscienza credente tra essere riconosciuto ed essere riconoscente*, 2009, pp. 276.

172. SHORTALL, Michael, *Human Rights and Moral Reasoning. A Comparative Iinvestigation by Way of Three Theorists and Their Respective Traditions of Enquiry: John Finnis, Ronald Dworkin and Jürgen Habermas*, 2009, pp. 438.

173. SÁNCHEZ CASTELBLANCO, Wilton Gerardo, *La voz como modo de revelación. Investigación exegético-teológica del término* φωνή *en el cuarto evangelio*, 2009, pp. 356.

174. RODRIGUES DE SOUSA, Mário José, *«Para que também vós acrediteis». Estudo exegético-teológico de Jo 19,31-37*, 2009, pp. 404.

175. RYAN, Dermot, *Method to Mission: The Ecclesial Vocation of the Theologian. As Exemplified in the Works of Francis A. Sullivan SJ in the Context of Method at the Gregorian University*, 2009, pp. 448.

176. SALMAN, Wasim, *La* Wirkungsgeschichte *de Hans-Georg Gadamer dans la théologie de Claude Geffré, David Tracy et Wolfhart Pannenberg*, 2010, pp. 244.

177. BRUTÉ DE RÉMUR, Guillaume, *La théologie trinitaire de Louis Bouyer*, 2010, pp. 382.

178. NSONGISA KIMESA, Chantal, *«L'agir puissant du Christ parmi les chrétiens».Une étude exégético-théologique de 2Co 13,1-4 et Rm 14,1-9*, 2010, pp. 290.

179. CORNIÉ Thomas, *La primauté de l'évêque de Rome dans la théologie catholique francophone du vingtième siècle. Les études de Pierre Batiffol, Charles Journet et Jean-Marie Roger Tillard*, 2010, pp. 352.

180. GIORDANO, Maria Teresa, *La parola della croce: l'itinerario paradossale della sapienza divina in 1Cor 1,18–3,4. Composizione retorica del testo. Implicazioni esegetico-teologiche e sua funzione in 1Cor 1–4*, 2010, pp. 302.

181. CAVICCHIA, Alessandro, *Le sorti e le vesti. La «Scrittura» alle radici del messianismo giovanneo tra re-interpretazione e adempimento: Sal 22(21) a Qumran e in Giovanni*, 2010, pp. 540.
182. COMPIANI, Maurizio, *Fuga, silenzio e paura. La conclusione del Vangelo di Marco. Studio di Mc 16,1-20*, 2011, pp. 296.
183. VILLAGRA CANTERO, César Nery, *«Poder» Y «Anti-Poder». Contraposición dialéctica entre ἐξουσία salvífica y ἐξουσία del sistema terrenal en el Apocalipsis*, 2011, pp. 494.
184. PATSCH, Ferenc, *Metafisica e religioni: strutturazioni proficue. Una teologia delle religioni sulla base dell'ermeneutica di Karl Rahner*, 2011, pp. 634.
185. SICHKARYK, Ivan, *Corpo (σῶμα) come punto focale nell'insegnamento paolino. Ricerca esegetica e teologico-biblica*, 2011, pp. 512.
186. PUCA, Bartolomeo, *Una periautologia paradossale. Analisi retorico-letteraria di Gal 1,13–2,21*, 2011, pp. 214.
187. PUNDA, Edvard, *La fede in Teresa d'Avila*, 2011, pp. 328.
188. SURLIS, Tomás, *The Presence of the Risen Christ in the Community of Disciples: An Examination of the Ecclesiological Significance of Matthew 18:20*, 2011, pp. 432.
189. QUISPE LÓPEZ, Ciro, *La nueva alianza durante las enseñanzas de Jesús en el Templo de Jerusalén. Análisis retórico bíblico y semítico de la secuencia de Mc 11,27–12,44*, 2012, pp. 394.
190. GARCÍA MORALES, Juan Jesús, *La inspiración bíblica a la luz del principio católico de la tradición. Convergencias entre la* Dei Verbum *y la Teología de P. Benoit, O.P.*, 2012, pp. 490.
191. MANZINGA AKONGA, Roger, *Le dernier cri de Jésus sur la croix (Mc 15,34). Fonction pragmatique de la citation du Ps 22,2a dans le contexte communicatif de Mc 15,33-41*, 2012, pp. 432.
192. FICCO, Fabrizio, *«Mio figlio sei tu» (Sal 2,7). La relazione Padre-figlio e il Salterio*, 2012, pp. 454.
193. JOJKO, Bernadeta, *Worshiping the Father in Spirit and Truth. An Exegetico-Theological Study of Jn 4:20-26 in the light of the Relationships among the Father, the Son and the Holy Spirit*, pp. 440.
194. SERRANO PENTINAT, Josep-Lluís, *Palabra, sacramento y carisma. La eclesiología de E. Corecco*, pp. 314.
195. SOLICHIN RUBIANTO, Vitus, *La figura del seme e il suo compimento. Analisi retorica del discorso parabolico in Mc 4,1-34*, 2012, pp. 220.
196. CAMPAGNANI FERREIRA, Eduardo, *«Impossibile erat sine Deo discere Deum». O problema teológico da afirmação de Deus, segundo o Cardeal Henri de Lubac (1896-1991)*, 2012, pp. 662.
197. COUTINHO LOPES DE BRITO PALMA, Alexandre, *L'esperienza della Trinità e la Trinità nell'esperienza. Modelli di una loro configurazione*, 2013, pp. 348.
198. EKE, Wilfred Onyema, *The Millennial Kingdom of Christ (Rev 20,1-10). A Critical History of Exegesis with an Interpretative Proposal*, 2013, pp. 322.
199. CORREA D'ALMEIDA, Bernardo, *Unidade segundo o quarto Evangelho. Testemunho do discípulo amado no contexto judaico e greco-romano do I CE*, 2013, pp. 378.

"Tesi Gregoriana" Teologia 198

EKE Wilfred Onyema

The millennial Kingdom of Christ (Rev 20,1-10)

2013, pp. 320 - 978-88-7839-247-2

€25.00

Of all the themes in the book of Revelation none has proved to be more controversial than the Millennial Kingdom of Christ. Notwithstanding the very vast bibliography on the theme, there is not yet a critical history which systematically measures the adequacy of the interpretations of Rev. 20,1-10 made by different interpreters. The first part of this book sets our to fill this lacuna by making available in one place the standard exegetical responses, of the past and present, to the enigmas of Rev 20,1-10. The second part, in dialogue with scholarly opinions, offers a carefully thought out exegesis of the text containing original perspectives that help to overcome the noticeable weak points in the contributions of critical biblical scholarship on this subject. It also attempts to penetrate into the theological message hidden in the suggestive words and images in the text. After that, it goes ahead to determine an interpretative paradigm that is profitable for the pastoral and spiritual application of the theological message. The exegete and the theologian will find in this study helpful data for their research. This work can also help anyone bewildered by the millenarian prophecies often associated with Rev 20,1-10 to discern the aberrations in the text's interpretation that are not the correct statements of it's message and meaning.

EKE WILFRAD ONYEMA was born in Jos, Nigeria in 1959. He was ordained a Catholic priest in 1988 after undergraduate studies in Philosophy and Theology in Nigeria. He earned his licentiate degree at the Biblical Institute, Rome and his doctorate in Biblical Theology at the Gregorian University. He teaches Sacred Scripture in a Regional Major Seminary in Nigeria.

"Tesi Gregoriana" Teologia 197

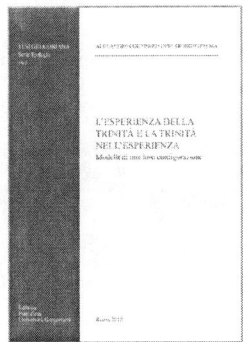

LOPES DE BRITO PALMA Alexandre Coutinho
L'esperienza della Trinità e la Trinità nell'esperienza

2013, pp. 352 - 978-88-7839-242-7

€25.00

La confessione di fede nel Dio Trinità viene spesso percepita come verità astratta e come dottrina svincolata dalla vita. Tuttavia, essa può e deve rapportarsi all'esperienza credente e umana, che è un autentico locus theologicus trinitario. Cercando di esplorare la sua portata trinitaria, il presente lavoro propone d'impostare la riflessione sulla Trinità assumendo l'esperienza di Dio, dell'uomo (io,tu,noi) e del mondo sia come suo punto di arrivo. Tale configurazione teologica, unitamente alla valutazione dell'ipotesi di fondo, si svolge in dialogo con autori che rappresentano modelli teologici differenti: J. Moltmann (modello dialetttico), G. reshake (modello analogico), R. Panikkar (modello dialogico), K. Rahner (modello trascendentale).

LOPES DE BRITO PALMA Alexandre Coutinho (1978), è sacerdote del Patriarcato di Lisbona. Ha conseguito il dottorato in Teologia presso la Pontificia Università Gregoriana. E' docente presso l'Università Cattolica Portoghese.

Finito di stampare nel mese di giugno 2013
presso Mediagraf Spa - Monterotondo (Rm)